Droit, environnement et travaux publics

Essai sur la conciliation entre progrès et protection de l'environnement en droit camerounais

Victor TSAMO

AF719505

Copyright © 2025 Victor TSAMO
Copyright © 2025 Generis Publishing

All rights reserved. This book or any portion thereof may not be reproduced or used in any manner whatsoever without the written permission of the publisher except for the use of brief quotations in a book review.

Title: **Droit, environnement et travaux publics**

Essai sur la conciliation entre progrès et protection de l'environnement en droit camerounais

ISBN: 979-8-89966-274-4

Author: Victor TSAMO

Cover image: https://pixabay.com/

Publisher: Generis Publishing
Online orders: www.generis-publishing.com
Contact email: info@generis-publishing.com

Generis
PUBLISHING

DEDICACE

À

Alexandre Legrand

REMERCIEMENTS

Ce travail a pu être conduit jusqu'à son terme grâce à la participation et au soutien de plusieurs personnes dont les noms ne peuvent être tous cités ici en détail. Qu'il me soit néanmoins permis de remercier :

Le Professeur **BIPELE KEMFOUEDIO Jacques**, mon Directeur de recherche, pour ses conseils, son attention, sa disponibilité. Plus qu'un Directeur, il m'a appris à être juriste et à rêver beaucoup plus grand. Je lui suis infiniment reconnaissant.

Le Professeur **MVELLE Guy,** Doyen de la Faculté des Sciences Juridiques et Politiques de l'Université de Dschang, le Professeur **GNIMPIEBA TONNANG Edouard**. Leur souci a toujours été de donner à notre formation un label de qualité.

Le Professeur **TSOBOU Roger,** pour son amitié, son soutien constant, ses pertinents conseils et encouragements.

Le Professeur **SOBZE Serge François,** pour son implication depuis le début de cette heureuse aventure.

Le professeur **ALIYOU Sali**, qui a guidé mes premiers pas dans la recherche, avec une simplicité remarquable.

Les Docteurs **FOLEFACK Ernest, NANGA EBANGA Yannick** et **KALONG Christian Flore**, pour les conseils et le soutien indéfectible, et pour avoir accepté de relire ce travail.

Mes frères et sœurs notamment : **DJOUMESSI Valentin, ZANGUE Jean-Paul, SOLEFACK Emmanuel, DANCHI Aurélie, SONGONG Rose, MEDONGFOUET Rachelle, GUATEBO Ariane,** pour leurs encouragements et soutiens.

Aux grandes familles **GNINTEDEM, TENONGDONG et KEM JEAZET**, pour le soutien.

Mes amis **TCHAMABE Alex, KAMBALE VANGISIVAVI Jean-Noël, KENFAKC Devilier, KEUBOU Blériot, MAKEUTEU Merveille Lydie, TEUMA Rosine,** Pour le soutien multiforme.

SIGLES ET ABREVIATIONS

AES : Audit Environnemental et Social

AJDA : Actualité Juridique de Droit Administratif

Al : Alinéa

ANOR : Agence des Normes et de la Qualité

Art : Article

BAD : Banque Africaine de Développement

BDEAC : Banque de Développement des Etats de l'Afrique Centrale

BIP : Budget d'Investissement Public

BTP : Bâtiment et Travaux Publics

BM : Banque Mondiale

CCAG : Cahier des Clauses Administratives Générales

CCTG : Cahier des Clauses Techniques Générales

CCEG : Cahier des Clauses Environnementales Générales

CCEP: Cahier des Clauses Environnementales Particulières

CE : Conseil d'État

CEMAC : Communauté Économique et Monétaire de l'Afrique Centrale

CADHP : Cour Africaine des Droits de l'Homme et des Peuples

CFJ : Cour Fédérale de Justice

CF : Confer

CIJ : Cour Internationale de Justice

CMP : Code des Marchés Publics

CTD : Collectivités Territoriales Décentralisées

CU : Communauté Urbaine

CPRFC : Cellule de Projets Routiers à Financement Conjoint

CS/CA: Cour Suprême/Chambre Administrative

DIA : Décision Implicite d'Acceptation

DIR : Décision Implicite de Rejet

Dir : Direction de…

Éd : Edition

EIES : Étude d'Impact Environnemental et Social

EIESD : Étude d'Impact Environnemental et Social Détaillée

FNEDD : Fonds National de l'Environnement et du Développement Durable

FMI : Fonds Monétaire International

FNEDD : Fonds National de l'Environnement et du Développement Durable

FCFA : Franc de la Communauté Financière Africaine

FSJP : Faculté des Sciences Juridiques et Politiques

GAJA : Grands Arrêts de la Jurisprudence Administrative

Ibidem : Au même endroit

INS : Institut National de Statistiques

ISO : Organisation Internationale de la Normalisation

LGDJ : Librairie Générale de Droit et de Jurisprudence

MINEPDED : Ministère de l'Environnement, de la Protection de la Nature et du Développement Durable

MINMAP : Ministère en charge des Marchés Publics

MINEPAT : Ministère de l'Economie, de la Planification et de l'Aménagement du Territoire

MINTP : Ministère des Travaux Publics

MW : Méga Watt

N° : Numéro

NIES : Notice d'Impact Environnemental et Social

OCDE : Organisation de Coopération pour le Développement Economique

ODD : Objectifs du Développement Durable

OIT	Organisation Internationale du Travail
ONG :	Organisation Non Gouvernementale
ONU :	Organisation des Nations Unies
ONUDI :	Organisation des Nations Unies pour le Développement **Infrastructurel**
Op.cit. :	*Opere citado* (ouvrage précité)
PP :	Page
PPP :	Partenariat Public-Privé
PCD :	Plan de Concertation et de Dialogue
PGES :	Plan de Gestion Environnementale et Sociale
PNDI :	Programme des Nations Unies pour le Développement Infrastructurel
PNUD :	Programme des Nations Unies pour le Développement
PNUE :	Programme des Nations Unies pour l'Environnement
RADE :	Revue Africaine de Droit de l'Environnement
RJE :	Revue Juridique de l'Environnement
SND 30 :	Stratégie Nationale de Développement horizon 2030
Ss :	Suivants
TC :	Tribunal des Conflits
TDR :	Termes de Référence
UA :	Union Africaine

RESUME

Depuis quelques années déjà, les décideurs publics misent sur la réalisation des grands travaux publics pour booster la croissance économique du Cameroun. Il s'avère que lesdits travaux ont des incidences considérables sur l'environnement dont dépend l'épanouissement des générations présentes et futures. Pourtant, la prise en compte des enjeux environnementaux dans la mise en œuvre des projets de développement est devenue une exigence universelle depuis le sommet de Rio de juin 1992.

En règle générale, les travaux des personnes privés sont systématiquement soumis à la norme environnementale et, le règlement des litiges environnementaux soulevés dans ce contexte, s'opère généralement sans grandes difficultés. La vérité est que les règles de compétence et de procédure en la matière sont aménagées par des textes et connues, à l'avance, par les justiciables. Le rapport n'est pourtant pas exactement le même avec les travaux publics.

Ces travaux, parce que visant la mise en œuvre des projets de développement, se réalisent dans un régime juridique dérogatoire du droit commun. Le principe de l'intangibilité des ouvrages publics traduit parfaitement ce régime. Dans le milieu écologiste, il se traduit par l'adage *« ouvrage public mal planté ne se détruit pas »*, matérialisant ainsi la priorité que les pouvoirs publics accordent aux travaux publics, par rapport aux impératifs environnementaux. Aussi, le droit de l'environnement est un droit lacunaire qui peine à trouver ses marques dans le secteur des travaux publics. Le droit de la commande publique qui devrait être un des principaux leviers d'action sur les contraintes environnementales n'est cependant pas encore suffisamment déployé pour les besoins de la cause. Les acteurs juridictionnels et non juridictionnels chargés du contrôle des politiques environnementales dans les travaux publics sont, eux aussi, confrontés à de multiples difficultés.

La question qui se heurte alors à l'esprit est celle de l'efficacité de la protection de l'environnement dans les travaux publics en droit positif camerounais. Il apparaît que les efforts fournis par les pouvoirs publics pour garantir ladite protection demeurent perfectibles.

Mots clés : *protection, environnement, travaux publics, développement durable, droit positif.*

ABSTRACT

For the past few years, public authorities have been focusing on carrying out major public works to boost the economic growth of Cameroon. It turns out that these works have significant impacts on the environment, which is crucial for the well-being of present and future generations. However, taking environmental issues into account in the implementation of development projects has become a universal requirement since the Rio Summit in June 1992.

Generally, private projects are systematically subject to environmental standards, and disputes arising in this context are usually resolved without major difficulties. The truth is that the rules of competence and procedure in this matter are regulated by known texts and are anticipated by the parties involved. However, the situation is not exactly the same for public works.

These projects, aimed at implementing development projects, operate under a legal regime that deviates from common law. The principle of the inviolability of public works perfectly reflects this regime. In environmental circles, it is expressed by the saying "a poorly constructed public work cannot be destroyed," illustrating the priority that public authorities give to public works over environmental imperatives. Additionally, environmental law is incomplete and struggles to find its place in developing countries. Public procurement law, which should be one of the main tools for addressing environmental constraints, has not been sufficiently deployed for this purpose. Judicial and non-judicial actors responsible for monitoring environmental policies also face multiple difficulties. The constitutional judge remains the major absentee in environnemental damage litigation. In light of the previous report, the question that arises is whether *environmental protection is effectively taken into account during the implementation of public works in Cameroonian positive law?* The answer that emerges is that *despite the efforts made by public authorities to ensure such protection, it remains improvable.*

Keywords: *protection, environment, public works, sustainable development, positive law.*

SOMMAIRE

INTRODUCTION GENERALE

« Afrique en miniature »[1], le Cameroun est un pays au potentiel naturel très riche, avec un climat diversifié et d'impressionnantes réserves naturelles. Ces ressources constituent le socle du développement économique du pays[2]. Cependant, le monde du 21e siècle dans sa globalité est confronté à des défis qui exigent des gouvernements de trouver des solutions concrètes. Au rang des défis à relever figurent entre autres : l'insuffisance d'infrastructures et de voies de communication ; l'expansion urbaine mal planifiée[3]; l'aggravation des phénomènes de taudis et de bidonvilles[4] ; la dégradation de la qualité de l'air et de l'eau ; bref, l'atteinte des objectifs du développement durable[5]. Or, la concrétisation du développement durable dépend inéluctablement des opérations des travaux publics[6].

Il s'avère pourtant que ces travaux ne peuvent s'effectuer sans incidences sur l'environnement[7]. Leur réalisation engendre généralement des troubles plus ou moins insupportables pour le commun du mortel. Ces troubles sont de diverses natures et peuvent se ressentir sous plusieurs formes de nuisances, selon le contexte et la cible[8]. Les particules fines émises par les engins, les moteurs et les camions de transport de matériaux présentent des réelles menaces pour la santé de l'Homme et du milieu dont dépend son

---

[1] Appellation attribuée au Cameroun en raison de la diversité de son environnement et de la richesse de ses ressources naturelles. Voir, **TCHAWA (P.)**, « Le Cameroun : une « Afrique en miniature » ? », *Les cahiers d'outre-mer, Revue de Géographie de Bordeaux,* n°259, juillet-septembre 2012, pp.319-338.

[2] *Ibidem, p. 320.*

[3] Voir partie portant définition des notions fondamentales de l'étude.

[4] Voir ONU, *Agenda 2030*, 2015, p.15.

[5] Le concept de *« développement durable »* a été formulé dès 1980 dans le cadre de la Stratégie mondiale de la conservation, puis repris, développé et popularisé par le *Rapport Brundtland* en 1987, et consacré solennellement par la Déclaration de Rio en son point 3 à travers la formule suivante : *« Le droit au développement doit être réalisé de façon à satisfaire équitablement les besoins relatifs au développement et à l'environnement des générations présentes et futures ».* Dans son rapport, Mme **GRO HARLEM (B.)** définit le *« développement durable »* comme *«... Un développement qui permet aux générations du présent de satisfaire leurs besoins sans compromettre la capacité des générations futures de satisfaire les leurs ».* Ainsi compris, la notion de *« développement durable »,* a sous ce rapport, un champ plus vaste que celui de développement économique. Elle propose notamment un modèle de croissance et d'activité humaine qui inclut explicitement les considérations environnementales et le principe d'une allocation et d'une utilisation progressive, et donc durable des ressources.

[6] Voir ONU, *Agenda 2030*, 2015, *op.cit.,* p.15.

[7] Dans la pratique, ces travaux se réalisent avec des prérogatives exorbitantes de puissance publique. Ils ont aussi la réputation d'entraîner une consommation souvent surdimensionnée des ressources naturelles, de mettre en mal l'équilibre des intérêts intergénérationnels, et de présenter des risques de bouleversement des paysages humain et naturel. Dans la même veine, ils présentent des risques de détériorations de la qualité des milieux récepteurs tels que le sol et sous-sol, la flore et la faune, le milieu hydraulique dans sa grande diversité, l'atmosphère etc.

[8] **BOUYEURE (J.-R.),** « Le bruit dans les rapports de voisinage : les recours civils », *Administrer*, n° 353 de mars 2003, p. 27-35.

existence[9]. Il en est de même des déchets et résidus[10] laissés en décombre sur les sites des travaux ou aux alentours[11].

Malgré la consistance de ces impacts sur le milieu naturel et son contenu[12], les acteurs des travaux publics semblent encore très peu convaincus de la gravité de la situation. Le constat général est qu'à l'instar de la protection des droits de l'Homme en Afrique tropicale, la protection de l'environnement dans cette région reste encore perçue comme une contrainte imposée de l'extérieur ; contrainte à laquelle l'on ne se plie généralement que par complaisance pour se donner bonne image auprès des généraux donateurs du Nord, plutôt que par nécessité et intime conviction[13].

Ce contraste est plus visible lorsque naît une confrontation entre la nécessité de réalisation d'un projet de développement et l'exigence de protection du milieu écologique devant l'abriter, et que les autorités doivent opérer un choix entre les deux intérêts en confrontation. Dans l'essentiel des cas, les pouvoirs publics et les entreprises du secteur BTP expriment leur préférence à la faveur des ouvrages publics[14]. C'est un choix tout à fait compréhensible puisque les travaux publics sont frappés du sceau de l'intérêt général et constituent le centre névralgique de tout développement[15]. Bien plus, ils jugent plus bénéfique l'intérêt rattaché à la réalisation des ouvrages publics, comparativement à celui pouvant être déduit des activités de protection de l'environnement[16].

---

[9] **BILLET (P),** « L'élimination des déchets inertes », *Environnement*, juin 2006, pp. 15-17.

[10] **GUENOT (H.),** « Déchets du BTP : état des lieux », *Le Moniteur des travaux publics* du 9 mai 2002, pp. 45-60.

[11] Plusieurs auteurs se sont interrogés sur l'opportunité d'intégrer les atteintes aux paysages et à l'esthétique dans la catégorie des nuisances environnementales. Voir par exemple **HUGLO (C.),** *Le juge, la prévention et la résolution des litiges en matière d'environnement,* Thèse de Doctorat en droit public, Université Panthéon-Assas-Paris*2,* 1994, p. 33. Quoi qu'il en soit, de nos jours, la distinction, s'il elle existe encore entre ces notions, n'est guère plus consistante du fait de la généralisation du concept de *« nuisance »* pour décrire l'ensemble des dégradations dont peut faire l'objet l'environnement.

[12] **CONDETTE-MARCANT (A.-S.),** *Droit des travaux publics dans la généralité d'Amiens au XVIIIe siècle,* Thèse de Doctorat, Université Panthéon Assas, 1997, pp.53-78 ; **FAURE (C.),** *Le particularisme des travaux publics en droit administratif,* Thèse de Doctorat en droit public, Université d'Avignon, 2020, pp.250-260 ; **FEREIRRA (J.-P.),** *L'originalité de la responsabilité du fait des dommages des travaux publics,* Thèse de Doctorat en droit public, Université de Bordeaux, 2018, pp. 120-142 ; **GABORITE (P.),** *Comportement thermomécanique des structures de chaussées bitumineuses,* Thèse de Doctorat en Génie civil, Université de Lyon, 2017, pp. 108-120.

[13] Voir PNUE, *Rapport sur l'Etat de l'environnement africain : réalité brutale et choix difficiles,* Kampala, Communiqué de presse n° PNUE/63, juillet 2002, pp. 1-25.

[14] **CONDETTE-MARCANT (A.-S.),** *Droit des travaux publics dans la généralité d'Amiens au XVIIIe siècle,* Thèse de Doctorat, Université Panthéon Assas, 1997, *op.cit.,* pp.59-78.

[15] **GAUZIN-MULLER (D.),** « Les clés d'une architecture écologique », *Le Moniteur des travaux publics,* mai 2002, pp. 12-18.

[16] **HUGLO (C),** « Droit de l'environnement : affichage ou vérité ? Il faudra choisir », *Environnement,* janvier 2005, pp. 3-15.

A y regarder de près, dans l'esprit de bon nombre d'acteurs des travaux publics en effet, persiste encore l'idée selon laquelle la nature se régénère automatiquement, et que l'exigence d'une protection spécifique de l'environnement dans les travaux publics constitue plutôt un goulet d'étranglement pour le cours des activités[17]. Le développement infrastructurel est donc, de ce point de vue, une priorité dont la réalisation l'emporte sur les nécessités environnementales. Il est d'ailleurs de jurisprudence acquise qu'*« un ouvrage public mal planté ne se détruit pas »*[18].

Cette pensée est de plus en plus dominante au Cameroun où les conflits armés, la mal gouvernance et la détérioration du tissu économique emmènent les pouvoirs publics à privilégier les acquis infrastructurels, socle de la relance économique[19]. L'idée est si exaltée qu'on en vient souvent à perdre de vue les coûts environnementaux de certains travaux publics mal planifiés. De constat général, cette erreur est commune à la plupart des pays en voie de développement dont particulièrement ceux d'Afrique noire subsaharienne.

Dans ces États en effet, l'accès aux commodités de base reste un véritable parcours du combattant et tend à détourner l'homme des défis qui, à l'aune du 21e siècle, interpellent toute Nation qui se veut civilisée. La lutte pour la survie, les combats pour la réduction de la pauvreté et la nécessité de rattraper la croissance économique amenuisent et complexifient davantage la protection de l'environnement qui en est pourtant l'indissociable corolaire.

De façon concrète, ce qui urge dans le quotidien est moins la réduction des gaz à effet de serre, la gestion des déchets, la protection de la couche d'Ozone que la construction de quelques voies de communication, gage du désenclavement des pays et vecteur incontestable du développement. Pour des besoins de développement économique, la construction de certaines infrastructures de grande importance en vient souvent à légitimer, même aux yeux des fervents défenseurs de la nature, certaines atteintes à l'environnement[20].

Pourtant, cette tolérance ne devrait pas se pérenniser pour finalement s'ériger comme une règle de principe, puisque le droit à un environnement sain

---

[17] *Idem.*

[18] Cette formule, que la doctrine tire de l'arrêt dit *Robin de la Grimaudière* (CE, 7 Juillet 1853, p.693), illustre le principe d'intangibilité de l'ouvrage public. Le juge, même administratif, ne peut facilement ordonner à l'Administration de détruire ou déplacer les ouvrages publics.

[19] C'est notamment le cas avec les infrastructures de transports et de logement.

[20] **LEPAGE (C)**, « De l'évolution du droit de l'environnement », *Gazette du Palais,* 28-29 juillet 2006, pp. 2-10.

est tout autant fondamental[21] que celui à un développement infrastructurel durable, que vise justement à assurer les travaux publics[22]. Le droit à un environnement sain ou de qualité est une poutre maîtresse du néo constitutionnalisme africain[23] et les mécanismes de sa sanction juridictionnelle sont consacrés[24]. L'environnement est donc désormais un véritable sujet de protection et son respect s'impose *erga omnes*. Ainsi, il a fini par s'imposer à la conscience collective comme une nécessité, et certaines catastrophes écologiques enregistrées hier comme de nos jours permettent de comprendre le bien-fondé de cette protection[25].

Dans le contexte camerounais particulièrement, ces travaux font l'objet d'une protection particulière et s'exécutent dans un régime juridique empreint de prérogatives exorbitantes de puissance publique. Puissance publique et droits fondamentaux n'ont pourtant pas encore achevé la recherche de leur introuvable conciliation dans la tradition juridique camerounaise ; ce qui exacerbe la complexité de la situation, face aux catastrophes plus récurrentes aujourd'hui qu'hier[26].

---

[21] Certes, pour les jusnaturalistes, un droit est fondamental lorsqu'il protège la dignité humaine, présente un caractère universel, et son existence n'est pas conditionnée à sa consécration dans un système juridique donné. Voir **PICARD (É.)**, « L'émergence des droits fondamentaux en France », *AJDA*, 1998, n° spécial, p. 10. Cependant, le caractère fondamental du droit à un environnement sain s'envisage dans une approche positiviste. Cette approche conduit à définir un droit fondamental par le fait de *« la reconnaissance de son principe par une norme constitutionnelle ou supranationale (...), une mise en œuvre par le législateur et l'administration, des garanties par les instances supranationales (...) ainsi que par les juridictions nationales...»*. Voir, **MORANGE (J.)**, *Manuel des droits de l'homme et des libertés publiques*, Paris, PUF, 2007, p. 136 ; pour amples détails sur le caractère fondamental d'un droit, lire **BIPELE KEMFOUEDIO (J.)**, « La libre circulation des personnes comme droit fondamental en zone CEMAC », *La revue du Centre Michel de l'Hospital*, n° 21, 2020, pp.4-5.

[22] **DREYER (E.)**, « Du caractère fondamental de certains droits », *Revue de la recherche juridique droit prospectif*, n°2, 2006, pp. 551-580.

[23] La quasi-totalité des Constitutions modernes des Etats africains consacre le droit à un environnement sain ou de qualité. Voir par exemple : le préambule de la Constitution camerounaise du 18 janvier 1996 ; l'art.1 de la Constitution gabonaise de 1991 ; l'art. 354 de la Constitution centrafricaine de 2016 ; l'art. 19 de la Constitution tchadienne de 2018, etc.

[24] Voir arts. 77 et ss de la loi cadre de gestion de l'environnement précitée.

[25] **KAMTO (M.)**, *Droit de l'environnement en Afrique*, EDICEF/AUPELF, 1996, p.15.

[26] Selon une étude menée par Afrobarometer, sept camerounais sur 10 (72%) considèrent que la pollution est un problème grave dans la communauté. Trois quarts (76%) des camerounais sont d'avis que les sacs en plastique sont une source majeure de pollution dans le pays. Un quart (26%) des citoyens estiment que cette responsabilité revient au gouvernement avec ses multiples travaux. Voir Afrobarometer, *Donner une voix au peuple*, Yaoundé- Cameroun, 13 février 2023, p.1, consulté en ligne le 19/03/2024 à 10h46, via l'adresse https://www.afrobarometer.org/article /les-camerounais-trouvent-que-la-pollution-est-un-probleme-grave-dans-leurs-communautes-selon-lenquete-dafrobarometer/.

De la même façon, le secteur des travaux publics au Cameroun est essentiellement contractualisé[27] et, le contrat qui lie le maître d'ouvrage[28] à l'entrepreneur[29] est un contrat administratif par nature[30]. L'un des traits caractéristiques de cette catégorie contractuelle est son effet relatif, excluant *ipso facto* les recours des forces non-parties au contrat ; encore que la réparation des dommages des travaux publics échappe à la compétence du juge judiciaire[31] et relève exclusivement de celle du juge administratif[32], suivant la procédure administrative contentieuse[33].

Or, jusqu'à l'aube de 2022, soit après environ un siècle de sa conception et de sa mise en œuvre[34], le système du contentieux administratif camerounais peine à s'adapter à l'évolution des mentalités ainsi qu'aux missions nouvelles que la société lui assigne[35], la protection de l'environnement en étant le cœur battant. Bien plus, l'anormal maintien de la règle du recours gracieux préalable dans le contentieux de l'urgence environnementale en est l'illustration patente[36]. Que reste-t-il alors de l'urgence qui est pourtant l'âme même du droit

---

[27] La réalisation des travaux publics au Cameroun est encadrée par une diversité d'instruments d'ordre juridique. Il s'agit entre autres des contrats des marchés publics, des concessions de service public, de l'affermage, des contrats de partenariat (loi n° 2006/012 du 29 décembre 2006 portant régime général des contrats de partenariat), ou encore du régime de la régie administrative ou technique etc.

[28] Au terme de l'article 5(s) du Code des marchés publics, on entend par « *maître d'ouvrage* » le Chef de Département Ministériel ou assimilé, Chef de l'exécutif d'une Collectivité Territoriale Décentralisée, Directeur Général, et Directeur d'un établissement public, représentant l'Administration bénéficiaire des prestations prévues dans le marché.

[29] Il s'agit de toute personne physique ou morale partie au contrat, chargée de l'exécution des prestations prévues dans le marché. Voir article 5(l) du Code des marchés publics.

[30] Il s'agit ici d'une qualification légale faisant des contrats de marchés de travaux publics, un contrat administratif par nature. Il en est ainsi depuis la loi française du 28 pluviôse an VIII.

[31] L'article 3 de la loi n°2006/022 du 29 décembre 2006 portant organisation et fonctionnement des tribunaux administratifs met à la compétence du juge judiciaire de connaitre conformément au droit privé, de l'ensemble des matières non expressément dévolues au juge administratif. Ces matières sont entre autres l'emprise irrégulière et la voie de fait administrative. Lire **BIPELE KEMFOUEDIO (J.),** « L'administration camerounaise dépouillée de ses prérogatives de puissance publique devant le juge judiciaire : regard sur la jurisprudence en matière de voie de fait administrative », *les Annales de Droit*, décembre 2018, Pp 31-59.

[32] Voir article 15 de la loi n° 2006/022 du 29 décembre 2006 portant organisation et fonctionnement des tribaux administratifs. Voir également art 4 de la loi du 24 pluviôse An VIII.

[33] Le droit administratif se définit simplement comme *« l'ensemble des règles dérogatoires au droit commun qui gouvernent l'activité administrative ».* Ces règles sont dites dérogatoires au droit commun en ceci qu'on ne les rencontre pas dans les relations civiles et commerciales des particuliers. C'est donc, contrairement au droit privé, un droit de privilèges en vue, soit de favoriser l'action administrative et l'exercice de la puissance, soit de protéger la personnalité juridique et le patrimoine de l'État. Ainsi compris, sa vocation première n'est pas la protection de l'intérêt privé du citoyen, mais surtout l'intérêt général ou la raison d'État.

[34] La justice administrative existe au Cameroun depuis 1952 avec la création du Conseil du Contentieux Administratif (CCA). En 1955, il est remplacé consécutivement par le Tribunal d'État (TE), puis par la Cour suprême (CS) en 1960, la Cour Fédérale de Justice (CFJ) en 1961 avant le retour à la nouvelle et actuelle Cour Suprême qui connait en appel et en cassation des décisions rendues par les tribunaux administratifs régionaux en matière de contentieux électoral régional et municipal et en matière de contentieux administratif de l'État et de ses démembrements. Voir article 40 de la Constitution révisée de 1996.

[35] **ABANE ONGOLO (E.P),** *Traité de contentieux administratif au Cameroun*, L'Harmattan, 2019, pp. 350-340.

[36] Voir **TSAMO (V.),** « L'urgence environnementale devant le juge administratif camerounais », *International Multilinguage Journal of Science and technologie,* vol. 9, n°3, 2024, pp. 7181-7190.

de l'environnement ? Le juge administratif est-il véritablement à même de préserver l'équilibre écologique et les intérêts environnementaux dans les travaux publics ?[37]

Le juge administratif a souvent eu des reproches d'être très rapproché de l'Administration[38] et sa neutralité ainsi que son impartialité sont constamment remises en doute[39]. C'est très souvent le cas lorsque les dommages découlent des travaux publics, activités d'intérêt général par excellence[40]. Quoi qu'il en soit, l'accès à son prétoire, notamment pour la sanction des dommages environnementaux ne s'apparente pas encore à une facile gageure[41]. Surtout que les populations n'ont encore qu'une piètre connaissance des procédures environnementales contentieuses face aux acteurs forts outillés du secteur BTP[42].

Tout de même, les ouvrages publics sont l'aboutissement habituel des procédures de travaux publics[43]. Ces ouvrages constituent les biens

---

[37] L'essentiel du droit administratif camerounais est tiré du système français d'antan. Cependant, alors que la France a pris le soin d'arrimer son contentieux administratif aux nouvelles exigences sociales dues à l'évolution des mentalités et de la dynamique de la nature, le Cameroun semble conserver les vieilles habitudes comme des pièces du musée, alors que celles-ci ne correspondent plus aux réalités actuelles. A titre d'exemple, alors qu'il est encore compliqué pour les citoyens de citer directement l'Etat en justice administrative pour ses dommages environnementaux, les requêtes de cette natures sont désormais admises devant le juge administratif français sans formalité de recours gracieux préalable. A titre illustratif, Dans une requête du 14 mars 2019, le Tribunal administratif de Paris acceptait une requête déposé contre l'Etat pour ses atteintes à l'environnement. Voir https://L-affaire-dusiècle.net/wp-content/cyloads/2021/03/ads.brief-juridique-140321.pdf/, (consulté le 10 mai 2021 à 01h30min).

[38] Il s'agit ici du soupçon d'une complicité incestueuse tant le principe de la séparation entre l'Administration active et celle jugeante. Le principe la séparation de ces deux composantes de l'Administration avait pourtant été consacré au Cameroun par la révision constitutionnelle du 18 janvier 1996, à travers la séparation entre le pouvoir exécutif et pouvoir judiciaire (voir Titres II et IV de la Constitutions révisée du 18 janvier 1996). Lire aussi **STAHL (J.-R),** « Le juge administratif, garantie de l'administration ? », *AJDA*, n° spécial, 20 juillet-20 août, 1999, pp.58-60.

[39] Très souvent, au nom du progrès économique, du mobil politique, de la raison d'État ou de diverses autres raisons, le juge administratif ne manque pas souvent d'agir et de trancher les litiges comme un véritable allié de l'Administration, en perdant de vue les droits des particuliers qu'il est pourtant censé protéger à titre souverain.

[40] **STAHL (J.-R),** « Le juge administratif, garantie de l'administration ? », *AJDA*, n° spécial, 20 juillet-20 août, 1999, *op.cit.*, pp.58-60.

[41] **OWONA (J.),** *Droit administratif spécial de la République du Cameroun*, EDICEF, 1985, p.98 ; **ASSOUA (M.-B.)**, *La réparation du préjudice en droit de l'environnement,* Mémoire de Master recherche en droit public, Université de Dschang, 2017-2018, pp. 25-30.

[42] Même si le rôle de l'individu est incontestable en droit de l'environnement, dans l'ensemble, ce dernier ne bénéficie très souvent que d'un pouvoir de dénonciation lui permettant de porter à la connaissance des pouvoirs publics les dommages causés à l'environnement ; il ne peut saisir le juge *proprio muto* que dans des cas limités. Voir, **ABDOUL (N.),** « L'environnement, la justice et l'Afrique : radioscopie d'un difficile accès à la justice en matière environnementale », *RAMRES,* 2020, pp. 3-10.

[43]La distinction entre travaux publics et ouvrages publics a sans doute été exagérée. En effet, les ouvrages publics sont les infrastructures qui résultent de l'aboutissement des opérations des travaux publics. En droit Français duquel le droit Cameroun hérite une bonne partie de son droit administratif, l'article 1er (III 1er) du décret du 1er Août 2006 portant Code des marchés publics définit l'ouvrage public en ces termes : *« Un ouvrage public est le résultat d'un ensemble de travaux de bâtiments ou de génie civil destiné à remplir une par lui-même une fonction économique ou technique ».*

administratifs, et plus concrètement le patrimoine immobilier de l'État. A ce titre, ils font l'objet d'une protection exceptionnelle en droit public[44]. De la sorte, ils sont rigoureusement encadrés par un corps de règles dont le principe de *« l'intangibilité des ouvrages publics »*[45] en est la singulière expression. Ledit principe a une force juridique et une portée qui s'imposent souvent au juge de l'environnement[46], développement infrastructurel et intérêt général l'exigeant.

Dans les milieux écologistes, l'adage *« ouvrage public mal planté ne se détruit pas »* traduit clairement la primauté des travaux publics sur les exigences environnementales[47]. Depuis quelques années cependant, le discours environnemental est devenu une mode chez les entrepreneurs et décideurs du secteur des travaux publics. Tous clament la symbiose et l'indissociabilité qu'il y aurait entre la mise en œuvre des projets de développement et la protection de l'environnement au Cameroun. Mais cette posture ne fait pas l'unanimité entre les observateurs. En raison des impacts diversement vécus, l'appréciation que ceux-ci opèrent du lien entre les deux activités met en présence deux thèses relativement opposées. L'une est une thèse optimiste portée par des auteurs comme PIGEON Patrick, qui défendent toute conception selon laquelle la transformation des environnements que constitue le mouvement d'urbanisation conduit généralement à des adaptations positives et non pas forcement destructrices[48].

La seconde s'inscrit dans une logique prudentielle et jugée plus méfiante des travaux publics ainsi qu'au phénomène d'urbanisation qui en est un épiphénomène. Elle est véhiculée par des auteurs comme Michel Prieur[49]. Elle

---

[44] **RAMPAL (V.),** *Le principe d'intangibilité des ouvrages publics*, Thèse de Doctorat en droit public, Université Aix Marseille 3, 1995, pp. 1-10.

[45] *Idem*, p.15.

[46] Arrêt CE, 7 Juillet 1853, *Robin de la Grimaudière*. Il convient cependant de relever qu'aucun texte légal ou réglementaire ne consacre ni n'impose le principe de l'intangibilité à l'Administration ou au juge administratif. C'est ce dernier qui, dans une série d'Arrêt à l'instar de celui précité, a érigé ce principe devenu avec le temps, un principe cardinal du droit administratif. Pour plus de détail, lire **EL GHOUL (H.),** *L'intangibilité des ouvrages publics*, Mémoire de Mater Recherche en droit public, Faculté de Droit de Sfax Tunisie, 2013, 183 p.

[47] **CHALMETON (H.),** *Préservation de l'environnement et Travaux publics : Difficultés pratiques et solutions juridiques,* Thèse de Doctorat en droit public, Université de Nantes, 2017, pp.35-45.

[48] C'est le cas de **PIGEON (P.)** in *L'environnement urbain au défi de l'urbanisation*, Renne, Presse Universitaire de Renne, 2007, 189 pages. C'est aussi dans certaines mesures l'avis de certains auteurs comme **MORAND DEVILIER (J.),** *in Droit de l'environnement,* précitée, pour qui l'environnement et l'urbanisation ne sont pas antagonistes.

[49] **PRIEUR (M.),** « L'environnement urbain au défi de l'urbanisation », *8e éd., Paris, Dalloz, 2022,* 1456 pages.

revendique l'idée selon laquelle les travaux publics sont foncièrement catastrophiques pour l'environnement, la nature et ses ressources.

Ainsi qu'il est notoire de le remarquer, l'analyse des interactions entre travaux publics et protection de l'environnement relève d'une entreprise ambitieuse, pas tout à fait aisée. Quoi qu'il en soit, les deux activités concourent à la réalisation d'un idéal commun qui les transcende, à savoir la satisfaction de l'intérêt général, l'atteinte des objectifs du développement durable et la conciliation des intérêts des générations actuelles et futures[50]. Dès lors, interroger les interactions entre réalisation des travaux publics et protection de l'environnement en droit positif camerounais paraît, de toute évidence, scientifiquement intéressant.

Pour mieux appréhender cette étude, il convient de définir au préalable les notions fondamentales que sont « *la protection de l'environnement* » et « *les travaux publics* »; puis, situer les différents contextes de l'étude dans la foulée. De même, toute recherche soulève naturellement un intérêt, des objectifs, une problématique et une hypothèse. Mais surtout, la résolution d'une question de recherche en général, et juridique en particulier, est tributaire de la pertinence des méthodes et techniques choisies.

Ces éléments seront succinctement approfondis à travers la déclinaison des cadres théorique **(I)** et opératoire **(II)** de l'étude.

I-LE CADRE THEORIQUE DE L'ÉTUDE

L'analyse des considérations théoriques conduit, en effet, à dégager préalablement le contexte de l'étude **(A)** et à opérer une clarification de ses notions et concepts fondamentaux **(B).** Toutefois, la délimitation du sujet est aussi d'importance avérée **(C).**

A- Le contexte de l'étude.

Au sens du dictionnaire le *Petit Robert*, « *le contexte est l'ensemble de circonstances qui accompagnent un événement* »[51]. Cette définition donne à appréhender l'étude succinctement dans ses contextes juridique **(1),** historique **(2),** économique **(3)** et social **(4).**

---

[50] **CHALMETON (H.),** *Droit de l'environnement,* Thèse de Doctorat en droit public, *op.cit.,* 2017, pp.35-40.

[51] Voir *Dictionnaire Le Petit Robert*, 2017, p. 12.

1- Le contexte juridique de l'étude

L'imposition du droit de l'environnement dans les projets de développement s'est opérée en deux temps deux mouvements, sur le double plan normatif **(a)** et institutionnel **(b).**

a- Au plan normatif

Condamné à exister dans un monde où les questions environnementale et climatique se positionnent désormais à l'épicentre des relations internationales, le Cameroun a entrepris dès les années 90 une refonte profonde de son ordre juridique et institutionnel aux fins d'intégration de ces impératifs de mode[52]. S'inscrivant dans une approche de constitutionnalisation des branches du droit[53], le pouvoir constituant fit intégrer la protection de l'environnement dans la Constitution du 18 janvier 1996[54]. Il est désormais possible de contempler le fronton de la loi fondamentale pour s'apercevoir que : *« toute personne a droit à un environnement sain. La protection de l'environnement est un devoir pour tous. L'État veille à la défense et à la protection de l'environnement »*[55]. La constitutionnalisation de cette branche nouvelle a produit une onde de choc et concrètement un effet incitatif sur le législateur, l'amenant à poser les bases légales du droit de l'environnement. La loi cadre de gestion de l'environnement du 15 août du 15 aout 1996 fut la première de la génération[56], suivie de ses textes d'application[57].

Par le truchement de cette loi, divers principes et concepts essentiellement nouveaux, tirés du droit international de l'environnement [58] ont

---

[52] **TCHEUWA (J.-C),** « Les préoccupations environnementales en droit positif camerounais », *Revue Juridique de l'Environnement*, n°1, 2006. pp. 21-42.

[53] **FAVOREU (L.),** « La constitutionnalisation du droit », *Mélanges en hommages à Rolland Drago (l'unité du droit),* Paris, Economica, 1996, pp. 7-28 ; **MINKOA SHE (A.),** *Droit de l'homme et droit pénal au Cameroun,* coll. « La vie du droit en Afrique », Paris, Economica, 1996, pp.32-33.

[54] **TCHEUWA (J.-C),** « Les préoccupations environnementales en droit positif camerounais », *Revue Juridique de l'Environnement*, n°1, 2006. *Op.cit.*, pp. 21-42.

[55] *Idem,* pp.25 et ss ; **ANDELA (J.-J.),** « Les implications juridiques du mouvement constitutionnel du 18 janvier 1996 en matière d'environnement au Cameroun », *Revue Juridique de l'Environnement,* n° 4, 2009, pp. 421-433.

[56] Il s'agit notamment de la loi n° 96/016 du 05 août 1996 portant loi cadre de gestion de l'environnement. Elle consacre des mesures modernes de protection de l'environnement que bien d'autres textes ont à leur tour consacré. Il s'agit de l'institutionnalisation des études d'impacts environnementaux et sociaux dans tous les projets de développement. Il existe cependant des exceptions à cette règle. La plus remarquable en la matière demeure l'exemption d'EIES dans les travaux publics réalisés sous l'égide du Génie Militaire. Pour s'en convaincre, voir article 23 du décret n° 2013/0171/PM du 14 février 2013 fixant les modalités de réalisation des études d'impact environnemental et social.

[57] Il s'agit des décrets et arrêtés qui règlementent les études environnementales. Ils seront visités progressivement.

[58] Voir **KAMTO (M.),** « Les nouveaux principes du droit international de l'environnement », *Revue Juridique de l'Environnement*, n°1, 1993, Pp.11-21.

trouvé consécration dans l'ordre normatif interne. Ils sont pléthoriques et se composent entre autres des principes de précaution[59], d'action préventive et de correction[60] ; du sacro-saint principe pollueur-payeur[61], des principes de responsabilité, de participation et de subsidiarité[62].

Les principes structurant y ont, eux aussi trouvé consécration certaine et forment ce qu'il convient désormais d'appeler les *« concepts structurant du droit de l'environnement »*[63]. Il s'agit en réalité du *« concept du développement durable »*[64], avec son corolaire le *« concept du droit des générations futures »*[65]. Or, la proclamation des droits et obligations environnementaux dans ces dispositifs ne peut connaitre la félicité juridique que si leur violation est assortie de véritables sanctions[66], pénales surtout[67]. C'est dans cette mouvance que le Code pénal s'en est saisi, emportant la compétence du juge éponyme[68].

Plusieurs décrets concourent également à l'encadrement des techniques d'évaluation environnementale et sociale dans les travaux publics[69]. L'un des plus féconds en est le décret n° 2005/0577/PM du 23 février 2005 portant

---

[59] Principe selon lequel l'absence de certitudes, compte tenu des connaissances scientifiques et techniques du moment, ne doit pas retarder l'adoption des mesures effectives et proportionnées visant à prévenir un risque de dommages graves et irréversibles à l'environnement à un coût économiquement acceptable. Voir article 9 alinéa 1 de la loi cadre portant gestion de l'environnement de 1996.

[60] Il s'envisage par priorité à la source, des atteintes à l'environnement, en utilisant les meilleures techniques disponibles à un coût économiquement acceptable. Art. 9, alinéas 2 de la loi cadre de gestion de l'environnement précitée.

[61] Selon ce principe, les frais résultant des mesures de prévention, de réduction de la pollution, de la lutte contre celle-ci et de la remise en l'état des sites pollués doivent être supportés par le pollueur. Voir article 9 alinéas 1 de la même source.

[62] Voir article 9 alinéas 3 et 4 de la loi cadre précitée.

[63] **ZARKA (J.-C.),** *Les grands principes du droit de l'environnement,* éd.2015, Paris, Librairie Eyrolles, 2015, pp.15-20.

[64] Selon le rapport Brundtland de 1980, Il s'agit en effet, *« d'un développement qui répond aux besoins du présent sans compromettre la capacité des générations futures de répondre des leurs ».* La Déclaration de Rio fait également mention du développement durable dans son Principe 4 lorsqu'elle énonce que : *« pour promouvoir un développement durable, la protection de l'environnement doit faire partie intégrante du processus de développement et ne peut être considérée isolement ».*

[65] Le Principe 3 de la Déclaration de Rio fournit le fondement du droit des générations futures. Il dispose que : *« le droit au développement doit être réalisé de façon à satisfaire équitablement les besoins relatifs au développement et à l'environnement des générations présentes et futures ».*

[66] **BETAILLE (J.),** « répression et effectivité de la norme pénale », *Revue juridique de l'environnement,* vol.39, 2014, Pp. 47-59.

[67] Plusieurs voies ont plaidé pour la pénalisation du droit de l'environnement. Cf. **JAWORSKY (V.),** « l'état du droit pénal de l'environnement français : entre forces et faiblesses », *les Cahiers de droit,* vol.50, n°3-4, 2009, p.891 ; **GAGNON ROCQUE (A.) et HALLEY (P.)**, « la sanction en droit pénal canadien de l'environnement : la loi et son application », *Les Cahiers de droit,* vol.50, n°3-4 décembre 2009, p.922 ; **ABDEL NASER ISSA (P.),** « La poursuite des atteintes à l'environnement au Cameroun : le Ministère public relègue ? », *International Multilingual Journal of Science and Technology,* vol.5, n°9, 2020, p.1239.

[68] Voir articles 227 à 229 du Code pénal camerounais relativement à la répression de la destruction des biens et des activités dangereuses.

[69] Dans cette liste, c'est le décret de 2005 relatif aux études d'impact environnemental et social qui posa les jalons des évaluations environnementales, par application à la loi cadre de 1996.

modalités de mise en œuvre des études d'impact environnemental[70]. De façon progressive, d'autres actes règlementaires ont été édictés en la matière en lui imbriquant à chaque fois une dynamique nouvelle. Ainsi en est-il par exemple de la prise en compte de l'aspect social dans les enjeux environnementaux, ou encore de la diversification des techniques d'évaluation environnementale impulsées consécutivement par les décrets de 2013 et de 2016[71].

b- Au plan institutionnel

Conscient de ces enjeux, le pouvoir a mis sur pieds des institutions adéquates de protection de l'environnement, posant par-là même les jalons d'un véritable service public environnemental[72]. Ces institutions sont aussi bien juridictionnelles que non juridictionnelles.

Au rang des acteurs du secteur non juridictionnel, sans être exhaustif, c'est principalement au Ministère de l'Environnement, de la Protection de la Nature et du Développement Durable (MINEPDED) que revient compétence de droit commun. Les textes qui le créent et l'organisent lui en donnent compétence principale et générale[73]. Autour du MINEPDED gravitent un conglomérat d'organes et d'institutions ayant compétences environnementales sectorielles[74]. Dans ce registre, le Ministère des travaux publics figure en première loge[75] aux côtés d'autres Départements Ministériels[76].

D'une manière générale, il est loisible de déceler au sein de chaque département ministériel et de toute collectivité publique, une cellule ou mieux

[70] Ce décret a été abrogé par celui de 2013 portant sur la même matière.

[71] Sans être exhaustif, on peut mentionner au passage les décrets n° 2013/ 0171/PM et 2013/0172/PM du 14 avril 2013 fixant modalités de réalisation respectivement des études d'impact environnemental et social, et de l'audit environnemental et social. Dans la même mouvance, le décret n° 2018/366/PM du 20 juin 2018 portant Code des marchés publics fait de la protection de l'environnement le préalable de toute passation des marchés publics des travaux. Cependant, la jurisprudence environnementale est d'une rareté criarde en la matière, non seulement en raison de la jeunesse, voire de l'incertitude du contentieux de l'environnement au Cameroun, mais surtout de la quasi-déconnection des gens de la justice de la question environnementale, notamment en ce qui concerne les dommages environnementaux causés par les travaux publics.

[72] **RADIGUET (R.),** *Le service public environnemental,* Thèse de Doctorat en droit public, Université de Toulouse Capitole 1, 24 Novembre 2016, pp. 245-249 ; **OUMBA (P.),** *Responsabilité internationale des États et risques environnementaux, Université Catholique d'Afrique Centrale,* Thèse de Doctorat Université Catholique d'Afrique Centrale, 2015, pp. 22-30.

[73] Voir le décret n° 2005/117 du 14 avril 2005 portant organisation du Ministère de l'Environnement et de la protection de la nature.

[74] L'article 88 de la loi cadre de gestion de l'environnement de 1996 énumère ces acteurs.

[75] *Ibidem.*

[76] Il est celui qui a compétence sectorielle primordiale pour protéger l'environnement dans la réalisation des travaux publics. Puis, le Ministère des Marchés Publics (MINMAP) et les autres institutions chargées du contrôle et de la régulation des marchés publics. Sans prétendre à l'exhaustivité, il en est de même du rôle du Ministère de l'Économie, de la Panification et de l'Aménagement du Territoire (MINEPAT), et d'une kyrielle d'institutions et d'organes à compétence environnementale sectorielle qui ne peuvent être énumérées ici en détail, en raison de leur nombre.

un service spécifiquement chargés de connaître des questions environnementales[77]. L'une des missions principales de tels services est justement de s'occuper de la planification et la gestion environnementales dans les travaux publics impulsés et réalisés sous la maîtrise d'ouvrage de la collectivité publique en question. Les acteurs non étatiques n'en sont pas en reste et gravitent autour des ONG, des associations de protection de l'environnement et des individus[78]. Ils effectuent diverses missions de protection de l'environnement en contexte des travaux publics.

Relativement aux acteurs juridictionnels, la loi cadre de gestion de l'environnement consacre la compétence du juge judiciaire tant civil que pénal dans la sanction des atteintes à l'environnement. Le juge administratif quant à lui, n'a pas de compétence d'attribution expressément consacrée en la matière. Toutefois, avec le concours de la doctrine, il s'est audacieusement arrogé cette compétence avec le temps. En effet, la doctrine majoritaire estime qu'à partir du moment où la protection de l'environnement est un aspect avéré de l'action publique, le juge administratif peut trancher les litiges en la matière malgré le silence des textes. Malheureusement, contrairement à ses homologues béninois et français[79], le juge constitutionnel camerounais se refuse toujours de recevoir et de traiter des litiges relatifs aux atteintes contre l'environnement[80]. L'analyse du contexte historique de l'étude offrira sans doute à mieux cerner les rôles de ces acteurs dans la protection de l'environnement.

2- Le contexte historique de l'étude

De tout temps, les travaux publics sont une préoccupation constante des États en général et du Cameroun en particulier. La protection de l'environnement quant à elle, on ne le dira jamais assez, est une problématique essentiellement récente.

Le besoin de protéger le cadre de vie n'est devenu universellement urgent qu'aux lendemains des Conférences des Nations Unies de Stockholm de

---

[77] Voir décret n° 2011/408 du 09 décembre 2011 portant organisation du gouvernement.

[78] Il s'agit notamment des Organisations Non Gouvernementales, les fondations, les individus, les partis politiques à vocation écologiques etc.

[79] Lire par exemple **BODA (J.S)** « Le Conseil constitutionnel et l'article 5 de la Charte de l'environnement : sur une occasion manquée », Libre propos tenus pendant la semaine juridique Administrations et Collectivités territoriales, LexisNexis SA, n°15, 15 avril 2024, act.197.

[80] Pourtant, le droit à un environnement sain est constitutionnellement consacré et mérite normalement d'être protégé par le juge constitutionnel qui est normalement le gardien de la suprématie constitutionnelle et des droits fondamentaux qui y sont consacrés. En effet, protéger le droit à un environnement sain contribue à la protection de la suprématie constitutionnelle elle-même.

1972 et de Rio de Janeiro de 1992[81]. Plusieurs États du continent noir, dont l'État du Cameroun, y ont manifesté leur engouement à protéger l'environnement et ses ressources sur leurs territoires[82]. Cependant, le droit de l'environnement est resté en berne durant les premières années de l'indépendance. Du moins, ne fut-il pas immédiatement pris en compte par le constituant camerounais de 1972. Il fallut attendre 1992, la participation du pays à la conférence de Rio[83], pour que fût enfin aménagée une place constitutionnelle à la question[84], notamment dans le préambule[85].

Cependant, en matière des travaux publics, c'est notamment par le truchement du Code des marchés publics de 2004 que le législateur a exprimé son engagement à aménager une place à la question environnementale[86]. Cette volonté s'est traduite par l'instauration des évaluations environnementales comme préalable à tout appel d'offre[87]. Dans un esprit de continuité, dans sa récente révision de 2018, le nouveau Code des marchés publics s'est approprié les acquis environnementaux de son devancier[88].

Mais comparativement, il a fallu un temps encore plus long pour que les textes organisant les travaux publics locaux et régionaux s'en imprègnent à leur tour[89]. La vérité est que le transfert des compétences censé accompagner et concrétiser la décentralisation initiée en 1996[90] a fini par connaitre le même

---

[81] Lire à ce sujet, **KAMTO (M.),** *Droit de l'environnement en Afrique, op.cit.,* pp. 50-63. Dans cet ouvrage pionnier, l'auteur procède à une présentation- description presqu'exhaustive de la participation de l'Afrique à la formation du droit de l'environnement et dans une large mesure, à la formation des grandes préoccupations environnementales.

[82] *Ibidem.*

[83] La problématique environnementale n'a pu être prise en compte dans la Constitution du 02 juin 1972, puisque c'est notamment au cours de cette année que se dressa l'acte de naissance du droit de l'environnement, notamment au sommet de Stockholm.

[84] Préambule de la Constitution camerounaise du 18 Janvier 1996.

[85] Au sens de l'art. 65 de la Constitution, *« le préambule fait partie intégrante de la Constitution ».* Par conséquent, les droits et principes qui y sont énoncés bénéficient de la même force juridique constitutionnelle que ceux contenus dans le dispositif.

[86] Voir **TSAMO (V.),** *La protection de l'environnement dans la réalisation des travaux publics au Cameroun : l'exemple des routes nationales,* Mémoire de Master en droit public, Université de Dschang, 2020-2021, pp. 25-38.

[87] Voir article 53-54 du Code des marchés publics, précité.

[88] Voir les articles 54 et 55 du même texte.

[89] Ce n'est qu'à partir de 2011 que la majorité des compétences est transférée de l'État vers les CTD. Cependant, ce transfert s'est opéré suivant le principe de progressivité qui est source d'une certaine lenteur dans le transfert des compétences et moyens relatifs à la problématique environnementale.

[90] La décentralisation au Cameroun est une initiative du Constituant du 18 janvier 1996. A ce titre la Constitution révisée de 1996 dispose en son article Premier alinéa 2 que : *« La République du Cameroun est un Etat unitaire décentralisé ».* Cette décentralisation, pour se concrétiser, exigeait non seulement l'existence réelle des CTD jouissant d'une autonomie administrative et financière, mais surtout d'un transfert de compétences particulières, assorti des moyens appropriés à la mise en œuvre desdites compétences. Relativement au premier aspect, l'article 55 de la Constitution du Cameroun érige en CTD, les Régions et les Communes, en laissant la latitude au législateur de créer tout autre type. Au regard du deuxième aspect, l'article 56 du même texte pose les jalons du transfert par l'Etat aux CTD, dans les conditions fixées par la loi, des compétences et des moyens nécessaires à leur développement économique, social, sanitaire, éducatif,

destin dandinant que la décentralisation elle-même[91]. Dans l'ensemble, les compétences transférées ne reçoivent pas toujours les mesures financières adéquates pour leur implémentation[92]. Ceci justifie en partie la complexité du contexte économique de l'étude.

3- Le contexte économique de l'étude

L'étude s'inscrit dans un contexte économique marqué par un déséquilibre budgétaire remarquable. Ce déséquilibre se traduit par l'inégale répartition des allocations budgétaires entre le secteur de la protection environnementale et les autres domaines de l'action publique. En effet, malgré les difficultés que rencontre notre économie, le budget de l'État est en constante augmentation ces dernières années. Il est pratiquement passé du simple en 2011 (2571 Milliard de FCFA) au double en 2022 (5752,4 Milliard FCFA), avec en priorité le secteur des travaux publics, entre autres.

L'allocation budgétaire du Ministère des Travaux Publics (MINTP) en 2022 représente 527,065 Milliard FCFA[93], preuve que le gouvernement mise sur la réalisation des grands travaux publics pour booster la croissance économique. Comparativement, l'allocation budgétaire du Ministère de l'Environnement, de la Protection de la Nature et du Développement Durable (MINEPDED) affiche un faible taux de croissance par rapport aux objectifs fixés. En effet, malgré une légère augmentation de 2,85% par rapport à l'allocation de l'année 2021, le budget général du MINEPDED n'est que de 6,5 Milliard de FCFA[94]. Il est assorti d'un compte d'affectation spéciale d'un montant de 1,2 Milliard FCFA réversible au Fonds National de l'Environnement et du Développement Durable (FNEDD)[95], soit un total de seulement 7,7 Milliard FCFA pour ce Département Ministériel. Ce contraste

---

culturel et sportif. Sauf que ce transfert prendra par la suite un destin incertain, mais surtout un rythme très lent, notamment pour ce qui est des questions environnementales. Les premières compétences transférées aux Régions en matière environnementale ne surviendront que dès 2021. (Voir par exemple le Décret n° 2021/746 du 20 décembre 2021 fixant les modalités d'exercice de certaines compétences transférées par l'Etat aux Régions en matière de protection de l'environnement).

[91] Voir **KPOUMIE MFONE (A.),** *Protection de l'environnement dans l'aménagement des territoires locaux : cas de la Commune de Foumban (Ouest-Cameroun),* Mémoire de Master en Droit Public, Université de Dschang, 2021, pp.10-35.

[92] Voir **ALIYOU (S.),** *Le transfert des compétences aux collectivités territoriales décentralisées au Cameroun,* Thèse de Doctorat/Ph. D en Droit Public, Université de Dschang, 2016, pp. 52-65.

[93] Voir CHAPITRE 28 – Ministère de l'Environnement, de la Protection de la Nature et du Développement Durable de la Loi de Finances 2022.

[94] *Ibidem,* Chapitre 28, LF de l'exercice 2022.

[95] Institué par loi-cadre relative à la gestion de l'environnement de 1996, notamment à son article 11 alinéa 1, le FNEDD est un compte spécial d'affectation du trésor qui œuvre dans la promotion et la conservation de l'environnement et des ressources naturelles.

budgétaire peut donner à interroger la sincérité de la prise en compte, par le gouvernement, de la question environnementale.

Bien plus, au-delà de la mauvaise ou de la non-exécution des marchés publics au Cameroun par certains prestataires, souvent fictifs, le processus de passation et de réalisation des marchés de travaux semble toujours ignorer les principes économiques et environnementaux modernes. Il s'agit à titre d'illustration de la logique d'achats durables[96], d'achat vert[97] ou d'achat écoresponsable[98], du mieux disant environnemental[99] pourtant devenus les principaux indicateurs de la protection de l'environnement dans le secteur des BTP. Le point culminant de cette situation est atteint avec le silence du législateur des marchés publics eu égard[100]. Pour s'en apercevoir, il suffit de faire un tour d'horizon de l'arsenal juridique qui abonde le domaine des travaux publics. Le constat en est que les organes de gestion et de contrôle des marchés publics au Cameroun n'accordent pas encore suffisamment à la pratique d'achat vert la place qui est pourtant désormais sienne dans le reste du monde[101]. A l'instar du contexte économique, le contexte social de l'étude est, lui aussi, marqué par des crises qu'il convient de mettre en exergue.

---

[96] *« Achat d'un produit n'endommageant pas l'écosystème et respectueux des conditions sociales l'ors de sa fabrication ».* Définition donnée par le *Dictionnaire français*, consulté en ligne le 06/06/2022 à 13 :26, sur Google, à l'adresse https://www.linternaute.fr/dictionnaire/fr/definition/achat-durable/.

[97] La notion *d'achat vert* renvoie aux achats qui peuvent être des articles ou des services, qui ont la particularité de mieux respecter la nature. Ils sont également associés à une éthique environnementale, c'est-à-dire que leur fabrication s'effectue dans des conditions particulièrement et socialement respectueuses. Définition donnée par le *Dictionnaire Français*, précité, p. 15.

[98] L'achat écoresponsable est une politique qui consiste à intégrer l'environnement dans les décisions liées au processus d'achat depuis la définition du marché jusqu'au choix des offres. La dimension environnement de l'achat éco responsable constitue l'un des aspects de la décision, avec les couts, les délais, la qualité et la sécurité. Cette démarche vise à recourir à des approvisionnements (produits et prestations) plus respectueux de l'environnement. Elle va dans le sens d'une gestion responsable et citoyenne de l'environnement. Voir **DELBARD (O.),** *Dictionnaire de l'environnement et du Développement durable*, 2011, p.10, consulté le mercredi, 21/03/2024 via https://www.decrire.fr/ebooks/dictionnaire-de-l-environnement-et-du-developpement-durable-9782266220873_3.html . C'est notamment le cas lorsque l'acheteur privilégie des biens et services à moindre impact environnemental. Par exemple : les produits éco préconçus, biens et services consommant moins d'énergies, d'eau, de transport etc. Pour plus de détails, lire **CADET (C.),** *Les achats verts sont-ils une réelle source de performance économique pour les entreprises ?,* Mémoire de Master Professionnel, Université Grenoble Alpes, 2021, *op.cit.*, pp. 8-45.

[99] **DELBOS (J.-P.),** *La notion de mieux-disant dans les marchés publics de travaux de collectivités locales : mythes et réalités,* Thèse de Doctorat, de l'Université de Toulouse 1, 1996, pp.205-211.

[100] En effet, les instruments de la commande des travaux publics au Cameroun actuellement sont encore peu ouverts à ces standards environnementaux nouveaux, qui constituent pourtant la trame de fond de la protection de l'environnement et du règlement des changements climatiques actuels.

[101] Lire **AMOUGOU (P.),** « Cameroun : le processus de passation et d'exécution des marchés publics ne respectent pas assez les critères de durabilité », p.1. Article disponible à l'adresse http://www.Mediaterre.Org/Afrique-centrale , consulté le 21/01/2022 à 12 :34. Dans ce registre, l'urgence est de remarquer que les principaux textes (le décret n° 2001/048 du 23 février 2001 portant création, organisation et fonctionnement de l'Agence de Régulation des Marchés Publics; le décret n° 2018/366 du 20 juin 2018 portant Code des Marchés Publics; le décret n°2012/ 075 du 08 mars 2012 portant organisation du Ministère des Marchés Publics ainsi que le décret n° 2012/074 du 08 mars 2012 portant création organisation et fonctionnement des Commissions de Passation des Marchés Publics).

5- Le contexte social de l'étude

En effet, les multiples dérives écologiques des travaux publics contribuent à complexifier d'avantage un social camerounais déjà aux prises à de multiples crises. Il s'agit d'entrée de jeu, de la récurrence des catastrophes écologiques liées à la mauvaise implantation de certains ouvrages publics. C'est ensuite le cas de la gestion irrationnelle de certaines ressources naturelles dans les projets de développements.

En effet, l'inégale répartition des travaux publics sur le territoire national était depuis longtemps déjà, une cause de dérives sociales[102] avant de devenir un vecteur de déséquilibre écologique. Elle était aussi source d'aggravation des écarts de développement entre les zones urbaines, périurbaines et rurales[103]. Aussi, l'accroissement des cas d'expropriation pour cause de travaux publics sans juste et préalable indemnisation ni de recasement expose les victimes. Cette situation alimente les tensions sociales et aggrave la précarité écologique nationale. Il s'en suit des constructions et logements anarchiques, incommodes et insalubres, guidées par la quête d'un nouveau cadre de vie par des personnes expropriées pour les besoins des travaux publics, non indemnisées, et non recasées.

La gestion irrationnelle des déchets des travaux publics dans certains cas et notamment en ville engendre non seulement le développement des taudis, mais aussi l'aggravation des écarts sociaux entre quartiers pauvres et quartiers riches[104] d'une part, et entre quartiers salubres et quartiers insalubres d'autre part. On pourra en dire autant des séries d'inondations, de glissements de terrain, et de croulements des ponts et autres infrastructures des travaux publics.

Le Cameroun vient néanmoins d'officialiser sa nouvelle stratégie de développement économique et social 2020-2030. Contenue dans la *Stratégie*

---

[102] Exode rurale

[103] **TSAMO (V.),** *La protection de l'environnement dans la réalisation des travaux publics au Cameroun : l'exemple des routes nationales,* Mémoire de Master en Droit Public, Université de Dschang, 2020-2021, *op.cit.,* pp. 35-41.

[104] L'un des faits les plus marquants de l'actualité au Cameroun de nos jours est la destruction des habitats pour la réalisation des infrastructures de développement. En effet, le 28 Mars 2022, le Ministre des domaines, du cadastre et des affaires foncières, dans un arrêté à substance unique a déclaré d'utilité publique les activités de développement portuaire (4eme arrondissement de la ville de Douala). Soit une superficie de près de 97 hectares, pour une population estimée à cent cinquante mille (150 000) personnes. Depuis lors, les travaux de démolition ne cessent d'engendrer des crises dont la revendication commune des expropriés demeure l'octroi des indemnités et/ou le recasement décent. A défaut de ces mesures, les personnes expropriées non recasées constituent un risque crucial de dégradation de l'environnement du fait des installations anarchiques des activités et des cadres de vie.

Nationale de Développement (SND30)[105], cette nouvelle vision semble placer la protection de l'environnement parmi les priorités, notamment au rang des objectifs de développement durable. Notion qu'il sied de définir.

B- La clarification du sujet

La doctrine reconnaît unanimement l'utilité de la définition des concepts en sciences sociales desquelles appartient la discipline du Droit[106]. C'est du moins ce qu'affirme Emile DURKHEIM[107] lorsqu'il estime qu'avant toute chose, il convient de s'accorder sur le sens à donner aux mots, aux concepts, ces derniers étant très souvent polysémiques. BOURDIEU, PASSERON et CHAMBOREDON affirmeront en complément qu'« *un objet, si partiel et si parcellaire soit-il, doit être défini, construit, conquis…* »[108]. Aussi est-il vrai que « *la définition est un préalable analytique qui permet d'éviter les erreurs, les confusions et les débats inutiles* »[109].

Un adage romain reconnait néanmoins que : *« Omnis definitio in jure(...) pericultosa »*. En d'autres termes, la définition des notions fondamentales d'une étude n'est pas toujours une gageure évidente, même si en tant qu'un *« outil intellectuel permettant de construire un raisonnement »*[110] elle est incontournable. C'est sans doute la raison pour laquelle le professeur Charles EISENMANN insistait qu'*« il faut nécessairement commencer par résoudre clairement le problème de fixation des concepts qui forment l'armature d'un thème, sinon on discuterait dans l'obscurité en vain »*[111].

---

[105] Au sortir de l'initiative Pays Pauvres Très Endettés (PPTE) par l'atteinte du point d'achèvement en 2006, le Cameroun s'est doté, pour convaincre la communauté nationale et internationale de son aptitude à relancer la croissance économique sur le territoire national, d'un document jadis appelé Document de Stratégie pour la Croissance et l'Emplois (DSCE). Dans ce document, le gouvernement entreprend une vision économique qui fixe le développement du Pays à l'horizon 2035. Ce document devait se matérialiser de 2009 à 2035 suivant une mise en œuvre échelonnée des différentes phases le constituant. Seulement, au soir de 2020, la première étape avait rencontré des échecs ayant poussé le gouvernement à revoir ses stratégies et visions de développement. La nouvelle vision entreprend l'idée d'un développement devant se concrétiser entre 2020-2030, avec en avant-garde, l'accroissement des projets d'infrastructure. C'est la SND30. Voir *la stratégie nationale de développement,* page. 7.

[106] **KELSEN (H.),** *Théorie pure du droit*, édition de la Baconnière-Neuchatel, juin 1953, p. 3.

[107] **DURKHEIM (E.),** *Les règles de la méthode sociologique*, 2001, Paris, PUF, P.45.

[108] **BOURDIEU (P.), CHAMBOREDON (J.-C.), et PASSERON (J.-C.),** *Le métier de sociologue,* Paris, Mouton, 2e éd. 1973, p.54.

[109] **SINDJOUN (L.),** *L'État ailleurs, entre noyau dur et case vide,* cité par **KEUDJEU DE KEUDJEU (J.-R.),** *Recherche sur l'autonomie des collectivités territoriales décentralisées au Cameroun,* Thèse de Doctorat/Ph. D en Droit Public, Université de Douala, 2012, p.24.

[110] **TROPER (M.),** *Droit constitutionnel*, Paris, LGDJ, 28e édition, 2003, p.15

[111] **EINSENMANN (C.),** *Cours de droit administratif*, Paris, LGDJ, Tome1, 2013, p.17.

Ces rappels épistémologiques commandent de définir au préalable les concepts polysémiques et évolutifs de *« protection de l'environnement »* **(1)** et de « *travaux publics* » **(2).**

1- La *« protection de l'environnement »* : une notion polysémique

S'il est une expression qui a le plus pénétré les discours politiques et diplomatiques ces trois dernières décennies, c'est bel et bien celle de *« protection de l'environnement ».* Faisant l'objet d'appropriations sémantiques diverses, cette notion s'entoure par conséquent de diverses zones d'ombre qui empêchent de lui trouver une définition qui fasse l'unanimité. Ces vicissitudes définitionnelles autorisent d'opérer une analyse segmentée de chacun des éléments constitutifs de la notion, pour filament espérer poser une définition qui rende compte de son unité. Dans cette démarche, l'examen isolé des concepts d' *« environnement »* et de *« protection »* **(a)** conduira certainement à saisir celle plus générique de *« protection de l'environnement »* **(b).**

a- Les notions d' *« environnement »* et de *« protection »*

L'incorporation de l'environnement dans le corpus des sciences juridiques a créé la nécessité et même l'urgence de lui trouver un contenu qui tienne compte des spécificités de la matière[112]. Plusieurs sources du droit se lancèrent alors dans cette entreprise, et l'œuvre fut fructueuse puisqu'il existe aujourd'hui une définition légale, jurisprudentielle et doctrinale de « *l'environnement* ».

Ainsi, au sens de la Convention de Lugano *« l'environnement »* intègre : *« les ressources naturelles abiotiques et biotiques, telles que l'air, l'eau, le sol, la faune et la flore, et l'interaction entre les mêmes facteurs ; les biens que composent l'héritage naturel ; et les aspects caractéristiques du paysage »*[113]. La loi de la République Démocratique du Congo portant Principes fondamentaux de l'environnement de 2011 définit cette notion comme l'*« ensemble des éléments naturels ou artificiels et des équilibres biologiques et géochimiques auxquels ils participent, ainsi que des facteurs économiques, sociaux et culturels qui favorisent l'existence, la transformation et le développement du milieu, des organismes vivants et des activités*

---

[112] **KAMTO (M),** *Droit de l'environnement en Afrique, op.cit., p.15.*

[113] Il s'agit de la Convention concernant la compétence judiciaire, la reconnaissance et l'exécution des décisions en matière civile et commerciale, signé le 30 octobre 2007 à Lugano, entre la Confédération Suisse, la Communauté européenne, le Royaume de Danemark, le Royaume de Norvège et la République d'Islande.

humaines »[114]. Suivant les vœux de la loi cadre de gestion de l'environnent au Cameroun, *« l'environnement constitue en République du Cameroun, un patrimoine commun de la nation. Il est une partie intégrante du patrimoine universel »*[115]. En effet, cette loi définit la notion comme « *l'ensemble des éléments naturels ou artificiels et des équilibres biogéochimiques auxquels ils participent, ainsi que des facteurs économiques, sociaux et culturels qui favorisent l'existence, la transformation, et le développement du milieu, des organismes vivants et des activités humaines* »[116]. Traduisant la vision d'un Cameroun indépendant et particulièrement riche en ressources naturelles, cette définition instaure une impressionnante synergie entre l'ensemble des composantes de la vie courante. Aussi instaure-t-elle une *« inter connexion entre normes internationales et normes internes »*[117] en matière de protection de l'environnement. Elle présente de ce fait un caractère abstrait qui, cependant, *« ne permet pas de percevoir toute la subtilité de la notion* »[118].

Dans son avis consultatif du 8 juillet 1996, la Cour Internationale de Justice souligne que « *l'environnement n'est pas une abstraction, mais bien l'espace où vivent les êtres humains et dont dépendent la qualité de leur vie et leur santé, y compris pour les générations à venir »*[119]. Par ailleurs, l'illustre Cour trouvera plusieurs autres occasions de réitérer cette définition pour justement sensibiliser les consciences sur la nécessité de protéger l'environnement, non seulement pour notre bien-être, mais aussi et surtout pour celui des générations futures[120].

Dans l'affaire du *chemin de fer du Rhine* du 24 mai 2005, la sentence arbitrale pose que *« le terme environnement englobe l'air, l'eau, la terre, la faune, la flore, les écosystèmes et les sites naturels, la santé et la sécurité humaine ainsi que le climat »*[121]. De constat, les gens de la justice partagent une vision anthropocentrée de ce que peut être l'environnement. Selon leur conception en effet, l'homme est à l'épicentre de la nature et forme la

---

[114] Art. 2 al. 16 de la loi n° 11/009 du 09 juillet 2011 portant principes fondamentaux relatifs à la protection de l'environnement.
[115] Art.2 al. 1 de la loi n°96/12 du 05 août 1996 portant loi cadre de gestion de l'environnement.
[116] *Idem,* art 4(k).
[117] **TCHEUWA (J.-C.),** « Les préoccupations environnementales en droit positif camerounais », *RJE*, n°1, 2006, *op.cit.*, pp. 21-41.
[118] *Ibidem, p. 25.*
[119] CIJ, *Licéité de la menace ou de l'emploi d'arme nucléaire*, Avis consultatif du 8 juillet 1996, Rec. 1996, p.241.
[120] Voir affaires *COASI CRONO Gilboas ; CIJ, Usines de pâte à papier sur le fleuve URUGUAY.*
[121] Voir **COMBACAU (J.), SUR (S.),** *Droit international public*, Paris, Montchrestien, 9e éd, 2010, p.507.

composante essentielle de celle-ci, si bien qu'on ne saurait envisager l'environnement séparément de lui.

Ne s'écartant pas vraiment de cette vision, le Professeur Maurice KAMTO opère une définition davantage finaliste de la notion, lorsqu'il la définit comme « *l'ensemble de la nature et des ressources y compris le patrimoine culturel et les ressources humaines indispensables pour les activités socioéconomiques et pour le meilleur cadre de vie* »[122]. Pour le Professeur Gérard CORNU, l'environnement est « *l'ensemble des composantes d'un milieu déterminé que la législation désigne* »[123]. Ce dernier ne donne pas vraiment une définition précise, mais insiste plutôt sur l'importance de la qualification que doit opérer souverainement le législateur. En prenant cette posture, CORNU conforte le Professeur Michel PRIEUR dans sa position, tous admettant que l'environnement est *« une notion caméléon »[124],* infiniment glissante et par conséquent difficile à définir avec assurance et ferme conviction[125].

Afin d'éviter de prolonger la liste interminable des définitions de la notion, il est judicieux d'adapter à la présente étude, celle posée par la CIJ, à savoir que : « *l'environnement n'est pas une abstraction, mais bien l'espace où vivent les êtres vivants et dont dépendent la qualité de leur vie et leur santé, y compris pour les générations futures* ».[126] Cette définition présente l'avantage de concevoir l'environnement dans son sens classique notamment comme le cadre de vie de l'homme, mais aussi dans son acception nouvelle, notamment comme un élément du développement durable. Surtout, elle restaure l'unité de la notion d'environnement en dépassant les clivages tout en rappelant la nécessité d'une certaine protection.

En effet, le terme ***« protection »*** pour sa part dérive du vocable latin *« protectio »* qui signifie « *action de protéger contre un agresseur ou un danger* »[127] . Étroitement proche de celle de sanction, la notion de protection

---

[122] Voir **KAMTO (M.),** *Droit de l'environnement en Afrique, op.cit.,* p.20.

[123] **CORNU (G.),** cité par **FOTSO (H.-G.),** *La protection de l'environnement par les Collectivités Territoriales Décentralisées au Cameroun : cas de la communauté urbaine de Douala.,* Mémoire de Master2 Recherche Droit public, Université de Douala, 2012, p. 6.

[124] **PRIEUR (M.),** *Droit de l'environnement,* Paris, Dalloz, 2011, 6e éd., pp.1 et ss., Pour de plus amples précisions sur cette notion d'environnement, voir aussi **GEORGE (P.),** « L'environnement », *in, Vraiment Durable,* n°2, 2012, pp-155-160 ; **ANTOINE (S.),** *Une vision française de l'environnement,* n° 6, 1980, p.39.

[125] **PRIEUR (M.),** *Droit de l'environnement,* Paris, Dalloz, 2011, 6e éd., *op.cit.,* pp.1 et ss

[126] Voir, C.I.J, *Avis consultatif du 08 juillet 1996 relatif à la Licéité de la menace ou d'emploi d'armes nucléaires.* Rec. 1996, p. 241-242, précité. Cette jurisprudence a été confirmée par la CIJ en 1997, 2006, et 2008, respectivement dans les affaires Gabsikovo-Nagymaros, Usine de pâte à papier sur le fleuve Uruguay et Epandage aérien d'herbicides toxiques.

[127] Dictionnaire Larousse, encyclopédie 2000, Paris, 1999, p.1278.

s'avère bifaciale et peut valablement incarner la prévention comme la répression. Ces deux sens seront retenus dans le cadre de la présente étude parce qu'ils traduisent les différents mécanismes institutionnalisés pour garantir la protection de l'environnement.

b- La *« protection de l'environnement »*

Les constructions antérieures n'autorisent plus que l'on fasse des détours pour poser la définition du concept de *« protection de l'environnement »*. Opérant par synthèse, on est en droit d'appréhender cette notion comme étant *« l'ensemble de moyens, notamment préventifs, répressifs, et même curatifs, actionnés par les acteurs en vue de maintenir l'environnent en l'état, de façon à garantir les intérêts des générations présentes et futures »*[128]. Cette définition est celle qui mérite d'être retenue dans le cadre de la présente recherche. La raison en est qu'elle rend fidèlement compte de l'esprit de l'étude, oriente la recherche et favorise les démonstrations que celle-ci pourrait autoriser dans l'analyse du complexe -environnement-travaux publics-.

2- Les *« travaux publics »* : Une notion évoluée

La notion de *« travaux publics »* est souvent confusément employée, ce qui prête à équivoque[129]. Pour dissiper une telle confusion, le mieux serait d'abord de dire ce qu'elle n'est pas, en marquant notamment la distinction qui s'impose entre les travaux publics et la notion voisine d'ouvrage public **(a)**, avant de dire ce qu'elle peut être, en la définissant proprement **(b).**

a- Distinction entre travail public et ouvrage public

De l'avis de plusieurs auteurs, opérer une nette démarcation entre travaux publics et ouvrages publics ne relève pas de l'évidence[130]. L'écart entre ces deux notions aurait cependant été souvent exagéré. Pourtant, sans être véritablement antinomiques, les deux recèlent néanmoins des particularités qui méritent une certaine distinction à divers des égards.

---

[128] Définition formulée dans le cadre de la présente étude.

[129] Les collectivités publiques réalisent ou font réaliser, régulièrement, des opérations de construction, d'aménagement, d'équipement ou d'installation de toute sorte. Ces différentes opérations sont, pour l'essentiel, soumises à un régime juridique exorbitant de droit commun. Mais ce régime juridique n'est rendu applicable qu'aux opérations répondant à certains critères sur la base desquels on définit le travail public. Pour amples informations à ce sujet, lire **AUBY (J.-M.), BON (P.), AUBY (J.-B.), TERNEYRE (P.),** *Droit administratif des biens,* 7e édition, Dalloz, 2016, *op.cit.*, pp.190-200.

[130] *Idem.*

L'ouvrage public, bien qu'étant le résultat d'opérations des travaux publics, quoi que partageant un régime juridique quasi similaire, ne peut être réduit à celui-ci. En effet, certains travaux publics ne conduisent pas toujours à la réalisation d'ouvrages publics; il en est ainsi des travaux effectués sur des bâtiments privés ou déjà édifiés[131]. Aussi, certains ouvrages publics ne résultent pas nécessairement des opérations de travaux publics; c'est le cas lorsque la personne publique a acquis un immeuble construit suivant les procédés de droit privé par des particuliers.

Bien plus, les ouvrages publics ne relèvent pas toujours du domaine public comme c'est le cas avec les travaux publics[132]. Dans divers cas en effet, certains ouvrages publics sont des biens du domaine privé (ex : routes forestières), ou appartiennent à des personnes privées (ex : ils appartiennent au concessionnaire ou à un particulier qui en a fait don ou leg à une personne publique). De la sorte par exemple, certains biens restent des ouvrages publics alors qu'ils sont sortis du domaine public. La définition de la notion s'impose.

b- La définition proprement dite de la notion

Les *« travaux publics »* sont l'une de ces notions dont la familiarité et la vulgarité de l'usage tendent à voiler les vicissitudes de sa définition. Ce d'autant plus que plusieurs instruments juridiques invoquent et règlementent même le processus de réalisation ainsi que le régime contentieux des travaux publics, sans pour autant en dégager une définition de référence[133]. Le Code des marchés publics du 24 décembre 2018 ainsi que la multitude de textes régissant la commande publique au Cameroun se contentent de déterminer le régime juridique applicable aux travaux publics, oubliant finalement de définir au préalable la notion elle-même. C'est de la même manière qu'avait procédé le législateur français du 28 pluviôse an VIII relative à la notion[134]. C'est décidément la jurisprudence qui comblera ce vide juridique en déterminant les critères de définition de la notion en suspens.

[131] *Idem,* pp.190-215.

[132] *Idem.*

[133] Les travaux publics les plus importants sont confiés, pour leur réalisation, aux entreprises privées spécialisées. Les travaux dits importants renvoient à la construction, à l'aménagement ou à la démolition, par exemple, par opposition aux travaux d'entretien ou de réparation. Les collectivités publiques ont recours aux différents *« contrats »* susceptibles d'être conclus dans le domaine particulier des travaux publics. Sans être exhaustif, les plus courants sont les concessions de service public, les marchés de travaux publics.

[134] La loi du 28 Pluviôse an VIII est la toute première en France à avoir déterminé le régime juridique du travail public, en le soumettant à a compétence exclusive du juge administratif. Cependant, le législateur s'est abstenu à donner déterminer le contenu de la notion de travail public. Ce vide sera néanmoins comblé au fil du temps par a jurisprudence.

Remarquons déjà que toutes les activités réalisées par les collectivités publiques ne sont pas nécessairement des travaux publics au sens juridique du terme. Le droit combine les critères anciens et nouveaux pour définir la notion.

Les critères classiques de définition de la notion de *« travaux publics »* sont l'œuvre de la jurisprudence du Conseil d'État français du 10 juin 1921, *Commune de Monségur*. Dans cette espèce, le juge parvint à dégager trois critères qui ont pendant longtemps déterminé la définition du travail public.

Il s'agit d'abord **du critère matériel** (le caractère immobilier du travail public). Suivant ce critère, les travaux publics sont des opérations portant essentiellement sur les immeubles par nature ou par destination, à l'exclusion des biens meubles. Ensuite s'agit-il **du critère organique** (l'intervention d'une personne publique). Ce critère postule qu'une personne publique doit être directement ou indirectement représentée dans ces opérations. Enfin, le **critère intentionnel** (la finalité d'intérêt général), à savoir que l'activité en question doit nécessairement rechercher la satisfaction de l'intérêt général.

Cependant, les critères classiques ainsi exposés n'ont pas pu résister à la critique du fait des mutations socio temporelles et de leurs insuffisances face aux aléas de la vie quotidienne. C'est la raison pour laquelle le juge des conflits en est venu à trouver un critère moderne pour rajeunir la notion en cause. Dans ce registre, le mérite du Tribunal des Conflits dans son jugement du 28 mars 1955 *Association syndicale de reconstruction de Toulon c/ Effimief* est d'avoir dégagé le critère nouveau de la notion en cause[135]. Il s'agit du **critère du service public de la définition**, à savoir que les activités en cause, à défaut de s'opérer en vue de l'intérêt général, le doivent au moins pour l'exécution d'une mission de service public.

En faisant une synthèse de cette jurisprudence, il ressort que sont des travaux publics, les travaux immobiliers effectués pour le compte d'une personne publique dans un but d'intérêt général et ceux effectués par une personne publique, même pour le compte d'une personne privée, pour la réalisation d'une mission de service public[136].

---

[135] *Idem*, p. 200.

[136] TC, 28 mars 1955, *Association syndicale de reconstruction de Toulon c/ Effimief*, GAJA p. 617. La définition donnée par la jurisprudence *Commune de Monségur de 1921* s'est avérée être suffisante jusqu'à la seconde guerre mondiale.

Cette définition présente le mérite de préciser avec brio les éléments constitutifs et la nature du travail public, tout en donnant des indications sur le régime contentieux. Reste alors d'opérer une délimitation de l'étude.

C- La délimitation de l'étude

D'après le professeur Magloire ONDOA, *« tout travail de recherche prend la forme et la valeur d'un commentaire et d'une systématisation théorique du droit à un moment donné, dans un contexte précis et sur un problème juridique »*[137]. En le délimitant, on l'appréhende mieux. Ainsi, la délimitation de la présente étude s'envisage sur deux (02) dimensions qu'il convient de décliner à tour de rôle. Il s'agit d'une part de la dimension spatio-temporelle **(1)** et d'autre part, de la dimension matérielle **(2)**.

1- La délimitation spatiale et temporelle de l'étude

Le spatio-temporel est une association de deux phénomènes qui, sans être véritablement opposés, renvoient chacun à une réalité particulière qui permet de présenter l'étude dans un angle d'analyse précis. Il s'agit en effet de la combinaison de l'espace **(a)** et du temps **(b)**. Tandis que le premier donne à situer le sujet dans les limites territoriales et géographiques dans lesquelles il s'inscrit, le second, quant à lui, permet de circonscrire clairement l'intervalle de temps dans lequel se déroulent les évènements, les phénomènes ou les interactions qui sous-tendent l'étude.

a- La délimitation spatiale de l'étude

La République du Cameroun, État de l'Afrique noire francophone, situé au centre de l'Afrique et au nord de l'équateur est le principal laboratoire de la présente recherche. Limité au nord par la République du Tchad, à l'Est par la République Centrafricaine, à l'Ouest par la République du Nigeria, et au sud par les Républiques du Gabon, de Guinée Équatoriale, et du Congo, cet État présente depuis l'impulsion des grands chantiers de 2011, une curiosité écologique.

Les travaux publics dont–il est question dans le cadre de la présente étude, concernent tant ceux réalisés au niveau central par l'État, les services centraux ou ceux rattachés à ces derniers (délégations régionales,

[137] **ONDOA (M.),** *Méthodologie de la recherche*, Cours de DEA de droit public fondamental, Université de Yaoundé II Soa, 2009-2010, p.3, *inédit.*

départementales et local), les établissements publics ou parapublics, qu'au niveau régional par les Régions, et au niveau local par les Communes.

b- La délimitation temporelle de l'étude

Le cadre temporel est l'intervalle de temps, mieux la période dans laquelle s'opère la recherche. Ainsi, l'étude se circonscrit dans la période allant de 2011 à nos jours, période correspondant à l'exécution des grands chantiers de l'émergence aujourd'hui contenus dans la *SND30*[138], à la suite de son devancier le *DSCE*[139]. L'idée étant que la quantité et l'intensité des travaux réalisés dans cette période sont de nature à influencer profondément l'environnement, positivement ou négativement.

2- La délimitation matérielle

Parlant des travaux publics, il s'agit dans le cadre de la présente étude, des grands projets d'investissement annoncés en 2011 par le gouvernement du Cameroun dans sa nouvelle vision économique portée par le Document de Stratégie pour la Croissance et l'Emploi[140]. Ces projets concernent les domaines stratégiques tels que l'aménagement des réseaux ferroviaires et de transport d'électricité, la construction des logements sociaux, des voies de transport, des barrages hydroélectriques, des stades de jeux, des routes et autoroutes, etc.[141] Ils ont pour cadre général de réalisation le DSCE et la SND-30.

Pour réussir l'analyse des interactions entre l'environnement et les travaux susmentionnés, l'étude doit concilier trois champs disciplinaires précis : le champ du droit international et national de l'environnement[142], du

---

[138] Il s'agit de la Stratégie Nationale de Développement 2020-2030.

[139] Il s'agit du Document de Stratégie pour la Croissance et l'emploi édicté en 2006 par le gouvernement en vue de l'atteinte du point d'achèvement de l'initiative Pays Pauvres Très Endettés (PPTE). Son glas fut sonné par la précédente SND 30 en 2020.

[140] *CF, DSCE, Op.cit.*

[141] Il s'agit entre autres, des barrages hydroélectriques (Memve'ele, de Lom Pangar, de Mekin, de Birni à Warak, de Nachtigal-Amont, devant accroitre l'offre en énergie des capacités respectives de 211MW, 30MW, 15MW, 75MW, 420MW). Ces projets s'étendent généralement sur des vastes milieux et sont susceptibles de causer à l'environnement et aux populations des dégâts irréversibles. Il en est de même de la réalisation des autoroutes (Douala-Yaoundé et Youndé-Nsimalen, par exemple) en vue de créer des axes de circulation rapide entre ces villes; la réalisation du second pont sur le Wouri, en vue de fluidifier les échanges dans la ville et de désengorger le trafic sur le premier pont, les travaux d'aménagement des entrées Est et Ouest de Douala en vue d'assainir et désengorger les entrées et sorties de la capitale économique. La construction des milliers de logements sociaux etc.

[142] Le droit de l'environnement se définit selon qu'il est pris sous l'angle du droit national ou de celui du droit international. Cependant, force est de remarquer que la problématique environnementale est une création du droit international duquel découlent sa formation et sa structuration. Le droit international de l'environnement est en lui-même une sous-branche du droit international général (public et privé), qui a acquiert avec le temps,

droit de l'urbanisme[143], et celui des travaux publics[144]. Il est davantage question d'analyser les interactions entre ces trois domaines du savoir juridique, dans l'optique d'y déceler les mécanismes de la préservation des écosystèmes et de l'amélioration du cadre de vie des populations[145]. Pour y parvenir, le recours au droit administratif (général et contentieux) sera incontournable, au même titre que les notions pertinentes du droit des contrats administratifs. Le but de cette pluridisciplinarité est de parvenir à identifier, comprendre et à expliquer les différents apports de chacune des disciplines à la protection de l'environnement lors de la réalisation des travaux publics. Le cadre théorique de l'étude étant brièvement présenté, il convient, à ce niveau de la démarche, de présenter le cadre opératoire.

II- LE CADRE OPERATOIRE DE L'ETUDE

En effet, le cadre opératoire consiste, quant à lui, en la clarification du fil conducteur de l'étude. C'est une des phases fondamentales de la réalisation du travail de recherche. Envisager le cadre opératoire de la présente étude revient à opérer au préalable une revue critique de la littérature, qui d'ordinaire, nous permettra de cerner l'intérêt que revêt l'étude **(A)**. Bien plus, il sera question ici de mettre en exergue la problématique, ainsi que l'hypothèse qui en découlent **(B)**. Comme indiqué plus haut, le traitement de tout sujet en sciences juridiques n'est possible et efficace que dans la condition où les méthodes et techniques appropriées ont été mobilisées **(C)**.

A- La revue de littérature et l'intérêt de l'étude

En opérant au préalable une revue critique de la littérature antérieure sur la question **(1)**, l'évidence conduira certainement à déceler l'intérêt que recèle l'étude **(2)**.

son autonomie. Le droit de l'environnement est donc « l'ensemble des règles et techniques juridiques ainsi que les institutions relatives à a protection du milieu et à la préservation de la nature et des ressources ». Voir **KAMTO (M.)**, *Droit de l'environnement en Afrique*, *op.cit.*, p. 21,

[143] La protection de l'environnement est au centre du droit de l'urbanisme contemporain. Ce dernier est une branche spécialisée du droit public et se définit comme *« L'ensemble des règles concernant l'affectation de l'espace et son aménagement »*. Lire **MORAND-DEVILLIER (J.)**, *Droit de l'Urbanisme,* Paris, ISTEM, 1996, p. 2.

[144] Ensemble de règles régissant la réalisation des travaux publics. Pour amples détails, voir partie portant définitions (pp.33-34 ci-haut).

[145] **MORAND-DEVILLIER (J.)**, *Droit de l'Urbanisme,* Paris, ISTEM, 1996, *op.cit.*, p. 2.

1- La revue critique de littérature

Depuis quelques années déjà, le droit à un environnement sain fait l'objet d'un traitement doctrinal relativement abondant[146]. Concrètement, plusieurs auteurs ont écrits sur de nombreuses thématiques du droit de l'environnement international en général et camerounais en particulier[147].

Loin d'avoir l'intention de battre en brèche les mérites des contributions antérieures, la présente étude ambitionne modestement de prendre du recul par rapport aux sentiers déjà battus, pour interroger la protection environnementale sous un angle longtemps négligé : les travaux publics. La véritable curiosité qui fonde par ailleurs l'originalité du sujet étant que l'on se trouve dans une situation où l'État, parti pour être *arbitre et gardien* de la protection de l'environnement, se trouve finalement lui aussi pris au procès et appelé à répondre à son tour, de ses propres agissements sur la nature, ses ressources et le cadre de vie.

Au demeurant, les travaux qui ont précédés la présente étude sont essentiellement constitués des ouvrages généraux ou spécifiques, des Thèses de Doctorat, des Mémoires de Master, ainsi que des articles de doctrine.

A l'instar de plusieurs auteurs de son époque, le Professeur Maurice KAMTO fut l'un des premiers à avoir réussi à systématiser le *Droit de l'environnement en Afrique*[148]. Dans cette œuvre pionnière, entre autres défis relevés, l'auteur réussit à fixer les esprits sur le rôle primordial de l'Afrique dans la construction et la résolution des grands problèmes environnementaux

---

[146] Longtemps considéré comme une discipline étrangère au droit, le droit de l'environnement n'a pourtant pas mis assez de temps pour trouver ses lettres de noblesse en la matière. La raison de cette profusion est étroitement liée à la prise de conscience sur le rôle du droit dans la mouvance de protection de l'environnement, longtemps considérée comme la chasse gardée des sciences dures. Ainsi que le souligne le professeur **KAMTO (M.)**, *« Le droit est indissociable de la protection de l'environnement, parce qu'il est étroitement lié à toute forme de protection. En effet, il ne peut y avoir de protection ou de prévention sans interdiction ou, plus largement, sans prescription de comportement. Or le droit — du moins dans sa représentation la plus simple — n'est rien d'autre qu'un ensemble de prescriptions prohibitives ou permissives. C'est dire que toute volonté de protection dans le domaine de l'environnement comme dans tout autre domaine doit nécessairement s'appuyer sur des normes juridiques, c'est à-dire des règles obligatoires donc contraignantes. Ces normes peuvent prendre la forme de conventions internationales, d'actes législatifs et réglementaires nationaux, de directives des institutions internationales. Nul ne s'astreindrait par exemple à l'étude de l'impact d'un projet sur l'environnement si une norme juridique ne la rendait obligatoire. Et l'utilité d'une telle étude serait douteuse si des directives n'indiquaient avec précision comment la conduire. On peut en dire autant de la chasse, de l'exploitation des forêts, de la lutte contre la pollution, de la protection des espaces et des espèces, de la conservation des ressources naturelles, etc. »* in *Droit de l'environnement en Afrique*, *op.cit.*, p.17.

[147] Sur le droit international de l'environnement, lire par exemple, **CULLINAN (C.)** et autres, *Droit international de l'environnement et droit des cours d'eau transfrontaliers*, Legal and Institutionnal Component, Paris, (LTBP), février 1990, pp. 5-10 ; **PRIEUR (M.),** *Droit de l'environnement*, Ed. Dalloz, Paris, 2001, pp. 201-230.

[148] *Ibidem.*

mondiaux[149]. Cependant, les interactions entre la réalisation des infrastructures publiques et la protection de l'environnement n'y sont analysées qu'à titre de survol, laissant cette question sans véritable réponse.

En droit français, la Professeure CHALMETON Hélène[150], dans sa Thèse de Doctorat, avait abordé la question de la protection de l'environnement en rapport avec les travaux publics. De façon générale, l'auteure consacre sa réflexion à l'analyse des difficultés pratiques liées à la protection de l'environnement en contexte des travaux publics, et envisage par-là même, des solutions juridiques propices.

Cependant, si ces travaux semblent très proches de la présente étude, ils demeurent éloignés de son contexte géographique[151], temporel[152] et juridique[153]. Néanmoins, ils nous seront d'un apport méthodologique et pédagogique indéniable.

A date, plusieurs Mémoires de Masters ont aussi été consacrés en réponse aux problématiques environnementales. Dans cette perspective, Mme BOLIOKI BASSACK Juliette Anne'Eva, analyse les sanctions en droit de l'environnement au Cameroun[154]. En se consacrant à une telle analyse, l'auteure a assurément ciblé et saisi l'une des plus sensibles préoccupations du droit de l'environnement contemporain, notamment la sanction des atteintes à l'environnement. La vérité est que l'idée de protection de l'environnement, à l'instar de la protection de tout droit consacré, repose indubitablement sur la sanction de sa violation, et appelle donc l'application de règles contraignantes. Le constat est que nul ne s'astreindrait par exemple à l'étude de l'impact d'un projet sur l'environnement si une norme juridique ne la rendait obligatoire.

[149] Dans cet ouvrage, le Professeur **KAMTO (M.)** consacre une place de choix à la description de l'évolution historique de la participation du continent noir dans la lutte contre les atteintes à l'environnement. Cette volonté de replacer l'Afrique au centre des solutions environnementales internationales est perceptible dès le chapitre premier de l'ouvrage. En effet, l'Afrique a joué un rôle normatif dans la tenue des grades conférences qui sont restées des dates de référence de toute l'Histoire du droit international de l'environnement. Il en est ainsi par exemple de la déterminante contribution dans les travaux de préparation de la CNUED (voir pp.47-61 de l'œuvre).

[150] **CHALMETON (H.)**, *Préservation de l'environnement et travaux publics : difficultés pratiques et solutions* juridiques. Thèse de Doctorat en Droit Public, Université de Nantes, URF Droit, 2007, p.420.

[151] L'étude en question est réalisée dans le ressort territorial de la France, pays membre de l'Union Européenne dont les réalités sociologiques, historiques, économiques sont quelquefois diamétralement opposées aux réalités camerounaises.

[152] L'écrit juridique est presque toujours le reflet de l'époque de son édiction. Ainsi, la recherche en question se réalise en 2007. Pourtant, la présente étude prend son point de départ à partir de 2011.

[153] Bien que le Cameroun ait hérité une bonne partie de son système juridique de la France, il a su, avec le temps, aménager ce dernier, en apportant certaines touches d'originalité, qui imposent finalement que les deux systèmes juridiques soient nécessairement traités en tenant compte de leurs spécificités.

[154]**BOLIOKI BASSACK (J.-A)** in *La sanction en droit de l'environnement au Cameroun*, Mémoire de Master II Recherche, Droit Public 2017, p.16.

Encore que la véracité d'une telle étude serait d'ailleurs douteuse si la personne qui l'effectue ne se sent tenue par aucune sanction. Ce rapport est tout autant valable pour la chasse, l'exploitation des forêts, la lutte contre la pollution, la protection des espaces et des espèces, la conservation des ressources naturelles, etc.[155]

Cependant, l'obstination de l'auteure pour l'étude de la sanction n'a pas manqué de lui faire perdre de vue l'analyse empirique de l'impact des projets de développement sur l'environnement. Surtout que ladite analyse ne fournit aucune précision concrète sur le rôle des gens de la justice dans le règlement des litiges environnementaux nés de la réalisation des travaux publics.

Tout de même, en analysant *la protection de l'environnement par les CTD au Cameroun notamment par la Communauté Urbaine de Douala*, M. HERBERT FOTSO Gilles[156] opère une pertinente étude sur les mécanismes de mise en œuvre des compétences transférées à elles en matière environnementale par les CTD. Même s'il est loisible de mettre à son actif le mérite d'avoir pu identifier et expliquer ces mécanismes[157], force reste de réaliser que très peu de son attention aura été portée sur les leviers actionnés par ces CTD pour garantir la protection de l'environnement dans les travaux publics locaux. Pourtant, abstraction faites des compétences transférées aux CTD en matière d'environnement, celles-ci entretiennent entre elles et avec les CTD des pays étrangers, des coopérations décentralisées dont la protection de l'environnement et les travaux publics représentent des enjeux cruciaux. Une telle étude aurait pu éclairer notre lanterne sur cet aspect de la recherche.

Dans le même sillage, Monsieur MVONO MEVONO Dieudonné, consacre une bonne partie de ses recherches à l'étude de la protection de l'environnement dans le processus d'intégration de la CEMAC[158]. L'auteur réussit l'exploit de déceler et de retracer les mécanismes d'intégration des politiques environnementales dans le corpus normatif CEMAC. Il systématise le dispositif institutionnel communautaire déployé pour les besoins de la cause. Seulement, il n'a pas cru devoir interroger, même pas par survol, les mécanismes de protection de la nature et ses ressources dans les travaux

---

[155] Dans *Droit de l'environnement en Afrique*, le Professeur **KAMTO (M.)** insiste suffisamment sur la pertinence du rôle que joue les normes et sanctions juridiques dans la protection de l'environnement. Consulter à cet effet l'ouvrage précité, Pp. 16-19.

[156] **HERBERT FOTSO (G.),** Mémoire de Master II recherche, *op.cit.* p.56.

[157] *Idem*, p.25-30.

[158] **MVONO MEVONO (D.),** *La protection de l'environnement dans le processus d'intégration de la C.E.MA.C,* Mémoire de Master II, Droit Public, Université de Douala, 2015, p.30.

publics impulsés à l'initiative de la CEMAC et réalisés sous son égide[159]. Pourtant, la CEMAC est aussi un important centre d'impulsion des travaux sous régionaux qui transcendent souvent les territoires des États membres dont le Cameroun, avec des risques de détérioration des écosystèmes[160]. Avoir une connaissance des leviers communautaires actionnés dans cette figure aurait été salutaire.

Allant dans le même courant, dans son Mémoire de Master intitulé *la gestion du réseau routier au Cameroun*, Monsieur NGUETSOP FEUDJIO Ludovic[161] examine les mécanismes juridiques et pratiques de protection du réseau routier au Cameroun. Il identifie et explique comment le réseau routier est protégé en droit public camerounais. Par ailleurs, l'auteur met en évidence les cadres juridique et matériel de cette protection[162]. Seulement, la dimension technique du réseau routier semble avoir exagérément gouvernée la démarche du chercheur, au risque de réduire son champ d'analyse. Pour preuve, il n'envisage pas ladite protection dans ses dimensions environnementales. Alors que l'idée de la protection du patrimoine routier est, par essence, pratiquement indissociable des considérations environnementales qui en font d'ailleurs partie intégrante[163].

Plus loin, dans un contexte géographique différent, Mme CADET Coralie soulève une question fondamentale pour la présente étude : *Les achats verts sont-ils une réelle source de performance économique pour les entreprises?* [164]. À travers cette recherche, l'auteure relance le débat sur un sujet déjà en pleine effervescence actuellement tant en droit de l'environnement que dans le secteur des travaux publics : les achats verts et la gestion écoresponsable du chantier public. En effet, après avoir largement exposée les avantages de l'achat vert, elle met ensuite en exergue ses inconvénients pour enfin aboutir à la conclusion selon laquelle la logique de

---

[159] Voir le Règlement n°06/09-UEAC-201-CM-20 portant procédures de passation, d'exécution et règlement des marchés publics de la communauté.

[160] Voir par exemple le Règlement n° 4/99/ UEAC-CM-639 portant réglementation des pratiques étatiques affectant le commerce entre les Etats membres. Ce règlement traite de l'harmonisation des pratiques des marchés publics dans l'espace CEMAC.

[161] **NGEUTSOP FEUDJIO (L.),** *La Gestion du réseau routier au Cameroun et développement du linéaire,* Mémoire de Master2, Université de Rennes et de Douala, p.54.

[162] *Idem*, pp. 20-35.

[163] La loi cadre de 1996, en ses articles 2 et 3 dispose à ce sujet que : *« L'environnement constitue en République du Cameroun un patrimoine commun de la nation. Il est une partie intégrante du patrimoine universel. Sa protection et la gestion rationnelle des ressources qu'il offre à la vie humaine sont d'intérêt général. Celles-ci visent en particulier la géosphère, l'hydrosphère, l'atmosphère, leur contenu matériel et immatériel, ainsi que les aspects sociaux et culturels qu'ils comprennent »*

[164] **CADET (C.),** *Les achats verts sont-ils une réelle source de performance économique pour les entreprises ?* Mémoire de Master Professionnel, Université Grenoble Alpes, 2021, pp. 8-45.

l'achat vert est un nouveau baromètre de l'engagement écologique des entreprises des BTP. Ce, même s'ils sont souvent à l'origine de récurrents déséquilibres financiers dans les contrats publics. Bien qu'il s'agit là d'une étude centrée sur le modèle français, elle donne plus de la matière à la présente analyse, d'autant plus que le label *« chantier vert »* est devenue un instrument de propagande politique. A plus d'un titre, ce label suppose préalablement acquise la prise en compte des impératifs environnementaux dans les achats publics à destination du chantier.

Le règlement des litiges, et plus concrètement la détermination du juge, du droit et des procédures applicables dans un contentieux à caractère environnemental a taraudé plus d'un esprit, y compris même ceux de certains juristes les plus qualifiés. Dans un article récent, le Professeur OUMBA Parfait[165] opère une pertinente analyse sur le rôle de la justice dans la protection de la nature. Ainsi, étudie-t-il la protection contentieuse de l'environnement au Cameroun, tout en relevant la compétence du juge administratif et la compétence contentieuse de l'Administration en matière environnementale[166]. Une telle étude, quoi que ne traitant pas explicitement des dommages environnementaux des travaux publics, contribue néanmoins à la compréhension des mécanismes juridictionnels de règlement des litiges environnementaux.

En définitive, ainsi qu'il est loisible de s'en apercevoir, le problème du traitement doctrinal du droit de l'environnement ne se pose plus en droit camerounais notamment. Seul reste à briser le mythe sur les interactions qui existent entre cette protection et la réalisation des travaux publics dans l'ordre juridique camerounais. En faisant de sa principale ambition l'analyse de telles interactions dans l'optique d'éclairer la science et la société sur ces points d'ombre, c'est à juste titre que la présente étude trouve son originalité ainsi que son intérêt.

2- L'intérêt de l'étude

L'intérêt principal d'une Thèse tient à l'originalité du propos, à la nouveauté des éléments qu'elle apporte à la réflexion générale, et à la créativité du chercheur[167]. Dérivé du latin « *interest* », l'intérêt apparait ici comme la

---

165 **OUMBA (P.)** dans « *Le contentieux de la répartition des atteintes à l'environnement au Cameroun* », *Revue de Droit Administratif Camerounais*, n° 14, 2014, p.7.

166 *Idem*, pp. 10-11.

167 **BEAUD (M.)**, *L'art de la thèse*, Paris, La découverte, 2006, p.54 ; **MVELLE MINFENDA (G.)**, *Aide au développement et coopération décentralisée : esquisse d'une désétatisation de l'aide française, les cas du*

contribution que la recherche ambitionne d'apporter aussi bien en vue de l'enrichissement du patrimoine scientifique **(a)** que du progrès social **(b).**

a- L'intérêt scientifique de l'étude

Scientifiquement, l'étude relance le débat des sciences et entend combler un vide: La faible attention accordée à la branche du droit de l'environnement dans les sciences ainsi que dans la pratique des travaux publics[168]. Car, comme rappelé plus haut, même si plusieurs analyses ont déjà envisagé l'examen du niveau de préservation de l'environnement dans les activités des personnes privées, une telle autopsie à l'égard des travaux publics ne semble véritablement pas retenir l'attention, comme si une telle protection relevait d'un droit acquis. S'inscrivant dans la continuité de celles qui l'ont précédée, la présente étude est porteuse d'une contribution nouvelle, qui apportera à la science juridique de nouveaux éléments nécessaires à la compréhension globale de la gouvernance de l'environnement au Cameroun. Encore faut-il que les retombées soient socialement perceptibles.

b- L'intérêt social de l'étude

Un projet de recherche dégénère en simples envolées lyriques s'il n'apporte pas de solutions concrètes aux problèmes socioéconomiques de son époque. A terme, l'étude ambitionne de proposer à ses usagers les moyens devant leur assurer la défense de leur droit à un environnement sain face à l'arbitraire pouvant éventuellement découler de la pratique des travaux publics. Aussi faudrait-il parvenir à systématiser, au profit des usagers, les mécanismes juridiques et factuels non seulement de protection du patrimoine commun[169], mais surtout de saisine des autorités administratives ou juridictionnelles compétentes pour le règlement des litiges environnementaux nés ou à naitre de la réalisation des travaux publics. Prôner les techniques nouvelles d'évaluation des impacts environnementaux et sociaux ainsi que les mécanismes de gestion durable des ressources serait, sans doute, utile aux acteurs du secteur des BTP. *In fine,* les résultats de la présente recherche, s'ils ne lient pas forcement les décideurs publics, ne manqueront tout de même pas de les inspirer. Il est surtout question de déconstruire les illusions et incertitudes longtemps

---

Cameroun, Congo, Gabon, RCA, Tchad et Rwanda, Thèse de Doctorat en Science Politique, Université Jean Moulin Lyon 3, 2005, p.24.

[168] Voir **BERKANI (Elias),** « La prise en compte de l'environnement par le droit des marchés publics », *Bulletin du droit de l'environnement industriel,* n° 4/2003, pp. 10-17.

[169] *« L'environnement constitue en République du Cameroun un patrimoine commun de la nation. Il est une partie intégrante du patrimoine universel ».* Voir Art.2 de la Loi cadre de 1996 de gestion de l'environnement, *op.cit.*

entretenues, pour poser les références d'une véritable connaissance des enjeux environnementaux dans les projets de développement au Cameroun.

B- La problématique et l'hypothèse de l'étude

La mise en exergue de la problématique **(1)** conduira certainement à la découverte de l'hypothèse qui en découle **(2).**

1- La problématique de l'étude

Comme le soulignait Michel BEAUD, *« la problématique est une composante essentielle dans le travail de préparation de la thèse. C'est l'ensemble construit autour d'une question principale »*[170]. Pour Gaston BACHELARD, « *quand on ne sait ce que l'on cherche, on ne sait pas ce que l'on trouve* »[171]. Cette affirmation témoigne à suffire, de l'importance de la problématique dans la recherche. Faisant siennes les considérations antérieures, le Professeur KEUTCHA TCHAPNGA Célestin affirmera au sujet du rôle de la problématique dans le travail scientifique, qu'elle est comme une « *boussole pour le navigateur* »[172]. Il apparaît alors que la problématique est la question maîtresse qui permet de mieux orienter les caps de la démonstration. Pour boucler la chaine, le Professeur Magloire ONDOA déclare dans une célèbre formule que la problématique constitue *« L'objet de la recherche, mais un objet construit autour d'une question fondamentale qui éclaire la démonstration et la guide »*[173].

A la suite de ces rapports, encore faut-il se souvenir de certaines considérations fondamentales. C'est que les travaux publics, en tant qu'activité du génie-civil ou militaire obéissent à certaines lois ou principes qui visent prioritairement la sécurité ou la réussite de l'ouvrage, et ne s'intéressent que très subsidiairement et incidemment à la qualité de l'environnement. Surtout, la loi cadre de gestion de l'environnement, texte de référence en la matière, s'applique indifféremment aux travaux privés et publics sans individualiser cette dernière catégorie malgré ses spécificités[174].

---

[170] **BEAUD (M.),** *L'art de la thèse*, Paris, La découverte, 2006, *op.cit.,* p.54.

[171] **BACHELARD (G.),** cité par **BOLIOKI BASSACK (J.)** in *La sanction en droit de l'environnement au Cameroun*, Mémoire de Master II, *op.cit.,* p.16.

[172] **KEUTCHA TCHAPNGA (C.),** *Méthodologie de la recherche juridique,* Support de cours de Master II, Droit public, Université de Dschang, 2014-2015, p.7.

[173] **ONDOA (M.),** *Méthodologie, épistémologie, et théorie du droit*, Cours, Master II droit public, Université de Yaoundé II-Soa, 2011-2012, *inédit.*

[174] Souvenons-nous encore que les travaux publics, à la différence des travaux privés se réalisent sous les signes de la puissance publique. Leur régime juridique est exorbitant, ils sont mus par les impératifs de l'intérêt général et de service public, et surtout, échappent, au sens de l'Art.4 de la loi du 28 pluviôse an VIII, à la

La problématique qui se soulève à la suite de cette construction pédagogique est celle de savoir : **l'environnement est-il efficacement protégé dans la réalisation des travaux publics en droit positif camerounais?** Cette interrogation dialectique est, de toute évidence, scientifiquement interpellatrice, du fait de la contradiction apparente qu'elle semble créer, à première appréhension, entre protection de l'environnement et travaux publics. Les risques de travestissement et même de dénaturation des rapports entre ces deux intérêts sont souvent grands. La formulation d'une hypothèse apporterait déjà un début de clairvoyance à ce sujet.

2- L'hypothèse de recherche

En effet, l'hypothèse peut porter sur les faits à clarifier, sur les concepts, sur des généralisations empiriques, sur des régularités contemplées, enfin sur des contradictions entre d'observations nouvelles et des notions antérieures[175]. Pour Madeleine GRAWITZ, « l'hypothèse est simplement percue comme la solution à une question »[176]Ces positions doctrinales démontrent à suffire l'importance que revêt l'hypothèse dans le processus de la recherche scientifique. C'est d'ailleurs dans le même sens que le sociologue MILLS Wright soutenait que *« l'important en sociologie a toujours consisté et consiste encore à formuler soigneusement ses hypothèses et à les appuyer aux moments critiques sur une information détaillée »*[177]. Il en ressort définitivement que l'hypothèse est moins une réponse tranchée que la proposition d'une réponse provisoire à la problématique ou à la question posée[178].

Suivant ce rapport, force est de remarquer qu'**en dépit des progrès enregistrés, cette protection reste améliorable.**

---

connaissance du juge de droit commun. Au terme de cette loi, *« Le conseil de préfecture prononcera [...] sur les réclamations des particuliers, qui se plaindront des torts et dommages procédant du fait personnel des entrepreneurs, et non du fait de l'administration »*. Ainsi formulé, ce texte originel manque de clarté et le juge administratif français l'a su et a précisé son champ d'intervention. Il conclut à cet effet que « à plus forte raison, [les conseils de préfecture] sont compétents pour régler les indemnités qui peuvent être dues à des tiers par suite des travaux ordonnés par l'administration ou exécutés sous sa surveillance » (CE, 16 novembre 1832, Préfet du Doubs, recueil page 639). La compétence des tribunaux administratifs en matière de dommages de travaux publics était ainsi consacrée. Cette règle de compétence a été étendue ensuite à l'ensemble du contentieux relatif aux activités de travaux publics. Lire la Thèse de Madame **CHALMETON (H.),** *protection de l'environnement et travaux publics*, Thèse de Doctorat, *op.cit.,* p.19.

175 **GRAWITZ (M.),** *Méthode des sciences sociales*, Paris, Dalloz, 11ème édition, 2001, P.352.

176 **GRAWITZ (M.),** *Méthode des Sciences,* Paris, Précis Dalloz, 9 è éd., 1993, p.12.

177 **MILLS (W.),** *L'imagination sociologique*, Paris, Maspero, 1967, p.75.

178 **GRAWITZ (M.),** *Méthode des sciences sociales*, *op.cit.*

C- Les méthodes et techniques de recherche

La présentation des méthodes **(1)** précèdera celle des techniques de la recherche **(2).**

1-Les méthodes de la recherche

Dans le langage courant, le terme *« méthode »* est confusément utilisé pour désigner les différents procédés théoriques ou pratiques à mobiliser pour parvenir rationnellement à ses conclusions[179]. Pourtant, une telle conception de la notion ne satisfait pas toujours les exigences de la recherche scientifique en général, notamment des sciences juridiques en particulier. Ce qui donne à marquer un temps d'arrêt sur la notion.

Très tôt dans les années 1800 déjà, le philosophe René DESCARTES appréhende la *méthode* comme un moyen pour bien conduire une pensée. Il semblait ainsi être moins préoccupé par les résultats à atteindre que par la démarche à emprunter pour y parvenir. Pour lui en fait, *« le bon sens est la chose la mieux partagée et chacun pense en être pourvu »*[180]. *Madeleine* GRAWITZ perçoit la méthode comme *« l'ensemble des opérations intellectuelles par lesquelles une discipline cherche à atteindre les vérités qu'elle poursuit, les démontre, les vérifie »*[181] Sans se désolidariser de ce mouvement d'esprit, le Professeur Maurice KAMTO avait anticipé sur l'importance de la méthode dans la recherche scientifique. Ainsi affirmait-il en termes simples que : « *la méthode est au cœur de toute œuvre scientifique car elle éclaire l'hypothèse de travail et détermine les conclusions* »[182].

Toutefois, il convient de remarquer que le caractère singulier de l'emploie de la notion de méthode peut s'avérer quelque peu trompeur car, la recherche juridique a ceci de particulier de nécessiter très souvent plus d'une méthode pour parvenir à la démonstration de l'idée générale. N'en faisant pas figure d'exception, la présente étude est le fruit du recours à deux principales méthodes, aux articulations souvent différentes, qu'il sied toutefois de présenter. Il s'agit en l'occurrence du positivisme juridique[183] **(a)** et du recours au droit comparé **(b).**

---

[179] **MAGER (M.),** *Les méthodes de sciences sociales,* Dalloz, 11e éd., Paris, 2001, p. 352.

[180] Lire à ce sujet **DESCARTES (R.),** *Discours de la méthode, première partie : pour bien conduire sa raison et chercher la vérité dans les sciences*, Paris, Librairie de la bibliothèque nationale, 1894, p.11.

[181] **GRAWITZ (M.),** *Méthode des sciences sociales, op.cit.,* p.351.

[182] **KAMTO (M.),** *Droit de l'environnement en Afrique, op.cit.,* p.22.

[183] Relativement au positivisme juridique, confer, MACCORMICK et WEINBERGER, (dir,) *pour une théorie institutionnelle du droit. Nouvelle approche du positivisme juridique,* traduction de Odile NERHOT et

a- La méthode juridique

Encore appelée positivisme juridique, on doit entendre par *méthode juridique* un courant ou théorie du droit qui décrit le droit tel qu'il existe au sein d'un État, tel qu'il devrait être, par le seul biais du droit positif[184]. Ce courant a été impulsé et vivement défendu par l'autrichien Hans KELSEN (181-1973). Auteur de la Constitution de l'Autriche en 1920, il défend ce mouvement d'esprit dans *Théorie pure du droit,* ouvrage écrit en 1934 pour les besoins de la cause[185]. S'inspirant des travaux d'Auguste COMPTE sur le système de politique positive, le positivisme juridique exclut toute référence à un *« droit naturel ».* Selon cette approche en effet, le droit est essentiellement écrit et codifié par des instruments étatiques. Il permet ainsi de présenter le droit en vigueur qui s'applique effectivement[186]. Elle est constituée de la Dogmatique juridique **(i)** et de la Casuistique **(ii).**

i- La dogmatique juridique

En effet, la dogmatique est une démarche juridique fondée sur l'étude de l'interprétation des textes[187]. Pour Charles EISENMANN, la dogmatique juridique consiste à déterminer sur la sur la base d'un système général supposé donné comment doit être réglée une hypothèse définie[188]. Le but de la dogmatique est essentiellement de tenir à l'écart des études juridiques toute réflexion d'ordre englobant, pouvant mettre en cause l'ordre juridique ou institutionnel donné. Elle se veut connaissance effective, de ce qui est donné par la normativité positive. Pour cette approche, tout est dans la norme et rien que dans la norme.

Si cette méthode présente l'avantage d'appréhender le phénomène juridique sous le prisme des normes et de la jurisprudence, elle présente

---

Philippes COPPENS, Paris, LGDJ, collection « La pensée juridique moderne », 1992, 237 pages ; **GRZEGORCZYK (C.), MICHAUT (F.) et TROPER (M.) (dir),** *Le positivisme juridique*, Paris, PUF, collection Léviathan, 1994, pp. 27-44.

184 Lire **DEFOUKOUEMOU (H.),** *La conception camerounaise de la légalité administrative. L'union-développement à l'aune du model français*, p.21, cité par **BALIFOUNE NDJANGUE (A.),** *Le contentieux des candidatures et la compétence du juge électoral en droit positif camerounais,* Thèse de doctorat en droit public, Université de Dschang, 2021, p.52.

185 Lire **KELSEN (H.),** *Théorie pure du droit, op.cit.*

186 Voir **TCHAKOUA (J-M),** *Introduction générale au droit camerounais*, Yaoundé, presse de l'UCAC, 2014, pp. 14-15.

187 **BERGEL (J.-L.),** *Méthodologie juridique*, Paris, PUF, 2001, p. 243.

188 **EISENMANN (C.),** « Quelques problèmes de méthodologie des définitions et des classifications en science juridique », in **EISENMANN (C.),** *Ecris de théorie du droit, de droit constitutionnel et d'idées politiques,* textes réunis par **LEBEN (C.),** Paris, *Presse de l'Université de Panthéon-Assas,* collection « Les introuvables », 2002, p. 279, cité par **BONNARD (L.),** « La pensée constitutionnelle de Charles », *Juspoliticum*, n°8, 2012, p. 4.

souvent des limites. Car, en ne privilégiant que l'ordre normatif ou institutionnel, tout en négligeant son fonctionnement pratique, elle court le risque de perdre de vue la réalité sociale notamment. Les conséquences immédiates en sont le rétrécissement de la vision du chercheur, et pire son appauvrissement intellectuel.

Nonobstant, dans le cadre de la présente étude, cette méthode offrira à mener l'analyse et l'explication des sources du droit relatives à l'encadrement de la protection de l'environnement dans la réalisation des travaux publics. Il sera concrètement question d'explorer les instruments juridiques qui encadrent les travaux publics, dans le but d'y déceler les mécanismes de prise en compte de l'environnement.

Cependant, en raison des limites soulevées plus haut, il est clair que la dogmatique, à elle seule ne permettra pas de cerner les contours de cette étude. Encore faut-il, pour y parvenir, mobiliser la casuistique.

ii- La casuistique

Cette méthode permet de mobiliser les différentes décisions de justice encore appelées jurisprudence[189], à l'effet d'opérer une analyse rigoureuse des mécanismes de règlement juridictionnel des litiges environnementaux occasionnés par les travaux publics. En effet, *« toute société a, pour son maintien, besoin des juges aptes à trancher les litiges. La présence des juges est encore plus vitale que celle d'un législateur. (...) il est d'ailleurs de tradition chez nombre de juristes de considérer que « le droit c'est ce que dit le juge »*[190].

Cependant, l'étude ne tardera pas à dévoiler ses limites si elle s'opérait exclusivement dans le cadre fermé du droit positif camerounais. D'où la nécessité de recourir au droit comparé pour combler de telles lacunes.

b- Le recours au droit comparé

En effet, « *tout juriste est un comparatiste car, il y gagne une faculté d'approfondissement des notions fondamentales et une certaine modestie à l'égard de son droit national*»[191]. L'emploi de cette méthode nous permettra de faire l'état de la situation par rapport aux droits étrangers, notamment le droit

---

[189] *Idem*, p.5.
[190] **SERIAUX (A.),** *Le commentaire des textes juridiques : Arrêts et jugements,* Paris, Ellipses, 1997, p.3.
[191] **DRAGO (R.),** « Droit comparé », in: **ALLAND (D.), RIALS (S.), (S/Dir)**, *Dictionnaire de la culture juridique,* Paris, PUF, 2003, p. 456.

communautaire de l'Union Européen (UE), des Communautés Économiques et Monétaires de l'Afrique de l'Ouest (CEDEAO) ; mais aussi du dispositif juridique de la CEMAC dans lequel la question environnementale connait un traitement supposé amélioré. Bien plus, la conciliation des exigences environnementales avec les travaux publics semble connaitre une certaine avancée en droit français. Ce qui justifie le recours qui sera fait à cet ordre juridique.

Ces méthodes seront accompagnées au plan pratique par des techniques appropriées à la présente étude.

2- Les techniques de recherche

En effet, la construction de l'objet de l'étude n'accède à la dignité scientifique que si elle se prête à l'application de la bonne technique[192]. En réalité, le choix des techniques dépend des objectifs poursuivis, en ceci que choisir les techniques, en regard des limites que celles-ci peuvent receler, c'est sélectionner à l'avance les matériaux qu'elles recueilleront[193].

La technique de recherche est, au sens du *Petit Larousse, « l'ensemble des procédés et moyens techniques propres à une activité »*[194]. Elle représente les étapes d'opérations limitées, liées à des éléments pratiques, concrets adaptées à un but défini. Contrairement à la méthode qui est une opération intellectuelle, la technique, elle, est une opération davantage matérielle[195]. Sous le couvert de cette appréhension, les principales techniques qui guideront la présente étude sont la technique documentaire **(1)** et la technique de l'enquête **(2).**

1- La technique documentaire

La technique documentaire dans le cadre de la présente étude permettra de recenser tous les documents ayant un trait, soit avec la protection de l'environnement, soit avec la réalisation des travaux publics, mieux la prise en compte de l'environnement dans les travaux publics. Ces documents seront constitués, entre autres, d'ouvrages généraux, d'ouvrages spécifiques, des Thèses de Doctorat et des Mémoires de Master, des rapports techniques sur les études d'impact environnemental et social réalisées par les acteurs des travaux

---

[192] **BOURDIEU (P.), CHAMBOREDON (J.-C.), et PASSERON (J.-C.)**, precités, p.53.
[193] **GRAWITZ (M.),** *Méthode des sciences sociales, op.cit.,* p.446.
[194] Dictionnaire *Le petit Larousse illustré,* 2002, p.994.
[195] **GRAWITZ (M.),** *Méthodes des sciences sociales, op.cit.* p.384.

publics, des articles de doctrine, des décisions de justice, des textes de lois, des textes règlementaires, et des journaux notamment les articles de presse.

2- La technique de l'enquête

Pour ce qui est de cette technique, elle permettra d'opérer la collecte des données nécessaires auprès des acteurs présents sur les chantiers publics quant à leurs opinions et expériences relatives à l'objet de l'étude. En effet, Madeleine GRAWITZ l'appréhende comme *« un procédé d'investigation scientifique, utilisant un processus de communication verbal pour recueillir des informations en relation avec le but fixé »*[196]

Ainsi compris, l'enquête dont il sera question ici se réduit aux entrevues[197]. En raison de ce que la protection de l'environnement, plus que de simples prévisions textuelles, revêt des aspects pratiques qu'on ne peut déceler qu'à travers des entrevues sur le terrain, notamment dans les chantiers des travaux publics ou mieux dans des Administrations en charge de l'environnement.

La mobilisation de ces méthodes et techniques permet enfin de bâtir les différents axes[198] de la démarche autours de deux pôles principaux. D'une part, il sera donné de démontrer que la protection de l'environnement lors de la réalisation des travaux publics est perceptible en droit positif camerounais **(Première partie),** même si, d'autre part, cette protection demeure encore perfectible **(Seconde partie).**

---

[196] *Idem*, p.385.

[197] Parce qu'étant un mode d'investigation essentiellement basé sur les échanges verbaux, le principal but de l'entrevue est l'accroissement du niveau d'information du chercheur. Il en existe cinq(05) types d'entrevues à savoir : l'entrevue clinique qui laisse qui laisse une grande liberté à ses interlocuteurs et donne des informations profonde ; l'entrevue centrée qui laisse une grande liberté à l'enquêteur et à l'enquêté avec la soumission des données à l'analyse ; l'entrevue en profondeur qui a pour principal objectif de diagnostiquer et d'étudier la motivation ; l'entrevue à questions ouvertes qui limite la liberté de l'enquêteur tout en laissant une grande marge à l'enquêté ; et enfin, la revue à questions fermées, utilisée pour des analyses quantitatives des données. Lire à ce sujet, **DEPELTEAU (F.),** *La démarche d'une recherche en sciences humaines*, Presse de l'Université Laval, 2ème édition, 2000, pp. 317-318.

[198] **DREYFUS (S.)** et **VULLIERME NICOLAS (L.),** *La Thèse de Doctorat et le mémoire, étude méthodologique*, paris, Cujas, revue et mise à jour, 3e édition, février 2000, p.157.

PREMIERE PARTIE : UNE PROTECTION PERCEPTIBLE DE L'ENVIRONNEMENT LORS DE LA REALISATION DES TRAVAUX PUBLICS

Les travaux publics sont incontournables pour le développement d'une Nation. Non seulement ils assurent le développement du tissu infrastructurel, mais offrent également aux populations un cadre de vie plus décent[199]. En ceci, on présume qu'ils sont foncièrement protecteurs de l'environnement[200].

Pourtant, les activités qui s'opèrent dans ce cadre sont généralement exigeantes et consommatrices de ressources de la nature. Ils présentent des risques de bouleversement des grands équilibres écologiques[201]. Jusqu'à une date récente, nombre d'opérations de travaux publics s'opéraient dans un contexte économique très peu soucieux de l'environnement[202]. Le point culminant de cette situation a été atteint avec l'affirmation par l'homme, de son désir de plus en plus fort de s'affirmer sur la nature. L'homme s'est toujours prétendu être *« maître incontestable »* de la nature[203]. La relation entre l'homme, la nature et ses ressources a donc longtemps été essentiellement marquée par l'idéologie de domination de celui-là sur celles-ci[204]. Cette perception du monde a encore prévalu même au moment où le réveil de la conscience environnementale était déjà perceptible au niveau international[205]. C'est avec le mouvement de constitutionnalisation du droit à un environnement sain ou de qualité que la protection de l'environnement est devenue une réalité juridiquement protégée. Les différents instruments juridiques de planification, d'urbanisation, de la commande publique et surtout de réalisation des travaux

---

199 **TORRE (A.)** et autres « L'impact des projets d'infrastructures urbaines sur la valeur des biens mobiliers », *HAL open science*, juin 2020, pp.12-24 ; **BOULANGER,** « Les services publics locaux et leurs effets positifs sur l'économie régionale : Une approche économique », *Revue des politiques publiques*, 2018, pp.22; **LEFEBVRE (A.),** « Les infrastructures publiques et le développement durable : une analyse des bénéfices sociaux et environnementaux », *Revue de l'environnement et du développement durable,* 2018, (en ligne) ; **DUBOIS (R.),** « L'impact des travaux publics sur la qualité de vie des populations locales : étude de cas dans les zones rurales », *Revue des Sciences sociales,* 2019, (en ligne).

200 **TREBULLE (G.),** « Développement durable et construction », *Revue Droit International,* mars/avril 2006, p. 71.

201 **HUGLO (C.),** *Le juge, la prévention et la résolution des litiges en matière d'environnement*, Thèse Paris II 1994, p. 33.

202 En effet, l'homme se souciait moins des coûts environnementaux de son activité sur la nature. Seul comptait à ses yeux sa survie. Voir NNANGA (S.-H), « La protection juridique des forets africaines : mythe ou réalité ? », Revue Africaine des Sciences Juridiques, vol.4, n°1, 2007, p.223.

203 Commission Mondiale sur l'Environnement et le Développement, « Principes-cadre relatifs aux droits de l'homme à l'environnement », *Edition du Seuil,* vol.1, 1ere éd, 1987, pp. 150-200 ; **DUPONT (M.),** « Mémoire en droit de l'environnement : quel sujet aborder ? », *Larcier*, vol.2, 2eme éd, 2020, pp. 50-80 ; **SMITH (J.),** *Les droits de l'homme et l'environnement*, Dalloz, vol.1, 3eme éd, 2015, pp. 100-150; **MARTIN (L.),** « la domination comme pratique sociale », *la Découverte,* vol.3, 2eme éd. 2010, pp. 30-60 ; Institut international des droits de l'homme, *Manuel sur les droits de l'homme et l'environnement*, Bruylant, vol.3, 2eme éd., 2018, pp. 200-250.

204 Voir **MONKOTAN KUASSI (J.-B.),** « La protection de l'environnement en Afrique, une responsabilité de l'administration : soliloque sur une idée aussi « saute que grenue », *RTJ*, vol.33, n° 123, 1999, pp. 25-120.

205 Même au lendemain de la Conférence de Stockholm de 1972, la surexploitation des ressources de la nature était restée un problème majeur.

publics se sont par la suite imprégnés des exigences de protection de l'environnement[206].

Au Cameroun actuellement, divers projets de développement bénéficient d'un cofinancement des bailleurs de fonds internationaux dont la Banque Mondiale, le FMI[207], la BAD[208] etc. L'allocation budgétaire étatique dans certains de ces projets en est même souvent réduite à des proportions congrues. C'est nettement le cas des projets entièrement pris en charge par un financeur extérieur[209]. La contribution des institutions de Breton Wood et l'apport de la Banque africaine de Développement (BAD) représentent une part belle des fonds mobilisés en 2020 pour la réalisation des infrastructures de développement[210].

Le dénominateur commun de ces agences de financement réside essentiellement dans leurs exigences relatives à la prise en compte des aspects environnementaux[211]. A titre d'illustration, la Banque Mondiale détient, indépendamment des autres institutions internationales, une politique spéciale de protection de l'environnement. Dénommée la *politique 4.0,* ses dispositions explicitent clairement la vision de la Banque dans la lutte contre le changement climatique et la dégradation des espaces et des espèces. Elle consiste à soumettre de façon quasi automatique, tout projet de travaux publics bénéficiaire d'un financement octroyé par la Banque, au respect préalable de certaines exigences environnementales et écologiques[212]. L'intégration

---

[206] **THIEFFRY (P.),** « Aides publiques à l'environnement : opportunités et risques nouveaux pour les entreprises bénéficiaires », *Environnement,* mai 2004, pp 8-11.

[207] Consulter à cet égard le Rapport du FMI n°22/76, Cameroun.

[208] En 2020, trois accords de crédit d'une valeur totale de 360,6 millions d'euros ont été signés entre le Cameroun et la BM pour financer des projets tels que l'aménagement de la vallée de la Bénoué, l'autonomisation des femmes et le développement de l'enseignement secondaire.

[209] Consulter à cet égard le Rapport du FMI n°22/76, Cameroun, *op.cit.*

[210] Les institutions de Bretton Woods que sont la BM et le FMI ont joué un rôle significatif dans le financement et le développement des travaux publics au Cameroun en 2022. A titre d'illustration, dans le projet de bus rapides de Douala, la BM a approuvé un prêt de 260.8 milliards de FCFA (70% du cout total). Ce financement couvre 77.8% du cout total du projet, qui vise à améliorer la mobilité dans la ville de Douala en construisant des voies dédiées aux bus, des stations, des terminaux et en mettant en place un système de gestion du trafic. Dans la lutte contre le changement climatique, le FMI a approuvé un financement de 183,4 millions de dollars (plus de 111 milliards de FCFA) en faveur du Cameroun au titre du mécanisme pour la résilience et la durabilité. Ce financement visait à réduire les risques liés au changement climatique et aux pandémies. Bien plus, la contribution du secteur BTP au PIB du Cameroun a doublé, passant de 2.77 % à 5.3 % entre 2000 et 2011. Le chiffre global des entreprises de BTP au Cameroun est passé de 569 milliards de FCFA en 2000 à 1030 milliards de FCFA en 2011.

[211] **LAROUCHE (O.),** « L'aide au développement : un état des lieux, des interrogations », *Techniques Financières et Développement,* vol.117, éd.4, 2014, pp. 10-12.

[212] **KENFACK (J.),** « l'influence de l'occident dans la définition des normes environnementales et du développement durable en Afrique », *op.cit.,* pp. 200-210.

systématique des clauses environnementales imposées dans les Conventions d'aide au développement est généralisée de nos jours[213].

Dans le plus grand regret néanmoins, la doctrine s'accorde à reconnaitre le caractère lacunaire du droit international de l'environnement[214]. Et, certaines de ces lacunes n'ont point manqué d'affecter les systèmes nationaux de protection de l'environnement[215]. Cependant, quelle que soit la part de vérité du constat fait, ces disparités ne doivent pas faire perdre de vue la réalité car, la protection de l'environnement dans la réalisation des travaux publics au Cameroun est une réalité juridiquement planifiée **(Titre 1)** et institutionnellement organisée **(Titre 2)**.

---

[213] **LAROUCHE (O.),** « L'aide au développement : un état des lieux, des interrogations », *Techniques Financières et Développement,* vol.117, éd.4, 2014, *op.cit.,* pp. 11-19 ; **AMPAROU (J.) et CHAUVET (L.),** « Efficacité et allocation de l'aide-revue des débats », *Agence française de Développement*, n°6, Paris, 2004- pp. 31-56. **; BAILY (M.)** et **DUFOUR (P.),** *Aide au développement à l'heure de la mondialisation*, Milan, Toulouse, 2002, pp.23-41.

[214] **PETIT (Y.),** « Le droit international de l'environnement à la croisée des chemins : globalisation versus souveraineté nationale », *Revue juridique de l'environnement,* vol.36, 2011, pp. 31-55 **; LEPAGE (C.),** « Les véritables lacunes du droit de l'environnement », *Le seuil-pouvoir,* 2008/4, n° 127, pp. 123 à 133.

[215] Les figures les plus emblématiques de ces maux sont, d'une part, le problème de la profusion des normes de protection de l'environnement en inadéquation avec leur efficacité. D'autre part, celui de la démultiplication des acteurs aux engagements souvent douteux. Entre dans le même registre l'absence de coordination entre les institutions intervenant dans le secteur de la protection de l'environnement. Le secteur des travaux publics semble encore plus exposé à cette réalité en raison des enjeux que la construction des infrastructures est censée concilier, des secteurs que ces travaux empiètent quotidiennement au passage, et donc des normes et institutions qu'il convient de mobiliser dans ce contexte.

TITRE 1- UNE PROTECTION JURIDIQUEMENT PLANIFIÉE

La consécration du droit des peuples à un environnement sain ou de qualité dans les instruments juridiques internationaux et nationaux[216] a sans doute été l'étape la plus décisive de la prise en compte des problématiques environnementales. De nos jours, la meilleure technique juridique de protection de l'environnement s'avère être la codification des règles y relatives.

L'encadrement juridique de la protection de l'environnement dans les travaux publics est assuré par un corpus de règles aussi homogènes qu'éparses. Elles sont d'origines diverses et se rattachent notamment à diverses branches du droit. L'analyste imprudent pourrait être tenté de penser que les incidences des BTP sur l'environnement ne sont pas encore d'une gravité suffisante pour que les règles environnementales s'en trouvent codifiées[217]. Pourtant, la situation est contraire et le défaut d'un Code de l'environnement ne cesse de se faire ressentir dans ce secteur. Pour contourner ce vide juridique, les acteurs environnementaux du secteur des BTP font recours à une diversité de sources. Dans cette diversité, les normes du droit commun de l'environnement sont mobilisées à titre principal **(Chapitre 1)** et bénéficient d'un remarquable renfort du droit des travaux publics et de la commande publique **(Chapitre 2).**

---

[216] Voir préambule de la Constitution révisée du 18 janvier 1996. Pour amples détails sur les mécanismes de consécration internationale du droit à un environnement sain, voir, par exemple, **BENTIROU MATHLOUTHI (R.),** *Le droit à un environnement sain en droit européen, en cotutelle franco-suisse*, Thèse de Doctorat, Université de Grenoble-Alpes et Université Neuchâtel, 2021, p.410 ; **LARGEY (T.),** *Le statut juridique de l'air. Fondements pour une théorie de l'air en tant que chose commune, en droit suisse et international*, Thèse de Doctorat, Faculté de Droit, des Sciences Criminelles et d'Administration publique de l'Université de Lausanne, 2020, pp. 56-70. Dans ces ouvrages, les auteurs consacrent un temps précieux à l'analyse de cet aspect du droit de l'environnement.

[217] Plusieurs auteurs du droit de l'environnement ont pourtant, depuis belle lurette signalé la nécessité d'une telle codification. Voir par exemple LARRUE (C.), *Analyser les politiques publiques d'environnement,* éditions L'Harmattan, collection logiques politiques, 2000, p.24.

CHAPITRE 1- UNE PROTECTION GARANTIE PAR LES REGLES DU DROIT COMMUN DE L'ENVIRONNEMENT

La distinction droit-public-droit privé constitue la *suma divisio* dans le système juridique français duquel s'inspire un pan important du système juridique camerounais[218]. Pourtant, cette distinction n'est pas opérationnelle en droit de l'environnement[219]. Ce droit ne peut être embrigadé dans l'une ou l'autre branche du droit exclusivement. Tout au plus, c'est un droit qui s'applique aussi bien aux travaux privés qu'à ceux publics, et qui mobilise tant les règles du droit public que celles du droit privé[220]. C'est donc un droit transversal et transdisciplinaire[221].

La législation camerounaise relative aux évaluations environnementales n'opère aucune distinction entre les travaux privés et les travaux publics. Ces règles s'appliquent confusément à tous les secteurs d'activités, indifféremment de la nature des opérations menées, de leur régime juridique et surtout, du statut public ou privé de l'auteur ou du bénéficiaire du travail en question.

Cette distinction est pourtant de mise dans les autres secteurs d'activités qui, contrairement au secteur des travaux publics, sont régies par des dispositions environnementales spécifiques. A titre d'exemple, l'utilisation de certains intrants chimiques dans le secteur agricole fait l'objet d'un encadrement sectoriel, assuré par une norme environnementale particulièrement adaptée aux spécificités de ce domaine. On peut en dire autant du secteur forestier, du secteur de l'eau, du secteur de la gestion des déchets etc.

Néanmoins, les acteurs des constructions publiques, pour combler le défaut de l'inexistence d'un Code de l'environnement propre aux travaux publics utilisent un subtile procédé qui consiste à faire recours aux normes sectorielles de protection **(section 2).** Cette méthode permet alors de réaliser les travaux en préservant les différents milieux récepteurs sensibles que les mesures générales, à elles seules, ne peuvent garantir que difficultueusement **(section1).**

---

[218] **BARRAUD (B.),** « Droit public-droit privé : de la suma divisio à la ratio divisio ? », *Revue de la recherche juridique- Droit prospectif,* 2015, pp.45 ; **BERGE (J.-S.),** « La suma divisio droit privé-droit public et le droit de l'Union européen : une question pour qui ? Une question pour quoi ? » in *De l'intérêt de la suma divisio Droit public- Droit privé ?,* col. Thème et commentaire- Actes, *Dalloz,* 2010 pp.45-56.

[219] *Ibidem.* Voir aussi **BIGOT (F.),** *L'urbanisme au défi de l'environnement*, éditions Apogée 1994, pp 42-45.

[220] **RACINE (J.-B.),** « La valeur juridique des codes de conduite privés dans le domaine de l'environnement », *Revue juridique de l'environnement,* 4/1996, pp. 405- 426.

[221] **PRIEUR (M.),** *Droit de l'environnement*, 5ème éd. 2004, pp.23-30 ; **BENTIROU MATHLOUTHI (R.),** *Le droit à un environnement sain en droit européen,* Thèse de Doctorat, Université de Grenoble-Alpes et Université de Neuchâtel, 2018, **LARGEY (T.),** *Le statut juridique de l'air. Fondements pour une théorie de l'air en tant que chose commune*, Thèse de Doctorat, Faculté de Droit, des Sciences Criminelles et d'Administration de l'Université de Lausanne, 2006, pp. 40-46.

Section 1- Les mesures générales de protection

Le caractère commun des mesures envisagées ici procède de la transversalité de leur application[222]. Il s'agit en fait des exigences environnementales qui s'imposent aussi bien dans les constructions privées que dans les travaux et ouvrages des personnes publiques. A l'interprétation des documents techniques de certains travaux d'ores et déjà réalisés[223], on peut identifier deux catégories de mesures en tenant compte de leur ancienneté. On aura ainsi d'un côté les mesures environnementales classiques **(Paragraphe 1)** jugées plus anciennes, et de l'autre, les mesures modernes plus conformes aux exigences de l'heure **(Paragraphe 2).**

Paragraphe 1- Les mesures classiques de protection

L'étude d'impact environnemental fut le premier outil d'évaluation des incidences de l'activité de l'homme sur son milieu de vie[224]. Le développement de la technoscience a permis de mettre sur pieds des outils plus sophistiqués en vue de moderniser les évaluations des impacts écologiques des projets[225]. En contexte des travaux publics notamment, ces nouveaux instruments permettent aux experts de comprendre avec plus de précision le type d'évaluation environnementale qu'il conviendrait de réaliser. Certaines études sont réalisées en amont, notamment dans la phase préparatoire des travaux **(A).** Par contre, d'autres ne produisent leur effet de noblesse que lorsqu'elles sont déployées en aval et plus exactement pendant la réalisation et à la terminaison des travaux **(B).**

A- En amont : l'étude d'impact environnemental et social

En toute situation, la prévention demeure plus privilégiée par rapport à la réparation. C'est ce que traduisait déjà la vielle sagesse populaire selon laquelle *« prévenir vaut mieux que guérir ».* L'idée de prévention est au cœur

---

[222] **PARLEANI (G.),** « Marché et environnement », *Droit de l'environnement,* n° 126, mars 2005, pp. 52-70.

[223] Dans l'ensemble, les rapports d'étude d'impact réalisés au Ministère des travaux publics relativement à la réalisation des routes nationales, commencent généralement par ces deux éléments. Voir par exemple Ministère des travaux publics, *Rapport de l'étude d'impact environnemental et social de la route Batchenga – Ntui – Yoko – Tibati – N'Gaoundéré,* Août 2014, page 21 ; Tout de même, voir Ministère des travaux publics, *Rapport de réhabilitation de la route nationale n°6- région ouest et nord-ouest du Cameroun (route Babadjou-Bamenda y compris les voiries urbaines 51,970 km),* juin 2016, p. 3.

[224] **BENTIROU MATHLOUTHI (R.),** *Le droit à un environnement sain en droit européen,* Thèse de Doctorat, Université de Grenoble-Alpes et Université de Neuchâtel, 2018, op.cit., 450 p ; **HUGLO (C.),** « Méthodologie de l'étude d'impact climatique. Droit de l'homme et droit de l'environnement », *Revue française d'administration publique,* vol. 179, 2021, pp. 823-835.

[225] *Ibidem,* pp. 825-827.

du droit[226]. Elle est plus singulièrement affirmée en droit de l'environnement à travers les sacrosaints principes de prévention et de précaution[227]. Ces principes se matérialisent par la réalisation des études d'impact sur l'environnement[228]. En effet, *« l'étude d'impact, affirme le professeur Maurice KAMTO, est assurément l'institution la plus spécifique et sans doute aussi la plus originale du droit de l'environnement. Elle est au cœur du développement durable [...] Dans une perspective environnementaliste conséquente, poursuit-il, l'étude d'impact s'entend donc automatiquement d'une évaluation a priori, et sa fonction est d'aider les décideurs publics ou privés à intégrer l'environnement dans leur stratégie d'action afin d'éviter que des travaux ou ouvrages ne dégradent irrémédiablement l'environnement »*[229]. L'intérêt d'une telle mesure n'a pas échappé au législateur qui a opéré deux innovations majeures en la matière.

La première est donnée par l'arrêté n°00001/MINEPDED du 08 février 2016[230] et se rapporte à la diversification des études d'impact environnemental **(1)**. La deuxième, impulsée par le décret de 2013, opère une systématisation claire des procédures administratives et techniques de réalisation desdites études **(2)**.

1- Une extension des EIES dans les travaux publics

Le premier ton de cette extension a été donné en 2013 avec l'incrustation de l'aspect social dans le jargon écologique et environnemental au Cameroun. On est alors littéralement et matériellement passé de *« l'étude d'impact environnemental »* tout court à l'appellation plus attractive et inclusive

---

[226] **KAMTO (M.),** *Droit de l'environnement en Afrique,* UPELF-UREF, *op.cit.,* p.52.

[227] Le Principe de précaution est célébré dans la Déclaration de Rio de 1992 au Principe 15 en ces termes *« Pour protéger l'environnement, des mesures de précaution doivent être largement appliquées par le s Etat s selon leurs capacités. En cas de risque de dommages graves ou irréversibles, l'absence de certitude scientifique absolue ne doit pas servi r de prétexte pour remettre à plus tard l'adoption de mesures effective visant t à prévenir la dégradation de l'environnement ».* Pour approfondir lire, **DUPONT (J.),** *L'influence du principe de précaution sur le droit de la responsabilité civile et pénal comparé* , LexiNexis, 1ère éd., 2021, p.1-15 ; **MARTIN (S.),** *Principe de prévention*, Bruylant, 2ème éd., 2020, pp.5-12 ; **AUDRAIN-DEMEY (G.),** *Droit de l'environnement pour l'immobilier,* Larcier, 1ère éd., 2023, pp.2-13.

Arrêté n°00001/MINEPDED du 08 février 2016 fixant les différentes catégories d'opérations dont la réalisation est soumise à une évaluation environnementale stratégique ou à une étude d'impact environnemental et social.

[228] **ROMI (R.),** « Un pas en avant, un pas en arrière : la valse des études d'impact », *Droit de l'environnement,* septembre 2003, p. 149.

[229] Voir **KAMTO (M.),** *Droit de l'environnement en Afrique,* UPELF-UREF, *op.cit.,* p.52.

[230] Arrêté n°00001/MINEPDED du 08 février 2016 fixant les différentes catégories d'opérations dont la réalisation est soumise à une évaluation environnementale stratégique ou à une étude d'impact environnemental et social.

« d'étude d'impact environnemental et social »[231]. Cette extension permet aujourd'hui de prendre en compte les intérêts sociaux dans les évaluations environnementales.

Une innovation plus remarquable encore est celle de la catégorisation et de la diversification des études d'impact environnemental et social en fonction des typologies et des spécificités des travaux publics. Œuvre pionnière de l'arrêté n°00001/MINEPDED du 08 février 2016, le processus de catégorisation a pour objectif de déterminer, parmi tous les projets susceptibles d'être réalisés par le procédé des travaux publics, ceux qui ont besoin d'études plus ou moins poussées sur l'environnement. Cette approche a alors permis de systématiser deux grandes catégories d'EIES en rapport avec les travaux correspondants. Il constate que certains sont soumis aux évaluations environnementales dites stratégiques **(a),** tandis que d'autres convoquent des études sommaires ou détaillées[232] **(b).**

a- Les travaux soumis à l'étude d'impact environnemental et social stratégique

L'évaluation environnementale stratégique encore appelée étude d'impact environnemental stratégique[233], se définit comme *un processus systématique, formel et exhaustif permettant d'évaluer les effets environnementaux d'une politique, d'un plan, d'un projet, ou d'un programme à composantes multiples*[234]. A la lecture de l'arrêté précité, quatre opérations de travaux relèvent de cette technique d'évaluation environnentale. On peut simplifier l'analyse en les regroupant en deux grandes catégories d'activités.

---

[231] En effet, la prise en compte de la dimension sociale dans les études d'impact environnemental est une création législative récente qui a été innovée avec l'édiction du décret de 2013/0171 portant modalité de réalisation des études d'impact environnemental et social. Sa devancière le décret de 2005 ne s'inscrivait pas dans la même mouvance. Sur le mouvement global de la prise en compte de l'aspect social dans les études environnementales, lire, **COTÉ (G.), WAAOUB (J.-P.) et MARESCHAL (B.),** « L'évaluation d'impact environnemental et en péril. La nécessité d'agir », *Vertigo,* vol.17, n°3, décembre 2017, pp. 1-10. **TCHOTOURIAN (I.),** « Aspects environnementaux et sociaux de la R.S.E. et management des entreprises : une éthique au centre et autour de l'entreprise », *Management & Avenir,* n° 10, 2006, pp. 57-77 ; **ROLLAND (B.),** « Toutes les entreprises doivent rendre des comptes environnementaux ! », Droit des Société, n°7, 2003, pp. 4-5 ; **MOQUET (A.-C),** « De l'intégration du développement durable dans la stratégie du pilotage et à l'instrumentalisation de la performance globale », *Management & Avenir*, n°3, 2005, pp.153-170 ; **BOUCHARD BASTIEN (E.),** *Guide de soutien destiné au réseau de la santé : l'évaluation des impacts sociaux en environnement,* Institut national de santé publique du Québec, mars 2020, pp.3-4.

[232] Voir art 2 de l'arrêté n°00001/MINEPDED du 08 février 2016 fixant les différentes catégories d'opérations dont la réalisation est soumise à une évaluation environnementale stratégique ou à une étude d'impact environnemental et social.

[233] **MALINVAUD (P.),** « Les dommages aux voisins dus aux opérations de construction », *Revue de droit immobilier,* novembre/décembre 2001, p. 430.

[234] Définition tirée à l'article 2 du Décret n° 2013/PM/0571 du 14 Février 2013 fixant modalités de réalisation des études d'impact environnemental et social.

La première catégorie est constituée de politiques, plans et programmes[235]. Cette catégorie concerne essentiellement les documents généraux ou stratégiques de planification ou de gestion de l'environnement sur le court, le moyen ou le long terme, dans une activité ou dans un secteur précis. Ainsi compris, il est possible que les objectifs de développement ici visés ne relèvent que partiellement des opérations des travaux publics. Ils ne peuvent cependant s'en écarter totalement en pratique.

La seconde catégorie quant à elle, porte véritablement sur les activités dont les travaux publics sont la machine ouvrière[236]. Il s'agit cependant des projets à composantes multiples. A la vérité, les grands projets structurants annoncés dans les différents documents de planification économique de ces dernières années ont en commun d'être généralement à composantes multiples. Il en est ainsi du fait de la consistance matérielle et de la complexité de leur réalisation. Il s'agit notamment de:

La création et l'aménagement des zones industrielles ; -la création de projets à perspectives évolutives; – la création de complexes industrialo-portuaires; – la création de nouvelles villes; – les projets comportant plusieurs composantes individuellement soumises à EIES et reparties sur plusieurs Régions du pays ; – l'implantation de plusieurs projets dans une même zone. Contrairement à ceux-ci, les autres opérations exigent des études environnementales et sommaires particulières.

b- les travaux soumis aux études d'impact environnemental et social sommaires et détaillées

L'arrêté de 2016 précité détermine exhaustivement les travaux dont la réalisation nécessite impérativement une étude environnementale sommaire[237]. On en dénombre quatre (04) catégories phares d'activités.

La première catégorie est relative aux projets d'aménagement, de modification ou d'extension connexe à des installations ayant fait l'objet d'une étude d'impact environnemental et social détaillée ou d'un audit environnemental et social, lorsque les activités additionnelles nécessitent une telle étude.

---

[235] Voir art.4 de l'arrêté arrêté n°00001/MINEPDED du 08 février 2016 fixant les différentes catégories d'opérations dont la réalisation est soumise à une évaluation environnementale stratégique ou à une étude d'impact environnemental et social, *op.cit.*

[236] *Ibidem,* art.5.

[237] *Ibidem.*

La deuxième est relative aux infrastructures sociales. Font partie de cette catégorie : les projets d'adduction et d'assainissement des eaux[238] ; les établissements sanitaires et hospitaliers[239] ; les projets d'infrastructures socio-culturelles et éducatives[240] ; les projets pour habitat et commerce[241].

La troisième catégorie concerne les infrastructures économiques. Entrent dans ce registre les infrastructures de transport[242] et d'énergie[243].

La quatrième catégorie quant à elle, prend en compte les secteurs de production. Il s'agit entre autres de certains travaux miniers et industriels[244]. Certains travaux de ces secteurs susmentionnés s'opèrent plutôt dans

---

[238] Projet d'approvisionnement en eau/adductions d'eau dans les zones rurales et villes secondaires, impliquant le stockage et distribution d'eau potable de capacité journalière comprise entre 500 m3 et 25 000 m3 ; –barrage de retenue d'eau de capacité comprise entre 500 000 et 1 500 000 000 m3 ; – installation de traitement des boues d'égouts issues des fosses septiques et autres recevant un volume compris entre 200 et 500 m3 ; – unité industrielle de recyclage des huiles usées ; – installation d'élimination des déchets ménagers et assimilés de capacité comprise entre 50 et 100 tonnes/jour ; 6 – centre de traitement des déchets municipaux (décharge de classe 2 inférieure ou égale à 100 000 tonnes/an) ; – drainage mécanique sans aménagement particulier, entraînant ou pas des démolitions, coûtant plus de 200 000 000 FCFA ; – projet de récupération des terres par remblais sur une superficie de plus de 2 ha et moins de 5 ha ; – ensemble de microprojets de même nature d'un projet ou programme d'un coût total supérieurs à 250 000 000 FCFA si ces projets n'ont pas déjà fait l'objet d'une évaluation environnementale dans leur conception ; – installation moderne de gestion et traitement des déchets électriques, électroniques et électroménagers ; – dépotoir intermédiaire à l'échelle d'un quartier (sans traitement, stockage temporaire uniquement).

[239] Notamment les hôpitaux de district et assimilés, et autres formations sanitaires ; – hôpitaux régionaux et assimilés ; – laboratoires d'analyse et de recherche industriels ; – laboratoires d'analyse autonomes ; – laboratoires phytosanitaires, vétérinaires et d'analyses médicales ; – établissement de conditionnement, de stockage et de distribution des produits pharmaceutiques.

[240] Notamment la construction des établissements scolaire, universitaire ou centre de formation établi sur un à moins de dix (10) ha.

[241] Plus précisément les projets d'immobiliers de 50 à 200 logements ; – lotissement de terrains de 100 à 500 ha ; – construction de marchés, supermarchés, gares routières et pôles d'échanges importants d'un coût d'investissement compris entre 500 millions et 2 milliards de francs FCFA ; – supermarchés de plus de 2 500 m2 ; – aménagement des zones de recasement entre 1000 et 2000 habitants en zone rurale ; – aménagement des zones de recasement entre 600 et 1000 habitants en zone périurbaine ; – construction ou réhabilitation des voies en milieu urbain entre 500 millions et 1 milliard ou un linéaire de 5 à 10 km ; – entrepôts de plus de 500 m2 stockant des produits dangereux.

[242] Au rang desquels, réhabilitation des routes bitumées sans modification de tracé; – réhabilitation des routes en terre en zone rurale; – entretien périodique avec apport de matériaux, des routes en terre, à l'exception des travaux communaux ou communautaires; – construction de ponts/ouvrage d'art de portée comprise entre 60 et 100 m; – construction d'aéroport avec piste d'atterrissage de moins de 2 100 mètres de longueur; – construction de port continental ne pouvant accueillir que des navires de moins de 1 350 tonnes; 7 – dragage sur moins de 5 km des cours d'eau à des fins de navigation ; – construction des stations de pesage ; – entretien des installations portuaires ; – réhabilitation des voies ferroviaires.

[243] La construction de centrales thermiques de puissance de 2 à 10 MW ; – construction de lignes de transport d'énergie électrique et électrification rurale de moyenne tension supérieure à 30 KV ; – construction d'unités de production d'énergie solaire (photovoltaïque) de capacité supérieure à 10 MW ; – installation d'unités de production d'énergie marémotrice de capacité supérieure à 5 MW ; – construction de centrales hydroélectriques de puissance supérieure à 4,5 et inférieure ou égale à 50 MW ; – installation d'unités de production d'énergie éolienne de capacité supérieure à 4,5 MW ; – construction d'unités de production d'énergie électrique à base de biomasse de capacité supérieure à 3 MW ; – construction de poste de transformation et de répartition électrique ; – activité impliquant le stockage de gaz et combustibles en réservoirs souterrains de volume supérieur à 60 et inférieur à 140m.

[244] Voir art.5 de l'arrêté de 2016, *op.cit.*

l'exigence de réalisation des études détaillées ainsi qu'il ressort de l'article 4 de l'arrêté précité.

Toutefois, la catégorisation ainsi visitée n'est pas d'ordre général. Indistinctement de la nature du projet et de la catégorie de l'étude à mener, la procédure demeure identique.

2- Une fixation précise des procédures de réalisation et d'approbation des EIES en la matière

L'opération de réalisation de l'étude d'impact environnemental et social est à distinguer de celle de son approbation[245]. Bien que s'inscrivant dans une suite logique des choses, la doctrine reconnait que chacune de ces procédures renferme avec raison des réalités qui lui sont propres[246].

En effet, la procédure d'évaluation des risques est de nature technique **(b)** tandis que celle relative à l'approbation du rapport d'étude est essentiellement administrative[247] **(a).**

a- La réalisation de l'étude d'impact environnemental : un processus technique

Cette procédure comporte deux aspects fondamentaux, échelonnés et surtout indissociables l'un de l'autre. Au regard du *Manuel de procédure générale des études d'impact et audits environnementaux,* le promoteur ou le maître d'ouvrage devra au préalable élaborer et faire approuver les Termes de Référence (TDR) de l'étude avant d'effectuer l'étude proprement dite.

En pratique, les TDR doivent comprendre notamment un mémoire descriptif et justificatif du projet[248]. Le législateur accorde au promoteur la possibilité de se faire assister dans cette mission par un consultant ou un bureau d'étude environnementale agréé par le Ministre en charge de l'environnement[249].

---

[245] **FONKOUA (J.-E.),** *Les études d'impact environnemental dans les projets de développement au Cameroun,* Mémoire de Master II, Université de Limoges, 2006, pp. 15-25 ; **RENAUD DENOIX (D.-SM.),** « Le rapport d'impact sur l'environnement », *Revue Juridique de l'environnement,* n°3-4, 1976, pp.250-260.

[246] **EL-AMINE (A.),** *Droit international des études d'impact environnemental,* Thèse de Doctorat, Paris 13, 2022, pp.56-58.

[247] *Ibidem,* p.56.

[248] Voir art.9 du décret n°2013/071 du 14 février 2013 fixant modalités de réalisation des études d'impact environnemental et social, *op.cit.*

[249] *Idem.*

Boussole d'orientation de toute étude environnementale, ces TDR doivent faire l'objet d'une validation administrative. De ce fait, le promoteur devra les soumettre à l'approbation du Ministre en charge de l'environnement par l'introduction d'une demande de réalisation d'étude d'impact environnemental et social. Cette formalité n'est pas exemptée des frais de procédure. En effet, la demande ainsi mentionnée doit être assortie des frais d'examen requis. Ces frais s'élèvent à 2.000.000 de FCFA, réversibles auprès du Fonds National de l'Environnement et du Développement Durable[250].

L'acquittement de ces droits est la condition indispensable d'accès à l'office du Ministre qui examine alors les TDR et prend une décision qui peut revêtir une double portée[251]. Dans un cas, il peut les approuver en tout ou partie. Dans cette dernière figure, il exercera nécessairement son pouvoir de réformation consistant à remplacer certaines dispositions des TDR par des éléments jugés plus adéquats. Dans un autre cas, il peut purement et simplement rejeter les TDR[252].

En tout état de cause, il dispose d'un délai de 30 jours, à compter de la date de réception desdits TDR pour notifier sa décision au promoteur[253]. Passé ce délai, le silence gardé par l'autorité est considéré comme une décision administrative d'acceptation en vertu de l'adage *« qui ne dit mot consent »*. Dans ce cas de figure, les TRD sont considérés comme approuvés. S'ouvre alors la phase de réalisation proprement dite de l'étude.

Dès approbation des TDR, le promoteur peut commencer la réalisation de l'EIES, en respectant la procédure et les exigences de forme prévues à cet égard. Dès l'emblée, la loi recommande fortement le recours aux services d'un spécialiste ou d'un cabinet assermenté en étude d'impact environnemental et social[254]. Cette exigence permet ainsi d'assurer la qualité de l'étude, et surtout, de combler l'inculturation environnementale des promoteurs de projets d'infrastructures[255].

En effet, la réalisation de l'EIES consiste à collecter les données bibliographiques, les données du terrain, et à organiser les consultations

---

[250] *Idem*, art.17(1).
[251] *Idem.*
[252] *Ibidem*, art. 18 (3et 4).
[253] *Idem.*
[254] *Ibidem*, art.14 (1), *« Le promoteur d'un projet doit faire appel à un consultant, à un bureau d'étude, à une Organisation non gouvernementale ou à une association de son choix, agrée par le Ministre en charge de l'environnement pour réaliser l'étude d'impact environnemental et social de son projet ».*
[255] Voir **OYONO (P.-R.),** « Usage culturel de la forêt au sud-Cameroun : rudiments d'écologie sociale et matériau pour la gestion du pluralisme », *Edition Africa*, vol. LVII, 2022, pp.334-355.

publiques. Ces données sont contenues dans un rapport spécifique qui doit impérativement faire ressortir les éléments indiqués par le décret de 2013 y relatif[256]. Le rapport d'étude d'impact doit faire apparaître :

D'abord, le résumé en langage simple en français et en anglais[257]. La transcription du rapport en diverses langues a pour principale fonction de garantir la démocratisation de son exploitation dans la durée par un public plus large, notamment les principaux utilisateurs. Comme l'a fort bien martelé Jessica MAKOWIAK, « *le droit de l'environnement apparait comme un droit qui se conjugue dans les trois temps à savoir le passé, le présent et le futur* »[258]. Cette formalité linguistique devra être suivie de près par la description et l'analyse de l'état initial du site et de son environnement physique, biologique, socio-économique et humain. Il en est de même de la description, l'analyse de tous les éléments et ressources naturelles, socio-culturelles susceptibles d'être affectés par la mise en œuvre du projet.

En sus, la description du projet et des raisons de son choix parmi les solutions possibles doit précéder la revue du cadre juridique et institutionnel de protection de l'environnement au Cameroun[259]. Cette revue est l'occasion donnée au promoteur du projet de présenter le bloc de légalité environnementale qui s'impose à lui dans ses activités courantes[260].

En outre, le rapport doit retranscrire l'identification et l'évaluation des effets possibles de la mise en œuvre du projet sur l'environnement naturel et humain ; l'indication des mesures prévues pour éviter, réduire ou éliminer les effets dommageables du projet sur l'environnement. Dans le même sens, doit être inclus, un programme de sensibilisation et d'information, ainsi que les procès-verbaux des réunions tenues avec les populations, les organisations non

---

[256] En effet, que l'étude soit sommaire ou détaillée, stratégique ou ordinaire, un certain nombre d'éléments doivent être pris en compte. Voir Articles 9, 10, 11 et 12 du décret de 2013 précité.

[257] En vue de l'exploitation démocratique et transparente des études environnementales d'un projet, le décret de 2013 précité exige que ladite étude s'opère dans les deux langues officielles du Pays.

[258] **MAKOWIAK (J.),** « A quel temps se conjugue le droit de l'environnement ? », *in Mélanges en l'honneur de Michel PRIEUR, pp.283-295,* Un droit commun de l'environnement, Dalloz, 2007, pp.263-295 ; voir aussi **OST (F.),** *Le temps du droit*, Paris, Odile Jacob, 1999, pp.71 et ss.

[259] L'exigence de présenter les cadres juridique et institutionnel de protection de l'environnement dans le rapport d'étude permet aux autorités publiques de se rassurer au préalable de la fiabilité des mesures de protection déployées par l'entrepreneur. Bien plus, il est question de vérifier l'état de ses connaissances sur la maîtrise des textes du droit de l'environnement et la répartition des compétences dans le service public de l'environnement.

[260] Le bloc de légalité environnementale est en fait l'ensemble des textes juridiques auxquels doivent se soumettre les opérations de réalisation des travaux publics. Ici se pose un problème de respect du principe de la légalité ou de juridicité. Voir, **BOT (O.),** *Le bloc de légalité environnementale*, Dalloz, 2019 ; **DUPRÉ DE BOULOIS (X.),** *Droit de l'environnement*, éd. LGDJ, 2020, pp.25-45 ; **BOISSON (B.),** Le bloc de constitutionnalité environnementale, Larcier, 2018, pp.12-23 ; **BILLET (P.),** « Droit de l'environnement : principes et fondements », *LexisNexis,* 2017, pp.153-130.

gouvernementales, les syndicats, les leaders d'opinion et autres groupes organisés, tous concernés par le projet[261].

Enfin, le promoteur du projet doit joindre un plan de gestion environnemental et social comportant les mécanismes de surveillance du projet et de son environnement. Il doit en outre prévoir le plan de compensation[262]. En effet, le plan de gestion environnementale est d'une importance cruciale dans le secteur des BTP, puisqu'il est à la croisée des chemins entre la protection de l'environnement et la réalisation des travaux publics. Certains auteurs à l'instar du Professeur Michel PRIEUR ont clairement admis cette importance[263].

Au demeurant, le non-respect de ces exigences de forme entache inéluctablement la procédure administrative de validation du rapport d'étude.

b- La validation du rapport d'étude : une procédure administrative

La procédure obéit tout de même à des formalités administratives dont le non-respect par le promoteur du projet constitue une source de rejet administratif. Elle combine trois aspects relatifs au dépôt du rapport, à son examen et à son approbation administrative[264].

Relativement au dépôt du rapport d'EIES, l'article 13 du décret de 2013 précité indique que : « *tout promoteur d'un projet de travail public est tenu de déposer auprès de l'Administration compétente et du Ministère en charge de l'environnement, en plus du dossier général du projet une typologie de documents* »[265]. En substance, il s'agit d'une demande de réalisation de l'étude d'impact environnemental et social comportant la raison sociale, le capital social, le secteur d'activité et le nombre d'employés prévus dans le projet ; les termes de références de l'étude assortis d'un mémoire descriptif et justificatif du projet mettant l'accent sur la préservation et les raisons du choix du site.

---

[261] Ces documents permettent de jauger le niveau de mise en œuvre des sacrosaints principes de participation et d'information environnementale dans le cadre du projet en question. Voir **HERVE-FOURNEREAU (N.)**, « Le principe d'intégration des exigences de la protection de l'environnement : essai de clarification juridique », *in Le droit de l'Union européenne en principes, liber amicorum en l'honneur de Jean Raux*, Editions Apogée 2006, pp. 643-686.

[262] Pour chaque projet, il doit impérativement avoir un plan de compensation des effets négatifs constatés. Seulement, cette prévision n'est pas toujours appliquée dans la pratique. Surtout, les mesures de compensation desdits effets sont généralement dévoyées, parce qu'impliquant très souvent des frais supplémentaires au prix initial de l'objet du contrat.

[263] **PRIEUR (M.)**, *Droit de l'environnement*, précis Dalloz, 6ème éd., Paris, 2011, pp. 1-26.

[264] Voir art.18 et ss du décret de 2013/071, *op.cit.*

[265] *Idem*, article 13.

L'article 17 du même décret met un cachet impératif sur la nécessité de joindre à ladite demande les reçus de versement des frais d'étude du dossier[266].

Le dépôt du dossier est attesté par la délivrance d'un récépissé portant la date et le numéro d'ordre, question d'en garantir la traçabilité et la fiabilité[267]. Dès réception dudit dossier, l'Administration compétente est tenue de transmettre un avis motivé au Ministre chargé de l'environnement. Un délai de 20 jours lui est alors imparti pour l'accomplissement de cette diligence[268]. La décision du Ministre dépendra des motivations avancées par l'Administration compétente.

Ledit avis tient lieu de cahier de charges qui explicite, par l'occasion, les indications sur le contenu de l'étude d'impact environnemental et social. En cas de silence du Ministre en charge de l'environnement et après expiration du délai de trente (30) jours suivant le dépôt du dossier, le promoteur peut considérer les termes de références recevables[269].

Cette validation ministérielle constitue la pièce maitresse de la procédure, dans la mesure où elle seule autorise le commencement des travaux. L'exécution et l'achèvement des activités appellent à d'autres mesures environnementales. C'est le cas du plan de gestion environnementale et de l'audit environnemental.

B- En aval : le plan de gestion et l'audit environnementaux et sociaux

Le propre de l'étude environnementale dans les travaux publics est, d'une part, de déterminer les impacts négatifs du projet sur l'environnement et d'en prévoir les mesures d'atténuation ou de compensation adéquates. D'autre part, de prévoir les mécanismes de bonification des impacts positifs[270]. Chacun

---

[266] En effet, les sommes exigées pour l'étude environnementale sont ventilées ainsi qu'il suit : un million cinq cent mille (1 500 000) de francs CFA pour les termes de référence (TDR) des études d'impact environnemental et social sommaires; – deux millions (2 000 000) de francs CFA pour les termes de référence d'une étude d'impact environnemental et stratégique ; – trois millions (3 000 000) de francs CFA pour une étude d'impact environnemental et social sommaire ; – cinq millions (5 000 000) de francs CFA pour une étude d'impact environnemental et social détaillée ou une évaluation environnementale stratégique. Toutefois si un promoteur a plusieurs projets ou établissements/installations de même nature, les frais à payer sont établis de la manière suivante : pour un promoteur ayant plusieurs projets, établissements ou installations de même nature dans un département, une seule étude d'impact détaillée, est requise pour l'ensemble de ces établissements ; – pour un exploitant forestier disposant de plusieurs Unités Forestières d'Aménagement (UFA), une étude d'impact détaillée est requise si ces UFA ont un seul plan d'aménagement autorisé par le Ministre en charge forêts.

[267] Voir art 18 et ss du décret de 2013/0171, *op.cit.*

[268] *Idem*, article 24 (2).

[269] *Idem*, article17(2).

[270] **BIELLET (P.)**, « L'évaluation environnementale, fondement de la préservation et de la réparation des atteintes à la biodiversité en droit français et communautaire. Approche critique », Revue juridique de l'environnement, Hors-série, 2011, pp.63-78, **MAUREL (P.)**, « L'évaluation environnementale : fondements et pratiques », *Presse de l'Université du Québec,* n°3, 2004, pp.15-35 ; **THERIVEL (R.)**, « L'évaluation

de ces exigences peut s'opérer aussi bien pendant l'exécution du chantier qu'après la terminaison des travaux.

Dans la première hypothèse, c'est la mise en œuvre d'un plan de gestion environnementale **(1),** et dans la seconde, la réalisation d'un audit environnemental **(2)** même si ceux-ci peuvent, dans certains cas, être indifféremment déployés à tous les niveaux de l'évolution du chantier.

1- L'exigence d'un plan de gestion environnementale et sociale dans la phase de réalisation proprement dite

L'atténuation des impacts négatifs **(a)** et la bonification des effets positifs **(b)** sont le propre de la mise en œuvre du plan de gestion environnementale.

a- Un instrument d'atténuation des impacts négatifs

Chaque chantier public recèle des spécificités propres aux activités qui y sont menées. Les plans de gestion environnementale explicitent les grandes stratégies d'atténuation des impacts négatifs[271]. En opérant un point de vue synthétique, force est de réaliser que quelques actions ont été systématisées dans l'ensemble et sont partagées dans divers cas.

Il s'agit d'abord de l'utilisation de matériaux durables et écologiques. En effet, les entrepreneurs cherchent à intégrer des matériaux de construction respectueux de l'environnement à l'instar de matériaux recyclés ou des produits à faible empreinte carbone. Ensuite, ils privilégient la gestion des déchets par des techniques de gestion écologique. Ils opèrent le tri sélectif et le recyclage, afin de réduire la quantité de déchets envoyée en décharge.

En outre, les acteurs du secteur BTP misent sur la sensibilisation et la formation des employés et du personnel aux pratiques durables, afin d'assurer une meilleure gestion des ressources et une réduction des impacts environnementaux. Pour concrétiser leurs efforts, ils procèdent ensuite à l'adoption de technologies vertes[272]. Dans la pratique du terrain, certaines entreprises intègrent réellement des technologies vertes, telles que les énergies

---

environnementale stratégique : un guide pratique », *Presse Universitaire du Québec*, n°6, 2009 ; pp.145-175 ; **BEAL (V.),** « Les études d'impact environnemental : enjeux et méthodes », *Presse Universitaire de Rennes*, n°2, 2015, pp. 178-2220.

[271] *Idem.*

[272] **BEAULIEU (Y.) et GILLET (G.),** *Lexique des termes d'environnement employés dans les études routières,* SETRA, octobre 1998, p.46.

renouvelables, les systèmes de récupération d'eau et les solutions d'efficacité énergétiques. Ces techniques aident à réduire la consommation d'énergies et minimisent les émissions de carbone.

Dans l'ensemble, la certification environnementale reste un indicateur majeur de l'engagement des entrepreneurs à réduire les impacts négatifs de leurs activités[273]. Ces stratégies sont autant de moyens par lesquels les entrepreneurs du BTP au Cameroun cherchent à minimiser l'impact environnemental de leurs activités tout en favorisant la durabilité dans le secteur de la construction. A ceci convient-il d'ajouter la bonification des impacts positifs.

b- Un instrument de bonification des impacts positifs

En consultant les documents techniques de certains travaux de construction des routes nationales, on décèle que *« pour chaque impact identifié, les mesures visant à prévenir, atténuer ou compenser les impacts négatifs d'une part, et optimiser les impacts positifs ont été formulées »*[274].

Ainsi compris, ces mesures ont aussi bien vocation à atténuer les impacts environnementaux négatifs qu'à bonifier ceux positifs[275]. La vérité est que la réalisation des travaux publics n'est pas qu'un boulevard de dégradations environnementales comme le prétend une idée conçue et défendue par la doctrine catastrophiste[276]. A bien des égards, elle est aussi porteuse d'impacts environnementaux et sociaux positifs ainsi que des effets économiquement vertueux[277].

Dans la phase d'exécution des travaux, les impacts positifs sont légion et peuvent se ressentir sur le court, le moyen ou le long terme. Plus que de simples opérations de bétonnage au sens isolé du génie civil, les travaux

---

[273] **MOULOUD (K.),** « Le développement durable, l'entreprise et la certification ISO 14001 », *Revue de Gestion des Ressources Humaines,* vol.1, éd.3, 2010, pp. 45-62. Agence française des normes, « La norme ISO 14001/2004 : système de management environnemental- Exigences et lignes directrice pour son utilisation », *Normes et standards environnementaux,* vol.5, éd.2, 2015, pp. 78-95 ; *idem,* « Revue critique de la littérature sur l'impact de la certification ISO 14001 sur la performance de l'entreprise », *Journal de la Gestion Environnementale*, vol.8, éd.1, 2018, pp. 112-130 ; Institut de l'environnement, « Atteindre ses objectifs environnementaux avec ISO 14001 : 2015 », *Gestion Environnementale et Durabilité*, vol.12, éd.4, 2019, pp.205-220 ; ISO, « La famille ISO 14000-Management environnemental » , Normes Internationales, vol. 3, éd.6, 2017, pp.30-42.

[274] Voir *Rapport de l'étude d'impact environnemental et social de l'aménagement de la route Batchenga-Ntui-Yoko Tibati-N'Gaoundéré*, P.28, *op.cit.*

[275] *Ibidem.*

[276] Voir **MOHAMED ALI (M.),** « L'environnement au défi de l'urbanisation », *Presse Universitaire de Rennes, op.cit.,* p.148.

[277] *Ibidem*, p. 152.

publics constituent un admirable levier d'action sur les contraintes économiques et contribuent significativement à l'atteinte de certains objectifs de politique économique de l'État. *A minima,* ils offrent des niches d'emplois aux populations locales, et contribuent par-là même, à la réduction de la pauvreté et du chômage de plus en plus galopants au Cameroun[278]. Aussi est-il vrai que lesdits travaux apportent un coup d'accélérateur à la croissance des entreprises prestataires de services et fournisseuses d'équipements et matériaux utiles pour les activités du chantier. C'est en grande partie pour cette raison que l'ONU[279], l'UA[280] et les partenaires au développement accordent au secteur infrastructurel et des BTP une attention particulière dans leurs financements[281]. En fait, ces travaux sont un indispensable moteur de croissance et un levier privilégié du développement durable. Dans le secteur routier par exemple, pour exalter et valoriser les effets positifs induits par les travaux publics, n'a-t-on pas souvent coutume de dire que *« le développement suit la route »* ?

2- L'exigence de l'audit environnemental et social dans la phase de terminaison des travaux

L'audit environnemental et social est de nos jours, l'une des meilleures techniques d'évaluation de l'efficacité des politiques environnementales d'un projet[282]. L'objectif en est d'apprécier les acquis et d'envisager, le cas échéant, les correctifs futurs qu'il conviendrait d'apporter aux imperfections constatées[283].

Impulsée aux Etats Unis au début des années 1970, cette technique a d'abord été timidement acceptée du fait de la complexité de ses contours et des mécanismes de sa réalisation[284]. Elle a ensuite connue un regain de vitalité au

[278] Selon une enquête de l'INS, le Cameroun comptait environ 600 000 chômeurs en 2023, soit un taux de chômage de 3,3%.
[279] Voir ONU, *Agenda 2030.*
[280] Voir UA, *Agenda 2063.*
[281] La contribution du secteur BTP au PIB du Cameroun a doublé, passant de 22.77 % à 5.3 % entre 2000 et 2011. Le chiffre global des entreprises de BTP au Cameroun est passé de 569 milliards de FCFA en 2000 à 1030 milliards de FCFA en 2011.
[282] **BIELLET (P.),** « L'évaluation environnementale, fondement de la préservation et de la réparation des atteintes à la biodiversité en droit français et communautaire. Approche critique », *Revue juridique de l'environnement*, Hors-série, *op.cit.,* 2011, pp.63-78,
[283] C'est donc en même temps un instrument d'évaluation des résultats environnementaux, mais aussi un outil de d'anticipation et de prévoyance des effets futurs liés à l'exploitation de l'ouvrage.
[284] A ce sujet, il convient de souligner que l'audit environnemental est longtemps resté l'enfant pauvre de la littérature académique. Seulement très peu d'écrits sont de nos jours consacrés à l'analyse des mécanismes de réalisation de cette évaluation environnementale. Lire à ce sujet **RENAUD (A.),** « L'audit environnemental : un dispositif à l'épreuve de logiques institutionnelles hétérogènes », *Finance Contrôle Stratégie*, (en ligne),

cours des années 1990 grâce à la diffusion des normes internationales ISO 14000. Sa consécration dans l'ordonnancement juridique camerounais s'est opérée par le truchement du décret n°2013/0172/PM du 14 février 2013 fixant les modalités de réalisation de l'audit environnemental et social.

Il s'entend comme « *une évaluation systématique documentée et objective des activités d'une entité, d'une structure et des installations d'un établissement de leur fonctionnement et de leur système de gestion environnemental en vue de s'assurer la protection de l'environnement* »[285]. Cette définition a été fortement influencée par celle posée un peu plus tôt en 1993 par le Règlement européen CEE n°1836/93[286].

Dans les pratiques civiles et commerciales des particuliers, l'audit environnemental et social se présentait comme une évaluation interne et facultative des performances économiques d'une entreprise[287]. Le Décret de 2013 y relatif en a fait un baromètre de prévention des effets futures d'une infrastructure sur l'environnement. En outre, ledit texte l'a rendu obligatoire, avec un droit de regard de l'autorité publique. Désormais, le promoteur d'un projet ou d'un établissement doit impérativement réaliser un audit, sous peine de sanctions prévues par les lois et règlements en vigueur[288].

En contexte des travaux publics, cette obligation incombe à l'Administration publique ayant assuré la maîtrise d'ouvrage du chantier, ou encore à toute celle désignée pour les besoins de la cause. A défaut, celle-ci peut recourir aux services d'un cabinet d'audit environnemental et social[289]. Quel qu'en soit le cas, il revient *in fine* au Ministre en charge de l'environnement de préciser la périodicité de la réalisation de l'audit[290].

L'élaboration d'un rapport d'audit environnemental et social doit respecter les formalités administratives et procédurales qui s'imposent à son auteur. Dans la pratique, ces formalités ne dérogent en rien de celles ayant cours en matière d'étude d'impact environnemental et social[291]. Il s'agit

---

20-3-2017, mis en ligne le 08 novembre 2017, consulté le 13/09/2023. URL:http//journals.openedition.org/fcs/1995;DOI:http://doi.org/10.4000/fcs.1995.

[285] Cf. Art.2 du décret de 2013 relatif à la réalisation de l'audit environnemental et social.

[286] Le règlement cité à la marge définit l'audit environnemental comme « *une évaluation périodique et systématique, documentée et objective de l'organisation, des systèmes de gestion et de la performance des équipements mis en place pour assurer la protection de l'environnement* ».

[287] Voir **RENAUD (A.),** « L'audit environnemental : un dispositif à l'épreuve de logiques institutionnelles hétérogènes », *Finance Contrôle Stratégie*, *op.cit.*, même adresse.

[288] *Cf.* Art.3 du décret de 2013/171, précité.

[289] *Idem*, art.18 et ss.

[290] *Idem*, art. 19 et ss.

[291] *Cf.* Art. 4 du même décret.

pourtant des techniques classiques que la pratique contemporaine tend à galvauder par les mesures environnementales modernes.

Paragraphe 2- Les mesures modernes de protection

Elles sont abondantes et se traduisent par l'arrimage aux nouveaux standards environnementaux **(A),** ainsi qu'à la valorisation des incitations fiscales et douanières aux fins environnementales **(B).**

A- Les labels et standards écologiques modernes

Les entreprises de BTP affichent souvent, de concert avec les pouvoirs publics, une certaine volonté de rajeunir le plateau technique de protection environnementale dans les projets de développement. Le processus est certes lent, mais les intentions restent louables. Sans prétendre passer en revue l'éventail des standards nouveaux, seront fait mention ici à titre illustratif, de l'intégration progressive de la logique du chantier vert **(1)** et la systématisation de la certification internationale **(2).**

1- L'implémentation progressive de la logique du chantier vert

L'un des défis actuels des entreprises de BTP est la rénovation des techniques de protection de l'environnement dans les différents projets dont elles ont la charge. La logique du chantier vert apparait alors comme la mode à laquelle il faut impérativement se conformer pour assurer sa crédibilité écologique si prisée dans le processus d'attribution des offres de travaux publics[292]. Quoi que très prisée dans le monde de l'entreprise de nos jours, la logique du chantier vert semble encore très peu connue des décideurs publics qui ne manifestent alors qu'un faible engouement à l'imposer dans le dispositif normatif des travaux publics comme un impératif[293]. C'est donc aux entreprises que revient le clair du travail en la matière[294]. Celles-ci opèrent pourtant avec lenteur, mais progressivement **(b),** parce qu'elles ne comprennent pas suffisamment les contours de la logique du chantier vert **(a).**

---

[292] Lire **RAYON (A.) et FANNY (B.)** et autres « Les achats écoresponsables : mise en œuvre de l'ISO 20400 », *Afnor*, éd. Afnor, octobre 2021, pp. 150-170.

[293] Cette initiative nécessite un apport crucial des pouvoir publics par la diversification et l'intensification des incitations douanières et fiscales. Cela permettrait certainement aux entreprises des BTP de mieux s'engager dans cette logique écodurable.

[294] *Ibidem*, pp 151-160.

a- Les contours de la logique du chantier vert

Avant toute chose, un chantier vert est un chantier plus respectueux de l'environnement[295]. Il a pour principal objectif de diminuer les nuisances causées par les activités du chantier. Il s'agit notamment de lutter contre les bruits, les pollutions des milieux, la surconsommation de matières premières, la production de déchets, l'émission de poussières, le rejet de gaz à effet de serre, etc.

L'objectif du chantier vert est donc de réduire l'empreinte environnementale des projets de développement tout en créant des espaces durables et sains[296]. C'est alors une approche importante pour promouvoir la durabilité dans l'industrie de la construction en générale.

Dans le secteur des constructions publiques en particulier, cette pratique implique plusieurs aspects clés. Tout d'abord, la sélection des matériaux de construction durables et recyclés aide à réduire l'empreinte carbone des projets. Ensuite, la mise en œuvre des techniques de construction respectueuses de l'environnement, telles que les conceptions bioclimatiques pour optimiser l'utilisation de l'énergie et minimiser les déchets des constructions. De plus, la gestion efficace des déchets des constructions en est une des principales visées, y compris le recyclage et la réutilisation des matériaux. Ces moyens sont essentiels pour réduire l'impact environnemental global des projets.

Par ailleurs, la sensibilisation et la formation des travailleurs du secteur des BTP aux pratiques durables et à la sécurité environnementale sont également importantes pour garantir une mise en œuvre réussie du chantier vert. Enfin, l'intégration des technologies vertes telles que les énergies renouvelables, les systèmes de récupération d'eau et les solutions d'efficacité énergétique contribue à rendre les chantiers plus durables et à réduire leur empreinte écologique.

L'adoption généralisée de ces pratiques en droit camerounais permet certainement aux entreprises d'inculquer progressivement cette pratique vertueuse.

---

[295] **RAYON (A.) et FANNY (B.)** et autres « Les achats écoresponsables : mise en œuvre de l'ISO 20400 », *Afnor*, éd. Afnor, *op.cit.*, pp. 157.
[296] *Idem.*

b- La mise en œuvre progressive de la logique du chantier vert

Après assez de temps de réticence, les entreprises camerounaises du secteur des BTP commencent progressivement à s'orienter vers la logique du chantier vert[297]. Certaines entreprises ont pris des initiatives personnelles pour intégrer les pratiques durables dans leurs projets de construction[298]. Ceci contribue à soigner la réputation professionnelle de l'entreprise et à crédibiliser la qualité de ses offres.

Cependant, il existe encore des défis à relever, notamment en termes de sensibilisation et de formation des acteurs du secteur BTP aux pratiques du chantier vert. Les mêmes efforts devront être fournis pour faciliter l'accès des entreprises à des technologies et matériaux respectueux de l'environnement à des coûts comparatifs. Il est déjà encourageant de constater que la sensibilisation à l'importance de la durabilité dans le secteur de la construction s'amplifie *crescendo*. L'on espère que les entrepreneurs continueront à progresser vers une approche plus respectueuse de l'environnement dans leurs activités. Le même espoir est nourri au sujet de la certification environnementale.

2- La certification environnementale

Une gestion respectueuse de l'environnement permet de tirer profit d'opportunités entrepreneuriales telles par exemple une meilleure efficacité écologique et une optimisation des produits et des prestations[299]. Pour viabiliser leurs efforts de protection de l'environnement afin d'assurer leur crédibilité auprès du pouvoir adjudicateur, les entreprises agissent pour pouvoir se conformer à la normalisation et la certification environnementale. Plusieurs entreprises et produits utilisés par celles-ci sur les chantiers sont en conformité avec la certification internationale et nationale. Ladite certification est assurée par des organismes gouvernementaux ou non, de renommée nationale ou internationale crédibles en matière de certification environnentale. A l'échelle internationale, la normalisation la plus réputée est celle de l'ISO

---

[297] En effet, elles le font inconsciemment. L'objectif principal des entrepreneurs est de s'acquitter les engins performants sur le plan technique. Or, ces engins sont désormais conçus à la chaîne de façon à ce qu'ils consomment moins de carburants, émettent moins de carbones etc.[2]

[298] Il y va surtout de l'image de leurs prestations, puisque le secteur des BTP est désormais en proie à une vivace concurrence au contact des marchés publics.

[299] Voir, ISO, « La famille ISO 14000-Management environnemental », *Normes Internationales,* vol. 3, éd.6, 2017, *op.cit.,* pp. 29-32.

(a) qui collabore activement avec des organismes nationaux de certification à l'instar de l'ANOR au Cameroun **(b).**

a- La certification internationale : l'ISO

La certification est une preuve tangible du respect d'un référentiel normalisé. Elle constitue une avancée forte en droit de la commande publique, en droit de l'environnement comme en droit de la consommation. En effet, ce n'est que si une normalisation existe que le consommateur peut véritablement se fier aux indications qui lui sont communiquées. Cette relation se manifeste analogiquement dans le domaine de la commande publique dans lequel les entreprises certifiées bénéficient de la confiance du pouvoir adjudicateur. Signifiant *International standard organisation,* l'ISO est l'organisme international de normalisation le plus sollicité actuellement en matière de qualité[300]. A date, elle a fourmillé une kyrielle de normes et standards internationaux en vue de certifier la qualité et la conformité des produits, d'établissements ou systèmes aux exigences environnementales internationales. Ces exigences sont conventionnellement acceptées[301].

La norme ISO relative à la protection de l'environnement en général demeure de nos jours la famille ISO 14001. Dans les TP notamment, c'est l'ISO 14001:2015 qui dicte la manœuvre à suivre pour protéger l'environnement. Elle tient cependant compte d'une foultitude de normes sectorielles qui la complètent et la solidifient[302]. Elle offre des réponses stratégiques aux entreprises soucieuses de réaliser la protection de l'environnement dans leurs chantiers tout en augmentant leur productivité en vue d'élargir les facilités d'accéder à de nouveaux marchés. Elle favorise également un commerce mondial plus libre et plus équitable de matériaux du secteur BTP. Elle garantit donc les meilleures procédures ou pratiques

---

[300] Voir ONUDI, *Programme Pilote d'Appui à la Mise à Niveau, la Normalisation et la Qualité*, Rapport final sur l'évaluation indépendante du programme pilote d'appui à la mise à niveau, la normalisation et la qualité, 2013, 34 p, consultable en ligne via le lien https://www.willot.com/url?q=https://dozloads.unido.org/, consulté le 30/11/2023, à 22h 50.

[301] Voir, ISO, « La famille ISO 14000-Management environnemental », *Normes Internationales,* vol. 3, éd.6, 2017, pp.30-42. *Op.cit.*

[302] **MOULOUD (K.),** « Le développement durable, l'entreprise et la certification ISO 14001 », *Revue de Gestion des Ressources Humaines,* vol.1, éd.3, 2010, pp. 45-62. Agence française des normes, « La norme ISO 14001/2004 : système de management environnemental- Exigences et lignes directrice pour son utilisation », *Normes et standards environnementaux,* vol.5, éd.2, 2015, pp. 78-95 ; même auteur, « Revue critique de la littérature sur l'impact de la certification ISO 14001 sur la performance de l'entreprise », *Journal de la Gestion Environnementale*, vol.8, éd.1, 2018, pp. 112-130 ; Institut de l'environnement, « Atteindre ses objectifs environnementaux avec ISO 14001 : 2015 », *Gestion Environnementale et Durabilité*, vol.12, éd.4, 2019, pp.205-220 ; ISO, « La famille ISO 14000-Management environnemental » , *Normes Internationales*, vol. 3, éd.6, 2017, pp.30-42. *Op.cit.*

universellement acceptées fondées sur les acquis et les compétences de toutes les parties intéressées par la protection de l'environnement.

Dans le paysage camerounais, le constat est celui de la prise de conscience progressive des enjeux de la certification ISO, même si les déclarations en la matière semblent plus nombreuses que les actions. On observe néanmoins une certaine maîtrise des enjeux de la part des entreprises ayant opéré le choix de se certifier ISO. Pas plus tard qu'en 2012 en effet, notamment dans le cadre du Programme d'appui et de soutien aux accords de partenariat économiques (PASAPE), l'Organisation des Nations Unies pour le Développement Industriel (ONUDI)[303] entreprit un Programme pilote d'appui à la mise à niveau, la normalisation et la qualité au Cameroun. L'objectif visé et atteint avait été d'une part, de *« promouvoir la qualité, asseoir un système national d'évaluation de la conformité, renforcer les capacités institutionnelles nationales de management en la matière, développer des compétences locales susceptibles d'accompagner efficacement les entreprises nationales, appuyer la certification de 18 entreprises et l'accréditation de 2 laboratoires d'essais et d'analyse »*[304]. Et d'autre part, *« le renforcement de la capacité de l'expertise locale, notamment la formation de cadres responsables (40 cadres et ingénieurs) management qualité au sein des entreprises bénéficiaires sur les exigences de la série des normes ISO 9000, ISO 14000 et ISO 22000, la formation de consultants et auditeurs dans les domaines de la qualité et la certification ISO 9001 et la formation d'auditeur ISO 17025 »*[305].

Les avantages de la certification ISO sont bonnement comparatifs. Cependant, les entreprises de BTP étrangères opérant au Cameroun semblent plus ancrées dans la normalisation internationale que celles nationales dans la sphère des marchés publics, et en tirent des avantages comparatifs. Celles camerounaises ne perçoivent toujours pas suffisamment les enjeux écologiques dans le même angle d'analyse, même si la certification ISO n'est tout de même pas obligatoire et ne justifie d'ailleurs pas nécessairement une meilleure pratique écologique pour l'entreprise certifiée ; la vérité étant que l'application effective et volontaire des Codes de bonnes conduites vaudrait mieux qu'une certification apparente.

---

[303] Il s'agit en fait de l'organisme des Nations Unies qui s'occupe de la planification, et de la promotion du développement industriel dans le monde.

[304] Voir Friedrich Ebert Stifung, *Le Cameroun face à l'accord de partenariat économique (APE) avec l'Union Européenne : menace ou opportunité ?*, Prescriptor, Yaoundé, novembre 2015, pp-20-30.

[305] *Ibidem.*

Mais dans l'ensemble, l'obtention d'un certificat de conformité environnementale délivré par un organisme de normalisation ou de certification indépendant est porteuse d'avantages multiples. A titre d'illustration, aux yeux du pouvoir adjudicateur, d'acheteurs, de clients, fournisseurs et du public intéressé, elle témoigne de la sincérité des engagements de l'entreprise à protéger l'environnement. La certification de l'ANOR va dans le même sens.

b- La certification locale : l'ANOR

Longtemps restés à la mage des évolutions du monde en matière de normalisation et de certification qualité, les décideurs camerounais ont finalement brisé le silence en 2013 avec la création de l'Agence des Normes et de la Qualité (ANOR)[306]. Celle-ci collabore avec les organismes publics et privés, afin de contribuer à l'élaboration et à la mise en œuvre de la politique nationale dans le domaine de la normalisation et de la qualité. Elle est, pour ainsi dire, le pivot central de la conformité environnementale en territoire camerounais. Dans son fonctionnement, elle est chargée de diverses attributions. C'est le cas de l'élaboration et l'homologation des normes, la certification de la conformité aux normes, la promotion des normes et de la démarche qualité auprès des organismes du secteur public ou privé ; le suivi de la coopération avec les organismes internationaux en matière de certification et de normalisation.

Jouant un rôle pionnier dans le développement d'une infrastructure de qualité et respectueuse de l'environnement[307], l'ANOR dénombre aujourd'hui environs 287 entreprises certifiées, y compris celles opérant dans le secteur BTP ; même si la frange majoritaire de ces entreprises relève des secteurs agroalimentaire, industriel et brassicole[308]. Ces dernières années, l'un des soucis majeurs de l'ISO a été d'encourager et simplifier la certification des petites et moyennes entreprises[309]. Tout de même, dans le but d'assurer la performance dans la réalisation des activités de contrôle environnemental, le MINEPDED et le MINTP ne manquent pas souvent de faire recours à cette Agence. A la suite de l'édiction de la norme commandée, la qualité de celle-ci

---

[306] Voir décret n°2009/296 du 17 septembre 2009 portant création, organisation et fonctionnement de l'ANOR

[307] Voir ISO, « La famille ISO 14000-Management environnemental », *Normes Internationales,* vol. 3, éd.6, 2017, *op.cit.,* pp. 29-32.

[308] Information tirée du site officiel de l'ANOR, consulté le jeudi, 30 novembre 2023 à 00h 24, via le lien https://anor-cm/produits-certifies.html.

[309] LABY (F.), « La certification ISO 14001 évolue et se rapproche des petites entreprises », 2 janvier 2006, www.actu-environnement.com/ae/news/1457.php4, accessible par ce lien le 13 novembre 2022.)

est généralement testée et jaugée avant sa mise en œuvre, par le processus d'enquête publique, avec pour but de recueillir les avis et suggestions du groupe cible quant à l'efficacité de la norme. Ainsi, en 2021, dans le cadre de ses missions relatives à la définition et au suivi du respect des normes, directives et standards environnementaux, le MINEPDED aura contribué à l'homologation de quinze (15) normes visant la protection des milieux récepteurs face aux activités humaines[310]. La culture des incitations environnementales permettra certainement de susciter plus d'adhésion des entreprises à la certification qualité.

B- Les incitations environnementales

L'homme est foncièrement réfractaire au respect de la norme établie, ainsi que le rappelait MONTESQUIEU[311]. Il se semble s'y soumet plus par contrainte que par motivation. Ce constat bien dressé traduit presque fidèlement le comportement des entreprises des BTP face à la norme environnementale. En effet, celles-ci développent habituellement des réticences tendant à vouloir considérer l'environnement comme un paramètre subsidiaire du chantier, et non pas forcement comme un objectif principal. Au demeurant, elles trouvent les achats verts économiquement coûteux[312], et n'ont d'ailleurs qu'une connaissance généralement embryonnaire des rouages du marché carbone. L'Etat, de son côté, peine toujours à inscrire la totalité de ses projets dans la nouvelle donne écologique basée sur le stockage du carbone et l'achat vert.

Néanmoins, pour favoriser une écologisation progressive des chantiers publics, notons déjà qu'un Fond National de l'Environnement et du Développement Durable **(1)** a été créé et reçoit régulièrement des allocations budgétaires pour accompagner les entrepreneurs soucieuses de l'environnement[313]. L'instauration d'un régime des exemptions douanières et fiscales poursuit inexorablement les mêmes finalités **(2)**.

---

[310] *Idem.*

[311] **MONTESQUIEU,** *De l'esprit des lois*, livre XXIX, chapitre XVI, 1748, p.291.

[312] **CLICQUOT DE MENTQUE (C.),** « Pour une écofiscalité incitative », *Environnement magazine,* novembre 2005, p.59.

[313] Voir décret n° 2008/064 du 04 février 2008 portant définition des modalités de gestion du Fonds National de l'environnement et du Développement Durable.

1- L'appui non négligeable du Fonds National de l'Environnement et du Développement Durable

En effet, la loi cadre de gestion de l'environnement a institué un Fonds spécial d'affectation du trésor intitulé *« Fonds »,* dans le but de soutenir, encourager et accompagner les acteurs soucieux de préserver la nature et ses ressources dans leurs activités[314]. L'article 11 de la loi précitée dresse une liste plutôt restrictive des acteurs et projets bénéficiaires des ressources de ce Fonds. Outre les associations agréées ainsi que les initiatives locales, les départements ministériels y ont accès, y compris le MINTP dans ses missions de protection environnementale.

En revanche, l'article 75 opère une extension considérable d'actions devant en bénéficier. En substance, il s'agit de toute opération contribuant à enrayer l'érosion, à combattre efficacement la désertification, ou toute opération de boisement ou de reboisement. Enfin s'agit-il surtout de toute opération contribuant à promouvoir l'utilisation rationnelle des ressources renouvelables, notamment dans les zones de savane et la partie septentrionale du pays[315].

A priori, parce que liées à l'Etat par un contrat onéreux, les entreprises des BTP ne semblent pas concernées à titre principal par ce Fonds, ce d'autant plus que ledit contrat est assorti de cahiers de charges écologiques ainsi que de clauses environnementales et sociales dont le respect relève d'une obligation contractuelle de l'entreprise plutôt que d'une action volontaire de sa part. Toutefois, aucun texte de l'ordre juridique ne pose explicitement de restrictions d'accès desdites entreprises au financement de ce Fonds à caractère essentiellement incitatif. Parce que visant à encourager les bonnes pratiques environnementales, tout porte à croire que lesdites ressources seraient aussi profitables aux opérateurs du secteur BTP soucieux de l'environnement. Encore leur faudrait-il, au-delà des prévisions écologiques contractuelles, inscrire leurs activités dans une véritable logique écoresponsable, en y imbriquant des techniques écologiques plus salutaires, mêmes méconnues du législateur camerounais.

Quoi qu'il en soit, la création d'un Fonds spécial pour booster la croissance verte chez les entrepreneurs du secteur privé est une innovation

---

[314] Voir Loi cadre de gestion de l'environnement précitée, arts. 11 et 12.

[315] Voir article 75 de la loi cadre précitée.

remarquable du législateur camerounais, même si les incitations fiscales et douanières semblent davantage plus efficaces.

2- Le concours spécifique des incitations fiscales et douanières

La situation environnementale est de plus en plus aggravée à l'échelle planétaire comme en témoignent les hausses de températures à l'instar d'autres catastrophes écologiques[316]. La remédiation de ces catastrophes ne relève plus des acquis d'une seule discipline, mais appelle à la diversification des solutions. Le recours aux instruments économiques et fiscaux est sans doute l'une des remarquables solutions face à cette situation. En droit camerounais, les incitations en cours se déclinent sous forme d'exemptions et sont notamment d'ordre fiscal **(a)** et douanier **(b).**

a- L'existence d'une fiscalité environnementale dans les TP

A la base, la fiscalité est un instrument des finances publiques et donc de la politique économique, budgétaire et fiscale. Et, les pouvoirs publics se sont longtemps limités à ces conceptions restrictives de la notion, perdant de vue ses visées actuelles-dictées sans doute par les mutations de l'heure. Les pays développés avaient pourtant prématurément saisi les visées écologiques de la fiscalité.

Les pays africains, jusqu'ici, peinent à se débarrasser des considérations primitives de la notion, tendant toujours à restreindre son champ d'action[317]. Mais progressivement, la fiscalité s'impose comme un levier d'action sur les contraintes environnementales. De cette combinaison -fiscalité-environnement- est né le concept de *« fiscalité environnementale »*[318] ou encore de *« fiscalité verte »*[319] qui constitue aujourd'hui le symbole de ce brassage. L'OCDE définit la fiscalité environnementale comme *« l'ensemble des taxes, impôts et redevances dont l'assiette est constituée par un polluant, ou par un produit ou service qui détériore l'environnement ou prélève des ressources naturelles »*[320]. Cette fiscalité est relativement récente au Cameroun où les

[316] Il s'agit par exemple de la fonte des glaciers, la poussée du désert, la disparition d'espèces animales, le dérèglement climatique etc.

[317] Voir, **SCHMITT (T.),** « Les mesures incitatives et fiscales de protection des forêts » Rapport de synthèse au colloque de Limoges du Réseau « Droit de l'environnement » de l'AUPELF/UREF

[318] Voir **ROTILLON (G.),** « La fiscalité environnementale : outil de protection de l'environnement ? », *Regard croisé de l'économie,* n°1, 2017, pp.108-113.

[319] **DELIVRÉ (S.),** « Fiscalité, environnement, territoire », *Dans Revue juridique de l'environnement (n° spécial),* éd. Lavoisier, 2013/5 pp. 53 à 62.

[320] Voir, OCDE, *La fiscalité, l'innovation et l'environnement,* Rapport, 2010, p.12.

décideurs ont fini par l'intégrer à la lumière de ses prouesses sous d'autres cieux[321].

Au demeurant, les décideurs publics utilisent l'impôt, soit positivement comme facteur incitatif à la protection de l'environnement, soit négativement comme mesure de sanction d'une gestion écologique inappropriée. Le législateur environnemental du 05 août 1996 s'est toutefois montré plus favorable à la fiscalité persuasive qu'à celle dissuasive, en instaurant dans le corpus normatif interne des exonérations fiscales vouées à inciter les entrepreneurs à la protection de l'environnement.

En fait, les exemptions fiscales consistent en la remise, la réduction, voir la suppression de l'impôt sur certaines activités protectrices de l'environnement. Il en est de même de celles qui produisent des effets bénéfiques pour l'environnement. Elles visent donc à encourager certaines activités ou certains comportements écodurables. Dans cette mouvance, l'acquisition des équipements antipollution ou des technologies vertes visant une meilleure utilisation des ressources est déductible d'impôt, sur les fondements de l'article 76 (2) de la loi cadre de gestion de l'environnement. En effet, cet article dispose que : *« les personnes physiques ou morales qui entreprennent des actions de promotion de l'environnement bénéficient d'une déduction sur le bénéfice imposable suivant des modalités fixées par la loi de Finances ».*[322]

Dans l'optique d'étendre ces mesures à l'ensemble des investisseurs, l'Assemblée Nationale a voté la loi n° 2013/004 du 18 avril 2013 fixant les incitations à l'investissement privé en République du Cameroun. L'article 14 de ladite loi, en sus des exemptions générales du chapitre 1er, accorde des exemptions spécifiques aux entreprises qui réalisent des investissements permettant d'atteindre les objectifs prioritaires au rang desquels la lutte contre la pollution et la protection de l'environnement[323]. Ces exonérations spécifiques sont énumérées à l'article 15 dudit texte. En substance, il s'agit de l'exonération de TVA[324] sur les crédits relatifs au programme d'investissement ; de l'exonération de la taxe foncière sur les immeubles bâtis ou non, faisant partie du site dédié à l'unité de transformation et de tous

[321] En effet, la fiscalité environnementale n'est pas théoriquement récente au Cameroun. Cependant, ce n'est que ces dernières décennies que son application devient sérieuse dans le secteur des affaires et de la protection de l'environnement.
[322] Lire l'art 76 de la loi cadre de gestion de l'environnement précitée.
[323] Voir article 14 alinéa 2 de la loi de 2013 mentionnée.
[324] Taxe sur Valeur Ajoutée.

prolongements immobiliers par destination, entre autres. Elles sont appuyées par les exonérations d'ordre douanier.

b- L'existence des exemptions douanières

Dans la majorité des Etats modernes, la douane a été mise en avant-garde de la protection de l'environnement[325]. La vérité est que les zones frontalières sont des portes d'entrée de divers produits commerciaux et industriels, y compris ceux impropres à l'environnement.

Aux termes de l'article 76 (1) de la loi cadre précitée, *« les entreprises industrielles qui importent des équipements leur permettant d'éliminer dans leur processus de fabrication ou dans leurs produits les gaz à effet de serre notamment le gaz carbonique, le chlorofluorocarbone, ou de réduire toute forme de pollution bénéficient d'une réduction du tarif douanier sur ces équipements dans les proportions et une durée déterminées, en tant que de besoin, par la loi de Finances »*[326]. Les travaux publics ont la particularité d'être attractifs, faisant donc intervenir les entreprises du secteur industriel. Elles sont nombreuses qui opèrent dans la fabrication des produits chimiques utilisés dans les différentes opérations du chantier. C'est notamment le cas de la fabrication des huiles, vernis, solutions aqueuses, et goudrons nécessaires à la réalisation des ouvrages publics.

En accordant des exemptions douanières ou fiscales pour l'importation de technologies vertes tels que les équipements d'énergie solaire, les systèmes de gestion de déchets, les matériaux de construction durable, le gouvernement encourage les entreprises à investir dans des solutions respectueuses de l'environnement[327]. Cela peut également réduire les coûts initiaux associés à l'adoption de pratiques et de technologies durables, ce qui rend ces options plus accessibles pour les entreprises du secteur BTP. En conséquence, cela favorise une transition plus rapide vers des méthodes de construction respectueuses de l'environnement.

---

[325] Voir PNUE, Guide de l'initiative douane verte, 2022, consulté le 30/03/2024 à 19h00 sur https:www.google.com/url?q=https://wzdocs.unep.org/bitstream/handle/20.500.11822/39706/green_customs_gde_FR.pdf%3Fsequence%3D4%26isAllowed%3dy&sa=U&ved=2ahUKEwiZmleyyJyFAxVqTDABHXAgToQFnoECAMQAG&usg=AOvVaw347m1RH_TVj1T5QEjE2Y3Z.

[326] Cette disposition accorde expressément une réduction aux entreprises qui œuvrent pour la protection de l'environnement dans leurs activités. Les entreprises des travaux publics entrent dans cette catégorie et peuvent, si elles développent des pratiques environnementales innovantes, bénéficier des réductions douanières sur l'importation de leurs équipements et engins. Cette réduction est presqu'automatique dans la mesure où le matériel importé vise lui-même à contribuer à la réduction de la pollution.

[327] Consulter à cet effet, Programme des Nations Unies pour l'Environnement, *Guide de l'initiative « douane verte » : pour les accords multilatéraux sur l'environnement,* Nairobi, 2022, pp.20-75.

De plus, en accordant des exonérations douanières spécifiquement pour les matériaux et équipements écologiques, le gouvernement envoie un signal fort aux entreprises sur l'importance de la durabilité environnementale, ce qui peut les inciter davantage à intégrer ces pratiques dans leurs opérations.

In fine, ces exemptions sont un outil efficace pour encourager et soutenir les entreprises camerounaises du secteur BTP dans leurs efforts pour protéger l'environnement en favorisant l'adoption de pratiques et de technologies respectueuses de l'environnement.

Section 2- La mise en œuvre des mesures environnementales sectorielles

Comme mentionné à diverses reprises, la protection de l'environnement est impulsée en droit positif camerounais par référence aux dispositions de la Stratégie nationale de gestion de l'environnement et de la loi cadre de gestion de l'environnement de 1996 assortie de ses décrets d'application. Toutefois, aussi large soit leur part de mérite, ces textes ne font pas office d'un Code de l'environnement, et ne peuvent de ce fait prescrire exhaustivement les règles de protection environnementale tel le ferait un véritable Code de l'environnement. La codification en Droit, affirme Marie-José LONGTIN, est *« la réunion organisée ou la systématisation dans un livre, dit Code, de dispositions légales autours d'un même thème général »*[328]. Un objet du Droit est d'autant protégé que les règles et les mécanismes de sa protection sont suffisamment codifiés. Cette technique facilite l'exploitation cohérente, la mise en œuvre coordonnée des politiques environnementales, et le Code français de l'environnement s'en est nettement illustré[329].

En droit positif camerounais, un tel Code n'existe pas encore, ni plus dans l'ensemble du droit de l'environnement, ni moins dans les travaux publics[330]. La consistance des impacts environnementaux de ces travaux justifie pourtant la nécessité, *à minima*, d'un Code de bonne conduite harmonisé pour le secteur des travaux publics. Par défaut, la protection des

---

[328] **LONGTIN (M.-J.)**, « La codification comme élément ou source de justice », *Les Chiers de Droit,* Vol 42, Numéro 3, 2001, page 667 ; **REMY (C.)**, « Les enjeux de la codification en France », *Les cahiers de droit*, vol.46, n°1-2, 2005, pp 533-545 ; **DENYS (S.)**, «Enjeux et justification de la codification en droit communautaire », *in Actes du Colloque La codification dans les pays de l'Océan indien,* Saint Denis de la Réunion, *Revue Juridique de l'Océan Indien,* 5-6 octobre, 2004, pp.45-61 ; **MATTIASS (G.)**, « La codification », *Dalloz Actu Etudiant,* 2014, pp.2-6.

[329]Le Code de l'environnement français est le fruit d'une évolutive construction législative et réglementaire. Sa partie législative est issue de l'ordonnance n°2000-914 du 18 septembre 2000 et sa partie règlementaire a été publiée par décret n°2005-935 du 2 août 2005. Les Livres II et VI l'ont été par décret n°2007-397 du 22 mars 2007.

[330] La nécessité d'un tel Code ne cesse pourtant de se faire ressentir dans la pratique du terrain.

milieux récepteurs et de leurs contenus est assurée par des textes sectoriels épars.

Ces textes dispersés se convoquent confusément, s'enchevêtrent et s'abrogent mutuellement dans les différentes phases des projets publics. Néanmoins, en les juxtaposant, ils fourmillent des mesures tendant aussi bien à la préservation de la santé humaine et des activités socioéconomiques **(Paragraphe 1),** qu'à celle des milieux biophysique et biologique **(Paragraphe 2).**

Paragraphe 1- Les mesures de préservation de la santé humaine et des activités socioéconomiques

La protection de la santé humaine **(A)** et des activités socioéconomiques **(B)** sont des objectifs environnementaux cruciaux et font partie intégrante des Objectifs du Développement Durable.

A- Les mesures de préservation de la santé humaine

La préservation de la santé humaine est le cœur battant du droit de l'environnement et en demeure la préoccupation la plus exaltante. Elle est au centre de toutes les initiatives du siècle, à plus forte raison face à l'expansion de l'industrie du chimique. La Cour internationale de justice l'a fort bien réitéré dans son avis consultatif dans l'affaire dite de la *licéité des armes à destruction.* De rappel, l'auguste Cour affirmait que *« l'environnement n'est pas une abstraction, mais bien le milieu où vit l'Homme et dont dépendent sa santé, son épanouissement et son existence... »*[331].

La transformation infrastructurelle est généralement le moment idéal de prolifération des maladies diverses[332]. Certaines peuvent être vénériennes et sexuellement transmissibles, liées aux mouvements de brassage entre les ouvriers venus des lointains et les populations locales[333]. Les études sociales des projets de développement relèvent la probabilité élevée de ce mode. Cette probabilité devient même une évidence dans les projets de longue durée qui, sur le plan conjugal, entrainent nécessairement une séparation plus ou moins

[331] Voir arrêt CIJ, *Licéité de la menace ou de l'emploi d'arme nucléaire,* Avis consultatif du 8 juillet 1996, Rec. 1996, *op.cit.,* p.241

[332]Il ne peut en être autrement tant les projets de longue durée de réalisation implique la déportation des ouvriers qui expriment à certain moment des besoins intimes. Il y'a donc nécessairement brassage des populations avec les conséquences qui en découlent sur le plan sanitaire, dû à la transmission de certains agents pathogènes sexuellement transmissibles par exemple.

[333]Voir CPRFC- MINTP, *Rapport d'étude d'impact environnemental et social du projet de réhabilitation de la national n°1, Magada-Yagoua*, 2023, pp.56-78.

longue de corps entre l'époux travailleur et son conjoint. Toutes choses qui amplifient souvent les crises familiales et aggravent le taux de contamination intraconjugale[334]. Dans ces cas, la prévention des maladies et des fractures familiales repose majoritairement sur la sensibilisation des acteurs à l'utilisation des méthodes contraceptives, préservatives et mieux, la fidélité ou l'abstinence.

D'autres pathologies par contre, sont directement rattachées aux activités du chantier. On range dans cette dernière catégorie les nuisances et pollutions diverses. C'est donc à dessein que sont le plus mobilisées les normes et techniques de gestion des nuisances sonores et olfactives **(1)** et des pollutions découlant de la mauvaise gestion des déchets du chantier **(2).**

1- La prévention des nuisances sonores et olfactives

La lutte contre les nuisances relève de tout temps, de la police administrative générale et des polices spéciales, dont celle des installations classés[335]. Cependant, le chantier public étant conventionnellement placé sous la responsabilité d'un entrepreneur, il revient prioritairement à ce dernier d'en limiter les dégâts. Ce dernier s'appuie ingénieusement sur les progrès juridiques et techniques opérés en matière de lutte contre les nuisances **(a)** pour trouver des solutions pratiques aux nuisances sur son chantier **(b).**

a- Le cadre juridique de prévention des nuisances

Abstraction faite du secteur des travaux publics, les nuisances sonores et olfactives sont devenues une véritable préoccupation environnementale dans le monde. Les bruits, gaz et les odeurs qui en découlent soulèvent de nombreuses contestations d'ordres social et juridique. Ils constituent de véritables facteurs de trouble à l'ordre public et, la pénalisation des activités génératrices d'anormales nuisances sonores[336] témoigne de la gravité du phénomène.

---

[334] *Ibidem.*

[335] Voir sur ce thème : **OLEMBE (E.),** *Impact des nuisances sonores en milieu professionnel : cas des travailleurs exposés aux bruits industriels*, Thèse de Doctorat en droit de l'environnement, Université de Yaoundé II, 2019, p.180 ; **ESSELE (K.-E.),** *Continuités et innovations sonores dans les funérailles chez les Eton du Sud-Cameroun,* Thèse de Doctorat, Université Paris-Sorbonne, 2016, p.200 ; **NGEUMA (A.),** *Le bruit environnemental en milieu urbain : exposition d'une population d'enfants et performances scolaires,* Thèse de Doctorat en droit de l'environnement, Université de Douala, 2020, p.160 ; **MORAND –DEVILIER (J.),** *Le droit de l'environnement*, Presse Universitaire de France, Collection Que sais-je, 2023, pp.87-122.

[336] Le Code pénal camerounais en son article 369 précise autres mesures de coercition aux bruits, tapages ou attroupement nocturnes, pouvant troubler la tranquillité, que les auteurs de ces crimes et leurs complices peuvent être punis d'une amende de deux mille six cent (2600) à trois mille six (3600) cent FCFA.

La prévention des nuisances fait l'objet d'un dispositif normatif impressionnant qu'il serait illusoire de prétendre exposer ici en détail. Remarquons à titre indicatif que la Convention n° 148 de l'OIT sur la pollution de l'air, des bruits et des vibrations en milieu de travail est l'un des textes pionniers en la matière[337]. *L'arrêté n°039/MPTS /IMT du 26 novembre 1994 fixant les mesures générales d'hygiène et de sécurité sur les lieux de travail* s'en est inspiré tout en l'adaptant aux nécessités camerounaises. La loi cadre de 1996 n'est pas restée muette sur la question et y a consacré un intérêt considérable. Ladite loi interdit formellement et précisément les émissions de bruits et d'odeurs susceptibles de nuire à la santé de l'homme, de constituer une gêne excessive pour le voisinage, ou de porter atteinte à l'environnement dans sa globalité. Aussi condamne-t-elle les auteurs de troubles anormaux de voisinage et d'émissions nocives à prendre toutes les dispositions nécessaires pour les prévenir, supprimer ou pour en limiter la propagation[338].

Le plus jeune texte de cette famille est le décret n° 2011/2583/Pm du 23 août 2011 fixant la règlementation des nuisances sonores et olfactives au Cameroun qui prohibe avec la même énergie les travaux bruyants, gênants le voisinage au-delà des valeurs d'émergence et périodes prévues par l'organisme chargé de la normalisation et de la qualité[339]. Pourtant, les travaux publics sont inévitablement bruyants en raison de l'intensité des opérations à mener ainsi que de la nature des moteurs déployés dans ce contexte. Aux côtés des normes ainsi ventilées, l'entrepreneur doit aussi régulièrement se fier aux Codes de bonnes pratiques pour véritablement tirer son épingle du jeu[340]. Reste donc à apprécier l'application de cet arsenal juridique en contexte des travaux publics camerounais.

---

337 Voir Convention (n° 148) de l'OIT de 1977 sur la lutte contre la pollution de l'air, bruit et vibrations en milieu de travail.

338 Voir article 6 de la Loi cadre de gestion de l'environnement de 1996, précitée.

339 A la vérité, le Décret n° 2011/2583/PM du 23 Aout 2011 portant règlementation des nuisances sonores et olfactives ne donne aucune indication sur la valeur limite de bruit au voisinage d'un chantier public. Dans le cadre des évaluations environnementales et des études des dangers, la plupart des consultants et entrepreneurs font encore recours au seuil longtemps fixé par l'arrêté n°039/MPTS /IMT du 26 novembre 1994 fixant les mesures générales d'hygiène et de sécurité sur les lieux de travail. Cette norme fixe à 85 décibels par poste de travail, le seuil de bruit pouvant être émis. Depuis 2014, suivant les vœux du législateur de 2011 précité, l'ANOR en collaboration avec le MINEPDED a produit une nouvelle série de normes qui fixent en décibel les nouvelles valeurs limites des nuisances à produire selon l'activité concernée. Il s'agit notamment de la norme NC 4590 :2014, puis de la norme NC 1962 : 2021- Environnement-Limite des émissions sonores et olfactives. Tous reprennent systématiquement la valeur limite de 85 décibels préalablement fixée. Dans le secteur BTP en particulier, il existe une kyrielle de normes qui fixent le cadre d'utilisation du matériel du chantier de façon à préserver les voisins des sonorités anormales. Ces normes sont pour l'essentiel édictées par l'ANOR dans le cadre de ses attributions de normalisation et de certification qualité.

340 A défaut de l'existence d'un code de l'environnement harmonisé, certains soumissionnaires font recours aux codes de bonne conduite sectorielle pour optimiser la protection de l'environnement.

b- L'adaptation des solutions juridiques aux besoins du chantier

Pour des raisons tout à fait évidentes, les travailleurs employés pour les tâches du chantier sont moralement et professionnellement prédisposés à exercer dans des conditions généralement bruyantes et quelque fois peu salubres. Cela ne saurait en être autrement tant il en va de la nature intime des activités de travaux publics. Toutefois, ils bénéficient statutairement d'un régime de protection aménagé par des règles particulières d'hygiène et de sécurité[341].

Tout le problème se pose alors à l'égard des tiers des travaux publics et des voisins des chantiers qui, plus que quiconque, aspirent à la tranquillité au même titre qu'à la salubrité et la décence. Il est vrai que le bruit ne dérange pas toujours, et surtout pas tout le monde de la même manière[342]. Pendant longtemps d'ailleurs et notamment pendant la révolution industrielle du 19e siècle, les bruits du chantier n'étaient pas considérés comme dangereux. Avec le temps, l'explosion démographique à l'échelle planétaire a accentué les besoins des peuples en infrastructure, avec pour conséquence finale, l'accroissement du phénomène des bruits et plus globalement de nuisance. En fonction des personnes, des activités et des circonstances de temps et de lieu, le bruit dérange plus ou moins.

En pratique, selon la nature et l'ampleur du chantier, l'entreprise en charge de son exécution indique dans son plan de gestion environnementale, la batterie des mesures à actionner pour l'atténuation des bruits. A titre d'illustration, dans le plan de gestion environnementale de la route Babadjou-Bamenda (51,970 Km), le souci majeur était d'éviter l'exposition des travailleurs et des riverains à une pression acoustique supérieure à 85 décibels (dBa), en installant la carrière à au moins 100 m des habitations. Ce seuil est celui longtemps fixé par l'arrêté n°039/MPTS /IMT du 26 novembre 1994

---

341 Cette protection est garantie par le décret n°2008-0737-PM du 23 avril 2008fixant les règles de sécurité, d'hygiène et d'assainissement en matière de construction. Au terme de l'article 4 de ce décret, la sécurité des personnes et des biens est assurée pendant l'exécution des travaux et jusqu'à leur réception par l'entrepreneur qui est seul responsable de la bonne exécution de son contrat.

342 Voir à ce sujet : **NGEUMA (A.),** *Le bruit environnemental en milieu urbain : exposition d'une population d'enfants et performances scolaires,* Thèse de Doctorat en droit de l'environnement, Université de Douala, 2020, *op.cit.,* p.160 ; **DUPONT (J.-P.),** *Les nuisances acoustiques en droit international de l'environnement : cas des pollutions sonores aéroportuaires,* Thèse de doctorat en droit international d l'environnement, Université de Genève, 2015, p.150 ; **LECLERC (M.),** *Vers une infographie de l'ambiance sonore urbaine, Thèse de doctorat en droit international de l'environnement,* Université de Paris-Sorbonne, 2018, p.200 ; **ZHANG (W).,** *Les impacts des nuisances sonores aériennes*, Thèse de Doctorat, Université de Pékin, 2019, p.180 ; **MARTIN (E.),** *Aménager l'environnement sonore : Trois compositeurs à l'épreuve de la ville*, Thèse de Doctorat en Droit de l'environnement, Université de Montréal, 2017, p.220 ;

fixant les mesures générales d'hygiène et de sécurité sur les lieux de travail[343]. A plus d'un titre, le décret n° 2011/2583/pm du 23 août 2011 fixant la règlementation des nuisances sonores et olfactives au Cameroun a maintenu à 85 (dBa) par poste de travail, le seuil de bruit pouvant être émis sur une unité de chantier[344].

De façon générale, la règle consiste à établir à l'aide d'un sonomètre, une cartographie du bruit à réaliser dans les installations du chantier. Cette technique permet alors de mettre en place des mesures préventives pour limiter les nuisances chez les riverains. Sauf conditions exceptionnelles relatives à l'avancement des travaux et aux exigences du maître d'Œuvre, les circulations de nuit des engins et camions du chantier sont généralement interdites, ainsi que tous les travaux de nature bruyante : battage des pieux, utilisation des marteaux pneumatiques, tirs à l'explosifs à la carrière. Dans certains cas de figure, les politiques de prévention des nuisances sont conduites concomitamment avec celles de lutte contre les pollutions et de gestion des déchets sur le chantier.

2- La prévention des pollutions et la gestion des déchets des travaux publics

Le monde est de plus en plus urbanisé et les travaux publics sont la machine ouvrière de ce phénomène. Depuis 2007, plus de la moitié de la population mondiale vit dans les villes, et ce nombre est en croissance exponentielle pour atteindre plus de 60% d'ici à 2030, selon les prévisions de l'*Agenda 2030* des Nations Unies[345].

Si les travaux publics favorisent le développement du phénomène urbain par la création de nouvelles villes et métropoles, les conséquences environnementales ne sont pas toujours positives. Certes, les villes contribuent à plus de 60% du PIB mondial[346]. Cependant, cette médaille présente un lourd revers au regard des taux de pollution atmosphérique et de déchets produits

---

[343] *Op.cit.*

[344] La notion de poste de travail ici doit s'entendre au sens large du terme. Entre dans cette dénomination toute activité de laquelle peuvent être produite des nuisances.

[345] L'Agenda 2030, ou plus précisément la résolution de l'ONU « transformer notre monde : le Programme de développement durable à l'horizon 2030 » a été adopté à l'unanimité par les l'Assemblée générale des Nations Unies le 25 septembre 2015Il est une sorte de Constitution mondial pour un développement durable et englobe en particulier les 17 objectifs de développement durable. Voir Assemblée générale ONU, *Transformer notre monde : le programme de développement à l'horizon 2030,* New-York, 25 Septembre 2023, pp.5-38.

[346] *Ibidem*, pp.15.

dans cette mouvance[347]. Elles représentent précisément 70% des émissions de carbone, et plus de 60% des ressources consommées[348]. Les problèmes de pollution **(a)** et de gestion des déchets **(b)** sont ainsi au cœur des objectifs du développement durable[349] et se posent sérieusement sur les chantiers publics.

a- La prévention des pollutions sur le chantier

Le degré de pollution varie généralement d'un chantier à un autre, étant donné que les activités ne présentent pas toujours les mêmes caractéristiques[350]. Prenons à titre d'expérimentation, l'exemple des grands travaux d'autoroute ou d'aménagement de certains bâtiments publics. L'analyse donne à relever la présence de divers gaz et particules dont certains sont cancérogènes. Il s'agit entre autres du monoxyde de carbone, de l'hydrogène sulfuré, des poussières abondantes, de l'ozone, etc.[351]. Ces gaz sont d'origines diverses[352]. Les moteurs d'engins en sont majoritairement responsables. En outre, ces engins dégagent des particules qui circulent dans l'air et endommagent les voies respiratoires. Les vernis, peintures et certaines huiles de décoffrage qui contiennent le solvant aboutissent à la production de l'Ozone, un gaz qui irrite les voies respiratoires et les poumons. Aussi, certaines poussières nocives escaladent les résidences voisines, abondent les cultures approximatives et suscitent des indignations contentieuses.

Pour atténuer ces pollutions, les acteurs des travaux publics développent des pratiques de bonne conduite environnementale sur le chantier. Ce qui leur permet d'endiguer les impacts négatifs. Les recommandations et mesures d'atténuation formulées dans ce contexte concernent, pour l'essentiel, les engins et les moteurs qui constituent d'ailleurs les plus grands vecteurs de pollution sur les chantiers.

Sous d'autres cieux et de plus en plus au Cameroun aussi, l'usage de ces engins sur les chantiers publics fait l'objet d'un encadrement juridique spécifiquement rigoureux, en raison de leur potentiel polluant. En France

---

[347] Voir **BINGAN (J.A),** *La responsabilité due aux dommages environnementaux de pollution et de déchets en droit camerounais,* Mémoire Master en Droit Public, *Université de Dschang,* 2015-2016, pp. 21-45.
[348] *Ibidem, p.18.*
[349] *Ibidem*, p.17.
[350] Voir **BELVAL (N.),** *Aménager l'environnement sonore : trois compositeurs à l'épreuve de l'urbanisme*, Thèse de doctorat en aménagement de l'espace et Urbanisme, Université de Paris Sorbonne, 2020, pp.185-200.
[351] Dans la majorité des cas, ces gaz contribuent au réchauffement planétaire et sont classés parmi les gaz à effet de serre.
[352] Certains découlent des moteurs d'engins utilisés sur les sites des travaux, d'autres sont directement issus des activités de transformation, tandis que certains sont issus de la transformation des produits utilisés dans les solutions chimiques nécessaires pour les activités.

comparativement, une règlementation particulière exige que les machines qui travaillent sur les chantiers doivent être équipées de filtres à particules si elles ont une puissance comprise entre 18 et 37 KW et qu'elles ont été mises en circulation après le 1er Janvier 2010. Ces filtres retiendraient plus de 99% de particules fines cancérogènes[353].

Au Cameroun concrètement, l'accès à la règlementation relative aux exigences qualitatives des engins du chantier s'est avéré, comme pour biens de questions, particulièrement difficile. Ce constat des moins surprenants est en partie le reflet des lenteurs accusées dans la politique nationale de numérisation et de démocratisation des données utiles à la science. Mais dans la pratique, la qualité des équipements du soumissionnaire est déterminant dans l'attribution du marché[354]. Ils font souvent l'objet d'expertise préalable, quant à leur conformité aux exigences qualité fixées par l'ANOR.

En tout état de cause, il est recommandé d'utiliser autant que possible la technologie de dernière génération, *a priori* peu polluante et moins consommatrice d'énergies. Et quel que soit l'état de l'engin, arrêter les moteurs lorsqu'ils ne sont plus utilisés contribue considérablement à limiter les émissions et les nuisances. Dans la foulée, l'utilisation des produits à base d'eau contribue à l'atténuation des particules fines, et l'arrosage des sites poussiéreux devrait en être constant. Ces pratiques facilitent la gestion des déchets à l' avance.

b- La gestion écologiquement rationnelle des déchets du chantier

La gestion des déchets sur les chantiers publics est un nouveau défi pour les entreprises du BTP[355]. De toutes les variétés, les déchets plastiques sont les plus incriminés dans ce registre[356]. En effet, le monde du 21e siècle fait face à une crise de déchets plastiques sans précédente et les beaux instruments juridiques, qu'ils soient du droit national ou international, ne parviennent toujours pas à endiguer le phénomène. Preuve que l'éradication du phénomène

---

[353] Voir, Société suisse des entrepreneurs, *L'environnement sur mon chantier*, *Manuel pour les professionnels qui veulent et qui doivent protéger l'environnement et leur santé*, édition septembre 2015, pp. 34-40.

[354] Voir art.25 du *Guide de passation des marchés publics au Cameroun* de juillet 2015.

[355] Voir, **DUPONT (M.),** *Responsabilité juridique des entreprises pour la gestion des déchets toxiques*, Thèse de Doctorat en droit de l'environnement, Université Panthéon-Sorbonne, 2020, pp.45-70 ; **ZHANG (W.),** *Régularisation internationale des déchets électroniques,* Thèse de doctorat en droit de l'environnement, Université Complutense de Madrid, 2018, pp. 94-100 ; **GARCIA (A.),** *Droit à l'information et participation du public dans la gestion des déchets,* Thèse de Doctorat, même université, 2018, p.85 ; **SMITH (J.),** *Economie circulaire et réglementation des déchets,* thèse de Doctorat en droit de l'environnement, Université de Columbia, 2017, pp. 120-130.

[356] Voir, **DUPONT (M.),** *Responsabilité juridique des entreprises pour la gestion des déchets toxiques*, Thèse de Doctorat en droit de l'environnement, Université Panthéon-Sorbonne, 2020, *op.cit.*, pp.45-70

de déchets dépend moins de la législation que des bonnes pratiques volontaires[357]. Elle dépend moins du droit que de la volonté du politique, mais plus surement de la solidarité ente acteurs publics et privés.

Selon les statistiques du Programme des Nations Unies pour l'Environnement, au moins 430 millions de tonnes de déchets plastiques sont produites dans le monde chaque année. En 2023 déjà, environ 600 000 tonnes de déchets plastiques auraient été produites au Cameroun et peuvent mettre jusqu'à près de 400 ans, soit exactement quatre siècles entiers pour se dégrader[358]. Certaines catégories de déchets couramment employés sur les chantiers publics ont une durée de vie considérablement plus longue. C'est notamment le cas des bouteilles en plastique, les polystyrènes et les verres dont les durées de vie sont respectivement estimées de 1000 ans pour les premiers et de 4000 ans pour les deuxièmes[359]. Depuis 2011 en effet, une politique a été impulsée au Cameroun et envisageait d'éliminer par incinération 30% de ces déchets, d'en recycler 30%, et de réduire 40% de la circulation[360]. Prenant une tangente décevante au fur et à mesure de leur mise en œuvre, ces objectifs ont fait l'objet d'un renforcement en 2014 avec une forte intensification du rôle des entreprises en la matière[361].

Remarquons surtout qu'il est dans l'intérêt économique et financier d'une entreprise d'opérer le choix de la gestion écologique des déchets sur le chantier à elle confiée, surtout que l'attribution des marchés et offres futurs en dépend[362]. Du point de vue de l'analyse économique, la protection de l'environnement contribue significativement à la grandeur, à l'influence ainsi qu'au prestige commercial de l'entreprise. La gestion qu'elle doit faire des déchets doit intégrer les pratiques durables et modernes en cours dans les sociétés développées. Le destin de cette gestion modernisée avait été esquissé

[357] **BIGAN (J. A),** *La responsabilité due aux dommages environnementaux des pollutions et de déchets en droit camerounais,* Mémoire de Master en doit public, Université de Dschang, 2016, pp. 34-46.

[358] Chiffre donné par le Ministre en charge de l'environnement lors de la clôture de la journée mondiale de l'environnement. Voir, **BIKELE (R.),** « Pollution par les matières plastiques : 600 000 tonnes de déchets au Cameroun !», *Cameroon tribune*, 09 juin 2023, consulté le 27/11/2023 à 18 :19, via le lien https://ww.cameroon-tribune.cm/article.html/57887/fr.html/pollution-par-les-matieres-plastiques-600-000-tonnes-de-dechets-au.

[359] Données publiées par le Syndicat Mixte d'Elimination des Déchets Ménagers du Territoire d'Orient (SIEDMTO) sur son site internet, consulté le samedi 02 décembre 2023 à 22h 32, via le lien https://www.siedmto.fr/tri-et-prevention-des-dechets/duree-de-vie-des-dechets/.

[360] *Ibidem.*

[361] Note circulaire n°096/c/cab/ MINEPDED DU 10 avril 2014 relative au contrôle de conformité et à la répression des contrevenants à l'arrêt conjoint n° 004/ MINEPDED/MINCOMERCE du 24 octobre 2012 portant entre autres interdiction des emballages plastiques inférieurs à 61 microns d'épaisseur.

[362] En effet, les entreprises les mieux organisées aujourd'hui, notamment celles ayant souscrites à un standard ISO, détiennent une politique et une vision de gestion écologique des déchets. La plupart d'entre elles opère ainsi du recyclage, et les techniques de revalorisation.

depuis les années 90 avec la loi cadre de gestion de l'environnement de 1996 et la consécration du paradigme de *« gestion écologiquement rationnelle des déchets »*[363]. Ce principe est aujourd'hui célébré au prestigieux rang de principe fondamental du droit de l'environnement. Ici, la charge de la gestion écologique du déchet incombe au pollueur.

Les déchets sont gérés dans les TP par référence à un plan spécifique de gestion des déchets élaboré par les soins du maître d'œuvre et en conformité avec le Plan national de gestion des déchets et de la Convention de Bâle de 1992 relative à l'interdiction de transporter ou de développer les déchets toxiques en Afrique[364]. Seulement, certaines méthodes prônées dans ces instruments sont devenues écologiquement peu rationnelles face aux mutations sociales et au contact de l'actualité du droit de l'environnement. C'est par exemple le cas des techniques de l'enfouissement[365] et de la mise en décharge des ordures[366]. Ces pratiques ont subi l'usure du temps et méritent d'être repensées. Car, que penseront les générations futures lorsqu'en creusant dans ce qu'elles prendront comme un beau jardin vert, tomberont plutôt sur nos déchets enfouis ?

L'édiction du décret n°2012/2809/PM du 26 septembre 2012 fixant les conditions de tri, de collecte, de transport, de récupération, de recyclage, de traitement et d'élimination finale des déchets a sans doute apportée un sang frais dans le circuit de gestion des déchets sur les chantiers publics[367]. L'exploit de cette règlementation est l'encensement des techniques écologiques innovantes dans la gestion des déchets. Il s'agit en l'occurrence du recyclage et de la valorisation des produits dérivés[368]. Certaines techniques de

---

[363] Art. 4 de la loi cadre de gestion de l'environnement. Il s'agit de *« Toutes mesures pratiques permettant d'assurer que les déchets sont gérés d'une manière qui garantisse la protection de la santé humaine et de l'environnement, contre les effets nuisibles que peuvent avoir ces déchets »*.

[364] Voir Convention de Bâle de 1992 sur le contrôle des mouvements transfrontières des déchets dangereux et de leur élimination, et son Protocole sur la responsabilité et l'indemnisation en cas de dommages résultant de mouvements transfrontières et de l'élimination des Déchets dangereux.

[365] Voir **QUINTUS (F.),** *Les enjeux de l'enfouissement des déchets : quelle place aux perceptions des risques dans la procédure québécoise d'évaluation environnementale ?,* Mémoire en Sciences de l'Environnement de l'Université du Québec à Montréal, juin 2017, 139 pages ; **AINA (M.-p.),** *Expertise des centres d'enfouissement techniques de déchets urbains : contributions à l'élaboration d'un guide méthodologique et à sa validation expérimentale sur sites*, Thèse de Doctorat Université de Limoges, 2006, pp.2-25.

[366] *Ibidem,* p.15.

[367] Voir décret n°2012/2809/PM du 26 septembre 2012 fixant les conditions de tri, de collecte, de transport, de récupération, de recyclage, de traitement et d'élimination finale des déchets au Cameroun.

[368] En effet, l'une des méthodes de valorisation des déchets est le compostage. Il consiste à transformer la matière organique présente dans les déchets biodégradables à l'effet de produire des engrais organiques utiles à l'agriculture. Cette valorisation est fortement recommandée aux communautés rurales. Voir, **TSAMO (V.),** *Garantir l'autonomie financière des Communes africaines sur la base de la gestion écologiquement rationnelle des déchets ménagers : regard à partir de la Commune de Dschang au Cameroun* , Projet professionnel soutenue devant le jury international du CAMES, en prélude de la troisième édition des Olympiades Universitaires du CAMES (OUC-3), Abidjan, 18 Novembre 2022, p.15, *inédit.*

valorisation telles le compostage ou encore le recyclage chimique ont des plus-values agricoles et climatiques. En matière agricole par exemple, elles servent à la production des engrais organiques. Dans certaines mesures, la mise en dépôts de la matière organique peut conduire à terme à la fabrication du biogaz[369] et en matière chimique, la production de dérivés chimiques utiles à l'homme. On en dira autant de la technique de l'incinération des déchets non biodégradables, qui, à terme, peut être révolutionnée pour produire de l'énergie électrique utilisable sur le chantier et aux alentours. Il suffirait dans ce cas d'équiper les incinérateurs des turbines qui transforment la chaleur en électricité[370].

Cette valorisation a la vertu de créer des puits artificiels de carbone, nécessaires pour le stockage et le recyclage des gaz à effet de serre sur le chantier public. Lesdits gaz pourraient à terme être revendus sur le marché international du carbone[371], ou encore être traités pour la fabrication du butane combustible et utile aux ménages[372]. Toutes choses qui favoriseraient non seulement l'accroissement des performances environnementales de l'entreprise en charge des travaux, mais surtout l'accroissement de ses revenus en dehors du prix initial du marché[373].

B- La protection des activités socioéconomiques

Le bouleversement des composantes chimiques et physiques de la nature n'est pas l'unique risque pouvant découler de la réalisation des travaux publics. L'économie locale et les emplois sont tout de même affectés par toutes les phases de la mise en œuvre des projets. Ces impacts doivent faire l'objet d'un examen minutieux et les mesures adéquates méritent d'être prises et approuvées par l'autorité compétente. Ces mesures doivent être prises de façon participative, et accroitre les bénéfices que les populations pourront tirer des impacts positifs **(1)**. Pour garantir efficacement les intérêts qu'elles visent à protéger, ces mesures doivent nécessairement se ramener, pour l'essentiel, à l'octroi des indemnités relatives aux cessions forcées, ainsi qu'à

---

369 *Ibidem,* p.18.

370 *Ibidem*, p.20.

371 Voir, **LEBLAN (B.),** *Le protocole de Kyoto et le marché carbone : vers une fongibilité asymétrique à l'échelle internationale ?,* Mémoire de Master, Université du Québec à Montréal, 2017, pp. 68-80.

372 Voir **TSAMO (V.),** *garantir l'autonomie des communes africaines sur la base de la gestion écologiquement rationnelle des déchets ménagers : regard à partir de la commune de Dschang au Cameroun, op.cit.,* p.17.

373 On estime qu'en opérant une valorisation des déchets biodégradables notamment par compostage, l'entreprise en charge des travaux peut ainsi générer des bénéfices supplémentaires au prix du marché objet de sa prestation.

l'aménagement préalable ou parallèle des sites et infrastructures de recasement **(2)**.

1- La participation des acteurs locaux aux opérations

En droit international de l'environnement, la participation du public dans la prise des décisions relatives à l'environnement humain est une règle consacrée **(a)**. Son importance est triplement accrue en contexte des travaux publics en raison des troubles que ces activités engendrent sur l'environnement physique et surtout socioéconomique. Cependant, il y'a une tendance à l'application discriminée de ce principe qu'il convient de préciser **(b)**.

a- Un principe fondamental du droit de l'environnement

Impulsé par la Déclaration de Rio sur l'environnement et le développement de 1992[374], ce principe a progressivement revendiqué et obtenu sa place de noblesse en droit de l'environnement camerounais[375]. Il s'est notamment imposé comme principal moyen de promotion du développement durable et de démocratisation des politiques environnementales[376]. De constat, la quasi-totalité des institutions internationales impliquées dans la protection de l'environnement au Cameroun sont détentrices d'une politique d'intégration des populations locales, des leaders d'opinion, ainsi que des communautés villageoises dans la mise en œuvre des opérations de travaux publics[377].

En effet, l'objectif de la participation publique est de permettre aux citoyens de mieux en mieux informés et formés sur les questions environnementales, de participer à la prise des décisions qui ont un impact réel ou possible sur leur qualité de vie et leurs activités. Outre la prise en compte des préoccupations des communautés locales dans la réalisation des politiques et projets de développement, ledit principe permet en même temps à ces

---

[374] Voir Principe 10 de la Déclaration de Rio précitée *« La meilleure façon de traiter les questions d'environnement est d'assurer la participation de tous les citoyens concernés, au niveau qui convient. Au niveau national, chaque individu doit avoir dûment accès aux informations relatives à l'environnement que détiennent les autorités publiques, y compris aux informations relatives aux substances et activités dangereuses dans leurs collectivités, et avoir la possibilité de participer aux processus de prise de décision. Les Etats doivent faciliter et encourager la sensibilisation et la participation du public en mettant les informations à la disposition de celui-ci. Un accès effectif à des actions judiciaires et administratives, notamment des réparations et des recours, doit être assuré ».*

[375] Ainsi est-il consacré aussi bien dans la loi cadre de 1996 que dans ses textes d'application à l'instar du décret de 2013 relatif aux études d'impact environnemental et social.

[376] Voir **MBARGA (P.)**, « Introduction au droit de l'environnement », *In Droit et politique de l'environnement au Cameroun*, Presse de l'UCAC, 2018, pp.54-56.

[377] Ces politiques sont connues sous l'appellation *« de systèmes de sauvegardes intégrées »* dont les plus célèbre en la matière demeurent ceux de la Banque Mondiale.

politiques et projets de bénéficier des connaissances locales et traditionnelles des populations relativement au milieu physique et au tissu social et économique.

L'expérience montre que les populations locales ont une connaissance empirique de leur milieu de vie. Leur implication dans la définition et l'application des mesures d'atténuation des impacts négatifs ou de bonification des impacts est donc nécessaire. Leur implication active peut par exemple permettre de trouver des solutions novatrices susceptibles de garantir les performances environnementales du projet. Dans le contexte actuel, les travaux publics posent de cruciaux problèmes d'indemnisation et de recasement. Les consultations publiques deviennent de ce fait plus que nécessaires. Il en est ainsi, surtout que leur mise en œuvre est une précondition de l'aide public au développement dont les Etats du Sahel sont toujours dépendants[378].

Le décret de 2013 fixant les modalités de réalisation des études d'impact environnemental et social attache un prix de valeur à la participation du public. Sous le prisme de ce décret, la consultation publique consiste en des réunions pendant l'étude, dans les localités concernées par le projet[379]. Les audiences publiques qui en découlent sont destinées à faire la publicité de l'étude, à enregistrer les oppositions éventuelles et à permettre aux populations de se prononcer sur les conclusions de l'étude relativement à la sauvegarde de leurs activités socioéconomiques[380].

b- Une application discriminée du principe

Le temps de la réalisation des travaux, les biens les plus exposés sont le fond de terre ainsi que les terrains d'habitation et agricoles, les pâturages, et les activités commerciales, notamment les comptoirs de commerces etc. Certaines catégories de travaux engendrent les troubles souvent irréversibles des activités économiques, sociales et même culturelles. Celles-là ont la particularité de s'étendre sur de très longues superficies, et de nécessiter le plus d'espaces possible pour leur réalisation. Elles entrainent donc inévitablement

---

378 **ALIOU (M.)**, *L'aide publique au développement et la souveraineté des Etats du Sahel : une analyse critiques de l'aide conditionnelle,* l'Harmattan, 2018, pp.30-47 ; **ANTIL (A.)**, « L'aide publique au développement au Sahel : état des lieux, enjeux et perspectives d'une coopération renouvelée », *Kharkala,* 2016, pp.58-70 ; **BRET (A.-C.)**, *Le Sahel face à la crise : l'aide au développement en question*, éd. l'Harmattan, 2013, pp.102-110 ; **LESSUEUR, (A.)**, « Sénégal, Mali, Niger : l'aide au développement en question », *Harmattan*, 2014 ; **YAMBA (B.)**, « L'aide publique au développement et la gouvernance démocratique dans les Etats du Sahel », *Presse Universitaire de l'Université de Laval*, 2017.

379 Art.20 (2) du décret de 2013 *op.cit.*

380 *ibidem, op.cit.*

la suppression et/ou la délocalisation provisoire ou définitive des comptoirs de commerces.

En 2008, le MNEPDED a opéré une classification des projets dont la réalisation suppose préalablement acquise la consultation des populations victimes en prélude de la sauvegarde de leurs activités économiques. Il s'est agi des projets d'aménagement du territoire : les projets du linéaire (routes, lignes électriques, chemins de fer, pipe-line) ; des projets d'urbanisme et d'habitats ; les barrages et centrales hydroélectriques ; les infrastructures portuaires et les aéroports.

Entre aussi dans cette classification, les projets d'agriculture et les aménagements hydro-agricoles, ainsi que les projets agropastoraux. Le secteur extractif des ressources naturelles, d'implantation et d'exploitation des industries y relatives est tout autant inclus dans cette liste, au même titre que les activités visant l'aménagement des espaces naturelles.

Ces activités ont ceci de commun d'occasionner des expropriations massives et les multiples cessions forcées dont l'absence d'indemnisations et de recasements préalables entraîne des conflits sociaux inévitables.

A l'observation, la discrimination ainsi soulevée n'est pas nécessairement négative. Elle découle simplement des inégalités des travaux publics et de leurs impacts sur l'environnement. Encore que cette énumération apparemment restrictive n'est finalement pas exclusive, puisque l'indemnisation pour expropriation pour cause publique est un principe d'ordre public à valeur constitutionnelle[381].

2- L'aménagement des mesures d'indemnisation et de recasement

De toute évidence, la réalisation des travaux publics, notamment des travaux de grande envergure porte indubitablement atteinte à la propriété privée[382]. Les travaux qui se réalisent exclusivement dans le domaine public et dans le domaine national ne posent pas de problème de propriété parce s'opérant sur les espaces gérés par l'Etat. Hors mis ces cas, la réalisation des grandes infrastructures touche presqu'inévitablement à la domanialité privée et soulève donc l'épineux problème de l'indemnisation.

---

[381] Voir préambule de la Constitution du 18 janvier 1996, *op.cit.*

[382] C'est le cas par exemple de la réalisation d'une route nationale, d'un port en eau profonde ou d'une ligne de chemin de fer, etc.

Les questions d'expropriation et de recasement lors de la réalisation d'infrastructures de développement relèvent d'une préoccupation constante des bailleurs de fonds[383]. Cette question se pose en droit camerounais avec acuité dans la mesure où certaines expropriations ne font que rarement l'objet d'indemnisation préalable. Surtout que certains biens expropriés pour cause d'utilité publique, très souvent, ne font pas toujours finalement l'objet d'affectations préalablement indiquées. Cette situation est exacerbée par la sempiternelle réticence du gouvernement à l'idée d'une possible rétrocession des biens inexploités.

Nonobstant, la propriété foncière est rigoureusement encadrée vis-à-vis des incursions extérieures et anodines. Suivant l'esprit révolutionnaire de 1789[384], aucune raison, ni même les travaux publics, ne devrait en principe, justifier une quelconque emprise sur les biens privés. La seule exception admise demeure exclusivement l'hypothèse de l'expropriation pour cause d'utilité publique, moyennant cependant une juste et préalable indemnisation[385].

Plusieurs instruments nationaux et non internationaux concourent à l'encadrement des interactions entre le droit foncier, les impératifs de développement infrastructurel et la préservation de l'environnement. Reprenant à son compte l'esprit de la Déclaration française de 1789, la Constitution révisée de 1996 fait de la propriété le socle de tout progrès économique et, *« nul ne saurait en être privée si ce n'est pour cause d'utilité publique, sous la condition d'une indemnisation dont les modalités sont fixées par la loi »*[386]. Faisant ainsi de l'indemnisation l'unique condition de cette cession forcée, le Constituant de 1996 donne la latitude au législateur d'en

---

[383] En effet, la BM a développé plusieurs politiques pour aborder les questions d'expropriation dans le cadre de la réalisation des travaux publics. C'est par exemple le cas des Principes de Washington sur les droits fonciers dans les projets de développement (1998) : ces principes énoncent les conditions pour une expropriation juste et équitable, qui doit être évitée lorsqu'une alternative raisonnable existe. Les principes exigent également que les communautés locales soient pleinement constituées et que les mesures de réinstallation et de compensation adéquates soient mises en place. C'est aussi le cas du Cadre environnemental et social (2018) : ce Cadre fournit des orientations sur la manière d'éviter, de minimiser et de gérer les impacts environnementaux et sociaux des projets financés par la BM. Il stipule que toutes les personnes touchées par un projet, y compris ceux qui subiront une expropriation, doivent être informés et consultés. Le Cadre exhorte également les gouvernants à éviter l'expropriation lorsqu'une solution alternative est possible. Entre également dans cette mouvance les Directives opérationnelles de la BM sur la réinstallation des involontaire (2018) : Ces directives fournissent des orientations détaillées sur la manière de gérer les impacts des projets de déplacement des populations. Elles recommandent notamment la mise en place d'un processus de consultation pour les personnes touchées par le projet, la minimisation des impacts sur les moyens de subsistance des populations, et la fourniture de compensation adéquates pour les pertes subies.

[384] Voir art.17 de la Déclaration française des droits de l'homme et du citoyen du 26 aout 1789.

[385] Article 17 de la Déclaration française de 1789.

[386] Voir Préambule de la Constitution révisée du 18 Janvier 1996, *op.cit*.

déterminer les modalités. Suivant cette mouvance, la loi n° 85-09 du 04 Juillet 1985 fixe clairement les modalités d'expropriation et d'indemnisation[387]. Il en ressort que l'indemnisation doit être juste et préalable à la réalisation de tout projet de développement[388].

Même si l'indemnisation et le recasement des personnes expropriées n'est pas toujours effectives avant le démarrage des travaux et demeure même souvent ineffective jusqu'à la fin de certaines autres, elles sont toujours envisagées dans les documents de planification.

Quid des autres milieux récepteurs ?

Paragraphe 2- Les mesures de prévention des atteintes aux milieux biophysique et biologique

La protection des milieux physiques et biophysiques est un aspect particulier du droit de l'environnement[389]. C'est l'une des thématiques ayant suscité le plus d'engouement sur la scène internationale depuis le réveil de la conscience environnementale. La spécificité de ces deux composantes est qu'elles concernent certains des espèces et espaces les plus fragiles dont la protection nécessite un maximum d'attention. Mais, dans cette dichotomie, chaque composante renferme un contenu particulier. Tandis que l'élément biophysique concentre les espaces **(A),** le biologique se ramène davantage aux espèces **(B).**

A- Les mesures de préservation du milieu biophysique

Sur les chantiers publics, la protection de ces deux principaux secteurs est l'apanage des spécialistes environnementalistes. Leur mission est d'assurer la préservation de la qualité du sol et du sous-sol contre les pollutions nuisibles d'une part **(1)**, et contre les atteintes aux milieux hydraulique et atmosphérique d'autre part **(2).**

1- La prévention des atteintes à la qualité des sols et du sous-sol

Dans un article publié en 2017, la professeure Carole HERMON faisait remarquer que le sol et le sous-sol, en droit français, ne sont protégés que par

[387] Voir la loi n° 85-09 du 04 Juillet 1985 relative à l'expropriation pour cause d'utilité publique et aux modalités d'indemnisation.
[388] *Ibidem*, art.4 (2).
[389] **BUTUZQ (I.)** et **DEHAUDT (Y.),** « Protection des sols : cadre juridique et enjeux environnementaux » *Presse Universitaire de Laval*, 2019, pp.123-128.

ricochet[390], et qu'il n'existait pas un régime juridique autonome de protection de ces deux composantes pourtant cruciales de la nature[391]. En droit international de l'environnement en général, le constat est celui de la pauvreté du régime protecteur du sol et du tréfonds[392]. Rares sont les instruments juridiques consacrés exclusivement à la protection des sols, même si les normes qui les protègent par ricochet fusent du fait des interactions que le sol entretien avec les autres milieux récepteurs[393].

En droit camerounais de l'environnement, il serait irréaliste de dire que le sol n'est pas protégé. *A contrario,* cette protection connait un double régime. Elle a préalablement été longtemps abordée sous l'angle de la règlementation de l'agriculture, d'autant que l'agriculture constitue le principal vecteur de la dégradation des sols sous toutes ses formes en Afrique[394]. Surtout que la nécessité de satisfaire des besoins alimentaires toujours croissants[395] en raison de l'explosion démographique dans la plupart des pays du continent accroît la pression sur les terres cultivables[396]. Elle est reprise dans la loi cadre de gestion de l'environnement. Ladite loi renvoie à son tour les modalités de cette protection à un décret à prendre ultérieurement pour les besoins de la cause[397]. Toutefois, ce n'est que très récemment en 2011 que ce décret vit le jour après tant d'hésitations[398]. Une lecture attentionnée dudit texte donne à mesurer l'effort engrangé par le législateur pour étendre son application au-delà des seules pratiques agricoles[399].

Mais, dans le milieu des travaux publics, la protection des sols et sous-sol semble encore plus consistante, puisqu'outre les instruments nationaux

---

390 Voir **HERMON (C.),** « La protection du sol en droit », *Droit et Ville*, n°84, 2007, pp 11- 47.

391 *Ibidem.*

392 **BUTUZQ (I.)** et **DEHAUDT (Y.),** « Protection des sols : cadre juridique et enjeux environnementaux » *Presse Universitaire de Laval*, 2019, *op.cit.*, pp.123-125.

393 Voir **HERMON (C.),** « La protection du sol en droit », *Droit et Ville*, n°84, 2007, *op.cit.*, pp 11- 50.

394 Voir the World Bank : *Ecologically sensitive sites in Africa.* vol.1 : Occidental and Central Africa, 1993, p. XIV (vol. V. Sahel).

395 LAZARUS (D.S), « Save our soils », *Our Planet* (The Magazine of UNEP), vol. 2, 4 nov. 1990, pp. 10-11.

396 Le professeur **KAMTO (M.)** soulignait déjà cet aspect des choses en 1996. Voir **KAMTO (M.),** *Droit de l'environnement en Afrique, op.cit.,* p.225.

397 La loi cadre de 1996 consacre entièrement sa section IV à la protection des sols et sous-sol. Les articles 36 et suivants fixent sommairement le cadre matériel et institutionnel de cette protection.

398 Il s'agit du décret n° 2011/2584/pm du 23 aout 2011 fixant le régime de protection des sols et sous-sols n'envisage la protection du sol et du sous-sol.

399 Le décret de 2011 en question envisage la protection de sols et sous-sol à l'égard de deux facteurs de dégradation : La perte des terres arables, la lutte contre l'érosion.

susmentionnés[400], les opérateurs se soumettent à une panoplie de règles internationales qui s'imposent au Cameroun en la matière.

Dans l'ensemble, quelques techniques tendent à se généraliser dans les pratiques. Elles sont relatives d'abord à la prévention de l'érosion et des produits chimiques dégradants, la gestion des eaux pluviales, l'utilisation des techniques de construction durables, la réhabilitation des sites[401] etc.

En effet, les entreprises prennent des mesures pour prévenir l'érosion du sol sur les chantiers de construction en mettant en place des dispositifs de protection, tels que les barrières anti-érosion, des techniques de stabilisation du sol, et en limitant l'exposition du sol pendant les phases de construction. Dans la même suite, les systèmes de gestion des eaux pluviales pour minimiser les risques de ruissellement et de pollution du sol sont aménagés. Cela justifie souvent la mise en place de bassins de rétention, la création de surfaces perméables, et d'autres techniques visant à préserver la qualité du sol.

Après achèvement des projets, les entreprises veillent à réhabiliter les sites en remettant en l'état les zones affectées par la construction, en reconstituant la qualité du sol autant que possible. En mettant en œuvre ces mesures, les entreprises du secteur BTP contribuent à protéger efficacement le sol. Ces mesures ont des vertus incidentes sur les milieux hydraulique et atmosphérique.

2- La préservation des atteintes aux milieux hydraulique et atmosphérique

Si les forêts sont, comme on le dit souvent par métaphore, les « poumons » de la planète, on peut dire aussi, avec l'ONG WWF, que les cours d'eau en sont les *« artères »* : ils nettoient et drainent le *« sang de la terre »* qui se charge au passage des résidus de toutes les activités humaines, pour les rejeter en définitive à la mer[402]. La préservation des atteintes au milieu hydraulique et

[400] Il serait illusoire de dire que toutes les législations africaines affirment le principe de la protection des sols. Certes, quelques-unes le font ; mais c'est sous l'angle de la réglementation de l'agriculture que nombre d'elles l'abordent. Cependant certaines législations ont essayé le pari. Il s'agit en l'occurrence de : la loi cadre de 1996 consacre entièrement sa section IV à la protection des sols et sous-sol. Les articles 36 et suivants fixent sommairement le cadre matériel et institutionnel de cette protection ; du décret n° 2011/2584/pm du 23 aout 2011 fixant le régime de protection des sols et sous-sols n'envisage la protection du sol et du sous-sol ; du décret de 2011 en question envisage la protection de sols et sous-sol à l'égard de deux facteurs de dégradation : la perte des terres arables, la lutte contre l'érosion, etc.

[401] C'est la raison pour laquelle les législations soucieuses de la conservation des sols, et au-delà d'assurer la protection de l'environnement, réglementent l'utilisation des terres à des fins agricoles ainsi que l'utilisation des engrais et des pesticides

[402] Voir WWF, « Gestion durable des cours d'eau (Position du WWF) », sept. 1991, p. 8

atmosphérique dans les travaux publics se fait par des mesures de prévention et de surveillance, conformément aux règles élaborées par les acteurs, en conformité aux exigences internationales en la matière. Le problème de la protection de l'eau et de l'atmosphère en droit international de l'environnement est complexe et nécessite une approche multilatérale. Plusieurs éléments ont contribué à sa construction en droit international **(a)** duquel découlent l'essentiel des techniques de protection applicables dans le secteur des travaux publics **(b).**

a- La construction du problème en doit international

L'eau est incontestablement l'une des plus précieuses ressources de la vie. Certes, elle reste inégalement répartie et peu accessible dans certain cas[403]. Pourtant, on semble en avoir moins conscience en raison de son abondance[404] et de sa vulgarité à la surface terrestre[405]. Le problème de sa protection avait longtemps regroupé les États au cours des années 70, à la fois dans le cadre de la Convention des Nations Unies sur le droit de la mer du 10 décembre 1982 et au sein du PNUE. La Convention de Montego-Bay consacre en effet toute sa Partie XII à la protection et la préservation du milieu marin. Les activités de transformation du milieu, aussi bien sur terre qu'en mer, constituent pourtant une menace pour ces milieux. Qu'il s'agisse de catastrophes écologiques d'origine accidentelle ou de rejets délibérés, la pollution sous toutes ses formes constitue depuis belle lurette la principale cause de la dégradation du milieu marin[406]. La bonne gestion de cette ressource est l'un des objectifs phares du développement durable[407].

---

[403] Consulter **DOUMBE BILLE (S.),** «L'Agenda 21 et les eaux douces », in M. PRIEUR et S. DOUMBE-BILLE (éd.), *Droit de l'Environnement et Développement Durable*, p. 197.

[404] Généralement, les experts estiment que jusqu'à 97 % des eaux de la planète sont inutilisables pour la consommation humaine sous toutes ses formes en raison soit de leur qualité (taux élevé de salinité), soit de leur inaccessibilité, et que les milliards d'habitants qui peuplent la terre vivent sur 2 % environ des ressources en eau réparties entre les cours d'eau, fleuves et lacs, et les nappes aquifères accessibles.

[405] L'article 2 de la Convention des Nations Unies sur le droit de non-navigabilité des cours d'eau internationaux, adoptée en 1997 souligne pertinemment cette négligence, et établit le principe de l'utilisation équitable et raisonnable de l'eau des cours d'eau internationaux, en prenant en compte les besoins des Etats riverains et les intérêts particuliers des populations touchées.

[406] **MERMET (L.),** « Vers une gestion écologique des cours d'eau quels enjeux, quels fondements, quels débats pour une nouvelle politique ? » Rapport au Ministre de l'Environnement (Français), 16 sept. 1991, p. 3

[407] L'approvisionnement du monde en eau propre et l'assainissement des sources d'eaux sont la quintessence de l'Objectif 6 de l'Agenda 2030 des Nations Unies. Il est question de faire en sorte d'assurer d'ici 2030 un accès universel et équitable à l'eau potable, à un cout abordable. Garantir une eau potable universelle, sure et abordable, revient à fournir à plus de 800 millions de personnes un accès aux services de base et à améliorer l'accessibilité et la sécurité des services pour plus de deux milliards de personnes. Le constat étant au préalable celui de ce qu'en 2015, 4.5 milliards de personnes n'avaient pas accès une source d'eau sure. En outre, 205 milliards de personnes n'étaient pas en mesure de bénéficier d'assainissement de base.

La réalisation des travaux publics et la gestion écologiquement rationnelle des ressources de l'eau sont indissociables l'une de l'autre. Puisque ces dernières permettent, non seulement d'effectuer des mélanges hétérogènes dans le processus du bétonnage, mais aussi d'éviter une pollution de l'air en arrosant le sol ainsi que pour le nettoyage des engins. Il est donc important de faire un usage parcimonieux de cette ressource ô combien précieuse.

b- La résolution du problème sur les chantiers publics

La pollution de l'eau sur les chantiers publics est l'aboutissement de divers comportements dégradants dont la mauvaise gestion des produits chimiques se positionne en première loge. Ces produits empruntent diverses voies pour infiltrer les sites d'eaux primordiaux pour la nutrition de l'homme et de ses multiples activités. L'écoulement autonome et les pluies torrentielles sont autant de mécanismes de transport les plus courants. Dérivés des différentes opérations chimiques du chantier, ces produits sont acheminés jusqu'aux bas-fonds où ils intègrent les différents cours d'eaux, s'ils n'infiltrent pas plus tôt les nappes frénétiques sous-terraines le long de l'écoulement. Avec l'exigence systématique des codes de bonne conduite environnementale, baromètre de l'engagement environnemental de l'entreprise en charge des travaux, l'hypothèse de déversements volontaires des déchets dans les lits d'eaux est peu envisageable.

En tout état de cause, le décret n° 2001/165/PM du 08 mai 2001 précisant les modalités de protection des eaux de surface et des eaux souterraines contre la pollution[408] érige en principe cardinal l'interdiction de tout déversement ou tout rejet d'eaux usées, de boue, coulis, hydrocarbures, polluants de toute nature, dans les puits, forages, nappes et cours d'eaux, ruisseaux naturels, nappes d'eau ou à même le sol. La portée de cette prescription est telle qu'elle offre des garanties de protection des écosystèmes dans leur grand ensemble.

B- La protection des écosystèmes et des zones humides

Le mot *« écosystème »,* terme écologique par excellence, désigne une unité écologique de base formée par le milieu vivant (biotope) et des organismes animaux et végétaux qui y vivent[409]. A l'évidence, les écosystèmes

---

[408] Voir arts 10 et ss du décret n° 2001/165/PM du 08 mai 2001 précisant les modalités de protection des eaux de surface et des eaux souterraines contre la pollution.

[409] **KAMTO (M.),** *Droit de l'environnement en Afrique,* p.37 ; **DE MONTGOLFIER (J.),** « La gestion patrimoniale des ressources naturelles », *Pour la Science*, vol.9, édition de la Maison des Sciences de l'Homme, pp.21-27.

terrestres se distinguent de ceux maritimes, bien qu'ils entretiennent entre eux des relations étroites et complémentaires dans le cadre de l'écosystème global planétaire. La protection du milieu hydraulique précédemment étudiée a sans doute permis d'évacuer l'aspect maritime, et du coup, reste à s'appesantir sur les règles de protection de l'aspect forestier des écosystèmes, lequel repose sur la flore et la faune qui en constituent les biotopes.

Les principales menaces sont le déboisement et le braconnage. On estime que près de 42% des forêts tropicales ont disparu du fait du déboisement[410] Ils sont fréquents dans les travaux de longue durée qui mobilisent un grand nombre d'employés. Ceux-ci ont alors une large propension à considérer les animaux de brousse comme *« des avantages de service »*. Pour préserver ces espèces, souvent en voie de disparition, la loi cadre de 1996 fait de la préservation des espèces animales et végétales et de leurs habitats une cause d'intérêt national[411]. Les entrepreneurs devront alors mettre l'emphase sur la protection de ces espèces végétales **(1)** et animales **(2)** menacées d'extinction.

1- La protection de la flore

La végétation dans un écosystème joue un rôle fondamental[412]. Elle a un rôle climatique tant elle absorbe le dioxyde de carbone et rejette de l'oxygène utile à l'homme et favorise la photosynthèse. Par la force des choses, le territoire camerounais est doté d'un écosystème particulièrement riche en ressources végétales dont certaines sont menacées d'extinction en raison de leur surexploitation ou de leur destruction massive[413]. La flore fait l'objet d'une protection avérée en contexte des travaux publics. Cependant, la sanction de la destruction de ce milieu n'est pas toujours suffisamment vivace devant le juge. Autant reconnaitre que dans l'affaire TSAFACK Maurice[414] entre autres, le juge s'est montré plutôt indulgent à l'égard du pollueur.

---

[410] **LANKOUANDE (F.Y),** *Le droit international de l'environnement, élément juridique au service du développement durable,* Mémoire de Master en droit international de l'environnement, Université de Limoges, août 2005, p.3.

[411] Voir Art. 62 de la loi cadre de gestion de l'environnement au Cameroun, *op.cit.*

[412] Les forêts tropicales et équatoriales abriteraient entre 50 et 80 % de la totalité des espèces et constituent le principal réservoir d'oxygène de la planète.

[413] **METCHEYE (I.),** *Les accords sur les produits de base et la promotion d'une nouvelle génération d'organisations internationales : l'accord sur les bois tropicaux*, thèse, 3e cycle, IRIC, 1985, pp.45-52.

[414] Dans l'affaire *Ministère public et Ministère de l'environnement et des forêts c/ TSAFACK Maurice et autres,* le juge a déclaré le sieur WANDJI Emmanuel et MBONING Gaspard non coupables de destruction d'aire protégée pour défaut d'intention coupable. Il accorda les circonstances atténuantes pour bonne foi à plusieurs prévenus coupables de la destruction de 3,5 hectares dans une aire protégée à Santchou.

Certains de ces écosystèmes font l'objet d'une protection particulière en droit international de l'environnement et sont classés au rang de patrimoine commun de l'humanité. La patrimonialisation mondiale de ces forêts est un mécanisme visant à restaurer leur intégrité pour le bien des générations présentes et futures[415]. Toutefois, l'internationalisation des forêts comme mécanisme de leur protection pose un sérieux problème, non seulement sur la réalité de cette protection, mais surtout sur la souveraineté des Etats. D'un côté, le concept de patrimoine commun de l'humanité traduit l'idée de *res communis,* qui signifie bien commun. Il en résulte que l'accès aux ressources de ce domaine est autorisé à la communauté des Etats, sans grande restriction. Cela s'apparente en fin de comptes à une exploitation libéralisée plutôt qu'à un véritable régime de protection. D'un autre côté, la patrimonialisation de certains espaces offre de sérieuses garanties de leur protection. C'est notamment le cas de la mise sous régime commun de la forêt équatoriale[416].

Bien plus, certaines pratiques coutumières sont de plus en plus valorisées pour préserver les ressources forestières. La plus saillante est l'interdiction factuelle de réaliser certaines catégories de travaux publics dans les forêts sacrées sensées regorger des espèces animales et végétales à connotation mystique. Le mythe des forêts sacrées est une réalité tropicale indéniable. De l'avis de certains responsables coutumiers interrogés sur les sites, les bois et les animaux sacrés sont une sorte d'intermédiaires entre les habitants et leurs ancêtres ou dieux. Très souvent, ils y font des sacrifices pour demander santé, maternité, prospérité, protection contre les forces du mal, etc. Ici, tout arbre ou animal de la forêt sacrée abriterait des esprits. Du coup, les détruire revient à vider la communauté de sa substance. C'est certainement en prenant en compte ce paramètre crucial que le législateur a aménagé un pouvoir respectable aux autorités traditionnelles dans la protection de l'environnement[417].

---

[415] Lire **ABANDA NGONO (F.),** « la forêt, un patrimoine commun de l'humanité ? Réflexion sur les conflits de représentations la forêt à l'aune de sa patrimonialisation », *Revue internationale d'éthique sociale et gouvernementale*, vol.19, n°2, 2017, Page 1.

[416] Ce régime assure une meilleure conservation de la biodiversité. En effet, la forêt équatoriale abrite une biodiversité exceptionnelle, avec de nombreuses espèces végétales et animales uniques. La patrimonialisation de cette forêt permet donc de protéger cet écosystème fragile et d'empêcher la disparition d'espèces menacées.

[417] Plusieurs textes de l'ordre juridique interne consacrent les pouvoirs des chefs traditionnels dans le règlement des litiges inhérents à l'environnement. Nous pouvons entre autres mentionner : le décret n°2008/367 du 12 novembre 2008 portant organisation administrative de la République du Cameroun. Aux termes de ce texte, les chefs traditionnels ont été hissés au rang d'autorités administratives en ce que leur rôle de courroie de transmission entre les individus et l'administration a été renforcé. Pour amples détails, voir **OUMBA (P.).** « Le contentieux de la réparation des atteintes à l'environnement au Cameroun », *Revue de Droit Administratif –Cameroun,* n°4, septembre 2014, *op.cit.,* pp.200-201.

Mythe ou réalité, ces spéculations contribuent néanmoins à préserver les ressources de certains milieux de l'expansion urbaine de plus en plus mal planifiée.

2- La protection de la faune

La protection de la faune dans les activités de développement est une préoccupation mondiale[418]. Plusieurs Conventions internationales ont été ratifiées afin de promouvoir la protection de la faune[419]. Il s''git à titre d'illustration, de la Convention sur le commerce international des espèces de faune et de flore sauvages menacées d'extinction[420] ; de la Convention sur la biodiversité biologique[421] ; de la Convention des Nations Unies sur la conservation des espèces migratrices appartenant à la faune sauvage[422] ; ou aussi de la Convention de Ramoge[423].

Le texte régulateur de la protection de la faune au Cameroun reste encore le décret n°94/01 du 20 Janvier 1994 portant régime des forets de la faune et de la pèche[424]. C'est donc la référence de la protection des espèces et leurs milieux dans les opérations de travaux publics. Bien plus, la communautarisation[425] des forets dans la sous-région CEMAC a occasionné la mise sur pied des instruments communautaires voués à renforcer cette protection. Dans ce registre, le texte de référence demeure le Traité relatif à la conservation et la gestion durable des écosystèmes d'Afrique centrale et instituant la Commission de Gestion des Forêts d'Afrique centrale (COMIFAC)[426]. Ce traité a été rendu applicable au Cameroun par la loi n° 2006/022 du 25 avril 2006 autorisant le Président de la République à le ratifier.

---

[418] Voir **BOUTMLLIER (L.),** « Les forêts : un riche champ d'application du développement durable », Rapport au colloque de Limoges des 7 et 8 nov. 1994, p.5.

[419] Voir **AMOUSSA (H.O),** *La protection des forêts et de la faune en Afrique : Le cas du Bénin et des autres pays du conseil de l'Entente,* thèse de Doctorat, université de Bordeaux I, 1989, p. 161.

[420] Cette convention réglemente le commerce international des espèces animales et végétales afin de lutter contre le commerce illégal et d'assurer la conservation des espèces menacées.

[421] Adoptée à Rio de Janeiro en 1992, cette convention vise à préserver la biodiversité, y compris la faune et les écosystèmes, ainsi qu'à promouvoir une utilisation durable des ressources naturelles.

[422] Cette Convention vise à protéger les espèces animales migratrices et leurs habitats sur les routes migratoires internationales.

[423] Cette Convention concerne la protection de la mer Méditerranée contre la pollution, notamment en ce qui concerne la faune marine.

[424] Voir décret n°94/01 du 20 Janvier 1994 portant régime des forets de la faune et de la pèche

[425] La protection des écosystèmes d'Afrique Centrale est impulsée par les politiques et institutions de la CEMAC. C'est l'exemple du Traité relatif à la conservation et la gestion durable des écosystèmes d'Afrique centrale et instituant la Commission de Gestion des Forêts d'Afrique centrale (COMIFAC).

[426] La volonté des Etats membres de la Communauté ont clairement affiché leur engagement à implémenter au niveau national les dispositions du Traité relativement à la protection de l'environnement et des espèces issus du milieu forestier.

CONCLUSION DU CHAPITRE I

Comme on le voit, la protection de l'environnement dans les travaux publics est avant tout garantie par les règles du droit de l'environnement. Un droit pourtant non encore codifié, dont l'application exige de mobiliser aussi bien les règles générales fixées par la loi cadre de gestion de 1996, que celles sectorielles énoncées dans divers textes sectoriels.

L'analyse des mesures générales mobilisées en contexte des TP a permis de réaliser que lesdites règles sont aussi bien classiques que nouvelles. Les premières sont celles qui sont d'usage depuis belle lurette, tandis que les nouvelles sont celles en pleine expansion dans les pratiques modernes.

Au rang des règles classiques, l'étude d'impact environnemental s'avère être l'exigence majeur dans la phase de préparation des travaux. Sa réalisation obéit à une double procédure technique et administrative. La première mène à l'évaluation des risques et des mesures d'atténuation, tandis que la seconde conduit à la validation administrative du rapport qui en découle. Aussi est-il permis de constaté que la réalisation d'un plan de gestion environnemental est incontournable dans la phase d'exécution des activités, alors que la conformité environnementale de la phase de terminaison est sanctionnée par la réalisation d'un audit environnemental et social. Les mesures modernes quant à elles englobent non seulement la gestion écoresponsable du chantier, mais surtout une progressive adhésion des entreprises du secteur BTP à la certification ISO et ANOR. De leur côté, les pouvoirs publics ont misé sur les incitations fiscales et douanières pour encourager la transition écologique sur les chantiers publics.

Dans le même esprit, l'analyse des mesures sectorielles a permis de découvrir le dynamisme des entrepreneurs à protéger les milieux récepteurs. Confronter au sempiternel défaut d'harmonisation des règles environnementales, les acteurs du secteur BTP concourent désormais aux normes sectorielles en vue de garantir la santé humaine et ses activités socioéconomiques.

Seulement, cet arsenal normatif demeure insuffisant à imposer, à lui seul, une véritable protection environnementale dans les travaux publics. Un recours au droit de la commande publique demeure indispensable, d'autant plus que les contrats publics de travaux sont désormais un valeureux moyen d'imposition des exigences environnementales aux entrepreneurs.

CHAPITRE 2- UNE PROTECTION CONSOLIDEE PAR LE DROIT DE LA COMMANDE PUBLIQUE

L'avènement de l'Etat de droit en Afrique noire francophone a conduit à repenser les missions de l'Administration, ainsi que les procédés juridiques qu'elle devra désormais utiliser pour y parvenir. Il était plus précisément question de repenser la place longtemps négligée du contrat dans l'action administrative[427] en même temps que l'intégration des impératifs environnementaux dans ce mécanisme[428]. C'est dans cette mouvance que dès le début des années quatre-vingt et dix, le droit administratif jadis mue par l'unilatéralisme étatique va aménager une large place aux contrats publics comme principal mode d'acquisition des biens, prestations, et services divers.

Le droit de la commande publique regroupe un vaste ensemble de pratiques économiques et juridiques. Il régit, en effet, l'achat par une personne publique, de fournitures, travaux ou services, généralement auprès du secteur privé. La commande publique et la protection de l'environnement entretiennent une parfaite symbiose lorsque ces achats s'effectuent en tenant compte des enjeux écologiques et climatiques. On parle dans ce cas d'achat vert ou achat écoresponsable.

Dans un sens plus strict et plus juridique, la commande publique peut désigner *« l'ensemble des contrats passés par des personnes publiques pour répondre à leurs besoins en matière de fournitures, travaux et services et le cadre légal, règlementaire et institutionnel applicable à ces contrats »*[429].

L'importance économique de la commande publique au Cameroun fait de celle-ci un levier privilégié de protection de l'environnement **(Section 1),** conférant des droits et obligations écologiques aux acteurs des travaux publics **(Section 2).**

---

[427] Voire **SAM (S.),** *Le droit de la commande publique en Afrique noire francophone : contribution à l'étude des mutations du droit des contrats administratifs au Sénégal au Burkina Faso, en Côte d'Ivoire et au Cameroun,* Thèse de Doctorat, Université de Bordeaux, Novembre 2015, p.24.

[428] **FOURN (N.),** *Protection de l'environnement et marchés publics en zone CEMAC : les cas du Cameroun, du Congo et du Gabon*, thèse de doctorat en droit public, Université Paris Cité, 2021, pp. 40-61.

[429] Définition formée à partir du code de la commande publique français qui s'applique aux « contrats conclus à titre onéreux par un acheteur ou une autorité concédant, pour répondre à ses besoins en matière de travaux, de fournitures ou de services, avec un ou plusieurs opérateurs économiques ». Lire à ce titre, l'Ordonnance française n° 2018-1074 du 26 novembre 2018 portant partie législative du code de la commande publique, Article L2.

Section 1- Un nouveau levier de préservation de l'environnement dans les travaux publics

Selon une célèbre formule de Georges RIPERT, *« la loi n'est que le respect de la force la plus impérieuse, dont elle consacre le succès »*[430]. Pourtant, dans le secteur des travaux publics, la norme environnementale est une chose et son application une autre. Très souvent même, les mesures de réparation annoncées dans les rapports d'étude environnementale et sociale ne sont que des coquilles vides au contact de la réalité[431]. Les opérateurs des travaux publics ne sont pas très favorables à la législation de l'environnement, et la jugent souvent très rigoureuse et difficilement applicable en raison de ses incidences économiques difficilement supportables[432]. Cette situation s'aggrave si on y ajoute les faiblesses intrinsèques du droit de l'environnement, à savoir principalement qu'il est un *« droit mou »*[433].

Dans ce contexte, les contrats publics et les conventions d'aide publique, par leur effet de contrainte, viennent en secours à la protection de l'environnement dans les chantiers[434]. Toutefois, les contrats publics sont certes efficaces mais encore insuffisamment déployés au profit de l'environnement **(paragraphe 1)**, ce qui n'est pas le cas avec les conventions de cofinancement dont l'efficacité semble plus avérée en la matière **(paragraphe 2).**

Paragraphe 1- La commande publique : un outil efficace mais sous employé au profit de l'environnement

L'encadrement juridique de la commande publique au Cameroun s'est opéré au travers d'un long processus de normalisation ayant abouti à

---

[430] **RIPERT (G.),** *Les forces créatrices du droit*, Paris, 2ème édition, Librairie générale de droit et de jurisprudence, 1995.

[431] Dans la liste des éléments qui doivent impérativement figurer dans un rapport d'étude d'impact environnemental et social, figure la revue du cadre juridique. C'est le lieu pour le promoteur de faire un inventaire des textes environnementaux sur lesquels il se basera pour mener ses activités protectrices de l'environnement.

[432] La réduction des impacts environnementaux peuvent représenter des investissements considérables pour les entreprises industrielles. Confrontées, d'une part, à des pressions réglementaires ou sociétales exigeant l'adoption de systèmes de dépollution efficaces et, d'autre part, à des contraintes économiques et concurrentielles qui limitent les investissements non productifs, ces entreprises ont souvent une marge de manœuvre très étroite. Les implications économiques des actions environnementales ne sont pas négligeables et peuvent même bouleverser l'équilibre financière du contrat si les mesures sont insupportables et imposés sans ajustement budgétaire. Pour approfondir, lire **BOIRAL (O.),** *« Environnement et économie : une relation équivoque », Revue électronique des sciences de l'environnement,* vol.5, n°2, Novembre 2004, 24 pages.

[433] **LEPAGE (C.)** « Les véritables lacunes du droit de l'environnement », *Le Seuil- Pouvoirs*, 2008/4, n° 127, pages, *op.cit.* 123 à 133.

[434] **FOURN (N.),** *Protection de l'environnement et marchés publics en zone CEMAC : les cas du Cameroun, du Congo et du Gabon,* thèse de doctorat en droit public, Université Paris Cité, 2021, *op.cit.*, p.1.

l'adoption d'un Code des marchés publics[435]. Cependant, ce Code ne s'intéresse pourtant qu'à une catégorie précise de marchés[436], à savoir les marchés des travaux[437]. Ce pessimisme a connu des tentatives de correction, à travers une extension de régime. La loi de 2006 portant régime général des contrats de partenariat[438] apparait en première loge. Une lecture de ce texte donne à réaliser qu'il peut s'étendre aux contrats de délégation des services publics au même titre que les contrats d'affermage qui constituent toute une catégorie juridique autonome des autres. Ces contrats ont en commun qu'ils peuvent être conclus en vue de la réalisation des travaux publics[439].

La prise en compte des considérations environnementales dans chacun de ces dispositifs n'est plus sujet à contestation. Seule la portée de cette prise en compte reste encore à débattre. Quoi qu'il en soit, ils intègrent les exigences

[435] Dans les premières années de l'indépendance et jusqu'en octobre 1970, le Cameroun a appliqué une réglementation des marchés publics issue de la réglementation française, notamment le décret n°59/144 du 14 août 1959. À partir des années 1970, une réforme importante intervient, se traduisant par une nouvelle réglementation, toujours inspirée de la réglementation française et surtout, à partir de 1978, par la volonté de centraliser la gestion des marchés publics auprès de la Direction centrale des marchés. Cette direction a fonctionné jusqu'au 25 août 1984, date à laquelle ses attributions ont été officiellement transférées au ministère de l'Informatique et des marchés publics. Ce dispositif est à nouveau modifié par deux importants décrets de 1986 et 1987. Cette organisation a officiellement fonctionné jusqu'au décret portant création et attributions de la Direction générale des grands travaux du Cameroun (DGTC) en 1993. La réforme de 1995(Décret n°95/101 du 9 juin 1995 portant réglementation des marchés publics ; décret n°95/102 du 9 juin 1995 portant attribution, organisation et fonctionnement des commissions des marchés publics) traduit une organisation décentralisée redonnant aux maîtres d'ouvrages des marges de manœuvre importantes. Mais cette autonomie n'a pas suffisamment été encadrée par des contrôles resserrés qui caractérisent normalement les systèmes décentralisés. La première réponse à cette limite a été la création d'une Agence de régulation des marchés publics en 2001, et la deuxième, l'édiction du Code des marchés publics en 2004, qui a par la suite connu des modifications profondes lors de sa révision de 2018 notamment par le décret n° 2018/366 du 20 juin 2018 portant Code des Marchés Publics, précité. Pour ample approfondissement, lire **BIAKAN (J.),** *Droit des marchés publics au Cameroun : contribution à l'étude des contrats publics,* Paris, l'Harmattan, 2011, op.cit., pp.14-15.

[436] Les articles 3 (Al. 1 et 2) et 4 (Al.3) du nouveau Code des marchés publics énumèrent limitativement les catégories de marchés auxquelles s'appliquent les dispositions dudit Code. Entre dans cette catégorie les marchés des travaux, entendus comme « un marché conclu avec des entrepreneurs en vue de la réalisation des opérations de construction, reconstruction, démolition, réparation, rénovation de tout bâtiment ou ouvrage, y compris la préparation du chantier, les travaux de terrassement, l'installation, l'installation d'équipements, ou de matériels, la décoration et la finition, ainsi que les services accessoires aux travaux si a valeur de ces services accessoires ne dépasse pas celle des travaux eux-mêmes ». Par ailleurs, l'alinéa 2 de l'article 4 énumère les marchés qui ressortissent de la compétence d'autres3 législations. Il s'agit

[437] **BIAKAN (J.),** *Droit des marchés publics au Cameroun*, précité. pp.14-15.

[438] Il s'agit précisément de la Loi n° 2006/012 du 29 décembre 2006 portant régime général des contrats de partenariat. Au sens de l'Art. 2 Al.2 de ladite loi, « Le contrat de partenariat est un contrat par lequel l'Etat ou l'un de ses démembrements confie à un tiers, pour une période déterminée, en fonction de la durée d'amortissement des investissements ou des modalités de financements retenues, la responsabilité de tout ou partie des phases suivantes d'un projet d'investissement : La conception des ouvrages ou équipements nécessaires au service public ; le financement ; la construction ; la transformation des ouvrages ou équipements ; l'entretien ou la maintenance ; l'exploitation ou la gestion ».

[439] Pour plus de détails, voir, **COLIN (F.),** « L'essentiel du Droit des contrats administratifs », *Etudes Juridiques Camerounaises,* vol.3, éd.1, n°2, pp. 45-62 ; **DUBREUIL (C.-A.),** *Droit des contrats administratifs,* Thémis, 2ème éd. Paris, Presse Universitaire de France, 2022, 556 pages ;

environnementales **(A)** même s'ils ne sont pas encore employés à leur juste valeur **(B)**.

A- Une certaine prise en compte des impératifs environnementaux

La prise en compte des exigences environnementales dans les instruments de la commande publique a fortement évolué ces dernières années en raison de l'importance économique de ce secteur[440]. Elle se traduit par l'obligation des études environnementales dans les instruments de la commande publique. Aussi implique-t-elle l'insertion quasi systématique des clauses environnementales et sociales dans les processus de conclusion et d'exécution des projets de travaux publics. De telle sorte qu'on assiste à une mouvance d'écologisation de la commande publique **(1)**, dans laquelle l'environnement est un impératif obligatoire **(2)**.

1- L'écologisation de la commande publique

De ce concept, nous tenons l'insertion quasi systématique des dispositions, labels et standards environnementaux dans les instruments normatifs de la commande publique d'une part, et la multiplication des contrats environnementaux spéciaux dans les travaux publics[441] d'autre part. Toutefois,

---

[440] Le Journal de Programmation des Marchés Publics pour l'année 2023 donne à constater que le cout de la commande publique s'élève à 789 milliards de FCFA, destinés à soutenir les infrastructures de développent économique et social. En effet, 44% de ce budget, soit 344 milliards FCFA devait être consacrés au financement des routes et des infrastructures routières. Cet investissement viserait alors à moderniser les réseaux routiers, à construire de nouvelles routes et à améliorer la mobilité des personnes et des biens. Aussi, 21% dudit budget, soit 166 milliards FCFA devait être consacrés à la construction et la réhabilitation des bâtiments publics, y inclus la construction de nouveaux établissements à l'instar des hôpitaux, les écoles et les centres communautaires. Pour amples détails, lire **ELOUNDOU BILOA (A.)**, « Cameroun : un budget de 789 milliards XAF pour financer sa commande publique en 2023 », article consulté en ligne, le jeudi 21 décembre 2023 à 04h18, via le lien https://www.ims-cameroun.com/cameroun-un-budget-de-789-milliards-xaf-12-milliard-de-dollars-pour-financer-sa-commande-publique-en-2023/.

[441] Le décor des contrats environnementaux spéciaux avait été implanté depuis 1996 avec la Loi cadre de gestion de l'environnement dans la mouvance des études d'impact environnemental et social, étant entendue que de telles études nécessitent les services de prestataires spécialisés et agrées en la matière. La précision a été donné par le Décret de 2005 puis, par celui du 14 février 2013 sur la réalisation des études d'impact environnemental et social, qui dispose clairement en son article 14 alinéa 1 que *« tout promoteur d'un projet doit faire appel à un consultant, à un bureau d'étude, à une organisation non gouvernementale ou à une association de son choix, agrée par le Ministre chargé de l'environnement, pour réaliser l'étude d'impact de son projet »*.A compétence égale, priorité est accordée aux nationaux. Quel qu'en soit le cas, le contrat liant le spécialiste environnementaliste au Maitre d'ouvrage peut valablement être qualifié de contrat environnemental en raison de son objet. Bien plus, très souvent, la mise en œuvre du plan de gestion environnemental du chantier, lorsqu'elle n'est pas à la charge exclusive de l'entrepreneur, est partagée entre ce dernier et le Maitre d'ouvrage. Cependant, certains aspects environnementaux du chantier peuvent s'avérer plus complexes que prévu, exigeant les services d'un prestataire plus spécialisé, engagé sur la base d'un contrat différent du contrat initial. Ce type de contrat, parce que portant essentiellement sur la gestion environnementale du chantier, peut prendre la forme d'un contrat de l'environnement. Les exemples sont légion et tout dépend des nécessités du service et de la volonté du maître d'ouvrage.

si le Code des marchés publics de 2018 n'est ni le plus ancien[442] ni l'unique[443] texte de réglementation de la commande publique au Cameroun, il demeure sans conteste celui qui se serait montré le plus favorable à l'intégration des préoccupations environnementales[444]. Désormais, les dispositions environnementales sont de plus en plus récurrentes dans le dispositif normatif régissant les achats et les travaux de l'Etat et de ses démembrements. Dans certains cas, elles y sont consacrées avec une rigueur si remarquable qu'on croirait cette situation issue de la nature des choses[445]. Pourtant, il n'en a pas toujours été ainsi. Cette consécration n'est non plus une invention essentiellement camerounaise. *A fortiori,* il s'agit là de l'expression d'une conscience environnementale retardataire sur les progrès longtemps réalisés en la matière sur la scène internationale **(a)**, lesquels progrès trouvent peu à peu leurs marques en contexte camerounais **(b).**

a- Le réveil d'une conscience retardataire sur les évolutions internationales

Le Cameroun a accusé un retard notoire par rapport au mouvement de contractualisation de l'environnement ou d'écologisation des contrats publics. Ce mouvement était pourtant déjà en marche sur le plan international et plus exactement depuis la conférence de Rio de Janeiro de 1992 avec le programme *« Action 21 »* adopté par les Nations Unies. En substance, ce programme prévoyait que les Gouvernements réexaminent les politiques d'achats de fournitures de leurs organismes et départements afin d'améliorer si possible l'élément environnement. Décliné sous forme d'*«Agendas 21 »,* ce programme n'a cependant pas été convenablement mis en œuvre par la plupart des États parties, notamment ceux d'Afrique dont le Cameroun. L'absence ou la rareté des dispositions environnementales dans l'ancien droit de la commande publique en est la preuve vivante.

---

[442] Dans les premières années de l'indépendance et jusqu'en 1970, le Cameroun a appliqué une règlementation des marchés publics inspirée de la réglementation française. Plusieurs reformes toujours inspirées par cette dernière vont se succéder avant que le législateur n'affirme son autonomie par l'édiction en 2004 d'un Code véritablement national en matière des marchés publics. Pour s'enquérir de cette évolution, *cf.* **BIAKAN (J.),** *Droit de la commande publique au Cameroun, Op.cit.,* pp.14-16.

[443] *Idem.*

[444] **FOURN (N.),** *Protection de l'environnement et marchés publics en zone CEMAC : les cas du Cameroun, du Gabon et du Congo*, thèse de Doctorat en Droit public, Université de Paris Cité, 2021, *op.cit.,* pp.78-95 ; MINEPDED, *Guide juridique sur la protection de l'environnement au Cameroun,* Vol.1, éd.1, n°1, p.12-30 ; **EHAWA (B.),** « La protection de l'environnement par le juge administratif camerounais à travers les moyens classiques du contentieux de l'excès de pouvoir », *International Multilingual Journal of Science and Technology (IMJST), op.cit.,* pp.4017-4025.

[445] En effet, à la lecture des dispositions du Code des marchés publics relatifs à la consécration de l'environnement, on peut mesurer la rigueur de l'énonciation. En effet, le législateur en fait un impératif.

Toujours sur le plan international, l'action et la mobilisation environnementales dans la commande publique ont grandement évolué pendant la dernière décennie du siècle passé[446]. En témoigne l'adoption du Protocole de Kyoto en 1997 qui s'intéresse au comportement écologique, partant les achats des collectivités publiques, même si sa ratification par le Cameroun n'a pas suffi à persuader les décideurs d'inscrire tôt la commande publique dans la vertueuse logique d'achat vert ou écoresponsable.

Dans la même suite, l'OCDE a adopté en 2002 une recommandation sur l'amélioration des performances environnementales des marchés publics écologiques[447] à mettre en œuvre par les gouvernements et les collectivités publiques. Tout de même, une *« task force »* sur les marchés publics durables a été créée au cours du sommet mondial de Johannesburg sur le développement durable[448]. Le Rapport qui avait été établi à l'issue du sommet prévoyait également d'encourager la prise en compte du développement durable lors de la passation des marchés publics notamment dans les pays en développement[449]. Autant dire que ces évoluions, si elles n'ont pas immédiatement tenu le législateur national de la commande publique, n'ont pas tout de même manqué de l'inspirer dans l'insertion des dispositions environnementales dans les textes.

b- La confirmation progressive de la consécration

Comme précédemment annoncé, la mobilisation du droit de l'environnement s'opère lentement mais progressivement dans la commande publique. Aussi est-elle plus vivace dans le Code des marchés publics que dans n'importe quel autre texte en matière de la commande publique. Toutefois, cette variation de degré d'intégration des questions écologiques dans les textes ne doit pas voiler les insuffisances notoires en la matière. A plus forte raison, il serait hasardeux et même prétentieux de postuler à l'effectivité de cette consécration, d'autant plus que dans l'ensemble, l'environnement peine toujours à trouver ses marques de noblesse dans ces instruments[450].

[446] **DELACHE (X.), MASSE (Emmanuel.)**, « Les instruments économiques des politiques d'environnement », *Annales des mines,* avril 2005, pp. 31-43.

[447] Il s'agit notamment de la Recommandation du Conseil sur l'amélioration des performances environnementales des marchés publics, du 23 janvier 2002, C(2002)3.

[448] En l'occurrence, il s'agit de la « Marrakech Task Force » sur les achats publics durables, pilotée par le PNUE, consultable sur http://www. unep.fr/scp/marrakech/.

[449] Lire à cet égard le *Rapport du sommet mondial pour le développement durable*, Nations-Unies, Johannesburg, 26 août-4 septembre 2002, A/Conf. 199/20.

[450] Voir par exemple l'abondance de la question dans le Code de la commande publique française.

Remarquons surtout que la consécration du droit de l'environnement apparait sous deux formes, directe et indirecte dans les textes, notamment dans le Code des marchés publics.

Elle y trouve consécration indirecte à travers un certain nombre d'études de nature essentiellement technique que le Maître d'ouvrage est astreint de réaliser avant la passation du marché, et qui, foncièrement indissociables des considérations environnementales, en traitent donc au moins incidemment. Constituant les préalables à la passation des marchés publics[451], ces études doivent impérativement tenir compte du respect des normes environnementales, ainsi qu'il ressort de l'analyse du contenu des études à mener en prélude des travaux[452].

Outre l'hypothèse de la consécration indirecte, le Code visé opère aussi une consécration directe à travers l'institution des clauses sociales et environnementales du marché, objets de la sous-section III du chapitre 2 sus évoqué. Unique disposition en la matière, l'article 57 qui opère cette consécration dispose que : *« les conditions d'exécution des marchés publics doivent intégrer les considérations sociales, économiques et environnementales, susceptibles de promouvoir la main d'œuvre locale, le travail décent et le cas échéant, d'atteindre les objectifs du développement durable »*[453].

Mais toute la question qui se soulève ici est celle de la valeur, ou plus concrètement de la portée juridique des mécanismes d'intégration de toutes ces considérations en la matière. La réponse est donnée par une interprétation attentionnée des suites de cette disposition. Ladite interprétation donne à réaliser que ce mécanisme consiste en l'intégration dans le processus de passation et d'exécution, des normes de protection de l'environnement[454]. Aussi doit-on remarquer que le législateur des marchés publics n'entend pas séparer les exigences environnementales de leur indissociable corolaire - le respect des normes et conditions du travail, au même titre que la protection des

---

[451] Le Code des marchés publics de 2018 consacre entièrement son chapitre II à la détermination des préalables à la passation des marchés. La Section 1 de ce chapitre astreint le Maitre d'ouvrage de réaliser obligatoirement des études préalables en vue de déterminer le plus exactement possible les besoins à satisfaire, y compris, par présomption celles relatives à la préservation de l'environnement. La Section 2 fixe le contenu des études à réaliser, au rang desquelles les études environnementales. La section 3 quant à elle porte proprement sur les clauses environnementales et sociales. La liste des études techniques à réaliser est clairement fixée par les articles 54 et 55 dudit Code.

[452] Il s'agit ici de la substance de l'article 55 alinéas 2 (e).

[453] Lire l'article 57 alinéas 1 du Code des marchés publics.

[454] Voir Article 57 alinéa 1(a) du Code précité.

monuments, des sites culturels et des valeurs sociales[455]. La combinaison d'autant d'objectifs de développement durable sur les chantiers publics ne relève pas d'un fruit du hasard. Il convient d'y voir, non seulement un mécanisme de concrétisation du développement durable dans les travaux publics[456], mais surtout la réponse conciliatrice qu'a bien voulu donner le législateur au sujet d'un débat actuellement en pleine ascension dans la doctrine relativement à la relation entre emploi et protection de l'environnement[457].

2- L'obligatoriété des études environnementales

Au Cameroun de nos jours, on dénombre à peu près une centaine de textes de lois et réglementaires aux côtés des textes communautaires et des conventions internationales ratifiées en matière environnementale. Ces textes constituent la référence juridique de protection de l'environnement dans les outils de la commande publique, même s'ils n'y sont souvent mentionnés qu'à titre symbolique[458]. Leur point de convergence est la force qu'ils attachent au respect de l'environnement.

Concrètement, l'efficacité de la commande publique, à l'instar de tout autre incubateur de protection environnementale en contexte des travaux publics, se mesure par référence à la rigueur attachée aux normes environnementales consacrées[459]. A ce sujet, on constate, non sans satisfaction, qu'un tel pari a bien heureusement été relevé en matière de la commande publique camerounaise même si cette satisfaction dépend de la norme convoquée.

Ainsi est-il loisible de constater que dans le Code des marchés publics notamment, le caractère obligatoire des évaluations environnementales et

---

[455] C'est la quintessence de l'alinéa 1 (b, c et d) de la même disposition.

[456] **BLAISE (D),** « La prise en compte des critères environnementaux dans les marchés publics », *Actualité juridique droit administratif,* du 10 mars 2003, p. 433.

[457] La question de la protection de l'environnement ne cesse de s'enchevêtrer avec d'autres Objectifs du Développement Durable au rang desquels le travail décent et le développement infrastructurel, posant au passage le débat des sciences. C'est notamment l'épineux débat sur les rapports entre le droit de l'environnement et le droit du travail, en plein effervescence dans la doctrine actuellement. A ce sujet, lire par exemple l'article de madame **BEYALE NDONG (J.),** « Emploi et protection de l'environnement au Cameroun : plaidoyer pour la réadaptation des mesures de protection de l'environnement en milieu professionnel », *Revue Libre de Droit,* 2019, pp. 73-101.

[458] A ce sujet, le Professeur **KAMTO (M.)** n'a jamais manqué de souligner la souplesse du droit de l'environnement dans ses multiples écrits dans ce domaine. Voir par exemple *Droit de l'environnement en Afrique* précité. C'est dans le même sens qu'abonde Madame **LEPAGE (C.)** dans son article intitulé « Les véritables lacunes du droit de l'environnement », *Le Seuil Pouvoirs,* 2008/4, n° 127, *op.cit.,* pp. 123 à 133.

[459] **CELERIER (T),** « Passation : critères de choix liés à l'environnement », *Collectivités territoriales – intercommunalité* n° 10, janvier 2003, p. 16.

sociales est affirmé sans détours à travers diverses dispositions. D'entrée de jeu, le Chapitre II du Code fait des études environnementales un préalable à la passation de tout marché des travaux. Il s'agit ici d'un impératif d'autant plus que le vocable *« préalable »* cache bien un effet d'obligation-condition dont la non observation entacherait inéluctablement la validité du marché en question[460]. D'ailleurs, cette précision est corroborée par l'article 55 qui dispose clairement qu' *« avant le lancement de tout appel à concurrence ou toute consultation, le maître d'ouvrage est tenue de réaliser une étude en vue de déterminer aussi exactement que possible, la nature des besoins à satisfaire »*. En déterminant ces besoins, la protection de l'environnement transparait entre les lignes. Cette obligation est affirmée avec plus de vivacité à l'article 55 alinéa 2 qui l'affirme clairement sur les études préalables en général, repris par l'article 57 qui l'applique plus spécifiquement sur les clauses environnementales et sociales du marché.

Ainsi, les règles environnementales et sociales s'imposent au Maître d'ouvrage comme un impératif dont la violation encoure des sanctions juridictionnelles avec la nullité du marché comme la plus exemplaire[461].

Le constat n'est pas tout à fait identique en matière des concessions de travaux publics. Certes, le droit des concessions de travaux publics ou des partenariats publics-privés n'est pas à la mage des questions écologiques[462]. Mais, la consécration des règles environnementales dans les textes de ces domaines ne procède pas de la même rigueur que celle précédemment observée avec le Code des marchés publics. Une lecture prudente de la loi de 2006 sur les contrats de partenariats donne à le réaliser.

En effet, l'article 5 traitant du contenu du contrat de partenariat dispose que : *« le contrat de partenariat comporte nécessairement les clauses relatives aux conditions dans lesquelles s'opèrent les études d'impact environnemental et des modalités de sa préservation »*[463].

---

[460] Voir Chapitre II du Code des marchés publics de 2018, *op.cit.*

[461] **HOUDART (J.-P.)**, « Développement durable dans les marchés publics-Code de la commande publique », *Revue des contrats,* vol.4, éd.2020, n°4, pp.567-589 ; **DUPONT (M.),** « La clause verte. Droit des marchés publics », Vol.12, éd.2019, n°2, pp. 123-137 ; **MARTIN (P.)**, « Nullité des marchés publics : sauver le contrat ? », *Revue de droit public,* Vol.8, éd.2018, n°3, pp.321-335 ; **LECLERC (S.),** « Les clauses environnementales dans les marchés publics », *Revue juridique de l'environnement*, vol.15, éd.2021, n°1, pp. 45-62.

[462] **HOUDART (J.-P.),** « Développement durable dans les marchés publics-Code de la commande publique », *op.cit.*, pp.568-572.

[463] Voir article 5 tiret 12 de la loi portant contrats de partenariat précité.

Mais au-delà de ce jeu de mots et des variations sémantiques et terminologiques, les vocables de *« nécessité »* et d'*« obligation »* diversement employés dans la Loi portant régime des contrats de partenariat puis, dans le Code des marchés publics ne sont guère antinomiques. La vérité étant qu'elles sont, dans le fond, revêtues d'une autorité juridique égale, à savoir l'intangibilité des clauses environnementales et sociales dans ces contrats[464]. Il ne s'agit donc pas d'une faculté, mais bien d'une obligation. Cependant, dans un contexte où les prestataires de service manifestent incessamment des aversions et des réticences au sujet de la protection de l'environnement qu'ils conçoivent généralement comme un frein à la célérité du chantier, une telle consécration ne devrait pas prêter à équivoque[465]. Le risque serait de créer des amalgames juridiques potentiellement préjudiciables au plan environnemental.

C'est dire *in fine* que la commande publique est un levier de protection environnementale à efficacité incontestable. Mais jusqu'ici, elle demeure insuffisamment actionnée.

A- Un outil sous employé

Comme précédemment mentionné, l'insertion de clauses environnementales et sociales dans les contrats de la commande publique est un vecteur incontestable de promotion des politiques publiques environnementales en contexte des travaux publics, même si son efficacité est encore à débattre. On constatera à cet effet que la place résiduelle des dispositions environnementales et sociales dans le dispositif normatif de la commande publique **(1)** n'a d'égale que l'exiguïté des mesures qu'elles prescrivent **(2).**

1- Une place certaine mais encore résiduelle

Souffrant déjà du classique problème de la profusion normative, le dispositif juridique de la commande publique ne s'ouvre pas pleinement aux questions environnementales. Les différents textes épars en la matière n'accordent, à la vérité, que très peu d'intérêt aux impératifs

---

[464] **HOUDART (J.-P.)**, « Développement durable dans les marchés publics-Code de la commande publique », *Revue des contrats,* vol.4, éd.2020, n°4, *op.cit.,* pp.556-589 ; **DUPONT (M.),** « La clause verte. Droit des marchés publics », Vol.12, éd.2019, n°2, *op.cit.,* pp. 123-137 ; **MARTIN (P.),** « Nullité des marchés publics : sauver le contrat ? », *Revue de droit public,* Vol.8, éd.2018, n°3, pp.321-335 ; **LECLERC (S.),** « Les clauses environnementales dans les marchés publics », *Revue juridique de l'environnement,* vol.15, éd.2021, n°1, *op.cit.,* pp. 45-62.

[465] **CLICQUOT DE MENTQUE (C.),** « Achats verts : discriminants et non discriminatoires ... », Environnement magazine n° 1608, juin 2002, p. 27.

environnementaux. Pourtant, en se référant au système français, on est vite frappé par le degré de pénétration des politiques environnementales dans le domaine de la commande publique des Tavaux de l'Etat et de ses démembrements. Dans ce contexte en effet, le couplet -environnement-commande publique- est une préoccupation constante des décideurs, et constitue notamment un objectif principal à atteindre par le législateur.

A titre d'illustration, dans le Code français de la commande publique, une place de choix est accordée aux questions environnementales[466] et leur consécration est concrète et ne souffre donc d'aucune lacune[467]. Mais comme le relève pertinemment DELZANGLES Hubert, ce processus est certes lent, mais certain[468]. En 2020, selon l'Observatoire économique des achats publics, 18% des marchés publics français comprenaient une clause environnementale contre 6.7% en 2013[469].

Suivant les vœux de la jurisprudence de la Cour de Justice de l'Union européenne, le CMP de 2004 a ajouté les préoccupations environnementales dans les critères de jugement des offres et des candidatures. Par ailleurs, il précise que le cahier des charges peut prévoir des conditions d'exécution respectueuses de l'environnement et que le pouvoir adjudicateur peut exiger des renseignements sur la capacité des candidats à respecter l'environnement.

2- Une insertion encore embryonnaire

En y regardant de près, on s'aperçoit que les textes régissant la commande de l'Etat et de ses démembrements n'ignorent pas la cause environnementale, excepté que les choses sont encore embryonnaires. Dans l'ensemble, seules les études environnementales et sociales y sont prescrites[470]. Si l'efficacité de l'étude d'impact environnemental et social n'est plus à démontrer en matière environnementale, il demeure pourtant que le droit de l'environnement a fourmillé, ces dernières décennies, une panoplie de

[466] **LAVOILLOTTE (M.-P),** « L'environnement dans le nouveau code des marchés publics : l'affirmation du contrat au service de l'environnement », *AJDA*, 2004, p. 2081.
[467] Au Cameroun, la consécration de l'environnement par le Code des marchés publics s'apparente à une formalité contrairement au Code français de la commande publique qui donne les détails concrets sur la mise e œuvre du droit de l'environnement dans les différentes espèces.
[468] **DESZANGLES (H.),** « Commande publique et environnement : Jusqu'où peut-on aller? », *Revue juridique de l'environnement,* vol.40, éd. Lavoisier, 2015/, *op.cit.,* pp.40-51.
[469] Voir, **KARAMITROU-MAGUERES (E.),** « Dans quelles mesures la commande publique peut-elle constituer un levier d'action pour la protection de l'environnement ? », *in Commande publique et environnement,* Le bloc du droit des contrats publics, 19 mai 2021. Article consulté en ligne le mercredi 28/02/2024 à 11h.55, via l'adresse https://droit-des–contrats-publics.efe.fr/2021/05/19/commande-publique-et-protection-de-lenvironnement/.
[470] Voir par exemple la Sous-section III, art.57 du Code des marchés publics.

nouveaux standards et labels que le droit camerounais de l'environnement peine encore à intégrer.

Il est aussi établi que la performance environnementale de l'entreprise soumissionnaire ne constitue pas toujours un critère de passation du marché des travaux[471]. Ni le Code des marchés publics, ni la loi sur les contrats de partenariat n'érige cette exigence comme condition d'attribution du marché. Et comme le relève Philippe BILLET, *« il faut regretter que seuls des objectifs aussi flous que ceux de « développement durable » aient été imposés, qui ouvrent une trop grande marge d'interprétation »*[472].

En ce qui le concerne, le CMP opère une liste exhaustive des conditions d'attribution des marchés. Dans l'ensemble, l'Administration contractante vérifie les conditions de capacité et de personnalité juridique requise. Elle doit aussi vérifier que le contractant est en situation financière et pénale régulière[473]. De même, il est exigé au soumissionnaire de s'acquitter de toutes ses obligations à l'égard des Administrations fiscales ainsi qu'à l'égard de toutes les institutions qui effectuent les contributions et les prélèvements. *In fine*, qu'il ne soit pas en faillite ou en situation de liquidation judiciaire. Aussi, le soumissionnaire ne doit pas être frappé d'une déchéance ou de toute autre interdiction de soumissionner.

L'environnement reste alors l'enfant pauvre sinon mal aimé dans ce registre d'autant plus que les performances environnementales de l'entreprise ne sont que timidement prises en compte. Cette remarque n'est pas une donnée exceptionnelle car comme sus indiqué, même la loi de 2006 sur les contrats de partenariat n'en fait pas allusion.

Pourtant, une rapide analyse de la situation en contexte français donne à réaliser que mieux pourrait être fait au Cameroun.

Dans ce contexte, le CMP de 2001[474], certes très timidement et bien en deçà de ce que laissait entrevoir la communication de la Commission européenne de l'époque[475], a néanmoins prévu que la prise en compte de l'environnement pouvait intervenir dans le cadre des conditions d'exécution

---

[471] **BERKANI (E.)**, « La prise en compte de l'environnement par le droit des marchés publics », *Bulletin du droit de l'environnement industriel*, n° 4/2003, pp. 10-17.

[472] Voir **BILLET (P.)**, in « Marchés publics, environnement et développement durable », *Revue Environnement et développement durable*, n° 10, oct. 2006, pp.12-20.

[473] Article 33 du décret de 95.

[474] Décret n° 2001-210 du 7 mars 2001 portant code des marchés publics.

[475] Pour approfondir cet aspect, lire **SOLER-COUTEAUX (P.)**, «Les marchés publics au secours de l'environnement », *Contrats et marchés publics*, n° 10, octobre 2001, pp. 10 et ss.

des marchés[476]. Bien mieux encore, le CMP de 2004[477] a ajouté les préoccupations environnementales dans les critères de jugement des offres et des candidatures[478]. Par ailleurs, il précise que le cahier des charges peut prévoir des conditions d'exécution respectueuses de l'environnement et que le pouvoir adjudicateur peut exiger des renseignements sur la capacité des candidats à respecter l'environnement[479].

Pour autant, cela n'implique pas que la capacité environnementale des candidats est totalement négligée lors de l'attribution des marchés publics de travaux au Cameroun. Bien au-delà des textes nationaux régissant la commande publique, cette capacité constitue une véritable précondition de financement des travaux publics par les partenaires financiers étrangers. Ceux-ci ont un impact direct et considérable sur la commande publique et partant les travaux publics.

Paragraphe 2- Le financement extérieur : un outil efficacement déployé aux fins environnementales

La crise économique des années 1980 et les ajustements structurels qui s'en sont suivis ont occasionné l'incursion de nouveaux acteurs dans le processus de décisions budgétaires dans nos Etats. Leur poids est ensuite devenu prépondérant dans la poursuite des ODD au Cameroun.

Dans cette mouvance, le respect des exigences environnementales préconditionne considérablement le financement des travaux publics **(A)** par les bailleurs de fonds. Ils y veillent par divers moyens **(B)**.

A- La protection de l'environnement comme conditionnalité de cofinancement des travaux publics

Au Cameroun, les projets de développement connaissent au moins trois principales sources de financement : les allocations budgétaires[480], le

---

[476] *Ibidem, op.cit.*

[477] Décret n° 2001-210 du 7 mars 2001 portant code des marchés publics (JORF du 8 mars 2001).

[478] **LAVOILLOTTE (M.-P),** « L'environnement dans le nouveau code des marchés publics : l'affirmation du contrat au service de l'environnement », *AJDA*, 2004, *op.cit.,* p. 2081.

[479] Voir l'arrêté du 26 février 2004 du ministère des finances fixant la liste des renseignements et/ou documents pouvant être demandés aux candidats (Journal Officiel de la République Française, du 11 mars 2004).

[480] Les travaux publics dépassent largement le cadre d'action du MINTP pour englober l'ensemble des travaux initiés par les départements ministériels dans le cadre de l'exécution de leur budget d'investissement public. Dans ce contexte, le BIP 2023 accorde une priorité à l'achèvement des projets infrastructurels dits de première génération initiés ces dernières années. L'enveloppe globale consacrée à l'investissement public pour l'exercice 2023 était de 1422.9 milliard en autorisation d'engagement et en FCFA 1 386.8 milliards en crédit de paiement. Le BIP 2023 aura ainsi réalisé une baisse de 2,3% par rapport à celui de 2022.

financement extérieur exclusif[481], et une source médiane qui est le financement conjoint entre l'Etat et ses divers partenaires techniques et financiers. L'apport des partenaires financiers et techniques a toujours été une ressource non négligeable, depuis l'accession à l'indépendance. Au sortir du régime colonial en effet, le jeune Etat était économiquement désorienté. C'est ainsi qu'il s'est vu dans la contrainte de retourner vers ses bourreaux d'hier afin d'obtenir les financements nécessaires à son décollage économique[482]. Plus de six décennies après, le pays n'a pas pu se passer de ces ressources qui constituent aujourd'hui, heureusement, un incitateur indispensable pour la préservation des grands équilibres écologiques[483]. Les bailleurs de fonds savent plutôt faire bon usage de ce précieux sésame qu'ils érigent en précondition de leurs apports ou emprunts. Au demeurant, les labels et techniques environnementaux qui en découlent doivent être obligatoirement **(1)** et intégralement **(2)** suivis dans les projets à financement conjoint.

1- Un respect obligatoire

La conditionnalité environnementale est un instrument économique au service des organisations financières internationales. Il s'agit alors d'un instrument susceptible de mettre au service de la protection de l'environnement africain les milliards de dollars gérés chaque année par les organisations financières internationales, tout simplement en conditionnant le déboursement de ces derniers au respect du droit de l'environnement. Les partenaires techniques et financiers ont un impact considérable dans le financement des infrastructures au Cameroun **(a)** qu'ils instrumentalisent positivement pour inciter la prise en compte des enjeux environnementaux dans les projets financés **(b).**

a- Un bilan positif des apports

La confection et l'entretien du réseau routier camerounais sont considérablement dépendants des financements conjoints, si bien que l'Etat ne peut courir le risque de négliger ou pire, d'ignorer les exigences des bailleurs de fonds en matière d'environnement. En témoigne un récent rapport de la

---

[481] Certains travaux réalisés en terre camerounaise sont l'œuvre exclusive des partenaires financiers et techniques étrangers. De toutes celles-ci, la BAD s'érige en un véritable partenaire de développement avec un taux d'investissement cumulé de plus de 700 Milliards depuis ses premières interventions en 1972.

[482] Lire **TOUNA MAMA,** *L'économie camerounaise : pour un nouveau départ*, éd. Afrédit, Yaoundé, janvier 2008, pp. 45-70.

[483] En effet, cela fait exactement 64 ans que le Cameroun est relativement dépendant des aides extérieures. S'il est vrai que cette situation peut être source d'infléchissement de la souverainement de l'Etat, on devrait peut-être se réjouir aussi de ses atouts écologiques.

Cellule des Projets Routiers à Financement Conjoint (CPR-FC)[484]. Il s'agit en fait de l'organe du MINTP chargé de la préparation, la coordination, le suivi et l'évaluation des infrastructures de ce secteur. Selon ledit rapport, le volume global des financements se chiffre à hauteur de 1 361 335 757 048 FCFA pour un ensemble de sept (07) partenaires techniques et financiers (BAD, BM, BDEAC, JICA, BID, AFD et l'UE) en 2022[485].

En contrepartie de leurs apports, ces partenaires posent un certain nombre d'exigences au rang desquels la protection de l'environnement.

b- Une récupération environnementale ingénieuse

Dans la pratique, la réalisation de l'étude d'impact environnemental et social des projets cofinancés coûte considérablement chère aux bailleurs de fonds. Il en est de même de la mise en œuvre sur les chantiers publics, des mesures de compensation et de bonification qu'ils préconisent[486]. En amont, chacun de ces partenaires dispose d'une politique environnementale et sociale ingénieusement planifiée, qui indique clairement ses attentes dans les matières éponymes, et constitue la principale garantie de son investissement[487]. Ces politiques sont contenues dans des textes qui prennent la forme de *documents stratégiques, politiques* ou *plans directeurs*[488]. Ils sont plus connus sous l'appellation de ***Systèmes de Sauvegardes Intégrés* (SSI)[489].** La partie de ces systèmes qui s'occupe spécifiquement des aspects environnementaux et sociaux prend la forme de ***Sauvegardes Opérationnelles* (SO)[490].**

Ces dernières indiquent, pour chaque généreux donateur, les procédures de sauvegarde environnementale et sociale à suivre par l'Etat bénéficiaire des fonds. Le respect de ces normes internationales unilatérales est non négociable

---

484 Créée par l'arrêté N°018/PM du 09 mars 2020 du Premier Ministre, Chef du Gouvernement, la CPR-FC est placée sous l'autorité du Ministre des Travaux Publics. Cette Cellule a pour mission la préparation, la coordination, le suivi et l'évaluation des projets routiers conjointement financés par l'Etat du Cameroun et ses Partenaires Techniques et Financiers (PTF) bilatéraux et multilatéraux, notamment la Banque mondiale (BM), la Banque Africaine de Développement (BAD), la Banque des Etats de l'Afrique Centrale (BDEAC), la Japan International Cooperation Agency (JICA), l'Agence Française de Développement (AFD), la Banque Islamique de Développement (BID) et l'Union Européenne (UE).

485 Les chiffres sont encore plus conséquents pour l'exercice 2023.

486 **SADIO (A.),** *Conditionnalité politique de l'aide au développement des partenaires occidentaux à l'Afrique : analyse des actions françaises en Afrique subsaharienne* Thèse de Doctorat en Sciences Politiques Université de Rouen Normandie-Université de Dakar, 2019, pp.139-159.

487 *Ibidem, op.cit.*

488 Voir par exemple les Sauvegardes opérationnelles de la Banque Mondiale.

489 La BAD a adopté en décembre 2013 un Système de Sauvegardes Intégré (SSI) conçu pour promouvoir la durabilité des résultats des projets par la protection de l'environnement et des personnes contre leurs éventuels impacts négatifs. Lire à cet égard, Groupe de la Banque africaine de développement, *Système de Sauvegardes Intégré, série sur les sauvegardes et la durabilité*, vol. 1, n° 1, déc. 2013, 74 pages.

490 *Ibidem, op.cit.*

et donc obligatoire. Toutefois, la rigueur de cette obligation varie d'un partenaire à un autre. Par exemple, en pratique, la Banque Africaine de Développement attache un prix exceptionnel au respect de ces instruments dans leur intégralité.

2- Un respect intégral

Dans l'ensemble des projets qu'elle finance ou cofinance au Cameroun, la BAD impose une série de Cinq Sauvegardes dont elle veille scrupuleusement au respect. Il s'agit notamment de :

-La Sauvegarde opérationnelle 1 (SO1) relative à l'évaluation environnementale et sociale : l'objectif de cette SO primordiale, et de l'ensemble des SO qui la soutiennent, est d'intégrer les considérations environnementales et sociales, y compris celles relatives à la vulnérabilité au changement climatique dans les opérations de la Banque et de contribuer ainsi au développement durable dans la région qui abrite le projet ;

-La Sauvegarde opérationnelle 2 (SO2) – relative à la réinstallation involontaire : elle porte sur l'acquisition de terres, déplacements de populations et indemnisation. Cette SO vise à faciliter l'opérationnalisation de la Politique Opérationnelle de la Banque sur la réinstallation involontaire[491], dans le cadre des conditions de mise en œuvre des SO1 et ce faisant, d'intégrer les facteurs de la réinstallation dans les opérations de la Banque ;

-La Sauvegarde opérationnelle 3 (SO3) sur la biodiversité, ressources renouvelables et services écosystémiques : Cette SO définit les conditions requises pour les emprunteurs ou les clients afin d'identifier et appliquer les occasions de préserver, et d'utiliser durablement la biodiversité et les habitats naturels, et d'observer, mettre en œuvre, et respecter les conditions prescrites pour la préservation et la gestion durable des services écosystémiques prioritaires ;

-La Sauvegarde opérationnelle 4 (SO4) portant prévention et contrôle de la pollution, matières dangereuses et utilisation efficiente des ressources : Cette SO expose les principales conditions de contrôle et de prévention de la pollution pour que les emprunteurs ou les clients puissent réaliser une

[491] Voir par exemple, Banque Mondiale, *Manuel opérationnel de la Banque Mondiale : Directive opérationnelle de réinstallation involontaire (DO 4.0)*, juin 1990, p.9.

performance environnementale de grande qualité tout au long du cycle de vie d'un projet ;

-La Sauvegarde opérationnelle 5 (SO5) sur les conditions de travail, santé et sécurité **:** Le travail est l'une des ressources les plus importantes d'un pays dans la recherche de la réduction de la pauvreté et de la croissance économique. Le respect des droits des travailleurs est l'un des fondements du développement d'une main-d'œuvre solide et productive. Cette sauvegarde opérationnelle énonce les principales conditions que les emprunteurs ou les clients doivent satisfaire pour protéger les droits des travailleurs et subvenir à leurs besoins essentiels.

B- Les garanties du respect des systèmes intégrés

La protection de l'environnement n'est pas qu'une futile formalité pour les partenaires techniques et financiers. Sinon, les mécanismes de surveillance de conformité environnementale n'existeraient guère. Dans la pratique pourtant, la mise en œuvre des SO ne se fait pas à tâtons. Ils doivent être imbriqués par référence aux Procédures d'Evaluation Environnementale et Sociale (PEES) laborieusement et spécifiquement élaborées pour les besoins de la cause[492]. Ces PEES, plus que des garanties d'application des SO **(1),** se positionnent également comme des outils de sanction de non-conformité **(2).**

1- Les PEES comme garanties d'application des SO

Pour importante qu'elle se présente aux yeux des partenaires financiers et techniques au développement, la prise en compte des impératifs environnementaux et sociaux dans les travaux publics obéit à une procédure minutieusement planifiée par les experts en la matière. Cependant, il s'agit des procédures dont la mise en œuvre relève d'une complexité remarquable aussi bien en raison de leurs contours **(a)** que des fonctions qu'elles doivent remplir **(b).**

---

[492] A ce sujet, le groupe de la Banque Africaine de Développement, qui comprend en réalité diverses institutions financières internationales et régionales, a savamment élaboré un document spécifique, exclusivement sur les procédures d'évaluation environnementale et sociale. Adoptées depuis 2013 et régulièrement actualisées, ces procédures cernent également les limites des procédures existantes et fournissent une base solide pour l'opérationnalisation du système de sauvegarde intégré. Elles détaillent les procédures spécifiques que la Banque et ses emprunteurs ou les clients doivent suivre pour s'assurer que les opérations financées par la Banque sont conformes aux exigences des Sauvegardes Opérationnelles (SO) à chacune des étapes du cycle des projets financés par la Banque. Elles sont ainsi applicables tout au long du cycle du projet, avec des tâches différenciées à effectuer, rôles et responsabilités distinctes pour la Banque, ses emprunteurs et les clients. Cf. Groupe de la Banque africaine de Développement, *Procédure d'Evaluation Environnementale et Sociale (PEES),* CREON, Vol.1, Publication 4, novembre 2015, pp.50-100.

a- Les contours des PEES

En effet, le contrôle de la mise en œuvre des PEES est assuré par référence aux Systèmes intégrés de Suivi des Sauvegardes (ISTS). Ceux-ci sont partie intégrante de celles-là et ont généralement pour objectif fondamental de faciliter le contrôle de la conformité du projet aux exigences énoncées dans les SO tout au long du cycle du projet. Plus précisément, l'ISTS dispose d'un certain nombre de fonctions essentielles qui concourent à la garantie d'une mise en œuvre conforme des procédures environnementales et sociales de la banque.

b- Les fonctions des PEES

La première fonction est celle de référentiel pour les informations essentielles de l'évaluation environnementale et sociale (EES) générées au cours de la durée de vie du projet. À chaque étape du cycle du projet, les informations fondamentales environnementales et sociales pertinentes à ce stade sont insérées dans le système de telle sorte que, pendant la durée de vie du projet, les informations requises sont compilées en un seul document, qui sera utilisé pour faciliter les vérifications périodiques de la conformité[493].

La deuxième est celle de suivi. En effet, L'ISTS est lié au système de gestion de projets de la Banque et est donc utilisé pour suivre directement l'état d'avancement du projet. Il est utilisé pour s'assurer que le projet ne peut avancer de la phase de préparation à sa phase d'évaluation qu'une fois que les conditions des SO/PEES concernées ont été convenablement remplies. Ils sont également utilisés pour garantir que les documents de projets ne soient soumis aux Conseils environnemental et social de la Banque qu'une fois que les conditions des SO/PEES concernées ont été convenablement remplies. Ces documents de projet sont accompagnés d'une Note de conformité environnementale et sociale préparée par la Division de la conformité et des sauvegardes de la Banque[494].

La dernière est la fonction d'accès à l'information. Dans cette fonction, L'ISTS offre un mécanisme par lequel le public peut accéder aux informations de l'évaluation environnementale et sociale. Il est mis à la disposition du public au moment où la Commission approuve la Note conceptuelle du projet. Les ISTS comportent des liens vers les résumés des études d'évaluation

[493] Cf. Groupe de la Banque africaine de Développement, *Procédure d'Evaluation Environnementale et Sociale (PEES)*, CREON, Vol.1, Publication 4, novembre 2015, pp. 36-37. *Op.cit.*
[494] *Ibidem.*

environnementale et sociale et des plans d'action intégraux pour la réinstallation et des plans d'action abrégés pour la réinstallation. Il prévoit également un mécanisme par lequel le public peut demander des versions complètes de toutes les études d'évaluation environnementale et sociale, si nécessaire[495].

2- Les mécanismes de sanction d'inconformité

Comme il a été notoire de le remarquer, les partenaires financiers et techniques intervenant dans le secteur des travaux publics au Cameroun agissent avec une double casquette. Tantôt comme institutions bancaires ou financières internationales, tantôt comme généreux donateurs. Chacune de ces casquettes recèle une connotation particulière dans les relations à entretenir avec les acteurs publics locaux en matière de protection de l'environnement dans les projets de développement. Lorsque ces institutions agissent comme des banquiers, les sanctions impactent les conditionnalités de l'emprunt public **(a)** mais lorsqu'ils agissent comme généreux donateurs, la sanction de non-respect des exigences environnementales a plutôt des incidences sur l'aide public au développement **(b).**

a- L'influence des sanctions sur les prêts.

L'aggravation de la situation environnementale mondiale a imposé de multiplier les stratégies pour y remédier. Les institutions financières internationales ont très vite cernées la nécessité de faire de leurs emprunts un levier de réalisation des objectifs du développement durable dont la protection environnementale en est l'épine dorsale[496]. Dans l'ensemble, le constat est que lorsque les Etats souscripteurs de crédits n'honorent pas leurs engagements de respecter les conditionnalités environnementales et sociales de l'emprunt, la Banque peut prendre au moins deux mesures. D'une part le refus d'octroyer l'emprunt sollicité, d'autre part la suspension des décaissements en cours[497]. Il est vrai que l'hypothèse la plus courante d'activation de la sanction correspond au non-respect des procédures de réalisation des études d'impact environnemental et social.

---

[495] *Ibidem.*

[496] **NDIAYE (P.) et NDIAYE (A.),** « Dégradation environnementale et quête d'utilisation des ressources naturelles : m », *Fondation pour le renforcement des capacités en Afrique,* n°21, 2013, pp. 15-23.

[497] **VANDERSVORST (A.),** « Contenu et portée du concept de conditionnalité environnementale : vers un nouvel instrument au service du droit et de la protection de l'environnement en Afrique ? », *Revue Européenne de Droit de l'Environnement,* n°2, Septembre 2000, p.2.

Toutefois, comme l'a si bien souligné Alain VANDERSVORST, *« l'application des procédures environnementales n'est que la première étape. Les conclusions de l'étude d'impact servent en effet de base aux négociations entre l'organisation et l'emprunteur, et c'est souvent à cette étape que d'autres éléments de conditionnalité propre entreront en jeu, car la protection de l'environnement nécessite aussi le recours à ce que l'on appelle généralement des éco-standards »*[498]. C'est donc dire que les sanctions susmentionnées vont largement au-delà du non-respect des PEES, pour couvrir une gamme plus variée d'exigences environnementales. C'est presque également le cas en matière d'aide publique au développement.

b- L'influence des sanctions sur l'aide publique au développement

De façon quasi automatique, l'irrespect des exigences environnementales par les bénéficiaires de l'APD conduit à la suspension de son octroi, ou à tout le moins, à la diminution de son volume dans les projets futurs. Le 1er juin 2023, le portefeuille actif du Groupe de la Banque Mondiale au Cameroun s'élevait à plus de 280 milliards FCFA[499], preuve que le financement de cette institution est primordial, raison pour laquelle leurs exigences environnementales encourent sanction en cas de non-respect.

La suspension ou l'annulation du financement est une mesure de droit commun. Si un projet ne respecte pas les normes environnementales convenues, le bailleur de fonds peut décider de suspendre ou d'annuler le financement du projet, ce qui peut avoir un impact significatif sur sa mise en œuvre.

Dans certaine mesure, la remise en état est exigée. Il sera question pour le bailleur d'enjoindre aux acteurs du chantier de prendre toutes mesures nécessaires pour rétablir l'équilibre écologique rompu. Cela peut inclure des actions correctives spécifiques pour les besoins de la cause.

In extremis, l'exclusion future est envisagée en cas de récidive des acteurs locaux, ce qui peut avoir un impact sur la réputation des bénéficiaires du financement et mettre en lumière leur manque d'engagement envers la

---

[498] *Ibidem*, p. 6.

[499] Ce portefeuille comprenait 25 projets en cours d'exécution. 13 étaient des opérations à caractère national. 6 étaient régionaux et 6 autres financés par des fonds fiduciaires. Consulter le site https://www.investiraucameroun.com/gestion-publique/0602-20287-garantie-la-banque-mondiale-revendique-un-portefeuille-de-pres-de-280-milliards-de-fcfa-au-caùeroun-a-fin-2023. Site consulté le mercredi, 21/03/2024 à 01h.41min.

durabilité[500]. En mettant en place ces mesures de sanction, les bailleurs de fonds internationaux cherchent à garantir que les projets financés respectent les normes environnementales et contribuent à la protection de l'environnement et au développement durable au Cameroun.

Le faisant, l'aide publique au développement s'inscrit dans la même mouvance que les contrats de la commande publique, en tant que créatrices des droits et obligations environnementales contractuelles.

Section 2- Un levier créant des droits et obligations écologiques contractuelles

Les contrats publics présentent l'avantage de réussir à imposer à des particuliers la volonté écologique de l'Etat. Le faisant, on peut dire que ces contrats réussissent là où les lois et règlements n'ont pas pu réussir. Inversement, ce procédé de protection de l'environnement place l'Administration publique, elle aussi, dans l'impuissance publique, du fait que les pouvoirs qu'elle dispose en vertu du contrat, mettent également à sa charge des obligations dont elle est dépositaire. C'est ce que le professeur Charles EISENMANN convient d'appeler *l'impuissance publique*[501]. Cette impuissance réciproque au cocontractant et à la personne publique est bénéfique pour la protection de l'environnement, en ceci que le contrat des travaux qui les lie, met à la charge de chacun un certain nombre de droits et d'obligations écologiques.

C'est dire que par le truchement des contrats des travaux, les charges écologiques entre le maître d'ouvrage et l'entreprise réalisatrice des travaux sont clairement partagées. Dans ce giron, la définition des exigences environnementales contractuelles dans la phase préparatoire des travaux est l'apanage exclusif de l'Administration. Elle se décline sous forme de préparation des cahiers des charges environnementales et sociales **(Paragraphe 1),** lesquelles inventorient les droits et obligations environnementales et sociales des parties dans la phase de l'exécution des travaux **(Paragraphe 2).**

[500] **VANDERSVORST (A.),** « Contenu et portée du concept de conditionnalité environnementale : vers un nouvel instrument au service du droit et de la protection de l'environnement en Afrique ? », *Revue Européenne de Droit de l'Environnement,* n°2, Septembre 2000, *op.cit.,* pp. 15-25.
[501] **EISENMANN (C.),** « Le droit administratif et le principe de légalité », *EDCE,* 1957, p.25.

Paragraphe 1- La définition des charges environnementales et sociales précontractuelles

Avant toute procédure de passation du marché de travaux, l'Administration compétente définie au préalable les modalités pratiques d'exécution desdits travaux. Ces modalités sont contenues dans les Cahiers de Charges[502]. L'article 129 du nouveau Code des marchés publics définit les cahiers des charges comme les documents contractuels qui *« déterminent les conditions dans lesquelles les marchés sont exécutés »*[503]. Il existe trois catégories de cahiers de charges :

- Le cahier des clauses administratives générales, qui fixent les dispositions relatives à l'exécution et au contrôle des marchés publics ; applicables à toutes catégorie de marchés ;

-Le cahier des clauses administratives particulières qui fixent les dispositions administratives et financières propres à chaque marché ;

- Tous les autres cahiers techniques et documents généraux ou particuliers définissant les caractéristiques des travaux, fournitures ou de services et prestations intellectuelles[504].

Sur la base de cette architecture sont élaborés les cahiers de charges environnementales et sociales du chantier. Ceux-ci déterminent les conditions environnementales et sociales dans lesquelles les marchés de travaux sont exécutés. Les clauses environnementales et sociales de ces cahiers n'ont pas la même portée selon qu'elles sont contenues dans le cahier des charges environnementales et sociales générales **(A)**, ou spécifiques **(B).**

A- Le cahier des charges environnementales et sociales générales

De manière globale, le cahier de charges est un document guide de la réalisation d'un projet. Il peut donc être utilisé pour des types de projets divers, aussi bien en interne qu'en externe, pour des appels d'offres, des marchés publics etc. De façon particulière, le cahier des charges environnementales et sociales générales précise, pour un chantier déterminé, les dispositions

[502] En effet, c'est là l'une des particularités du contrat administratif. C'est qu'il revient à l'administration de définir unilatéralement le cahier des charges ainsi que les termes du contrat. Le contractant privé n'a alors que le choix d'adhésion. C'est sans doute ce qui amena le Commissaire du Gouvernement Léon BLUM à qualifier le contrat administratif de *« marché de dupe »*, pour exprimer le déséquilibre de forces qui joue au profit de la personne publique contractante. Voir **VINCE (V.),** *Les clauses contractuelles des contrats administratifs*, Thèse de doctorat en droit, Université de Sorbonne, 2015, pp. 10-18.

[503] Voir l'article 129 du nouveau Code de passation des marchés publics.

[504] **Voir BIAKAN (J.),** *Droit des marchés publics au Cameroun*, *op.cit.*, p. 81.

environnementales et sociales générales à prendre par les parties concernées[505]. Son édiction est devenue quasi systématique pour toute catégorie de marchés de travaux[506]. Les clauses générales qui en découlent sont aussi bien relatives aux aspects environnementaux **(1)** que sociaux **(2).**

1- Les clauses environnementales générales

Ces clauses ont essentiellement vocation à définir les charges environnementales des acteurs. En effet, elles prévoient dans l'ensemble que les documents particuliers du marché précisent les obligations environnementales du titulaire dans l'exécution du marché et que ces obligations doivent être vérifiables, selon des méthodes objectives, et faire l'objet d'un contrôle effectif. Elles ont donc un rôle environnemental déterminant **(a)** et opèrent également dans des conditions précises **(b).**

a- Les attentes des clauses environnementales générales

Afin d'assurer la bonne exécution des obligations environnementales, les clauses environnementales générales du chantier exigent pour le titulaire d'appliquer pour chaque catégorie d'activité, des mesures environnementales adéquates, en conformité avec le cadre général de gestion de l'environnement en cours au Cameroun. Ledit cadre couvre aussi bien le champ du droit de l'environnement national que celui des règles édictées par le droit international de l'environnement.

Ces mesures sont relatives à la protection des grands ensembles environnementaux susceptibles d'être perturbés par les opérations du chantier[507]. Au terme du Cahier des Clauses Administratives Générales (CCAG), *« l'entrepreneur sera tenu de prendre toutes les dispositions lors de l'exécution de ses prestations pour s'assurer qu'aucune action n'entraîne des préjudices immédiats ou à long terme à l'environnement. A cet effet, il doit se conformer aux textes en vigueur régissant la protection de l'environnement »*[508].

[505] *Ibidem, op.cit.*
[506] **BIDJA KOTTO (T.),** *les contrats de l'administration au Cameroun*, Thèse de doctorat, *op.cit.*, pp. 247-250.
[507] **CRONE (M.),** « Marchés publics : l'environnement, critère non discriminant », *Environnement magazine*, n° 1626, avril 2004, pp. 37-40.
[508] Voir art 16 du CCAG.

Toutefois, leur efficacité est variablement appréciable en quittant d'un chantier public à un autre[509]. Dans la majorité des projets, elles invitent les acheteurs à prévoir des conditions d'exécution environnementales dans le CCAP en s'inscrivant dans le cadre des obligations prévues par le Code des marchés publics. Cette clause pourra également permettre de constituer une accroche contractuelle en vue de l'application des obligations issues de la Stratégie nationale de lutte contre le dérèglement climatique et le renforcement de la résilience face à ses effets. Cette dernière prévoit l'obligation pour les acheteurs de fixer dans tous leurs marchés, des conditions d'exécution prenant en compte des considérations environnementales[510].

b- Les circonstances d'application des clauses environnementales générales

Les clauses environnementales générales ne trouvent à s'appliquer dans un contrat de travaux publics que si le CCAG prévoit expressément des conditions d'exécution environnementale. Ainsi compris, la clause environnementale générale prévue dans les CCAG constitue le socle granitique de l'intégration des exigences environnementales dans les marchés publics. Dans la pratique camerounaise, il n'existe pas à proprement parler de clauses environnementales générales applicables aux travaux publics, et il s'agit là peut-être d'une des lacunes communes aussi bien au droit de national de l'environnement qu'au droit des marchés publics camerounais.

Toutefois, on remarque que le CCAG applicable aux travaux publics prévoit expressément une telle situation ainsi qu'il a été précédemment développé[511]. A titre pédagogique, afin d'aider les Administrations publiques dans la rédaction de leurs marchés de travaux, un commentaire dresse une liste non exhaustive de clauses environnementales pouvant être intégrées dans les marchés, en fonction de leur objet et de la nature du chantier.

Les conditions d'exécution environnementales doivent également être liées à l'objet spécifique du marché sous peine d'annulation.

---

509 La vérité étant que les travaux publics ne présentent pas tous les mêmes caractéristiques. En quittant un chantier de démolition à un chantier de construction par exemple, les réalités ne sont plus exactement les mêmes.

510 Voir MINEPDED, *Stratégie nationale de réduction des émissions issues de la déforestation et de la dégradation des forets, gestion durables des forets, conservation des forêts et augmentation des stocks de carbone,* Version finale de juin 2018, pp-39-55.

511 Voir art.16 du CCAG *op.cit.*

Contrairement à la tendance actuelle consistant à homologuer confusément les aspects environnementaux et sociaux dans les textes et documents relatifs à la protection de l'environnement, les clauses environnementales diffèrent très souvent de celles sociales dans la pratique.

1- Les clauses sociales générales

Pendant longtemps, les raisons du rapprochement des questions environnementales de celles sociales sont restés très peu connues, sinon confidentielles. Cette homologation ne se faisait pas ressentir dans la loi cadre de gestion de l'environnement de 1996 tout comme dans le décret de 2005 portant réalisation des études d'impact environnemental au Cameroun. Cette nouveauté est venue avec le décret de 2013 et les textes postérieurs[512]. Pourtant, il est encore des hypothèses qui exigent de séparer les deux considérations pour leur assurer une meilleure protection. Le cahier des clauses sociales générales, bien que déterminant les clauses sociales générales d'un projet, ne constitue pas pour autant une catégorie juridique particulière.

Dans l'ensemble, les clauses sociales générales sont simplement des stipulations contractuelles par lesquelles un pouvoir adjudicateur poursuit, au travers d'un marché public, un objectif de politique sociale, visant à contribuer directement au bien être de l'ensemble des populations, collectivités ou individus impactées par le projet à réaliser[513]. Cet objectif peut inclure par exemple : des visées socioprofessionnelles, impliquant que le pouvoir adjudicateur poursuive un objectif de formation ou d'insertion des demandeurs locaux d'emplois. Les mesures qu'elles prescrivent sont alors bénéfiques à tout le public cible du projet.

D'autres exigences sont cependant spécifiques et nécessitent d'être explicitées dans le cahier des clauses spécifiques.

A- Le cahier des charges environnementales et sociales spécifiques

Certaines opérations et aspects des travaux nécessitent toujours le déploiement de mesures spécifiques pour leur gestion. Il peut s'agir d'une délicatesse d'ordre environnemental ou social. C'est dans l'optique de gérer

---

[512] C'est essentiellement le décret de 2013 relatif aux études environnementales et sociales que l'aspect social s'est homologué aux études environnementales.

[513] **EDIWAL**, « Les clauses sociales des marchés de travaux », Décembre 2020, p.10. Consulté en ligne le mardi 21/03/2024 à 03h24, via https://ediwall.wallonie.be/les-clauses-sociales-dans-les-marches-de-travaux-la-clause-sociale-flexible-decembre-2020-numerique-080081.

ces difficultés que les cahiers de charges précisent les clauses environnementales **(1)** et sociales **(2)** spécifiques.

1- Les clauses environnementales spécifiques

L'introduction de clauses environnementales spécifiques dans les marchés publics apparaît comme un des vecteurs privilégiés des politiques environnementales menées par les collectivités publiques, ne serait-ce qu'en raison du poids de la commande publique dans les Etats membres de l'OCDE (entre 15 et 20% du PIB)[514]. Ces clauses visent la protection de certains milieux, espaces et espèces fragilisés, qui bénéficient d'une protection plus attentionnée[515].

Dans leur grand ensemble, les clauses spécifiques ont vocation à spécifier les mesures que les entrepreneurs doivent prendre en fonction de la règlementation correspondante. En matière de gestion des déchets et des ressources naturelles par exemple, elles incluent souvent des dispositions sur la gestion responsable des déchets, la préservation des ressources naturelles et la minimisation des émissions polluantes. En outre, elles encouragent l'adoption de pratiques de constructions durables, favorisant par exemple l'utilisation de matériaux recyclés, la réduction de la consommation d'énergie et d'eau, ou encore l'intégration de solutions d'efficacité énergétique.

En intégrant donc ces clauses spécifiques dans les contrats de travaux publics, les autorités publiques et les bailleurs de fonds peuvent s'assurer que les projets de construction contribuent à la protection de l'environnement, à la préservation des ressources naturelles et au développement durable[516]. Cela permet également d'encourager une prise de conscience plus large au sein du secteur de la construction quant à l'importance de considérations environnementales dans ses activités.

2- Les clauses sociales spécifiques

Les clauses sociales visent à garantir les conditions d'épanouissement d'une catégorie précise de personnes impactées par les projets, selon certains mécanismes particuliers. Les besoins sont définis en fonction des spécificités

---

[514] **LASCOUMES (P.),** *Un droit de l'environnement négocié, volet discret d'une politique publique*, GAPP-CNRS, 1990, p. 7 et suivantes.

[515] *Ibidem*, p.8-9.

[516] Ceci est à la vérité, une exigence de la Déclaration de Rio de Janeiro de 1992 sur l'environnement et l développement. Voir considérations préliminaires de cette Déclaration, p. 1.

de la demande. Il peut s'agir par exemple de la définition des conditions particulières de prise en compte de la santé des couches sociales vulnérables telles que les personnes âgées, les mineurs ou encore les majeurs incapables.

Vont dans le même sens la prescription des mesures visant l'amélioration des conditions de sécurité des travailleurs dans leurs différents postes de travails sur le chantier ; la définition des programmes annexes spécifiques de lutte contre la pauvreté, la précarité, et le chômage des personnes qualifiées impactées par le projet[517].

In fine, l'insertion des clauses sociales dans les cahiers a une visée généralement socioprofessionnelle et poursuit la réalisation en contexte des travaux publics, du 3e pilier du développement durable, notamment le pilier social en complément des piliers économique et environnemental.

Quoi qu'il en soit, l'édiction des clauses environnementales et sociales engendre des obligations contractuelles aussi bien à l'égard de l'entrepreneur qu'à celui de l'Administration contractante[518].

Paragraphe 2- L'exécution des obligations dans la phase d'exécution du marché

La phase d'exécution des travaux correspond à la période pendant laquelle les activités de construction ou d'aménagement physique du projet sont effectivement réalisées sur le terrain. C'est la phase opérationnelle du projet, où les plans de conception se concrétisent par la mise en œuvre des travaux.

Pendant cette phase d'exécution, l'entrepreneur exécute obligatoirement ses obligations environnementales **(A)** au même titre que le maître d'ouvrage **(B).**

A- Les obligations environnementales de l'entrepreneur

Les obligations environnementales de l'entrepreneur sont nombreuses et peuvent varier d'un marché à un autre. Dans l'ensemble, elles portent essentiellement sur la mise en œuvre conforme des documents d'évaluation et de gestion de l'environnement, et du cahier des clauses y relatives. Elles portent aussi bien sur l'environnement, le climat, l'écologie etc. En vertu des principes de liberté contractuelle et de force obligatoire des contrats, les parties

---

517 **DUFAU (J.),** *Droit des travaux publics*, Paris, PUF, 1998, p. 19.

518 **BANDET (P.),** *Les responsabilités encourues en matière de dommages de travaux et d'ouvrages publics,* Berger-Levrault 2002, p.40.

sont tenues de remplir de bonne foi les conventions qu'elles ont librement consenties. En matière administrative notamment, ces obligations s'imposent davantage à l'entrepreneur qu'à l'administration qui, elle, bénéficie déjà des prérogatives exorbitantes de puissance publique. Dans l'ensemble, il est exigé à l'entrepreneur d'exécuter de bonne foi les dispositions environnementales **(1)** avec une obligation de résultat et non seulement de moyens **(2).**

1- L'exécution de bonne foi des clauses environnementales du contrat

La bonne foi des cocontractants est l'une des poutres maitresses de stabilisation du contrat, qu'il soit civil ou administratif. Le Code civil exige cet impératif tant au moment de la négociation et de la formation du contrat qu'à celui de son exécution[519]. Cette disposition est d'ordre public **(a)** et revêt diverses implications **(b).**

a- Le caractère d'ordre public de l'exécution de bonne foi

Le caractère d'ordre public traduit l'intangibilité d'une situation juridique face à laquelle les parties ne peuvent espérer y déroger par des conventions particulières[520]. Il traduit pour le juge saisi d'un litige environnemental, l'obligation de soulever, *in limine litis* ce moyen, même si les parties ne l'ont pas fait.

En matière environnementale, l'intérêt de l'exigence de la bonne foi environnementale de l'entrepreneur est qu'il permet aux juges de condamner des comportements déloyaux, même lorsque ces derniers ont été effectués dans le respect des stipulations du contrat en cause. La vérité étant qu'un contrat ne peut parvenir à déterminer, en amont, la totalité des aléas environnementaux du projet. les imprévus surviennent presque toujours et exigent de la part de l'entrepreneur de faire preuve d'ingéniosité, en développant ou en déployant certaines mesures réparatrices qui n'avaient pas été stipulées au départ. Dans cette circonstance, seule la bonne foi de l'entrepreneur peut l'inciter à la protection de l'environnement, notamment dans l'hypothèse où ces tâches nouvelles ont des incidences financières non envisagées dans le contrat, et que la personne publique contractante refuse alors de rémunérer, du moins, de le faire dans les délais raisonnables[521].

---

[519] Cette exigence est clairement formulée dans le Code civil en ses articles 1103 et 1104.

[520] Mais de nos jours, la notion d'ordre public est largement étendue. La doctrine la perçoit désormais au moins dans une triple variante relative à la sécurité publique, la tranquillité publique, la salubrité publique.

[521] Voir. CS/CA, jugement n°72 du 29 juin 1989, *FOUDA ETAMA c/. État du Cameroun* ; CS/CA, jugement n°72 du 147/04/05 QQD du 31 août 2005 *UM NTJAM François c/ Etat du Cameroun (MINEP).*

Partant de ces constatations, il n'est pas fantaisiste d'imaginer qu'alors même qu'un contrat n'est pas conclu dans un but environnemental, l'exigence de la bonne foi puisse entraîner une sanction du cocontractant fautif lorsqu'il adopte un comportement malhonnête vis-à-vis de données écologiques. C'est par exemple le cas d'un entrepreneur qui utilise un produit désavoué par l'ANOR ou non certifié ISO, profitant de l'ignorance de l'Administration et des agents de contrôle.

b- Les implications de l'obligation de bonne foi environnementale

Classiquement, l'exigence de bonne foi d'un cocontractant traduit l'obligation matérielle et formelle dans laquelle il doit exécuter ses engagements contractuels avec loyauté, sincérité et franchise[522]. Mais divers auteurs reconnaissent que cette notion présente plusieurs facettes[523]. Toutefois, ainsi que le soulignait le professeur Gérard CORNU, si cette difficulté définitionnelle rend cette notion plus difficile à cerner, elle présente néanmoins l'avantage de lui permettre d'évoluer et de s'appliquer à des situations nouvelles[524]. Elle connait des extensions notoires aussi bien en droit de l'environnement qu'en droit des contrats. En matière environnementale, dans les travaux publics notamment, elle implique en plus une obligation symbolique de moyens et de bonne conduite, notamment face aux insuffisances contractuelles[525]. Très souvent même, il n'est pas rare qu'elle implique l'exécution personnelle du marché par l'entrepreneur, même si cette

---

[522] **ANDRE (B.),** «Des effets civils de la bonne foi», *Revue critique n°86, 1926;* **DEGORCAIS (R.),** *La bonne foi dans le droit des contrats rôle actuel et perspectives*, Thèse Paris II, 1992, pp. 89 et ss

[523] **LEFEBVRE (B.),** « La bonne foi : notion protéiforme », *Revue de Doit de l'Université de Sherbrooke,* N°26, 1996, pp 1-34 ; **ATHAUD (A.),** *De la bonne foi et ses effets en matière civile*, Paris, A. Parent, 1874; **ANDRE (B.),** «Des effets civils de la bonne foi», *Revue critique n°86, 1926, op.cit. Idem;* **DEGORCAIS (R.),** *La bonne foi dans le droit des contrats rôle actuel et perspectives*, Thèse Paris II, 1992, pp. 89 et ss; **GORPHE'S (F.),** *Le principe de la bonne foi,* Paris, Dalloz, 1928, pp. 90-100; **JOBERT (J.),** *Des effets civils de la bonne foi,* Paris, *A. Pédone,* 1899, p. 5-12; **LYON CAEN (G.),** «De l'évolution de la notion de bonne foi», *Revue trimestrielle de droit civil,* n° 45, 1946, p.75; **MILET (J.-F.),** *De l'erreur et de la bonne foi en droit romain et en droit français*, Paris, Lahure, 1871, pp. 25 et ss; **PICOD (Yves),** *Le devoir de loyauté dans l'exécution du contrat*, Paris, *Librairie Générale de Droit et de Jurisprudence,* tome 208, 1989, p. 208. ; **VOLANSKY (A.-I.),** *Essai d'une définition expressive du droit basée sur l'idée de bonne foi*, Paris, *Librairie de jurisprudence ancienne et moderne*, 1929, p. 470.

[524] **CORNU (G.),** Regard sur le titre III du livre III du Code civil, « des contrats ou des obligations conventionnelles en général » (essaie de lecture d'un titre du Code), D.E.A. de droit privé, Paris, Les cours de droit, p. 59.

[525] En principe, le contrat est la loi des parties. Ainsi qu'il ressort de l'article 6 du Code civil, les conventions librement consenties tiennent lieu de loi à l'égard de ceux qui les ont conclus. Sur la base de cette disposition, le cocontractant ne peut être sanctionné pour des obligations non stipulées. Pourtant, en matière des travaux publics les surprises écologiques et environnementales sont légion. Elles impliquent souvent le déploiement de moyens hors taxes que l'administration refuse de fois de supporter. Dans cette hypothèse, l'entrepreneur ne peut laisser survenir le dommage à ce prétexte. Il doit faire preuve de bonne conduite et fournir les moyens qu'il a en sa disposition pour remédier à la situation.

exigence est tempérée par les hypothèses de sous-traitance[526], de cotraitance[527] et de cession du marché[528].

Cette exigence est consolidée par l'obligation de résultat de l'entrepreneur.

1- L'obligation de résultat environnemental

Quoique non expressément consacrée, l'obligation de résultat pèse *inédit* sur l'entrepreneur en vertu de la force obligatoire du contrat qui astreint ce dernier à l'acquittement de ses engagements écologiques conventionnels[529] **(a).** Mais à la vérité, cette obligation présente des enjeux beaucoup plus économiques que contractuels **(b).**

a- Une obligation contractuelle de plein droit

Les contrats publics de travaux ne spécifient guère des situations écologiques et environnementaux qui exigeraient de l'entrepreneur une obligation de moyens plutôt qu'une obligation de résultat, ou inversement. On en dira autant des contrats privés de protection de l'environnement[530]. Nonobstant, quel que soient les moyens déployés par l'entrepreneur, son efficacité environnementale resterait douteuse si les résultats ne se montraient pas finalement. Au bout du compte, ce sont les résultats qui justifient les moyens.

De nos jours, il existe néanmoins certains critères de distinction entre obligation de moyens et obligation de résultat en droit privé. Il s'agit entre autres de la volonté des parties à contracter, du caractère prévisible de l'accomplissement, et du rôle passif du cocontractant[531]. Pourtant, ces critères

---

[526] C'est l'opération par laquelle un entrepreneur délègue à une autre personne (le sous-traitant) l'exécution de tout ou partie du contrat d'entreprise ou d'une partie du marché public conclu avec le maitre de l'ouvrage.

[527] La cotraitance est un groupement momentané d'entreprises pour répondre à une exigence du marché public. Il s'agit d'une coopération et d'une coordination entre plusieurs entreprises qui se regroupent pour exécuter un marché public. Le maitre d'ouvrage devra alors préciser, le cas échéant, la forme de la cotraitance.

[528] En effet, le titulaire d'un marché public ou son sous-traitant accepté et dont les conditions de paiement ont été agréées peut céder la créance qu'il détient sur un pouvoir adjudicateur à un établissement de crédit ou à un fournisseur pour obtenir des liquidités ou des fournitures.

[529] **BOURDEROTTE (C.),** *La responsabilité du fait des dommages des travaux publics*, Thèse de Doctorat en droit public, Université de Paris 1, 2003, pp. 89-100 ; **ALVES (J.),** *La responsabilité environnementale*, Thèse de Doctorat en Sciences Économiques, Université de Panthéon Sorbonne, 2016, pp. 220-230.

[530] **POUMAREDE (M.),** « Quelle obligation contractuelle environnementale ? », in *Droit Et Ville,* n°84, Février 2017, pp.201-222.

[531] Voir **BEEGUN (A.-K.),** *L'obligation de résultat en droit public,* Mémoire vde Master, Université de la Réunion, 2013-2014, p.26.

sont difficilement transposables en droit public en raison de l'ambiance juridique exorbitante dans laquelle baignent les contrats administratifs.

b- Une obligation de portée finalement économique

On ne le dira jamais assez, les performances environnementales et sociales d'une entreprise de BTP jouent un rôle important dans l'acquisition des marchés de travaux. Cette situation se traduit par la prise en compte quasi systématique du mieux-disant environnemental comme critère essentiel d'attribution de l'offre de marché. Le nouveau management public oblige les décideurs publics de plus en plus écologiquement astreints, à rechercher l'offre économiquement et écologiquement la plus avantageuse.

Entendue comme *« l'expression des critères de choix fondant l'attribution du marché à la meilleure offre »*[532], le mieux-disant, en effet, peut porter sur des critères économiques, sociaux et désormais environnementaux de manière quantitative ou qualitative. De l'avis de plusieurs experts à l'instar de Gérard BRUNAUD, le mieux disant environnemental s'inscrit essentiellement dans une logique d'achat écoresponsable. Pour garantir sa crédibilité dans la rude concurrence qui caractérise l'écosystème des marchés publics, l'entrepreneur est *ipso facto* contraint à produire constamment les résultats écologiques impressionnants.

Toutefois, cette réalité est quelque peu controversée en droit public camerounais tant la pratique observée sur le terrain semble se situer aux antipodes de la réglementation. En effet, jusqu'à l'heure actuelle, les pouvoirs publics semblent plus préoccupés par le bénéfice que par les impératifs environnementaux. La règle du *moins-disant* s'étant cristallisée comme règle d'or de la passation des marchés de travaux. Il ressort du décret N°2018/355 du 12 juin 2018 fixant les règles communes applicables aux marchés des entreprises publiques que *« l'attribution des offres des marchés de travaux et de fournitures se fait au soumissionnaire présentant l'offre la moins-disante et remplissant les capacités techniques et financières requises résultant des critères essentiels ou de ceux éliminatoires »*[533].

Toutefois, cette disposition ne doit pas faire l'objet d'une interprétation trop permissive tant le mieux disant environnemental, s'il n'est pas

---

[532] Gérard Brunaud est co-fondateur et Vice-Président exécutif de l'Observatoire français des achats responsables. Lire, **GERARD (B.),** «Le mieux disant est bien en soi une démarche d'achat responsable », *Contrats et marché publics,* 2001, pp.1-2.

[533] Voir article 50 du décret N°2018/355 du 12 juin 2018 fixant les règles communes applicables aux marchés des entreprises publiques.

expressément consacré, ne peut manquer de conditionner l'attribution du marché de travaux[534]. En tout état de cause, les entrepreneurs, face à l'adversité due à l'explosion vertigineuse du nombre de prestataires, n'acceptent plus courir le risque de négliger les aspects environnementaux devenus des avantages comparatifs. La course effrénée vers le bénéfice produit alors finalement une onde de choc positive sur la protection de l'environnement.

Cette situation est plus écologiquement admirable lorsque la personne publique s'acquitte, elle aussi, de ses obligations écologiques contractuelles.

B- Les obligations environnementales de la personne publique contractante

En instituant le droit à un environnement sain, le constituant de 1996 a fait de l'Administration la principale garante de sa protection. Les autorités administratives habilitées à veiller à la protection de l'environnement disposent de ce fait d'un pouvoir de police administrative permanent qu'elles actionnent pour les besoins de la cause. Ainsi que l'a fort bien souligné le Professeur BATOUM-MBA-NGUE Samuel Théophile, les règles fondamentales des contrats civils et commerciaux selon lesquelles *« les conventions légalement formées tiennent lieu de loi à ceux qui les ont faites »*[535] ne sont pas applicables aux contrats de la commande publique[536]. En effet, cette disposition qui s'applique aux contrats de droit privé, implique trois éléments caractéristiques desdits contrats : leur force obligatoire[537], leur immutabilité[538] et l'égalité des contractants[539]. Or, ces trois éléments sont écartés en matière de la commande publique aussi bien par la doctrine que par la jurisprudence[540].

En matière contractuelle, ces pouvoirs se combinent avec les obligations conventionnelles du maître d'ouvrage quant à la protection des impératifs

---

[534] En effet, l'attribution du marché dans un contexte économique particulièrement difficile comme celui du Cameroun, ne peut s'opérer dans l'abstraction totale du mieux disant qui demeure un indicateur de performance économique.

[535] Voir Art. 1134 du Code civil.

[536] **BATOUM-BA-NGOUE (S.-T.)**, *Contrat et commande publique : les cas des marchés publics au Cameroun,* Revue de procédure civile, v.8, n°.2: 151-172, mai-août, 2017, pp. 151-172.

[537] En effet, la rupture unilatérale peut être perçue comme fautive à l'égard de la partie qui se délie, si l'objet du contrat n'a pas été atteint.

[538] Le principe de l'immutabilité des conventions privées est à interpréter avec l'effet relatif. Il interdit à toute personne étrangère au contrat d'opérer à une modification de ce dernier, à l'exception des parties concernées elles-mêmes.

[539] La règle en matière des contrats de droit privé demeure celle de l'égalité des parties. Personnes n'a plus de droits que l'autre et chacun est égalitairement astreint au respect de ses engagements contractuels. Ce qui n'est pas le cas en matière administrative.

[540] Voir jugement N°72 du 29 juin 1989 de la CS/CA *FOUDA ETAMA c/Etat du Cameroun,* CS/CA du 27 juillet 2000 : *les Etablissements le Paysan c/Etat du Cameroun.*

environnementaux, si bien que la distinction entre ses prérogatives et ses obligations, se trouve quelque peu diluée. A la vérité, il s'agit des prérogatives devenues obligations par l'exigence sanctionnée de leur mise en œuvre par la personne publique. Les plus utiles en l'occurrence sont les pouvoirs de sanction **(2)** et de contrôle **(1).**

1- L'exercice des pouvoirs de surveillance environnementale

Conformément à l'article 18 du décret du 23 février 2005, tout projet ayant fait l'objet d'une étude d'impact environnemental doit être soumis à la surveillance administrative et technique, et au suivi environnemental durant toutes les phases de sa mise en œuvre et, le cas échéant, après sa fermeture[541].

La surveillance environnementale dans les travaux publics consiste à assurer que le promoteur respecte effectivement ses engagements et ses obligations de prise en compte de l'environnement et d'application des mesures d'atténuation des impacts négatifs requises pendant toute la durée du projet[542]. Elle vise également à *« garantir aux autorités administratives et au maître d'ouvrage que les mesures d'atténuation et de bonification proposées dans le plan de gestion environnementale et sociale (PGES) du projet sont effectivement mises en œuvre pendant la phase de construction du projet par l'entreprise »*[543].

Aux côtés des initiatives du MINEPDED, le département ministériel titulaire du projet en assure la surveillance environnementale[544]. Dans divers projets, cette prérogative revient au MINTP qui a compétence régalienne en matière des travaux publics, notamment dans les projets réalisés sous sa maîtrise d'ouvrage[545].

En effet, le Ministère des Travaux Publics est l'autorité statutairement habilitée à assurer le contrôle des travaux de construction de diverses infrastructures, notamment dans le secteur du linéaire[546]. Il assure à titre de monopole la maîtrise d'œuvre des travaux. En vertu des principes de liberté contractuelle et de force obligatoire des contrats, l'entrepreneur est débiteur de

---

[541] Voir article 18 du décret n° 2005/0577/PM du 23 février 2005 fixant les modalités de réalisation des études d'impact environnemental, *op.cit.*

[542] **BIGOT (F.),** *L'urbanisme au défi de l'environnement,* éditions Apogée 1994, p 42.

[543] Définition clairement dégagée dans le rapport d'étude d'impact environnemental et social en vue de la construction de la route nationale Batchenga-Ntui-Yoko-Tibati-N'Gaoundéré, précité, p.242, *op.cit.*

[544] Il s'agit notamment de l'administration publique bénéficiaire du projet, sous l'égide de laquelle il se réalise et qui en assure par ailleurs la maitrise d'ouvrage principale.

[545] Voir décret n° 2018/461du 07 août 2018 portant organisation du Ministère des Travaux Publics

[546] *Ibidem,* article 2.

plusieurs prestations et obligations environnementales à l'égard de son cocontractant personne publique. Les plus importantes d'entre elles concernent le respect des délais, le devoir d'exécuter de bonne foi[547], d'obéissance aux ordres de services en matière environnementale etc. En tant que représentant de l'État dans les contrats de réalisation des routes nationales, le MINTP est détenteur d'une panoplie de pouvoirs lui permettant de constater et sanctionner le cas échéant, les atteintes à l'environnement.

Pour ce faire, il a été institué au sein de ce Département Ministériel plusieurs services chargés d'assurer la bonne exécution des exigences environnementales dans les travaux. Abstraction faite des agents chargés par le MINTP pour la surveillance environnementale et sociale permanente sur les chantiers, certains de ces services ont compétence nationale tandis que d'autres sont de portée régionale, ou locale. Des premiers découle la cellule de la protection de l'environnement et des infrastructures[548] ; des deuxième les inspections régionales de protection et de surveillance du réseau routier[549].

En fait, la compétence environnementale de l'autorité des travaux publics tient de deux sources : le contrat administratif dont elle est partie, et la règlementation environnementale.

Suivant les dispositions de l'article 151 du Code des marchés publics, le Ministre des Travaux Publics assurant la maitrise d'ouvrage peut exercer un pouvoir de direction lui permettant d'imposer des conduites à suivre[550]. D'autre part, certains de ces pouvoirs sont indépendants des clauses du contrat. Ce sont les pouvoirs qu'elle peut exercer *« en vertu des règles générales applicables aux contrats administratifs »,* selon une expression consacrée par la jurisprudence (CE Ass., 2 mai 1958, *Distillerie de Magnac-Laval,* Rec 246)[551]. Ces prérogatives sont corroborées par celles de l'article 88 de la loi cadre de gestion de l'environnement qui opère une nette clarification sur la procédure guidant la constatation des infractions[552].

---

[547] **BIAKAN (J.),** *Droit des marchés publics au Cameroun, Contribution à l'étude des contrats publics*, Harmattan, 2011, p.88, *op.cit.*

[548] Voir article 105 du décret n° 2005/0577/PM du 23 février 2005 fixant les modalités de réalisation des études d'impact environnemental précité.

[549] *Ibidem*, art.140.

[550] Alinéas 1 à 8.

[551] Voir **GNIMPIEBA TONNANG (É),** *Droit et pratique des contrats administratifs*, *op.cit.*, p.30.

[552] Il en ressort que : *« (1) Sans préjudice des prérogatives reconnues au ministère public, aux officiers de police judiciaire à compétence générale, les agents assermentés de l'Administration chargée de l'environnement ou des autres Administrations concernées, notamment ceux des domaines, du cadastre, de l'urbanisme, des travaux publics, des forêts, de la marine marchande, des mines, de l'industrie, du travail et du tourisme sont chargés de la recherche, de la constatation et des poursuites en répression des infractions*

2- L'exercice des pouvoirs de sanction des atteintes à l'environnement

Le contrôle administratif de l'environnement serait vain s'il n'était pas assorti de sanctions. Les sanctions administratives sont celles essentiellement prises par une autorité administrative dans l'exercice de ses missions administratives; elles se distinguent des sanctions prononcées par une juridiction et des amendes prononcées par l'Administration, lesquelles ne sont pas admises en matière contractuelle publique[553] . Elles sont assurément l'une des meilleures armes que la loi offre aux autorités administratives pour concrétiser la politique environnementale du gouvernement. Elles sont pour ainsi dire, la pièce maîtresse de la protection de l'environnement dans la réalisation des projets.

Cependant, il est de constat que les documents contractuels ne précisent généralement pas les sanctions en cas de violation des engagements environnementaux. La raison serait peut-être *« l'obligation de protection du cocontractant »*[554] qui pèse sur l'Administration. Nonobstant, plusieurs mesures peuvent être prises communément par le MINEPDED et le maître d'ouvrage alors que d'autres sont de nature essentiellement contractuelles et prises de ce fait, par le maître d'ouvrage exclusivement[555]. La loi cadre de gestion de l'environnement offre la possibilité à toute Administration ayant compétence générale ou sectorielle de prendre des mesures adéquates pour contraindre les auteurs des atteintes à l'environnement. Elle dispose clairement en son article 77 alinéa 1 que : *« Sans préjudice des peines applicables sur le plan de la responsabilité pénale, est responsable civilement, sans qu'il soit besoin de prouver une faute, toute personne qui, transportant ou utilisant des hydrocarbures ou des substances chimiques, nocives et dangereuses, ou exploitant un établissement classé, a causé un dommage corporel ou matériel*

---

aux dispositions de la présente loi et de ses textes d'application. (2) Les agents mentionnés à l'alinéa (1) ci-dessus prêtent serment devant le tribunal compétent, à la requête de l'Administration intéressée, suivant des modalités par un décret d'application de la présente loi. (3) Dans l'exercice de leurs fonctions, les agents assermentés sont tenus de se munir de leur carte professionnelle ».

[553] 11- **HEBERT (Jean-Yves),** *La préservation des intérêts financiers du cocontractant dans le droit de l'exécution des marchés publics de travaux,* Thèse de Doctorat en droit public, Université d'Aix Marseille, 2014, pp. 240-250.

[554] Une partie de la doctrine estime que l'administration a l'obligation de protéger le cocontractant en l'exonérant de certains de ces manquements, afin de lui l'exclusivité de son activité. Voir **BIDJA NKOTTO (T.),** *Les contrats de l'administration au Cameroun, op.cit.*, pp.356-361.

[555] Bien qu'ayant compétence environnementale principale, le MINEPDED ne peut empiéter sur les compétences exclusivement conférées à un autre département ministériel. La vérité étant que les départements ministériels dans leur organisation et leur fonctionnement ont, généralement, des services internes chargés de connaitre des questions environnementales et sociales dans les projets dont ils ont la maitrise d'ouvrage.

se rattachant directement ou indirectement à l'exercice des activités susmentionnées ».

CONCLUSION DU CHAPITRE II

La prise en compte de l'environnement dans les instruments de la commande publique de travaux est désormais un fait indéniable. Les politiques d'achats publics durables et respectueux de l'environnement, longtemps perçues comme une invention occidentale[556], sont de plus en plus croissantes dans le secteur des BTP.

Les instruments de la commande publique tels que les documents d'appels d'offres, le partenariat public-privé, le Code des marchés publics, les contrats publics de travaux, peuvent jouer un rôle clé dans la promotion de pratiques respectueuses de l'environnement[557]. Ainsi qu'il ressort des développements, cela peut inclure des critères environnementaux dans les spécifications techniques, des exigences en matière de gestion des déchets, ou encore la promotion de produits et sévices écoresponsables[558].

Comparativement, la commande publique s'est avérée plus efficace que la loi dans l'imposition des critères environnementaux aux entrepreneurs réfractaires. Le contrat public, à la différence de la loi, est présumé être consensuel et donc mieux accepté par les entrepreneurs. Les exigences environnementales qui y sont consacrées s'imposent donc aux parties en tant qu'obligations contractuelles. Leur mise en œuvre exige à chaque partie d'actionner les leviers que lui reconnait le droit des contrats administratifs.

Dans le même sillage, la coopération financière et technique entre l'Etat et les bailleurs de fonds internationaux s'est avérée vertueuse pour la prise en compte des exigences environnementales dans les projets de développement. Les institutions de Brettons Wood, la Banque africaine de développement et autres, imposent alors le respect des objectifs du développement durable comme conditionnalité de leur aide. La forte dépendance de l'Etat à ces financements rend alors incontournable le respect de telles exigences devenues conditionnalités.

Cependant, la commande publique, les contrats publics de travaux, de partenariat public-privé concluent dans ce giron ne sont pas encore suffisamment perméables aux enjeux environnementaux. Le processus est déclenché certes, mais contrairement à l'espace européen par exemple[559], il

---

[556] **LONDON (C.)**, « Union européenne : les marchés publics passent au vert », *Bulletin du droit de l'environnement industriel*, n° 3/2003, p. 11.

[557] **MENEMENIS (A.)**, « Le recours à des critères environnementaux dans l'attribution des marchés », *Droit administratif*, novembre 2002, p. 15.

[558] **LLORENS et SOLER-COUTEAUX**, « Les marchés publics au service de l'environnement », *Contrats et marchés publics*, octobre 2001, p. 4.

[559] **POURCEL (E.)**, « Droit des marchés publics : l'urgence et le recours à la réquisition », *Le Moniteur des travaux publics*, 1er août 2003, p. 48 ; ***idem***, « Prévention des risques humains et environnementaux : une

poursuit lentement son chemin ici. Le législateur et le pouvoir adjudicateur devront fournir d'avantage d'efforts pour une consécration plus significative des exigences environnementales dans les instruments de la commande publique des travaux.

démarche de management intégré en phase chantier », *Revue travaux,* n° 788, juillet-août 2002, p. 59 ; ***idem***, « La prise en compte de l'environnement dans les travaux publics », *Courrier de la COFHUAT*, mars 2002. **REINTEAU (B.),** « La performance environnementale, un défi pour la filière construction », Le Moniteur des travaux publics, Annuel de la prescription mai 2002, p 6

CONCLUSION DU TITRE I

Devenu un objet de protection juridique, l'environnement bénéficie d'un encadrement normatif incontestable en droit camerounais. Certes, le défaut d'un Code de l'environnement qui regrouperait l'ensemble des mécanismes de sa protection reste encore une cause majeure de l'application étriquée de ce droit. Ce défaut est doublement gênant d'autant plus que le secteur des travaux publics exige à lui seul une codification particulière des exigences environnementales au regard des incidences de ce secteur sur la nature, ses ressources et le voisinage humain.

Par défaut, les entrepreneurs et les pouvoirs publics ont tôt développé les capacités de conjuguer les dispositions éparses à incidence environnementale pour combler le vide normatif laissé par l'absence de codification. Sont mobilisées à titre principal les règles générales de protection édictées par la loi cadre et les textes sectoriels de protection de l'environnement. Ces règles offrent une kyrielle de mesures dont certaines ont subi l'usure du temps tandis que d'autres sont en pleine célébration parmi les pratiques écologiques modernes. A titre secondaire, interviennent les clauses environnementales et sociales imposées dans le cadre de la commande publique des travaux. Les contrats publics des travaux, au même titre que les conventions d'aide au développement, forment une armature normative écologiquement vertueuse[560].

Ils définissent clairement les charges et obligations des parties prenantes en matière de protection de l'environnement. Même s'il est vrai que le phénomène d'écologisation de la commande publique n'en est qu'à ses premières expériences, il présente néanmoins les signes prémonitoires d'un avenir meilleur[561].

Quel que soit l'effort jusque-là fourni sur le plan normatif, le cadre juridique de protection de l'environnement dans les travaux publics ne peut à lui seul suffire à garantir une protection de qualité[562]. C'est la raison pour laquelle l'encadrement juridique est renforcé par une forte mobilisation d'acteurs et d'institutions qui impulsent une solide protection au plan institutionnel.

---

[560] **CRONE (M),** « Marchés publics : l'environnement, critère non discriminant », *Environnement magazine,* n° 1626, avril 2004, *op.cit.,* p. 37.

[561] Sur cette promesse d'un avenir meilleur, voir **TREBULLE (F.),** « Développement durable et construction », *Revue de droit immobilier,* mars/avril 2006, p. 71-82.

[562] **VERMESCH (M.),** « La qualité en marche dans la construction », *Le Moniteur des travaux publics*, juin 2002, p. 94.

TITRE 2- UNE PROTECTION INSTITUTIONNELLENT ORGANISÉE

La consécration du droit à un environnement sain ou de qualité connait désormais une traduction institutionnelle dans tous les Etats du monde. Lorsqu'ils ne se sont pas dotés d'un département ministériel chargé spécifiquement des préoccupations environnementales, ils disposent d'une agence gouvernementale à cet effet. Dès lors, ne se pose plus, comme jusqu'au début des années 1990, le problème du vide institutionnel, mais plutôt celui de son *«éparpillement »*[563].

Au Cameroun, le décor du cadre institutionnel de gestion de l'environnement fut implanté dès 1992 au sortir de la conférence de Rio, avec le développement conjoint du service public y afférent[564]. Ce dernier concourt au maintien de l'ordre public environnemental ainsi qu'à la satisfaction de l'intérêt général attaché à la cause environnementale[565].

Dans les travaux publics comme ailleurs, la protection fait intervenir le concours des institutions juridictionnelles **(chapitre 2)** et non juridictionnelles **(chapitre 1)**

[563] Voir **KAMTO (M.),** « Forces et faiblesses des cadres institutionnels de protection de l'environnement », *RADE* n°1, 2014, *op.cit.*, p.31.
[564] Lire **EHAWA (B.),** « La protection de l'environnement par le juge administratif camerounais à travers les moyens classiques de l'excès de pouvoir », *op.cit.*, pp. 45-60 ; MINEPDED, *Manuel de procédure générale des études d'impact et audits environnementaux et sociaux,* Vol.14, éd.1, n°1, 2015, pp.30-40.
[565] **NAIM-GESBERT (E.),** *Les dimensions juridiques du droit de l'environnement, contribution à l'étude des rapports de la science et du droit*, Bruylant, 1999.

CHAPITRE 1- UN DISPOSITIF NON JURIDICTIONNEL MOBILISÉ

Le cadre institutionnel de gestion de l'environnement connait en droit camerounais un régime constitutionnel. Ce régime est à rechercher dans préambule de la Constitution révisée de 1996 qui, faisant du droit à un environnement sain un droit commun, dispose que *« la protection de l'environnement est un devoir pour tous. L'Etat veille à la défense et la promotion de l'environnement »*[566]. Assignant ainsi la charge de la protection de l'environnement aussi bien aux citoyens qu'aux pouvoirs publics[567], cette disposition traduit littéralement le principe de participation élémentairement entendu comme *« une forme d'association et d'intervention des citoyens à la préparation et à la prise de décision administrative »*[568].

La loi n°96/12 du 05 août 1996, portant loi-cadre relative à la gestion de l'environnement précise en son article 2 que la protection de l'environnement est d'intérêt général[569]. Elle attribut alors la participation de l'environnement aussi bien aux autorités administratives **(section1)** qu'aux organisations de la société civile **(section 2).**

Section 1-L'intervention des autorités administratives

L'éveil universel de la conscience environnementale a fait découvrir aux Administrations publiques bras séculiers des Etats, une nouvelle dimension de leur mission[570]. Les problèmes environnementaux intègrent les préoccupations des gouvernements aux quatre coins du monde[571]. A tous les niveaux, l'Administration publique camerounaise s'est adaptée à la gestion de ce nouveau secteur.

---

566 Voir préambule de la Constitution du Cameroun, *op.cit.*

567 Art. 9 de la loi cadre de gestion de l'environnement de 1996 : *« Les personnes publiques et privées doivent, dans toutes leurs activités, se conformer aux mêmes exigences ».*

568 **PRIEUR (M.),** « Le droit à l'environnement et les citoyens : la participation », *RJE,* 1988, p. 398 ; *idem* « La convention d'Aarhus, instrument universel de la démocratie environnementale », *RJE* 1999, n° spéc, p. 9 ; **VAN LANG (A.),** « Le principe de participation : un succès inattendu », Dans *Les Nouveaux Cahiers du Conseil constitutionnel,* n° 43, 2014/2, p. 25 -41 ; **JEGOUZO (Y.),** « Principe et idéologie de la participation », Mél. Michel PRIEUR, *Dalloz*, 2007, p. 577 ; Déclaration de Rio sur l'environnement et le développement, 12 août 1992, principe 10 : « La meilleure façon de traiter les questions d'environnement est d'assurer la participation de tous les citoyens concernés, au niveau qui convient ».

569 Art. 2 al.1 *« L'environnement constitue en République du Cameroun un patrimoine commun de la nation. Il est une partie intégrante du patrimoine universel ». Alinéa 2 « Sa protection et la gestion rationnelle des ressources qu'il offre à la vie humaine sont d'intérêt général. Celles-ci visent en particulier la géosphère, l'hydrosphère, l'atmosphère, leur contenu matériel et immatériel, ainsi que les aspects sociaux et culturels qu'ils comprennent ».*

570 Désormais dans tout Etat du monde, la protection de l'environnement est un pan crucial de l'action administrative.

571 **IGNACIO PICHARDO (P.),** « La protection de l'environnement et l'administration publique en Amérique Latine », *Revue Internationale des Sciences Administratives,* n°2006/1, vol.72, 2006, pp.145 à 156.

Dès l'an I du doit de l'environnement au Cameroun, la loi cadre de gestion de l'environnement de 1996 a confié les questions liées à la gestion de l'environnement à une Administration spécifique[572]. Avec la dilatation et la diversification du tissu économique et social, d'autres Administrations ont vu le jour sur le terrain de la protection environnementale. Dans le domaine des travaux publics notamment, un bilan des acteurs administratifs mérite d'être dressé **(paragraphe 1)** au même titre que celui des mécanismes mis en œuvre par ces acteurs pour garantir ladite protection **(paragraphe 2).**

Paragraphe 1- Bilan du rôle des acteurs administratifs

L'efficacité de la protection de l'environnement exige, on le sait depuis longtemps, des compétences dépassant largement le cadre d'un seul département ministériel. Il est vrai que dans ce domaine, une très grande profusion institutionnelle constituerait aussi un goulet d'étranglement et amenuiserait par conséquent l'efficacité recherchée[573]. Ceci n'est cependant pas une réalité exceptionnellement camerounaise tant le problème de la profusion normative sévit de manière générale en droit international de l'environnement[574]. Pour éviter que l'abondance des institutions présentes ne devienne asphyxiante, l'option de la *« coadministration »* est rendue inévitable. Les Administrations présentes sur un chantier par exemple doivent développer des actions communes pour préserver l'environnement[575]. Cette technique n'est pas une donnée nouvelle puisqu'elle fut déjà qualifiée comme telle et prônée dès la fin du XIXe siècle par le Doyen Maurice HAURIOU lorsqu'il parlait le plus souvent de *« concours »* ou encore de *« coadministration des diverses administrations »*[576] pour la mise en place d'un service[577].

En droit positif camerounais, plusieurs Administrations sont présentes dans les travaux publics et concourent aux activités conduisant à la préservation de l'environnement. Aux côtés de l'Administration ayant

[572] Art. 15 de la loi cadre de gestion de l'environnement au Cameroun.
[573] Voir **KAMTO (M.)**, « Forces et faiblesses du cadre institutionnel de protection de l'environnement », *RADE* n°1, 2014, *op.cit.*, page 30.
[574] Voir **KAMTO (M.)**, « Forces et faiblesses du cadre institutionnel de protection de l'environnement », *op.cit.*, p.35.
[575] **DE BRIANT (V.),** *L'action commune en droit des collectivités territoriales. Contribution à l'étude des composantes exercées en commun par l'Etat et les collectivités territoriales*, l'Harmattan, 2009, pp.12-23.
[576] **HAURIOU (M.),** *La gestion administrative,* Paris, Larose, 1899, p.31, note 1.
[577] **DE BRIANT (V.),** « La coadministration dans le domaine de l'environnement. Un levier inattendu pour la clarification des compétences », *RJE*, n° spécial, 2013/5, pp.27-40.

compétence environnementale principale **(A)** gravitent une constellation ministérielle à compétence environnementale sectorielle **(B)**.

A- L'Administration à compétence environnementale principale

L'adhésion du Cameroun à l'ordre écologique mondial a entrainé une refonte profonde de son organisation administrative[578]. Un département ministériel d'une nature nouvelle et spécialement chargé des questions environnementales fit son entrée dans l'armature institutionnelle. Le statut, les attributions ainsi que le régime juridique d'organisation et de fonctionnement de ce département évoluent au gré des transformations sociales et de l'évolution des enjeux environnementaux.

Suivant la chronologie ascendante, l'année 1992 a marqué la création d'un Ministère de l'Environnement et des Forêts qui s'occupera de ces deux domaines connexes jusqu'en 2004 ; date à laquelle il est remplacé par la création du Ministère de l'Environnement et de la Protection de la Nature[579], l'aspect forestier ayant été dévolu à un Ministère spécifique. Dès 2009, l'aggravation de la situation climatique du pays va autoriser la mutation du Ministère de l'environnement vers la création de l'Observatoire National des Changements climatiques (ONAC)[580]. Depuis 2011, c'est au Ministère de l'Environnement, de la Protection de la Nature et du Développement Durable (MINEPDED) que revient la principale mission de coordination des politiques publiques de l'environnement au Cameroun[581]. Cette institution mène ses attributions dans tous les secteurs d'activités, y compris dans les travaux publics, avec le concours d'un personnel spécifique **(1)** et du Comité interministériel sur l'environnement **(2).**

---

[578] Il s'agit notamment de la réorganisation du gouvernement aux fins de prise en compte des administrations à compétence environnementale. De nos jours, la réalité d'un service public environnemental est indéniable au Cameroun. Il est constitué d'un corps individualisé de personnel public dont la mission première est de veiller au respect de la légalité environnementale dans tous les aspects de la vie de L'Etat.

[579] Voir décret n°2005/117 du 14 avril 2005 portant organisation du Ministère de l'Environnement et de la Protection de la Nature.

[580]Décret n°2011/408 du 09 décembre 2011 portant organisation du gouvernement, modifié puis complété par le décret n°2018/190 du 02 mars 2018 ; décret n°2019/026 du 18 janvier 2019 portant réorganisation de l'Observatoire National sur les changements climatiques.

[581] Créé par Décret Présidentiel N° 2004/320 du 08 Décembre 2004 portant organisation du Gouvernement, le Ministère de l'Environnement et de la Protection de la Nature est devenu par Décret N° 2011/408 du 09 décembre 2011 Ministère de l'Environnement, de la Protection de la Nature et du Développement Durable (MINEPDED). Celui-ci est responsable de l'élaboration et de la mise en œuvre de la politique du Gouvernement en matière d'environnement et de protection de la nature dans une perspective de développement durable.

1- Un personnel spécifique

Placé sous l'égide d'un Ministre chef hiérarchique de l'institution et du personnel, le MINEPDED est l'un des plus scrutés actuellement en regard de l'importance des missions à lui assignées. C'est le ministère qui a le plus d'autorité pour agir dans tous les secteurs de la vie nationale aux fins environnementales[582]. Il poursuit les délinquants en répression des infractions environnementales à travers ses agents centralisés **(a)** et les inspections de contrôle environnemental **(b).**

a- Les agents centraux de prévention des atteintes à l'environnement

Le MINEPDED dispose au niveau central d'un corps d'experts qui passent au peigne fin toute demande visant l'obtention du certificat de conformité environnementale d'un rapport d'étude environnementale. Le choix des agents devant connaitre des questions environnementales ne relève pas d'un hasard en raison du caractère transdisciplinaire de la problématique environnementale et des connaissances nécessaires pour sa résolution. Ils sont choisis parmi les professionnels de divers domaines en rapport étroit avec la question environnementale, y compris les spécialistes du droit de l'environnement.

Ceux-ci devront alors faire preuve d'humilité car en réalité, ce sont les spécialistes de la science de la nature qui apportent la connaissance du milieu et de son peuplement. Le juriste environnementaliste doit donc se mettre à l'école des autres sciences, *« non point d'ailleurs avec la prétention d'en avoir la maîtrise, mais plus modestement pour recevoir le minimum indispensable à l'intelligence des phénomènes et des situations »*[583]. Ils sont secourus dans cette mission par les inspecteurs et contrôleurs de l'environnement[584].

b- Les inspections de contrôle de l'environnement

En effet, les inspections de l'environnement peuvent être instituées de façon permanente ou alors en réponse à certaines tâches spécifiques[585]. Elles peuvent également être établies en collaboration avec les agents des autres Ministères. Les objectifs des inspections de l'environnement incluent la

---

582 Voir décret de 2011 portant organisation du gouvernement, *op.cit.*

583 La recommandation est du professeur **KAMTO (M.)**, *in Droit de l'environnement en Afrique*, *op.cit.*. p. 20.

584 Les détails de cette affirmation sont donnés dans la section traitant du contrôle exercé par l'Administration. Voir *infra*.

585 Voir arts. 13 à 15 du décret n° 2012/2808/PM du 26 septembre 2012 fixant les conditions d'exercice des fonctions d'inspecteur et contrôleur de l'environnement.

vérification du respect des lois et règlements environnementaux, la surveillance des émissions polluantes, la gestion des déchets, la protection des ressources naturelles, entre autres.

Elles peuvent opérer des visites sur les sites pour évaluer la conformité aux normes environnementales, collecter des échantillons, examiner les documents pertinents et interagir avec les parties prenantes impliquées dans les activités soumises à inspection. A l'issu de leurs missions, les inspecteurs produisent des rapports, les constations, les non-conformités éventuellement et les recommandations pour améliorer la conformité environnementale. Lorsqu'il y'a nécessité, ces rapports sont déferrés au Comité Interministériel de l'Environnement aux fins d'instruction, en vue d'informer les Ministres concernés des atteintes graves et des mesures à prendre dans l'urgence.

2- Le Comité Interministériel de l'Environnement

Institué par la loi n° 96/12 du 5 août 1996 portant loi cadre relative à la gestion de l'environnement, le Comité Interministériel de l'Environnement (CIE) n'a été rendu fonctionnel qu'en 2001 par le décret N°2001/718/PM du 3 septembre 2001 portant organisation et fonctionnement de cette institution[586]. Ce décret a été modifié et complété par le décret N°2006/1577/PM du 11 septembre 2006. L'instauration d'un comité interministériel spécifiquement chargé de connaitre des questions environnementales est la marque originale d'une nation suffisamment consciente de la nécessité de protection de son patrimoine environnemental. Dans son organisation, le Comité prend la forme d'une instance de représentation interministérielle **(a)** et dans son fonctionnement, un organe de coadministration des questions environnementales **(b).**

a- Une instance de représentation interministérielle dans son organisation

Par sa composition, le Comité affirme effectivement l'implication d'une kyrielle de départements ministériels dans la gestion de l'environnement au Cameroun. A la lecture de l'article 3 (2) du décret précité, un total de quinze (15) départements ministériels à compétence environnementale sont représentés et doivent activement participer à la prise de décisions relatives à la conformité des projets de développement aux exigences environnementales internationales et nationales. Cette homologation témoigne sans doute le fait

---

[586] Voir donc le décret n°2001/718/PM du 3 septembre 2001 portant organisation et fonctionnement du Comité Interministériel de l'Environnement.

que la réalisation des travaux publics touche à divers domaines de la vie publique, à plusieurs secteurs d'activité. Les administrations en question y sont représentées chacune par un (1) représentant qui y défend son point de vue à partir du secteur d'activité que couvre le département ministériel en question[587].

Y sont donc représentés, les Ministres en charge de l'environnement ; de l'administration territoriale ; de l'agriculture ; du développement industriel et commercial ; de l'élevage des pêches et des industries animales ; des mines de l'eau et de l'énergie ; de de la recherche scientifique et technique ; du tourisme ; des travaux publics ; des transports ; de l'urbanisme et de l'habitat ; de la santé publique ; de la défense ; de la ville. En sus de ces représentants, le Comité peut valablement, selon les nécessités et les besoins du service, faire recours aux experts indépendants en raison de leurs compétences académiques ou professionnelles en matière d'environnement.

Dans son fonctionnement, le Comité opère une fonction de coordination interministérielle des enjeux environnementaux des opérations ou projets à lui soumis.

b- Un organe de coordination interministériel dans son fonctionnement

En effet, le Comité se réunit au moins une fois par semestre sur convocation de son Président. Le Comité assiste le Gouvernement dans ses missions d'élaboration, de coordination, d'exécution et de contrôle des politiques nationales en matière d'environnement et de développement durable.

A ce titre, il veille au respect et à la prise en compte des considérations environnementales notamment dans la conception et la mise en œuvre des plans et programmes économiques, énergétiques et fonciers ; approuve le rapport biannuel sur l'état de l'environnement établi par l'Administration chargée de l'environnement ; coordonne et oriente l'actualisation du Plan National de Gestion de l'Environnement. Aussi, donne -t-il un avis sur toute étude d'impact sur l'environnement et assiste le Gouvernement dans la prévention et la gestion des situations d'urgence ou de crise pouvant constituer des menaces graves pour l'environnement ou pouvant résulter de sa dégradation[588].

---

[587] *Idem*, arts.10 et ss.

[588] *Ibidem*, arts.11-13.

Pour assurer son efficacité et garantir la vulgarisation de l'information environnementale, le Comité adopte un rapport semestriel sur l'exécution de ses missions ainsi qu'un rapport annuel d'évaluation sur la situation de l'environnement et les mesures tendant à améliorer et à renforcer les politiques environnementales et de développement durable. Les rapports ci-dessus visés sont adressés pour information au Premier Ministre, Chef du Gouvernement, au Ministre chargé de l'environnement, ainsi qu'aux Chefs de Départements ministériels représentés au sein du Comité. Ils peuvent être largement diffusés[589]. Cette homologation n'empêche pourtant pas les initiatives sectorielles des départements ministériels en la matière.

B- Les administrations ayant compétence environnementale sectorielle

Elles sont nombreuses et fonctionnent autours de structures centrales **(1)** ou locales **(2).**

1- Les autorités centrales

Il ne sera pas question d'opérer, même par survol, un inventaire de l'ensemble des Départements Ministériels intervenants en matière environnementale au Cameroun. La raison en est le foisonnement des administrations qui de loin interviennent en la matière. Toutefois, en analysant l'article 88 de la loi cadre, une idée immature peut en être faite. Il en ressort que *«Sans préjudice des prérogatives reconnues au ministère public, aux officiers de police judiciaire à compétence générale, les agents assermentés de l'Administration chargée de l'environnement ou des autres Administrations concernées, notamment ceux des domaines, du cadastre, de l'urbanisme, des travaux publics, des forêts, de la marine marchande, des mines, de l'industrie, du travail et du tourisme sont chargés de la recherche, de la constatation et des poursuites en répression des infractions aux dispositions de la présente loi et de ses textes d'application»*[590]..

Au regard de la précédente disposition, on peut être tenté de croire qu'il s'agit des agents du Ministère public près les juridiction pénales, des officiers de police judiciaire à compétence générale, des agents assermentés de l'Administration chargée de l'environnement, ou des autres Administrations concernées notamment ceux des domaines, du cadastre, de l'urbanisme, des

---

[589] Voir art.10 al.2 du décret n° 2001/718/PM du 03 Septembre 2001 portant organisation et fonctionnement du Comité interministériel de l'environnement.
[590] Voir art.88 de la loi cadre de gestion de l'environnement, *op.cit.*

travaux publics, des forêts, de la marine marchande, des mines, de l'industrie, du travail et du tourisme[591]. Pourtant, cette liste est souvent étendue en fonction des nécessités du terrain. On pourra ainsi associer les agents des administrations de l'agriculture entre autres.

Quoi qu'il en soit, ces Administrations ont des démembrements au plan local, qui travaillent aux côtés des structures des Collectivités Territoriales Décentralisées.

2- Les structures locales

Il existe diverses structures publiques locales qui interviennent dans la protection de l'environnement en contexte des travaux. Suivant la hiérarchie administrative, il s'agit des Délégations régionales, Départementales de l'environnement, de la protection de la nature et du Développement Durable. Ces délégations sont responsables de la mise en œuvre des politiques environnementales au niveau local. Elles supervisent les activités liées à la protection de l'environnement, y compris dans les travaux publics[592].

Les Délégations régionales, départementales et locales des Ministères à compétence sectorielle sus étudiés, les organes des Régions et des Communes, interviennent tout de même en matière des travaux publics régionaux et locaux, etc.

Quelle qu'en soit leur nombre et leur provenance, ces agents sont liés par un dénominateur commun, à savoir la constatation des infractions environnementales sur les sites des travaux, suivant une procédure bien codifiée.

Paragraphe 2- la procédure administrative de contrôle

La procédure de contrôle et de constatation des infractions locales dans l'exécution des travaux publics est clairement fixée par la loi cadre de gestion de l'environnement et ses textes d'application. Sur la même base, est défini le quantum des sanctions susceptibles d'être infligées par les autorités en charge de cette surveillance[593]. Avant de plancher sur le giron des sanctions **(B),** il

---

591 *Idem.*

592 Voir arts. 13 à 15 du décret n° 2012/2808/PM du 26 septembre 2012 fixant les conditions d'exercice des fonctions d'inspecteur et contrôleur de l'environnement, *op.cit.*

593 *Ibidem*, art.15. En effet, les inspections de l'environnement bénéficient même du privilège de juridiction et peuvent prendre certaines mesures de police administrative spéciale, à l'instar des saisies de biens, mise en fourrière et recours à la force publique.

convient de tabler préalablement sur les mécanismes de constatation des infractions relatives **(A)**.

A- La constatation préalable des atteintes à l'environnement

Parce qu'elles ont des incidences financières et patrimoniales considérables, les atteintes environnementales se constatent suivant une procédure particulièrement encadrée en droit[594]. La mise en œuvre de cette procédure est largement dépendante de la qualité de l'agent habilitée à cet effet. Elle varie donc selon que le constat est opéré par un agent administratif **(2)** ou par une tierce personne **(1)**.

1- La tierce dénonciation

En effet, le droit à un environnement sain se contrebalance avec l'obligation de protection collective du milieu de vie et de ses ressources. C'est dans cette logique que le constituant du 18 janvier 1996 fait de cette protection un devoir solidaire[595]. Les acteurs privés jouent un rôle primordial dans la constatation des atteintes environnementales du fait des travaux publics.

Il convient de remarquer, si besoin est encore, que le rôle des acteurs non gouvernementaux va sans cesse croissant dans l'identification et la dénonciation des grandes problématiques environnementales, écologiques et surtout climatiques du siècle. En témoignent la portée de leurs propositions lors des sommets mondiaux à l'instar des Conférences des Parties (COP)[596], et le dynamisme des organisations de défense de la nature devant les juridictions[597].

Dans les travaux publics, ce rôle est cependant réduit à sa modeste expression, du fait de la marginalisation quasi généralisée des acteurs de cette catégorie dans la culture juridique camerounaise[598]. Aussi, ceux-ci ne manifestent qu'un timide intérêt à dénoncer les atteintes constatées, par peur

---

[594] Voir arts. 16 et ss du décret n° 2012/2808/PM du 26 septembre 2012 fixant les conditions d'exercice des fonctions d'inspecteur et contrôleur de l'environnement, *op.cit.*

[595] *Cf.* le 21e considérant du préambule de la Constitution du 18 janvier 1996 précitée. *« Toute personne a droit à un environnement sain. La protection de l'environnement est un devoir pour tous. L'Etat veille à la défense et la promotion de l'environnement »*.

[596] **OLLITRAUL (S.)**, « Les ONG dans les COP : des outsiders de la politique climatique ? », Revue internationale et stratégique, n°109, 2018, pp.135-143 ; **CHATIER (D.) et OLLITRAUL (S.)**, « Les ONG d'environnement dans un système en mutation : des objets non identifiés ? », in **AUBERTIN (C.)**, *Représenter la nature ? ONG et biodiversité,* Paris, IRD Edition, 2005.

[597] Voir **FREYFOGLE (E.)**, « Les racines culturelles de l'anti-environnementalisme de Trump », *La pensée écologique*, vol.1, n°1, Presse Universitaire de France, octobre 2017, (en ligne).

[598] Voir **LOWE GNINTEDEM (P.-J.)**, *Les ONG et la protection de l'environnement en Afrique Centrale*, Mémoire de Master II en Droit et Carrière Judiciaire, Université de Limoges, 2003, p.15.

de représailles, ou par inculturation[599]. C'est la raison pour laquelle la frange majoritaire de la doctrine leur attribue un droit passif en matière environnementale[600]. Aussi amoindrie soit-elle, la dénonciation ici, peut être directe ou indirecte.

Elle est directe lorsqu'à la constatation d'une atteinte environnementale commise ou en cours de commission, le particulier porte ce fait à la connaissance des autorités administratives et/ou juridictionnelles compétentes, seules capables d'exercer les poursuites. Toutefois, la pratique courante offre au témoin d'une infraction environnementale la latitude de procéder par les moyens indirects. Ceci devra cependant s'opérer dans le strict respect des lois de la Républiques. Il peut alors procéder par tout moyen de dénonciation. Très souvent, c'est la publication des faits à la presse écrite ou audiovisuelle. Il faut croire qu'avec le développement d'internet et des nouvelles techniques de l'information et de la communication, les réseaux sociaux sont de nouveaux canaux de dénonciation, de plus en plus confortablement utilisés pour dénoncer les atteintes environnementales. Il y va de l'exercice du droit à l'information environnementale érigé en principe cardinal du droit de l'environnement[601].

Cependant, ces modes de dénonciation semblent à tout le moins, peu orthodoxe. Ce qui n'est pas le cas avec le constat autonome de l'Administration.

2- Le constat autonome de l'Administration

En effet, la loi cadre relative à l'environnement et le Guide de procédures du contentieux environnemental du Ministère de l'environnement et de la protection de la nature[602] sont l'épine dorsale de cette procédure. A la lecture combinée des deux textes, le constat de l'atteinte à l'environnement est opéré par les agents assermentés des Administrations à compétence

---

599 *Ibidem,* p.16.

600 *Ibidem,* pp.15-17.

601 Il existe désormais un impressionnant dispositif conventionnel en matière d'accès des populations à l'information environnementale. D'ores et déjà, le Principe dix de la Déclaration de Rio sur l'environnement et e développement durable indiquait que chaque citoyen devait avoir accès aux informations en matière d'environnement que détiennent les autorités publiques, de façon à favoriser une participation populaire efficace dans la prise des décisions. La commission économique des Nations Unies pour l'Europe avait, dans le même sens, depuis 1998, adopté la Convention sur l'accès à l'information, la participation du public au processus décisionnel et à l'accès à la justice en matière d'environnement. Pour amples détails, lire, **ZOGNOU (T.),** « Quelques pistes pour une protection efficace de l'environnement en Afrique », *Revue Africaine des Sciences Juridiques*, n°2, 2014, pp 178-179.

602 Ministère de l'environnement et de la protection de la nature, *Guide de procédures du contentieux environnemental du Ministère de l'environnement et de la protection de la nature, 2008, p.3.*

environnementale sectorielle sus étudiées[603]. Les modalités varient selon qu'il s'agit d'une procédure normale **(a)** ou d'urgence **(b).**

a- La constatation suivant la procédure ordinaire

Elle correspond à l'hypothèse dans laquelle les atteintes sont réversibles ou facilement réparables. Dans l'ensemble des cas, les agents doivent impérativement se munir de leur carte professionnelle dans l'exercice de leurs fonctions, d'un ordre de mission et doivent produire un procès-verbal à la fin de leur mission. Le constat s'opère sans aucune exigence particulière lorsqu'il s'agit d'une atteinte ordinaire et facilement réparable.

En effet, *« toute infraction constatée fait l'objet d'un procès-verbal régulier. La recherche et la constatation des infractions sont effectuées par deux (2) agents qui cosignent le procès-verbal. Ce procès-verbal fait foi jusqu'à l'inscription en faux »*[604]. Que la procédure soit normale ou d'urgence, le procès-verbal répond aux mêmes exigences de forme. De manière générale, il s'agit d'un document unique retraçant l'audition et précisant certaines mentions formelles impératives. Celles-ci sont relatives à la date et l'heure du début et de la fin de l'audition ; la retranscription des noms, prénoms et qualité du responsable de la cellule de gestion environnementale et sociale de l'entreprise réalisatrice des travaux.

Une page doit porter le nom, prénom et qualité de l'agent assermenté qui réalise le constat. Pour garantir l'authenticité et la fiabilité du procès-verbal, toute personne interrogée dans le cadre de cette enquête doit, après lecture du document, parapher chaque feuillet. Pour le besoins analogues, le Guide exige que la dernière page du procès-verbal soit signée par deux inspecteurs ou agents contrôleurs[605], ainsi que du chef du chantier ou de son représentant. En cas de refus par toute personne interrogée, de signer ou d'apposer son empreinte sur le procès-verbal, cet état de choses doit être mentionné. Cette formalité est identique pour chaque mission de contrôle ou de constatation.

---

[603] Voir al.1 de l'art.88 de la loi cadre de gestion de l'environnement de 1996, *« Sans préjudice des prérogatives reconnues au ministère public, aux officiers de police judiciaire à compétence générale, les agents assermentés de l'Administration chargée de l'environnement ou des autres Administrations concernées, notamment ceux des domaines, du cadastre, de l'urbanisme, des travaux publics, des forêts, de la marine marchande, des mines, de l'industrie, du travail et du tourisme sont chargés de la recherche, de la constatation et des poursuites en répression des infractions aux dispositions de la présente loi et de ses textes d'application »*.

[604] Cf. Art. 89 de la loi cadre de gestion de l'environnement. Cette même disposition est reprise *mutatis mutandis* à la page 8 du Guide précité.

[605] Il s'agit ici d'une exigence impérative dont le non-respect entache la validité du procès-verbal, entrainant, en cas de contestation contentieuse, nullité du document.

Le procès-verbal qui en découle se présente *in fine,* sous la forme d'un carnet comportant trois feuillets cotés et paraphés par le greffe du tribunal compétent. Une copie est destinée au contrevenant tandis qu'une autre, est adressée à la Direction des Normes et du Contrôle (ANOR) qui en prend connaissance, afin de notifier le dossier final assorti de la qualification des infractions et des peines éventuelles, au Ministre compétent ou, a priori, à celui en charge de l'environnement.

Certaines diligences sont propres à la procédure d'urgence.

b- La constatation suivant la procédure d'urgence

Lorsque les atteintes sont irréversibles ou s'annoncent comme telles, l'urgence est déclenchée. Dans ce cas de figure, la mission de contrôle devient *ipso facto* une mission de sauvegarde, conférant aux agents administratifs les pouvoir de police administratives spéciaux pour suspendre les activités décriées[606]. Ce pouvoir s'exerce avant ou pendant l'exécution des travaux, notamment lorsque la procédure de l'étude d'impact environnemental et social a été méconnue, ou lorsque ladite étude a été effectuée en violation de toute ou partie de la procédure y relative[607]. Dans cette hypothèse, le Ministère des travaux publics, toute administration compétente ou l'administration en charge de l'environnement requière la mise en œuvre des procédures d'urgence appropriées qui permettent de suspendre l'exécution des travaux envisagés ou déjà entamés. Lesdites procédures s'exercent sans préjudice des poursuites pénales qui pourront être parallèlement engagées.

L'urgence consiste ici donc à constater instamment l'infraction, et à actionner les mesures conservatoires appropriées. Elle se matérialise via la rédaction d'un procès-verbal dans les formes et modalités sus étudiées. S'ouvre alors la phase des sanctions.

B- Les mécanismes de règlement

Le rôle de l'Administration en tant que garant de la protection de l'environnement ne se limite pas qu'à la constatation des infractions y relatives. Elle est au cœur de la protection proprement dite et dispose de ce fait d'un réel pouvoir de sanction[608]. Ce pouvoir s'exerce suivant une ingénieuse

[606] Voir, MINEPDED, Guide de procédures du contentieux environnemental, 2013, pp.3-4.
[607] Cf. Art 20 al(2) de la loi cadre de gestion de l'environnement.
[608] Ceci est autant valable pour les agents du MINEPDED que pour les agents des administrations intervenant sur la base de compétences sectorielles.

procédure qui reconfirme l'originalité et la particularité du contentieux de l'environnement en droit camerounais. En effet, pour une des rares fois dans le régime du droit administratif, la transaction et la médiation s'imposent **(1)** comme un préalable à toute sanction au fond **(2).**

1- L'exigence de la transaction et de l'arbitrage

La loi cadre institue deux principaux modes d'arrangement amiable des différends en matière d'environnement au Cameroun. Il s'agit de la transaction **(a)** et de l'arbitrage **(b).**

a- La transaction

La transaction n'est généralement célébrée qu'en droit des affaires où les opérateurs économiques apprécient sa simplicité, sa célérité, et son coup relativement supportable[609]. Le droit administratif, exorbitant par sa nature et unilatéral dans son régime de fonctionnement, ne s'accommode que très peu de ce procédé qui se définit comme une convention par laquelle les parties au moyen de concessions réciproques terminent une contestation née ou une contestation à naître[610]. Il ressort pourtant de la loi cadre que *« les administrations chargées de la gestion de l'environnement ont plein pouvoir pour transiger. Elles doivent, pour ce faire, être dûment saisies par l'auteur de l'infraction »*[611]. La conséquence en est qu'en cas d'infraction à l'environnement dument constatée sur un chantier public, à défaut d'exercer les pouvoirs qu'elle dispose en vertu du contrat administratif, l'Administration peut procéder sur la base de la transaction pour contraindre le cocontractant pollueur. Cette solution est de droit lorsque l'administration transigeante est distincte de celle partie au contrat.

De constat, cette méthode de règlement des litiges environnementaux s'est généralisée en Afrique à la mage des mécanismes juridictionnels. Elle est prévue par exemple dans la loi ivoirienne n° 96-766 du 3 octobre 1996 portant Code de l'environnement, à l'article 108: *«l'Administration chargée de l'environnement peut transiger en toute circonstance et à tout moment de la procédure avant toute décision au fond. La demande de transaction est soumise à l'Autorité nationale compétente qui fixe en cas d'acceptation, le*

[609] **EL AHDAB (Jalal) et MAINGUY (Daniel),** *Droit de l'arbitrage,* LexisNexis, n°1, 2021, pp. 452-461.
[610] En effet, le Code civil camerounais attache le prix à l'exécution des conventions librement consenties. De la sorte, tout en opérant une précise définition de ce mode non juridictionnel de règlement des différends (voir article 2044, p.1481), il pose que la transaction doit être exécutée par les parties qui les ont passées, car ayant force exécutoire (voir article 1134 du même Code).
[611] Voir article 91 et ss de la coi cadre de gestion de l'environnement précitée.

montant de celle-ci». Dans la même logique, le Code de l'environnement du Burkina Faso envisage aussi la transaction, tout en l'excluant pour les cas de crime *: « dans le cadre de la répression des infractions commises en violation des dispositions de la présente loi, le ministre en charge de l'environnement a la possibilité de transiger sauf en cas de crime»*[612] Par ailleurs le montant des transactions doit être acquitté dans les délais fixés dans l'acte de transaction, faute de quoi, il est procédé aux poursuites judiciaires[613]. Aux termes de l'article L.103 du Code de l'environnement du Sénégal, le Ministre chargé de l'environnement ou son représentant a le pouvoir de transiger en cas d'infraction aux dispositions du Code. La procédure de transaction est exercée avant jugement, selon les règles en vigueur, sur proposition ou avec l'accord du département ministériel compétent. En cas de pollution délibérée ou de non-exécution de la transaction dans le délai imparti, l'auteur de l'infraction est poursuivi devant le tribunal. La procédure de transaction est écartée en cas de récidive.

En République Démocratique du Congo le Code forestier du 29 août 2002 dispose : *«avant jugement, les transactions peuvent être consenties dans les conditions et selon les modalités fixées par arrêté du ministre. Cet arrêté définit notamment les formalités et procédures à observer lors des transactions, la liste des agents habilités à transiger et les barèmes des transactions. Dans tous les cas de récidive, la transaction n'est consentie que de façon exceptionnelle et seulement par le ministre »*. Dans ce cas précis, l'action publique est éteinte par la transaction. L'article 140 du même Code précise : *«Le délinquant peut se libérer d'une transaction soit par un payement en espèces, soit par l'exécution des travaux d'intérêt forestier »*[614].

Quel que soit le cas et le pays retenu, les autorités transigeantes doivent être dument saisies par l'auteur de l'infraction, qui anticipe de ce fait sur la sanction autoritaire qui pourrait s'avérer plus lourde financièrement. La bonne foi de l'ingénieur ou de l'entrepreneur pollueur peut alors jouer en sa faveur comme une circonstance atténuante. La procédure de transaction doit être antérieure à toute saisine du juge, sous peine de nullité[615]. Il en est pareil en matière d'arbitrage.

---

[612] Voir art. 116 du Code évoqué.
[613] *Ibidem,* art. 117.
[614] *Ibidem,* art.137.
[615] Voir article 91 (2) de la loi cadre précitée.

b- L'arbitrage

A l'instar de la transaction, l'arbitrage n'est pas principalement admis en matière administrative[616]. En droit interne, son domaine de prédilection est le droit privé, notamment le droit des affaires. Dans le règlement judiciaire en droit international, il connait aussi un succès retentissent[617]. Mais, par nécessité, il est exceptionnellement admis dans le règlement des différends nés de l'exécution des travaux publics[618]. Il expressément admis dans la réparation des atteintes en droit de l'environnement au Cameroun ; ce qui renchérit le caractère transversal de ce droit.

Au demeurant, les autorités administratives peuvent valablement jouer le rôle d'arbitre dans le règlement des litiges environnementaux. Les mécanismes de cette possibilité sont clairement saisissables par le truchement de la loi cadre en vertu de laquelle *« les parties à un différend relatif à l'environnement peuvent le régler d'un commun accord par voie d'arbitrage »*[619] .

Dans la pratique des travaux publics pourtant, le recours à cette règle aux fins de protection de l'environnent n'est pas monnaie courante. L'Administration préférant généralement recourir aux prérogatives de puissance publique pour infliger unilatéralement des sanctions en cas de dégradation de l'environnement[620].

2- La sanction en cas d'échec d'arrangement amiable

La nature et la portée de la sanction administrative d'atteinte à l'environnement dépendent selon que ladite sanction est le résultat d'un consensus négociée **(a)** ou d'un acte unilatéral **(b).**

a- La sanction en cas d'arrangement amiable

D'entrée de jeu, les sanctions administratives, aussi larges qu'elles soient dans l'exécution des travaux publics, sont illégitimes lorsqu'elles

---

[616] Voir à ce titre, les articles 577 et 36 du Code de procédure civile et commerciale du Cameroun.

[617] Voir, **OUMBA (P.),** « Le contentieux de la réparation des atteintes à l'environnement au Cameroun », *Revue de Droit Administratif*, n°4, 1er Semestre 2014, *op.cit.*, p.198.

[618] A ce titre, le Code des marchés publics de 2018 consacre l'arrangement amiable comme mode de règlement des différends nés de l'exécution des travaux. Il ressort de de l'article 187 (1) de ce Code que *« les litiges résultant des marchés publics peuvent, en tant que de besoin, faire l'objet d'une tentative d'arrangement amiable »*

[619] Voir article 92 de la loi cadre précitée.

[620] Conformément aux pouvoirs qu'elle détient en vertu des contrats administratifs ou en vertu du Code des marchés publics (voir par exemple section I du chapitre III traitant du suivi et du contrôle des marchés publics).

tendent à bouleverser l'équilibre financier du contrat. C'est en vue de cet impératif que défense itérative est faite à la personne publique contractante d'infliger des amendes au cocontractant défectueux[621]. Pourtant, cette règle connait de légers infléchissements au contact du droit de l'environnement. De façon concrète, la loi cadre donne plein pouvoir à l'Administration transigeante d'infliger des sanctions pécuniaires a tout agent pollueur et *« le montant de la transaction est fixée en concertation avec l'Administration chargée des finances. »*[622].

Cette disposition suscite curiosité au regard de la tradition publiciste des marchés publiques, fondamentalement hostile aux sanctions financières du maître d'ouvrage à l'égard de son cocontractant. Pourtant, cette dérogation ne fait plus l'objet d'aucun doute au contact de la cause environnementale, tant la loi cadre persiste et signe que *« ce montant ne peut être inférieur au minimum de l'amende pénale correspondante »*[623]. Aussi est-il loisible de lire entre les mêmes lignes que *« le produit de la transaction est intégralement versé au Fonds prévu par la présente loi »*[624].

Nonobstant son efficacité, cette sanction présente les risques d'effondrement de l'équilibre financier du contrat, source d'instabilité de celui-ci. C'est la raison pour laquelle, même en cas d'atteinte environnementale dument constatée, l'administration contractante a tendance à privilégier les sanctions de droit commun aux contrats administratifs.

b- Les sanctions de droit de commun

De toutes les Administrations ayant compétence environnementale et habilitées à intervenir dans les travaux publics aux fins environnementales, celle contractante demeure la plus hardie à sanctionner le cocontractant pollueur, en vertu du lien contractuel étroit qui les lie[625]. Elle dispose à cet effet d'une panoplie de prérogatives qu'elle peut exercer dans toutes les phases du chantier afin de garantir la conformité des activités aux impératifs environnementaux.

---

621 *Ibidem* art.91.

622 Voir Article 91 (2) de la loi cadre de gestion de l'environnement.

623 *Ibidem, op.cit.*

624 *Ibidem*, Article 91 (4).

625 Le cahier des clauses environnementales et sociales générales ou techniques fixe clairement les droits et obligations des parties au contrat.

Ces prérogatives sont constituées entre autres, des pouvoirs de direction, de contrôle, de modification unilatérale et de sanction[626]. Le pouvoir de sanction peut être valablement utilisé par le maître d'ouvrage pour imposer à l'entreprise des mesures de réparation ou de remise en l'état en cas d'atteinte grave ou irréversible. En réalité, les mécanismes de mise en œuvre de ces pouvoirs sont explicités par les documents contractuels selon les types de travaux[627]. Le maître d'ouvrage peut déléguer chacun de ces pouvoirs au maître d'ouvrage délégué, soit au maître d'œuvre. L'exercice de ces pouvoirs aux fins de protection de l'environnement est une obligation de l'administration et sa carence en cas d'atteinte avérée constitue une faute de travail pouvant engager de ce fait la responsabilité de la personne publique.

En théorie, les sanctions peuvent aller jusqu'à la résiliation unilatérale du contrat pour inexécution ou violation grave de ses clauses environnementales et sociales. Pour ce faire, il faudrait, de toute évidence, que le préjudice environnemental soit particulièrement et excessivement grave pour que les mécanismes d'une telle sanction soient déclenchés. Mais *in concreto,* on a l'impression que la mise en œuvre d'une telle sanction relève d'une impossible gageure. Il est particulièrement difficile de déceler un cas de résiliation unilatérale du fait de l'inexécution des clauses environnementales et sociales du chantier. Dans l'ensemble, l'intérêt accordé aux travaux et ouvrages publics semble encore de loin primer sur celui que l'on souhaiterait voir être accordé à la protection de l'environnement. Cette affirmation est particulièrement plausible dans le contexte actuel où la transformation infrastructurelle du Pays se trouve au centre de toutes les préoccupations. L'essentiel du budget y est consacré, largement au-delà de celui alloué à la protection de l'environnement[628].

C'est dire que le souci d'accélérer la croissance infrastructurelle du pays est de nature à entretenir une certaine tolérance administrative face à certaines atteintes environnementales sur les chantiers publics, notamment lorsque lesdites atteintes ne sont pas de nature à compromettre gravement les grands équilibres écologiques. Dans cette situation, la société civile doit alors accroitre sa surveillance, à l'effet de contrebalancer d'éventuelles défaillances administratives.

---

[626] **BIAKAN (J.),** *Le droit des marchés publics au Cameroun*, précité, p.90.
[627] **ZIMMER (Willy),** « L'incidence des considérations environnementales sur le droit des marchés publics », *Contrats et marchés publics*, juillet 2003, pp. 4-15.
[628] Voir supra, notamment la partie traitant du contexte économique de l'étude.

Section 2- La surveillance assurée par la société civile

L'expression *« société civile »* en droit de l'environnement est une notion large, aux contours pas toujours saisissable au premier abord. Dans l'ensemble, elle désigne les personnes physiques et morales de droit privé organisées ou non, qui ont, ou manifeste un intérêt particulier à protéger la nature et ses ressources. Ces acteurs d'un type nouveau influencent de plus en plus considérablement les politiques publiques environnementales nationales comme internationales[629]. Certains d'entre eux ont acquis une véritable renommée internationale et agissent sans frontière **(Paragraphe 1),** d'autres par contre mènent des actions de courte portée notamment en droit interne **(Paragraphe 2).**

Paragraphe 1- L'intervention de la société civile internationale

En matière d'environnement, la société civile internationale est essentiellement constituée des Organisations Internationales Non Gouvernementales (OING). Leur statut est clairement reconnu tant en droit international que national de l'environnement[630]. A l'origine, elles n'étaient pas assez nombreuses qu'aujourd'hui, mais leur nombre s'est considérablement accru depuis l'approche de la Conférence de Rio de 1992. Elles se sont démultipliées en réaction aux interventions néfastes de l'État et de certaines grandes entreprises industrielles sur la nature et la santé humaine.

On dénombre un nombre impressionnant d'OING pouvant intervenir dans la surveillance environnementale en contexte des travaux publics au Cameroun **(A),** même si l'adéquation entre ce nombre et la portée réelle de leur action sur le terrain reste encore matière à débattre**(B).**

A- Une participation significative des ONG

En effet, on entend par ONG tout groupement, association ou mouvement constitué de façon durable sur la base d'un acte juridique généralement appelé statut par des individus ou des personnes morales appartenant à un même État ou à des États différents, en vue de la poursuite de buts non lucratifs[631]. Dans les années 92, on dénombrait quelque 15 000 ONG

---

[629] **LONDON (C.),** « Responsabilité environnementale : l'action communautaire », *Bulletin du droit de l'environnement industriel,* 2/2001, page 2

[630] Voir **LOWE GNINEDEM (P.-J.),** *Les ONG et la protection de l'environnement en Afrique Centrale, op.cit.*, pp. 12-20.

[631] Voir à ce sujet **BETTATI (M.)** et **DUPUY (P.-M)** (dir.), *Les ONG et le droit international*, Paris, Economica, 1979 ; **MERLE (M.),** *Sociologie des relations internationales*, Paris, Dalloz, 3e éd. 1982, p. 362.

d'aide au développement dont environ 2 500 ont entretenu des activités dans les pays en voie de développement[632] au rang desquels le Cameroun **(1).** Dans le contexte des travaux publics, elles opèrent et mènent indépendamment des actions en vue de la préservation de la nature et ses ressources **(2).**

1- Le bilan remarquable d'OING intervenant

Il n'est pas possible de dénombrer avec exhaustivité la panoplie des ONG transnationales qui interagissent dans la protection de l'environnement au Cameroun. Une telle tentative serait vouée à l'échec, d'une part à cause de leur nombre vertigineux, d'autre part du fait qu'elles ne suscitent pas les mêmes engouements d'un chantier public à un autre. Toutefois, certaines d'entre elles ont acquise une renommée internationale et tendent de plus en plus à concurrencer l'Etat dans sa mission de surveillance environnementale. Les plus connues à l'heure actuelle sont entre autres, Amnistie International, transparency international, etc.

Mais de façon plus illustrative, il s'agit de l'Union Internationale pour la Conservation de la Nature (UICN), Alliance mondiale pour la nature comme on l'appelle aujourd'hui, fondée en 1948, regroupant États, organismes de droit public et ONG; du World Wildlife Fund (WWF) devenu World Wide Fund for Nature ; du Wildlife Conservation International (WCI) ; du World Ressources Institute (WRI) ; du World Society for the Protection of Animals et intervenant au Ghana, au Kenya, en Zambie, et Afrique du Sud et désormais au Cameroun ; de l'International Institute for Environment and Development ; de la Faune and Flora Preservation Society (FFPS) née en 1903 à Londres sous l'appellation de Société de la Préservation de la Faune de l'Empire ; etc.

Elles sont, certes, d'importance et de valeur inégales[633]. Mais prises dans leur ensemble, elles jouent un rôle considérable dans la défense de l'environnement et la promotion du développement durable. Abstraction faite de leurs initiatives pratiques, certaines d'entre elles sont quelques fois associées à l'élaboration des textes relatifs à la bonne gestion du développement durable dans le cadre des projets de développement. Lorsqu'elles ne sont pas directement et officiellement assignées d'une mission de surveillance ou de gestion environnementale dans un projet, elles agissent indépendamment.

---

[632] Le constat est du Professeur **KAMTO (M.)**, *in Droit de l'environnement en Afrique,* précité, p.383.

[633] **LOWE GNINEDEM (P.-J.)**, *Les ONG et la protection de l'environnement en Afrique Centrale*, *op.cit.*, pp. 12-20.

2- L'action indépendante des OING en la matière

Les OING de l'environnement encore appelées *ONG vertes*[634] sont des organisations militantes et très actives en cas de catastrophes écologiques, que celles-ci soient liées aux travaux publics ou non. Elles sont généralement intransigeantes et n'admettent que très peu souvent ou presque pas de collaboration avec l'État[635]. Pour raison, certaines attribuent à ce dernier une part belle de responsabilité dans la dégradation de la situation environnementale, à travers ses multiples travaux.

Dans certaines circonstances, l'Etat leur accorde une autorisation spéciale pour mener des investigations sur les chantiers de grande envergure. C'est généralement le cas dans les projets de barrage hydroélectrique, de construction et/ou aménagement des ports fluviaux, ou encore de réalisation des projets du linéaire à l'instar des routes nationales[636].

Toutefois, quelques soit l'angle de leur intervention, ces organisations transnationales produisent des rapports indépendants et libres qui sont généralement communiqués au public international et international sur les fondements du principe à l'information environnementale[637]. En cas de constat de dégâts écologiques compromettant la nature et ses ressources, la vie et la santé des populations, ces rapports peuvent produire un effet d'alerte à la communauté internationale sur les dangers relevés.

B- Une contribution efficace

Les ONG de protection de l'environnement au Cameroun ont un domaine d'intervention très vaste. En effet, la loi ne leur accorde pratiquement aucune limite matérielle, même si sur le plan pratique, leur intervention dans certains chantiers reste considérablement conditionnée. Nonobstant, en droit de l'environnement en général, elles ont une multitude d'actions à mener **(1)**, ce qui influence finalement le destin de ce droit nouveau sur les chantiers publics **(2).**

---

[634] L'expression est du Professeur **KAMTO (M.)**, in *Droit de l'environnement en Afrique,* précité, p. 383.

[635] Voir, **TSAMO (V.)**, *La protection de l'environnement dans la réalisation des travaux publics au Cameroun : l'exemple des routes nationales,* Mémoire de Master II en Droit Public, Université de Dschang, 2021, pp. 34-38.

[636] *Op.cit. idem.*

[637] *Op.cit. idem.*

1- Une contribution multidimensionnelle

Les ONG environnementales interviennent à deux niveaux précis en matière de protection de l'environnement. D'une part, dans l'élaboration des normes du droit de l'environnement et d'autre part dans la facilitation de la mise en œuvre des normes définies.

En effet, pour obtenir un droit de l'environnement consenti et non imposé, les décideurs publics doivent être informés des besoins des entreprises et des particuliers. Vice versa, les citoyens méritent d'être également informés des décisions relatives à la gestion de leur milieu de vie. Les ONG se positionnent alors comme la courroie de transmission de ces informations. Bien plus, elles participent activement au processus décisionnel en matière d'environnement. Elles interviennent en la matière, avec une double casquette d'observateurs et de consultants.

Dans la pratique des relations internationales contemporaines, certaines organisations intergouvernementales reconnaissent aux ONG environnementales un statut d'observateur. Ce statut leur permet alors de participer au processus décisionnel, notamment dans l'élaboration des Conventions internationales ou plus précisément des Accords passés dans le cadre des Conférences des Parties (COP)[638].

Dans la même mouvance, il est notoire de constater que certaines ONG ont de nos jours le statut de consultant ou d'expert. D'ailleurs, la loi cadre et divers textes du droit de l'environnement au Cameroun reconnaissent et protègent ce statut[639]. Elles sont ainsi souvent consultées dans le cadre de la réalisation des études d'impact environnemental et social des projets d'infrastructure. Dans la pratique, certaines de ces ONG sont constituées de techniciens avérées en matière environnementale. D'autres, plus spécifiées sont souvent consultées dans les projets pour leur expérience précise sur une question donnée. Leur dynamisme dans ce cadre confère à leur action une portée considérable.

---

[638] Voir à ce sujet **BETTATI (M.)** et **DUPUY (P.-M.)** (dir.), *Les ONG et le droit international*, Paris, Economica, *op.cit.*, 1979, pp. 58-70; **MERLE (M.),** *Sociologie des relations internationales*, Paris, Dalloz, 3e éd. 1982, *op.cit.,* p. 362.

[639] Voir art.77 et ss de la loi cadre de gestion de l'environnement.

2- Une portée étendue de leur action en la matière

La prise en compte des ONG dans les projets de développement infrastructurel vise des objectifs cruciaux dont la gestion intégrée de l'environnement[640]. Il est pratiquement question de bâtir une démocratie participative pour garantir le droit à un environnement sain. En effet, la réalisation du développement durable passe par l'intégration de tous les acteurs dans le processus de gestion de l'environnement. Les ONG sont alors de ce point de vue des partenaires au développement et des conseillers critiques sur qui repose un véritable *« devoir d'ingérence écologique »*[641].

Bien plus, il est indéniable que les ONG ont le *« pouvoir de faire honte »*[642]. En effet, malgré les consécrations textuelles du contentieux de l'environnement, l'accès au juge en la matière n'est pas toujours évidente, et le cours et l'issu du procès écologique ne sont pas toujours efficaces pour dissuader les pollueurs du secteur BTP. Pourtant, en dénonçant certaines atteintes graves, les ONG contribuent donc à impacter l'image et dont la valeur marchande de l'entreprise concernée. En fait, faire honte aux dégradeurs parait être désormais la principale arme qu'utilisent les ONG pour pallier les inefficacités administratives et juridictionnelles en matière d'environnement[643].

Dans la plupart des cas aussi, les ONG sont sollicitées par les bailleurs internationaux pour assurer le contrôle du respect de l'environnement dans les projets de développement financés par eux. De même, elles peuvent conclure des contrats avec les acteurs principaux des travaux publics pour intervenir directement dans les chantiers aux fins de protection des espèces en voie de disparition par exemple. Le faisant, elles peuvent alors dénoncer les atteintes constatées.

Paragraphe 2- Les initiatives internes

Sur la scène nationale, la protection de l'environnement mobilise un nombre considérable d'acteurs de la société civile. Ceux-ci apportent leur modeste contribution à l'édification d'un Cameroun plus vivable, tant par la

---

[640] **BETTATI (M.)** et **DUPUY (P.-M.)** (dir.), *Les ONG et le droit international*, Paris, Economica, *op.cit.*, 1979, pp. 58-70

[641] *Op.cit. Idem.* ; **MERLE (M.)**, *Sociologie des relations internationales*, Paris, Dalloz, 3e éd. 1982, *op.cit.*, p. 362.

[642] **LOWE GNINEDEM (P.J.)**, *Les ONG et la protection de l'environnement en Afrique Centrale*, *op.cit.*, pp. 12-20.

[643] *Op.cit. Idem.*

splendeur de ses infrastructures, que par l'agréabilité de son environnement. Ils peuvent être collectifs **(A)** ou individuels **(B).**

A- Le rôle des acteurs privés collectifs

Dans ce registre, la contribution de la société civile **(1)** est à distinguer de celle des organisations à caractère politique **(2).**

1- Les organisations de la société civile

Elles ont le droit et le devoir de veiller à la sauvegarde de leur milieu de vie. Elles doivent notamment s'assurer que les activités du projet ne dégradent pas leur cadre de vie.

Dans la phase des études environnementales, il est rappelé que les populations et les organisations de la société civile pourront, conformément à la loi, consulter les rapports d'études d'impact environnemental et social à l'effet de s'assurer de la conformité des mesures proposées à la protection de leur cadre de vie. Dans l'hypothèse où ces mesures ne sont pas convaincantes, les populations peuvent, par l'intermédiaire de leurs représentants (élus locaux, associations, etc.) opérer plusieurs réactions. Ainsi peuvent-ils requérir une procédure d'audience publique auprès du Ministre chargé de l'environnement au cours de laquelle, ils pourront recueillir du promoteur les informations complémentaires nécessaires à leur ample compréhension des enjeux écologiques du projet.

De manière concrète, elles doivent être encouragées à signaler aux autorités compétentes et organisations de base, toute action néfaste liée à la réalisation du projet. Les acteurs politiques ont eux aussi leur partition à jouer.

2- Les acteurs politiques de défense de l'environnement

Les acteurs politiques ont un rôle crucial dans la défense de l'environnement dans le cadre des travaux publics au Cameroun. Leur implication est essentielle pour garantir que les politiques environnementales et les réglementations en vigueur sont respectées et que les intérêts environnementaux sont pris en compte.

Aux termes de l'article 14 (2) de la Constitution[644], le Parlement légifère et contrôle l'action du gouvernement. Dans ce deuxième volet, le parlement

[644] Voir art.14 (2) de la Constitution révisée du 18 janvier 1996 précitée.

peut créer des commissions d'enquête sur une catastrophe écologique survenue sur un chantier public. A défaut, il peut formuler des questions écrites et orales aux responsables ministériels en charge de gestion de l'environnement, sur les fondements de l'article 35(1) de la Constitution[645].

Mais techniquement, voici quelques-uns des rôles attendus des acteurs politiques dans ce contexte :

- Élaboration et mise en œuvre de politiques environnementales : Les acteurs politiques, notamment les membres du gouvernement et les législateurs, sont chargés d'élaborer des politiques environnementales qui encadrent les travaux publics afin de minimiser leur impact sur l'environnement. Ils doivent veiller à ce que ces politiques soient mises en œuvre de manière efficace à tous les niveaux administratifs.
- Adoption de réglementations et de lois environnementales : Les acteurs politiques ont le pouvoir d'adopter des réglementations et des lois spécifiques visant à protéger l'environnement lors de la réalisation des travaux publics. Cela peut inclure l'établissement de normes sectorielles plus éfficaces. Ces normes peuvent concerner la qualité de l'air, la gestion des déchets, la préservation des écosystèmes, entre autres.
- Supervision et contrôle : Les acteurs politiques sont responsables de la supervision et du contrôle des organismes locaux chargés de l'application des réglementations environnementales. Ils doivent s'assurer que les autorités locales respectent les normes établies et prennent les mesures nécessaires pour prévenir ou corriger tout impact négatif sur l'environnement résultant des travaux publics.
- Promotion du dialogue et de la participation : Les acteurs politiques peuvent faciliter le dialogue entre les parties prenantes, y compris les communautés locales, les entreprises, les organisations non gouvernementales (ONG) et d'autres acteurs impliqués dans les travaux publics. Ils peuvent encourager la participation publique dans l'évaluation des impacts environnementaux et la prise de décisions concernant ces projets.

Les acteurs politiques ont un rôle clé à jouer dans la protection de l'environnement lors des travaux publics au Cameroun. Ils le peuvent en élaborant des politiques adéquates, en adoptant des réglementations efficaces, en supervisant leur application et en favorisant la participation publique pour

[645] Il en ressort que *« Le Parlement contrôle l'action gouvernementale par voie des questions orales ou écrites et par la constitution des commissions d'enquêtes sur des objets déterminés »*.

une gestion plus durable des projets d'infrastructures. Ils le font souvent en synergie avec les individus.

B- Le rôle des individus

Deux rôles majeurs des individus dans la surveillance environnementale en contexte des travaux publics au Cameroun sont l'observation participative **(1)** et le plaidoyer pour la responsabilité environnementale **(2).**

1- L'observation participative

L'observation participative[646] implique l'implication directe des individus dans la surveillance des activités liées aux travaux publics afin de détecter et de signaler tout impact négatif sur l'environnement. Ce rôle phare repose sur les actions suivantes :

- Surveillance active : Les individus peuvent observer de près les activités de construction, d'exploitation ou de réhabilitation des infrastructures publiques dans leurs environnements proches. De ce fait, ils identifient les signes d'altération de l'environnement tels que la déforestation, la pollution de l'eau, la perte de biodiversité, etc.

- Collecte et documentation de données : Ils peuvent recueillir des données sur les changements environnementaux observés à l'aide d'outils simples tels que des carnets de terrain, des appareils photos ou des applications mobiles dédiées à la collecte de données environnementales ;

- Signalement des problèmes : En cas de constatation d'activités préjudiciables à l'environnement, les individus peuvent signaler ces problèmes aux autorités compétentes ou à des organisations de la société civile spécialisées dans la protection de l'environnement.

Ce rôle actif des individus dans l'observation participative contribue à une surveillance plus exhaustive et à une réactivité accrue face aux menaces pesant sur l'environnement lors des travaux publics.

---

646 Au sujet de l'observation participative, voir : **DURKHEIM (E.),** *Les règles de la méthode sociologique*, 2001, Paris, PUF, *op.cit.,* P.45 ; **MILLS (W.),** *L'imagination sociologique,* Paris, Maspero, 1967, *op.cit.*, p.75 ; **GRAWITZ (M.),** *Méthode des sciences sociales, op.cit.*, p. 352.

2- Le plaidoyer pour la responsabilité environnementale

Le plaidoyer pour la responsabilité environnementale implique que les individus défendent activement la prise en compte des préoccupations environnementales et exigent des mesures correctives et préventives adéquates. Ce rôle phare comprend les actions suivantes :

- Sensibilisation et mobilisation : Les individus peuvent sensibiliser leur communauté aux enjeux environnementaux liés aux travaux publics, mobiliser un soutien local et régional pour promouvoir une gestion plus responsable et durable de ces projets.

- Engagement avec les décideurs : Ces acteurs peuvent s'engager dans un dialogue constructif avec les autorités locales, les entreprises et les organismes gouvernementaux pour faire entendre leurs préoccupations environnementales, proposer des solutions alternatives et influencer les décisions concernant les travaux publics.

- Plaidoyer pour le respect des normes : Ils peuvent plaider en faveur du respect strict des réglementations environnementales existantes et même proposer des améliorations à ces normes pour renforcer la protection de l'environnement[647].

En jouant ce rôle actif de plaidoyer pour la responsabilité environnementale, les individus contribuent à renforcer la prise en compte des aspects environnementaux dans la planification et l'exécution des travaux publics, favorisant ainsi un développement plus durable et équilibré.

En somme, l'observation participative et le plaidoyer pour la responsabilité environnementale représentent deux rôles majeurs que les individus peuvent jouer dans la surveillance environnementale en contexte des travaux publics au Cameroun.

---

[647] **BRET (R.)** « La participation du public à l'élaboration des normes environnementales : Etat des lieux et perspectives », *Droit et ville*, n°83, 2017, pp. 137-158. **Prieur (M.),** « Le droit de l'environnement et les citoyens : la participation », *RJE,* 1988, n°4. P397.

CONCLUSION DU CHAPITRE I

Au sortir des précédents développements, la protection de l'environnement dans l'exécution des projets d'infrastructures nécessite un spectaculaire jeu d'acteurs de provenances diverses. Les acteurs qui interviennent en la matière s'avèrent être aussi bien du secteur public que de celui privé. Leurs actions en la matière sont tributaires des moyens qu'ils disposent et surtout de leur camp d'appartenance.

Pour les acteurs du secteur public, une foultitude d'Administrations publiques se succède sur les sites des travaux pour garantir la protection de la nature et de ses ressources. Ces Administrations opèrent à différents degrés, en fonction de l'étendue de leurs compétences environnementales. Suivant cette logique, il a été donné de remarquer que divers Départements Ministériels à compétence environnementale sectorielle ont un intérêt à agir aux côtés du MINEPDED, du MINTP, et de l'Administration assurant la maîtrise d'ouvrage. Les agents chargés d'assurer le contrôle et la constatation des infractions environnementales dans ce cadre jouissent de certaines prérogatives encadrées par les textes. Les sanctions prises dans ce contexte varient selon qu'elles font suite à une procédure d'arrangement amiable ou d'une initiative administrative unilatérale.

De leur côté, les acteurs de la société civile entendent imbriquer leur marque sur les chantiers malgré les multiples obstacles qui entravent leur intervention. Essentiellement constitués d'ONG, d'associations, de personnes privées nationales et internationales, ces nouveaux acteurs du droit de l'environnement influencent considérablement le destin de la nature et de ses ressources en contexte de développement économique. Ils n'ont certes pas de pouvoir de sanction. Cependant, les actions qu'ils mènent tant dans la planification des projets que dans la surveillance de leur mise en œuvre font finalement d'eux les gardiens de l'environnement dans les chantiers publics.

Dans l'ensemble cependant, les acteurs administratifs et privés rencontrent diverses entraves dans l'exercice de leurs fonctions. Elles sont pour l'essentiel liées aux prérogatives de puissance publique et au caractère d'intérêt général reconnues aux travaux publics. Dans ce contexte alors, l'intervention des autorités judiciaires reste le dernier rempart pour imposer un réel respect de l'environnement aux acteurs du secteur BTP.

CHAPITRE 2- UN DISPOSITIF JURIDICTIONNEL DÉPLOYÉ

Les dommages matériels et environnementaux relèvent du patrimoine génétique des travaux publics. Mentionnons déjà que le contentieux des travaux publics faisait historiquement figure d'exception au traditionnel principe de l'irresponsabilité de l'Etat. L'article 4 de la loi française du 28 pluviôse an VIII a par la suite soumis le règlement des litiges nés de ces travaux à la compétence exclusive du juge administratif.

Cette règle s'est considérablement émoussée de nos jours. Cette compétence est désormais partagée lorsqu'entrent en jeu les dommages environnementaux. Plus précisément, la compétence juridictionnelle se trouve élargie si le dommage résultant de l'opération de travail public présente des signes de nuisance environnementale. C'est par exemple le cas des nuisances sonores et olfactives, des pollutions diverses, et des atteintes aux milieux récepteurs en général. Ces dommages relèvent spécialement du droit de l'environnement, et du coup, le contentieux à l'origine purement administratif dévient, par nécessité, un contentieux environnemental. Les conséquences sont immédiates sur la répartition des règles de compétences ente le juge administratif et le juge judiciaire[648].

Opérant une réflexion analogue, le Professeur Parfait OUMBA remarque que le contentieux de l'environnement en droit camerounais est atypique et original[649]. Cette affirmation est pertinente vue que ledit contentieux emporte à la fois la compétence du juge administratif **(section 1)**, mais aussi celle du juge judiciaire **(section 2)**.

Section 1- La sanction des atteintes environnementales devant le juge administratif

Le juge administratif bénéficie d'une compétence d'attribution pour la réparation des dommages des travaux publics, et partage certaines de ces compétences avec le juge judiciaire en matière administrative[650].

[648] **OUMBA (P.)**, « Le contentieux de la réparation des atteintes à l'environnement au Cameroun », *op.cit.*, pp.198-199.

[649] *Ibidem*, p. 200.

[650] Dans le contentieux administratif en général, le champ de compétence du juge judiciaire est assez vaste. En effet, au terme de l'article 3 (1et 2) de la loi n°2006/022, les tribunaux de droit commun connaissent, conformément au droit privé, de toute autre action ou litige, même s'il met en cause les personnes morales énumérées à l'article 2, la responsabilité desdites personnes morales étant à l'égard des tiers, substituée de plein droit à celle .de leurs agents auteurs des dommages causés dans l'exercice même de leurs fonctions. (2) Ils connaissent, en outre, des emprises et des voies de fait administratives et ordonnent toute mesure pour qu'il y soit mis fin. De façon générale, on dénombre au moins huit cas de compétence du juge judiciaire. C'est par exemple le cas des dommages subis par l'usager d'un service public industriel et commercial (SPIC). En effet, il est de jurisprudence constante, depuis *l'arrêt du TC du 22 janvier 1921, Bac d'Eloka*, rec., p. 91 et GAJA, que les SPIC sont soumis au droit privé. Les litiges relatifs à leur fonctionnement relèvent de la compétence du juge judiciaire. Il en est de même des litiges opposant le gestionnaire du SPIC aux usagers de ce service.

Curieusement, aucun texte du droit positif camerounais ne consacre expressément la compétence environnementale contentieuse du juge administratif, alors qu'une telle compétence ne se présume pas[651] et demeure d'ordre public[652]. Surtout qu'une autorité ne peut pas empiéter sur les compétences d'une autre[653]. Dès lors, comment le juge du contentieux administratif en vient-il à connaitre des litiges de nature écologique ?

En effet, la Constitution faisant de l'Administration garante de la protection de l'environnement, intègre silencieusement cette matière dans le giron de l'action administrative dont le contrôle est assuré de plein droit par le juge administratif. Ce qui confère à ce dernier l'autorité suffisante pour trancher des litiges relatifs aux atteintes à l'environnement. Dès lors, les bases constitutionnelles de la compétence environnementale du juge administratif ne

---

Lorsqu'un usager d'un SPIC est victime d'un dommage de travaux ou d'ouvrages publics, son action en dommages intérêts doit être portée devant la juridiction de l'ordre judiciaire (cf. TC, 24 juin 1954, Dame Galland, rec., p. 717). La théorie dite du « bloc de compétences » l'emporte, ici, sur l'effet attractif de la notion de travail public. On considère, en effet, qu'il n'existe que des liens de droit privé entre les SPIC et leurs usagers. Cette compétence du juge judiciaire est reconnue même en l'absence de tout bien contractuel, entre l'usager et l'organisme gestionnaire du SPIC (voir CE, section. 13 janvier 1961, Département du BasRhin, rec., p. 38, AJDA 1961, p. 235). Mais il y a lieu de signaler l'existence d'une exception à cette compétence du juge judiciaire. Le juge administratif demeure compétent lorsque les dommages de travaux publics concernent des tiers à un SPIC, c'est-à-dire des usagers d'un ouvrage public qui contribue au fonctionnement d'un SPIC sans pour autant être usagers du SPIC lui-même (cf. CE, section, 25 avril 1958, *Dame Veuve Barbaza*, rec., p. 228, *AJDA,* 1958, II, p. 222 ; TC, 16 mai 1983, préfet de la Loire, rec., p. 538, CJEG 1983, p. 285). 2. Relèvent également de la compétence du juge judiciaire les dommages causés par un véhicule de l'Administration utilisé dans le cadre de l'exécution de travaux publics. C'est là une compétence d'attribution du juge judiciaire qui résulte de l'article 9(3) de l'ordonnance n° 72/06 du 26 août 1972, inspiré de la loi française du 31 décembre 1957. La notion de véhicule visée par la loi est entendue de manière extensive par la jurisprudence. Tout engin susceptible de se mouvoir par le moyen d'un « dispositif propre » (se déplacer de manière autonome) est qualifié de véhicule. Ayant eu à se prononcer, récemment, sur la détermination du juge compétent pour statuer sur la demande de réparation de dommages causés par des engins de chantier, le tribunal des conflits a été amené à considérer qu'un engin de chantier (pelle mécanique dite « trancheuse »), doté d'un dispositif lui permettant de se déplacer de façon autonome, doit être regardé comme constituant, au sens des dispositions de la loi du 31 décembre 1957, un « véhicule », (TC,12 décembre 2005, *Gaz de France,* n° C3492 ; Les Annales de la Voirie n°108, juillet-août 2006, p.129, note David-André Camous). Toutefois, cette qualification juridique de véhicule est refusée à certains engins : aux ascenseurs ou aux monte-charge par exemple. Ils font partie d'un ensemble fixe et ils n'ont aucune autonomie par rapport à cet ensemble. Cette compétence du juge judiciaire est loin d'être absolue. Elle ne vaut qu'au plan de la responsabilité extracontractuelle. Quand le dommage causé par un véhicule entraîne la mise en jeu d'une responsabilité contractuelle, le juge administratif est compétent. Une action en responsabilité engagée contre l'Etat en raison d'un dommage causé par un véhicule qu'il a mis à la disposition de l'entreprise requérante, dans le cadre de l'exécution d'un marché de travaux publics, relève de la compétence de la juridiction administrative. On considère que le "lien contractuel« rétablit la compétence du juge administratif (CE, section, 11 janvier 1978, Compagnie L'Union et le Phénix Espagnol, rec., p. 6, CJEG 1978, p. 67). Pour amples détails, lire, **GILLET LORENZI (E.) et TRAORÉ (S.),** *Droit administratif des biens*, éd. du CNFPT, Paris, 2007, op.cit., p.196.

[651] La compétence des tribunaux administratifs au Cameroun est déterminée par la n°2006/022 du 29 décembre 2006 portant organisation et fonctionnement des tribunaux administratifs. Les articles 2 et 3 de ladite loi ne confèrent ni implicitement, ni explicitement compétence environnementale aux juges de cet ordre.

[652] Le caractère d'ordre public implique qu'en cas de litige, le juge saisi est fondé à soulever d'office le moyen tiré de l'incompétence même si les parties ne l'ont pas faites. Le Conseil du Contentieux Administratif l'a ainsi posé dans l'arrêt CCA, 09-09-1955, *MINYEM Martial.*

[653] Ceci est valable, même lorsqu'il s'agit d'une autorité subordonnée. C'est ce qui ressort de l'espèce CCA-27-12-1957, *Sieur DJOCK Paul c/ Etat du Cameroun* (mémento n°7).

souffrent plus d'aucune contestation. Pourtant, une fois les bases de sa compétence établies, le juge administratif s'est trouvé face à un nouveau vide juridique criard, notamment celui de l'inexistence d'une procédure environnementale contentieuse sur la base de laquelle il devait dire ce nouveau droit. Pour combler ce vide juridique face à l'urgence environnementale, il comprit très vite la nécessité de recourir aux règles du contentieux administratif classique, mais cette fois ci à des fins de protection du cadre de vie et des espèces qui en dépendent.

De manière classique, on distingue deux catégories de contentieux administratifs. La première est celle donnée par Edouard LAFERRIERE et se fonde sur les pouvoirs du juge pour distinguer le contentieux de pleine juridiction, le contentieux de l'annulation des décisions illégales, le contentieux de l'interprétation et le contentieux de la répression. La seconde classification donnée par Léon DUGUIT se fonde sur la nature de la question adressée au juge pour distinguer les contentieux objectifs et subjectifs étant entendu qu'il y'a contentieux objectif ou contentieux de la légalité lorsque le requérant invoque la violation d'une règle de droit et contentieux subjectif lorsque le requérant invoque des droits faisant partie d'une situation juridique individuelle subjective.

De cette diversité de recours, seuls les recours en annulation **(paragraphe 1)** et en réparation **(paragraphe 2)** connaissent un destin prodigieux devant le juge du contentieux administratif de l'environnement camerounais.

Paragraphe 1- L'annulation des actes administratifs non conformes à la légalité environnementale

Le juge administratif est désormais en même temps juge de la légalité environnementale et des requêtes dirigés contre les dommages de travaux publics[654]. Il en est de même en matière de délégations de service public, des contrats de partenariat public-privé et de marchés privés de travaux publics. Classiquement, le recours pour excès de pouvoir est quasi inopérationnel dans

[654] Les acteurs engagés dans le processus de réalisation des travaux peuvent voir leur responsabilité contractuelle engagée par leur(s) cocontractant(s) devant le juge judiciaire (exemple : les sous-traitants), mais dans le cadre des litiges causés aux tiers ou à l'environnement par l'opération de travaux publics, le juge administratif reste compétent.

les travaux publics excepté lorsqu'il est adressé contre les actes détachables du contrat[655].

Dans les travaux publics, les procédures de réalisation et de validation de l'étude d'impact environnemental et social constituent le domaine de prédilection du recours en légalité ou en excès de pouvoir. Plusieurs actes administratifs illégaux peuvent alors être contestés par les citoyens, aussi bien en procédure normale **(A)** que dans le cadre de la mise en œuvre de l'urgence environnementale **(B).**

A- La mise en œuvre du contentieux de la légalité environnementale ordinaire

Le recours de la légalité ordinaire correspond à l'hypothèse dans laquelle la contestation de l'acte illégal s'opère sans exigence particulière de procédure, notamment en l'absence de toute procédure d'urgence[656]. C'est donc un recours essentiellement préventif qui se matérialise par la mise en œuvre du recours en annulation pour excès de pouvoir. C'est la raison pour laquelle la doctrine majoritaire y voit l'un des illustres moments de célébration par le juge administratif, des sacrosaints principes de prévention et de précaution. Devenus en effet *« les nouveaux défendeurs de l'environnement »*[657] dans l'essor d'un *« nouveau procès administratif »*[658], les tribunaux administratifs doivent désormais rendre justice à la nature, à ses ressources et aux personnes qui en dépendent, en annulant à l'avance les décisions à incidences écologiques regrettables.

Dans l'arrêt n° 28/P du 27 mai 2010 *(affaire Hazim),* la Cour suprême du Cameroun rappelle qu'*«il est de principe jurisprudentiel que l'annulation*

[655] Les contrats administratifs sont de véritables actes règlementaires porteurs de prérogatives exorbitantes dont se prévaut la personne publique contractante. C'est à ce titre que le juge judiciaire considère les cahiers des charges sont une patente manifestation de la puissance publique et ne peuvent être contestés par le cocontractant. Pour amples informations sur cette unité, voir CS/CA, jugement n°50/84-85 du 1er février 1985 *TAMEGHI Boniface (AMSECOM-AMSECOMCOM) c/. État du Cameroun (Ministère des Forces Armées)* ; Voir également le Jugement civil N°201 TGI Yaoundé du 12 janvier 2004, *Sté FIRMA Sarl, c/Programme sectoriel (PSFE/MINEF).* Dans cette affaire, le juge dit : « Attendu en effet qu'il ressort de l'énumération de l'article 2 du contrat N°001/07/01/PSFE/MINEF signé le 26 juillet 2001 que les cahiers des clauses administratives générales et particuliers sont considérés comme documents faisant partie intégrante du marché ». Dans la doctrine, Cf. **BATOUM-BA-NGOUE (S.-T.),** *Contrat et commande publique : les cas des marchés publics au Cameroun,* Revue de procédure civile, v.8, n°.2: 151-172, mai-août, 2017, pp. 151-172, *op.cit.*

[656] **TSAMO (V.),** « Le contentieux de l'urgence environnementale devant le juge administratif camerounais », IMJST, vol.9, n°3, mars 2024, pp.7181-7190.

[657] **PRIEUR (M.),** « Les tribunaux administratifs, nouveaux défenseurs de l'environnement », *RJE*, op.cit., p.1977.

[658] **SAUVE (J.-M.),** « Le nouveau procès administratif », Intervention lors des Etats généraux du droit administratif, organisés à la maison de la chimie le 27 septembre 2013 sur le thème « le juge administratif et les questions de société ».

d'une décision administrative pour excès de pouvoir est opposable erga-omnes ». Dans l'arrêt n° 98/civ du 22 mars 2012 (SFH contre État du Cameroun), l'auguste cour indique entre autres que l'annulation pour excès de pouvoir est revêtue d'une autorité de chose jugée d'une façon absolue, qu'elle est faite dans l'intérêt de la légalité qui est le bien de tous, qu'elle a un caractère d'utilité publique (voir 23e et 24e rôles).

L'annulation a donc ainsi un effet rétroactif. Les actes de service annulés pour excès de pouvoir sont réputés n'être jamais intervenus selon la Cour suprême du Cameroun. À ce propos, l'illustre Cour suprême reprend *in extenso* une position doctrinale de Bernard PACTEAU dans l'arrêt du 22 mars 2012 en ces termes: *« le propre de la justice, on l'a dit et répété, est de revenir, de retourner, donc de rétroagir. Le juge est même là pour ça. C'est ce qu'on lui demande, c'est ce qu'on cherche quand on le saisit, c'est ce qu'on attend de lui: dire quel était le droit, le bon droit, donc de dire ce qui aurait dû être fait. C'est sa fonction. C'est sa mission, c'est même son obligation »*[659].

Pour accomplir sa mission de gardien de la protection de l'environnement en matière contractuelle des travaux publics, les magistrats de l'ordre administratif opèrent deux contrôles majeurs d'illégalité environnementale, en l'occurrence, le contrôle formel **(1)** et le contrôle matériel **(2)**.

1- La mise en œuvre du contrôle formel de la légalité environnementale

Au prétoire du juge administratif, le contrôle formel de conformité environnementale des actes du chantier vise à vérifier le respect des règles de compétence et de procédure. C'est la raison pour laquelle il mobilise les moyens d'illégalité externes que sont l'incompétence **(a)** et le vice de forme ou de procédure[660] **(b).**

a- L'annulation tirée de l'incompétence

En effet, l'incompétence d'une autorité peut être matérielle, territoriale ou encore personnelle[661] et revêt un double aspect positif ou négatif. Elle est

---

[659] Arrêt no 98/Civ du 22 mars 2012 de la Cour suprême du Cameroun (chambre judiciaire), *Affaire Société forestière Hazim et Compagnie contre État du Cameroun* (31e et 32e rôles).

[660] Voir **BILONG (S.),** Droit et pratique de la responsabilité administrative, notes de cours Master I droit public, Université de Dschang, 2019-2020, pp.43-44, *inédit.*

[661] La compétence personnelle « ratione personae » suppose que les compétences sont faites pour certaines autorités ; celle matérielle « ratione materiae » postule que les autorités ne la détiennent que pour un ensemble de matière déterminées; celle territoriale « ratione loci » implique qu'une autorité compétente ne l'est que pour une sphère territoriale donnée.

dite positive lorsque l'autorité qui a pris l'acte querellé n'avait pas compétence pour le prendre. A titre d'illustration, la règlementation dispose clairement que le permis environnemental en matière de gestion des déchets est exclusivement délivré ou retiré par le Ministre en charge de l'environnement[662]. Dans le cas contraire, tout permis délivré dans ce contexte à un entrepreneur et qui n'émane pas de l'autorité compétente serait susceptible d'annulation pour incompétence de l'autorité publique. C'est notamment ce qu'a fort bien rappelé la jurisprudence dans une espèce analogue inscrite au nom de *DJACHE Théodore* rendue le 21 mars 2017. Dans l'espèce, le juge précise que les agents assermentés agissant en qualité des officiers de police judiciaire en matière de constatation des infractions à la réglementation environnementale n'ont pas une compétence nationale et que les actes pris par ces derniers dans le cas d'espèce sont nuls et de nul effet[663]. On peut en dire autant de la délivrance du certificat de conformité d'un rapport d'étude d'impact environnemental dans la phase de préparation d'un chantier public[664].

Par contre, l'incompétence est dite négative lorsqu'une autorité administrative invoque à tort son incompétence pour refuser de prendre un acte dont elle est pourtant seule habilitée à le prendre.

Toutefois, en l'absence de prescriptions formelles ou lorsque celles-ci sont vagues, le juge appelé à statuer sur l'incompétence de l'autorité de l'acte, a été amené à poser un certain nombre de principes dont le premier est le caractère d'ordre public de la compétence, à savoir qu'il revient au juge de soulever *in limine litis* l'incompétence de l'autorité même si le demandeur ne l'a pas envisagé[665]. La conséquence en est qu'une autorité administrative ne peut pas empiéter sur les compétences d'une autre même s'il s'agit d'une autorité inférieure[666], à l'exception de l'hypothèse de la délégation de pouvoir qui doit elle-même être écrite et préciser nettement son domaine d'intervention ainsi que sa durée et ses limites[667].

---

[662] Voir art.3 du Arrêté N° 001 /MINEPDED DU 1 5 octobre 2012 fixant les conditions d'obtention d'un permis environnemental en matière de gestion des déchets, susvisé.

[663] Jugement n° 85/ADD/2017/TA-YDE du 21 mars 2017, *DJACHE Théodore c/ Etat du Cameroun (MINEPDED).* Le commentaire de cette jurisprudence est amplement donnée ne détail par **EHAWA (B.),** in « La protection de l'environnement par le juge administratif camerounais à travers les moyens classiques du contentieux de l'excès de pouvoir », *International Multilingual Journal of Science and Technology (IMJST)*, Vol. 6 Issue 8, August – 2021, *op.cit.*, pp. 4022-4023.

[664] Voir décret n° 2013/014 du 14 Février 2013 relative à la réalisation des études d'impact environnemental et social.

[665] Arrêt n° 367/CCA du 3 septembre 1955, *MINYEM Martial c/Territoire du Cameroun.*

[666] Arrêt n° 678/CCA du 27 décembre 1957, *Njock Paul c/ Administration du territoire.*

[667] A ce sujet, lire les conclusions du Commissaire du Gouvernement Meric sous l'espèce CE, 28 Juin 1957, *société X, RDP,* 1957, p.1072.

Le rappel de ces règles n'est pas hasardeux tant il est connu que la loi opère une exacte et précise répartition des compétences entre les autorités à compétence environnementale. Le cas le plus illustratif est celui de la séparation des compétences entre le Ministre en charge de l'environnement et le Comité interministériel de protection de l'environnement dans la procédure administrative de validation des études environnementales du chantier et des termes de référence y afférents.

Aussi faut-il que les formalités procédurales soient observées.

b- L'annulation tirée des vices de forme et de procédure

En effet, la réalisation et la validation administrative des études d'impact environnemental et social est l'étape première de la protection de l'environnement en contexte des travaux publics[668]. Le respect de ces étapes est la condition *sine qua none* d'obtention du certificat de conformité environnementale qui, à son tour, demeure dans l'absolue, l'unique élément déclencheur des travaux[669].

Pourtant, malgré ces enjeux, le contentieux administratif de l'environnement révèle encore bien de cas de vices de forme. Ce constat n'est toutefois pas très surprenant tant les évaluations environnementales et leur validation administrative nécessitant de compétences spécifiques et transdisciplinaires qui se font de plus en plus rares. C'est pourtant dans l'optique de combler ce vide que la règlementation exige au maître d'ouvrage de recourir à l'assistanat des cabinets et d'experts agrées en la matière[670]. Cette exigence est même rendue obligatoire dans certaines situations particulières[671].

Le vice de forme ou de procédure est le fait pour une autorité de prendre une décision à incidence environnementale sans respecter les formalités nécessaires. Le juge administratif de l'environnement se montre de moins en moins indulgent face aux vices de formes en raison des avancées notoires de codification du droit de l'environnement et du droit administratif réalisées ces dernières décennies par le législateur camerounais. Sans en faire un bilan

---

[668] L'alinéa 3 de l'article 3 du décret de 2013 relatif à la réalisation des études d'impact environnemental et social précise irrévocablement que *« La mise en œuvre d'un projet ne peut démarrer avant l'approbation de l'étude d'impact environnemental et social y relatif ».*

[669] *Ibidem, op.cit.*

[670] Aux termes de l'alinéa 1 de l'article 14 du décret de 2013 relatif à la réalisation des études d'impact environnemental et social précité, *« Le promoteur d'un projet doit faire appel à un consultant, à un bureau d'étude, à une organisation non gouvernementale ou à une association de son choix, agréer par le Ministre en charge de l'environnement, pour réaliser l'étude d'impact de son projet ».*

[671] Cette exigence est facultative pour les notices d'impact environnemental et social.

exhaustif, il est loisible de constater que les procédures de réalisation et de validation administratives des études d'impact, des audits ou des notices environnementaux et sociaux sont désormais clairement indiquées par de textes précis[672]. Il serait alors maladroit pour un promoteur d'invoquer l'inexistence ou l'obscurité de la loi pour se prévaloir de ses manquements, surtout que l'annulation produit des effets rétroactifs tant à l'égard de l'Administration que du promoteur du projet.

Cependant, suivant les traces de ses prédécesseurs[673], le juge administratif promet de ne fonder la sanction d'un vice de forme ou de procédure en matière d'environnement que sur la théorie des formalités substantielles, ainsi qu'il ressort de l'espèce *société forestière HAZIM (SFH)* objet du jugement n° 103/2005-2006 du 14 juin 2006. Dans cette espèce, le juge administratif annule les décisions du Ministre infligeant des pénalités à la société SFH, estimant que le défaut du procès-verbal d'infraction environnementale est une formalité substantielle de constatation matérielle des faits délictueux, à laquelle l'Administration chargée des forêts est obligatoirement assujettie en cas d'infraction. Il statut que l'absence de cet instrument constitue le vice de forme qui entache de nullité toutes poursuites en répression ou en payement contre un contrevenant conforme[674]. En ceci, on se rapproche d'avantage du contrôle matériel.

2- La mise en œuvre du contrôle matériel

Le contrôle matériel permet au juge de l'environnement d'opérer l'annulation des décisions illégales à travers deux moyens d'illégalité internes. En effet, l'illégalité interne est un vice qui affecte l'acte administratif dans son contenu. Aux dires du Professeur GUGLIELMI, c'est *« une cause juridique qui affecte le contenu de l'acte administratif. Elle le vicie de l'intérieur et l'attaque dans son être »*[675]. Au quotidien, elle se décline sous la forme de l'irrégularité **(a)** et du détournement de pouvoir[676] **(b).**

---

672 Le décret de 2013 précité opère une synthèse de l'ensemble de ces procédures citées.
673 Arrêt CS/CA, 20 septembre 1969, *EVINA ADA Christophe.*
674 CS/CA, Jugement n°13/2005-2006 du 14 juin 2006, *affaire Société forestière HAZIM et Cie c/Etat du Cameroun (MINEF).* Les commentaires de cette espèces sont amplement livrés par **EHAWA (B.),** in « La protection de l'environnement par le juge administratif camerounais à travers les moyens classiques du contentieux de l'excès de pouvoir », *International Multilingual Journal of Science and Technology (IMJST),* Vol. 6 Issue 8, August – 2021, *op.cit.*, pp. 4023-4024.
675 **GUGLIELMI (G.),** *Cours de droit administratif, op.cit.,* p.124.
676 Voir **BILONG (S.),** Droit et pratique de la responsabilité administrative, notes de cours Master I droit public, Université de Dschang, 2019-2020, *op.cit.,* pp.43-44, *inédit*

a- L'annulation tirée de l'irrégularité de l'acte

A l'évidence, l'irrégularité renvoie à la violation de la loi et des dispositions réglementaires applicables à la protection de l'environnement dans sa globalité[677]. Pour le Professeur Georges VEDEL, *« il s'agit de la violation de toute règle qui, en vertu du principe de légalité s'impose à l'administration »*[678].

La preuve de l'irrégularité des actes administratifs à vocation environnementale dans les travaux publics pose d'inhabituelles difficultés en raison du concours des autorités susceptibles d'intervenir en la matière et surtout de la variation des décisions, étant donné que celles-ci sont souvent implicites[679]. D'ordinaire, précisément dans le régime général du contentieux administratif, l'irrégularité s'apprécie *in concreto* et n'intéresse que les éléments substantiels de forme, à l'instar des titres, les visas, les motifs, le dispositif, la signature etc.[680] En matière environnementale pourtant, il sera particulièrement pénible d'apporter la preuve de l'irrégularité en cas d'une décision implicite d'acceptation d'une étude ou de ses termes de référence, puisque cette éventualité existe en droit camerounais[681].

b- L'annulation tirée du détournement de pouvoir

Le détournement de pouvoir a longtemps alimenté les recours contentieux devant le juge administratif camerounais et peut valablement être soulevé en matière environnementale, sans grand changement de régime.

Il est question en est question « lorsqu'une autorité administrative accomplit un acte de sa compétence mais dans un but autre que celui pour lequel l'acte pouvait être accompli »[682]. Cette définition a été majestueusement reprise dans la jurisprudence BIALE Jean[683]. Ne se démarquant pas de son prédécesseur, la Cour Suprême apporte des précisions quelques années plus tard en ces termes : « Considérant qu'en droit administratif est entaché de détournement de pouvoir, l'acte accompli par l'administration dans un but

[677] Voir art. 9 de l'Ordonnance n° 72/06 du 26 août 1972 portant organisation de la Cour Suprême.
[678] Voir **VEDEL (G.)**, *Droit administratif*, Thémis, 9e éd. PUF, p.592.
[679] Par exemple, au terme de l'article 13 al.5 du décret de 2013 précité, le silence gardé par le Ministre en charge de l'environnement après silence gardé pendant 30 jours tient lieu de validation de l'étude.
[680] Voir **BILONG (S.)**, *Droit administratif général*, Notes de Cours, Faculté des Sciences juridiques et politiques, Université de Dschang, 2017, p.33.
[681] En effet, aux termes du décret de 2013 relatif aux études d'impact environnemental et social précité, le silence gardé de l'administration vaut acception du rapport d'étude environnementale en question.
[682] **DE LAUBADERE (A)**, *Traité élémentaire de droit administratif*, t1, 8e éd., Paris, Librairie Générale de Droit et de jurisprudence, 1953, p.186.
[683] Arrêt n° 120/CFJ/CAY du 8 Décembre 1970, BIALE Jean c/Etat du Cameroun

autre que celui en vue duquel les pouvoirs dont elle dispose lui ont été confiés»[684].

Mais de façon plus étendue, constitue également un cas de détournement de pouvoir, le fait pour l'Administration, en vertu de ses de police, de mettre fin à des litiges la concernant particulièrement. C'est par exemple le cas hypothétique dans lequel le MINTP mettrait fin, en vertu de ses pouvoirs de police, à un litige de pollution sur un chantier exécuté en régie par les soins de son département Ministériel.

Cependant, la mise en exergue du détournement de pouvoir ne relève pas toujours de l'évidence, en ceci qu'elle exige que soit recherchée l'intention profonde de l'auteur de l'acte. Cela exige donc du juge de pénétrer dans l'intime conviction de l'auteur de l'acte afin d'y déceler le mobile concret de sa décision. C'est la raison pour laquelle le juge tend de plus en plus à assimiler ce domaine au régime de la violation de la règle de droit, ce qui ne manque pas de ternir son importance.

Quoi qu'il en soit, préalablement à l'exécution de toute décision administrative à incidence environnementale irréversible, le mécanisme de l'urgence environnementale peut être déclenché devant le juge administratif et dans cette hypothèse, une procédure particulière est à suivre.

B- L'urgence environnementale devant le juge administratif

L'instauration des procédures d'urgence dans le règlement des litiges impliquant l'Administration fut et demeure encore l'une des avancées majeures dans le laborieux processus de reconnaissance et de consolidation des droits de l'homme au Cameroun. Car, le référé qui en est l'une des fières composantes constitue une *« garantie essentielle du respect des droits de la défense »*[685] et aujourd'hui considéré comme *« une règle fondamentale du droit public »*[686]. La protection efficace de l'environnement nécessite que le juge puisse intervenir le plus tôt possible pour contenir, dans l'urgence la plus accrue, les atteintes irréversibles, qu'elles soient en cours de réalisation ou projetées. L'urgence est donc un admirable palliatif aux lenteurs administratives écologiquement préjudiciables qui ont pendant longtemps terni l'image et le cours de la justice administrative au Cameroun.

---

[684] Arrêt N° CS/CA du 3 Juin 1983, Awona Awono Gilbert c/Etat du Cameroun.

[685] Conseil Constitutionnel français, 23 janvier 1987, n° 86-224, *Recueil du Conseil constitutionnel* page 8

[686] CE, Ass, 2 juillet 1982, Huglo et autres, *recueil*, page 257.

Le véritable problème est que les décisions administratives bénéficient du privilège du préalable[687] et s'exécutent d'office[688]. C'est dire que la contestation juridictionnelle d'une décision ordonnant le début des travaux, même manifestement illégale, n'a aucun effet suspensif[689]. Ce qui implique que ladite décision, dans l'attente de sa probable annulation, doit être exécutée. Elle produit entre temps ses effets juridiques, et ses impacts néfastes sur l'environnement. C'est notamment le cas de l'autorisation de démarrage d'un chantier public écologiquement désastreux, à la suite de l'octroi d'un certificat de conformité pourtant irrégulièrement pris, ou non conforme à la légalité environnementale. Dans cette hypothèse, le sursis à exécution **(1)** et le référé administratif **(2)** constituent des mesures d'instruction d'urgence.

1- Le sursis à exécution

En pratique, lorsque le certificat de conformité environnementale et sociale d'un projet a été délivré par le Ministre en charge de l'environnement, les travaux s'en suivent immédiatement dès lors que l'entrepreneur reçoit du maître d'ouvrage l'autorisation de lancement des opérations[690]. Une fois ce train mis en marche, Il devient particulièrement difficile, voire impossible d'obtenir une cessation des travaux, même si certaines opérations s'avéraient écologiquement désagréables[691]. Cette affirmation est encore plus vraie en contexte de sous-développement où le lancement effectif d'un projet de développement s'apparente souvent à un véritable parcours de combattant, et s'opère très souvent au travers d'un long, lent et laborieux processus aux implications budgétaires considérables. Dans ce cas d'école, l'intérêt environnemental est facilement susceptible d'être sacrifié à l'autel du progrès infrastructurel jugé plus nécessaire aux yeux des décideurs. C'est ici que

---

[687] En effet, l'acte administratif unilatéral est revêtu d'une présomption de vérité légale, ce qui suppose que jusqu'à preuve de contraire, il est réputé conforme au droit. La conséquence en est que le *recours en contestation n'en suspend pas l'exécution. C'est justement ce que rappelait le juge dans l'espèce CS/CA ATANGANA MBARGA Adalbert : « attendu qu'il ne faut pas confondre un acte administratif et une décision rendue par une juridiction… qu'ainsi, malgré le recours intenté par ATANAGANA Adalbert contre le décret du 26/06/1980, il était tenue de rejoindre Bertoua ».* Voir Mémento n°5.

[688] L'efficacité d'une décision administrative repose en fait sur son application immédiate et automatique. C'est ce que le Pr. SCHWARTZENBERG appelle *« l'autorité de chose décidée »*, in **SCHWARTZENBERG (R.-G.)**, *L'autorité de chose décidée*, Librairie Générale de Droit et de Jurisprudence, 1969, p.72. Son sursis n'est généralement admis que dans certains cas limitatifs. Voir arrêt TC, 02/12/1902 Société Immobilière de Saint Just, GAJA n°11.

[689] **TSAMO (V.)**, « Le contentieux de l'urgence environnementale devant le juge administratif camerounais », *IMJST*, vol.9, n°3, mars 2024, op.cit., p.7183.

[690] Celle-ci s'opère par une note de service dite note autorisation de lancement du chantier. L'entrepreneur en est tenu.

[691] Voir **BRONDEL (S.)**, « Le principe d'intangibilité des ouvrages publics : réflexions sur une évolution jurisprudentielle », *AJDA*, 21 avril 2003, pp. 761-775.

l'adage *« ouvrage public mal planté ne se détruit pas »* s'affirme avec le plus de fermeté.

Toutefois, le sursis à exécution peut éventuellement permettre de tempérer la rigidité de cette règle pour des besoins supérieurs de protection de l'environnement, si et seulement si les conditions de sa recevabilité **(a)** et de son prononcé **(b)** sont réunies.

a- Les conditions de recevabilité du sursis à exécution

D'une vue d'ensemble, lorsque l'exécution d'une décision est de nature à causer un préjudice irréparable et que la décision attaquée n'intéresse ni l'ordre public, ni la sécurité ou la tranquillité publique, le président de la juridiction administrative compétente peut, s'il est saisi d'une requête, et après communication à la partie adverse et conclusions du Ministère Public, ordonner le sursis à exécution. L'ordonnance prononçant le sursis à exécution devient caduque si, à l'expiration d'un certain délai à compter de la décision de rejet du recours administratif, ladite juridiction administrative n'est pas saisie de la requête introductive d'instance. En matière environnementale, la Chambre Administrative de la Cour suprême du Cameroun a déjà eu à prendre des ordonnances de sursis à exécution, au moins dans l'affaire *Société forestière Hazim (SFH) et Compagnie contre État du Cameroun*[692] pour suspendre l'exécution des sanctions administratives (des amendes) décidées par le Ministère de l'Environnement et des Forêts en 2002 à l'encontre du plaignant, la SFH.

Le sursis à exécution des opérations de travaux publics est auréolé d'assez de caprices procéduraux qui pourraient se justifier par les enjeux symboliques et économiques de sa proclamation. Les conditions majeures sont relatives aux exigences de forme, de délai et éventuellement de recours gracieux préalable.

Sur la forme, il est de jurisprudence établie que tout recours dirigé contre une décision administrative doit être accompagné d'une copie de ladite décision[693]. Ainsi par exemple, le particulier, l'association ou encore l'ONG qui demande le sursis des travaux doit pouvoir joindre à sa demande une copie de la décision administrative qu'il estime écologiquement préjudiciable. Il s'agit ici d'une formalité non négociable tant son défaut entraine un rejet pure

[692] Objet des ordonnances n° 01/OSE/PCA/ CS/2002-2003 et n° 02/OSE/PCA/ CS/2002-2003.
[693] **KEUTCHA TCHAPNGA (C.)** *Droit du contentieux administratif*, Notes de Cours de Licence III, Université de Dschang, mai 2017, p.60.

et simple de la demande, ainsi que l'a démontré le juge dans une affaire analogue n°343 du 26 mai 1986, *le Messager c/ Etat du Cameroun.* Toutefois, cette rigueur est considérablement tempérée en matière environnementale, notamment lorsque la décision attaquée découle par exemple de l'approbation tacite d'un rapport d'étude environnementale non conforme à la loi[694]. Le défaut d'acte dans ce cas de figure ne peut entraver la recevabilité de la demande en sursis. Au demeurant, cette solution s'est généralisée en droit camerounais lorsqu'il s'agit d'opérations matérielles non assorties d'actes juridiques les ordonnant[695].

En outre, la recevabilité d'une demande de sursis est impérativement subordonnée à l'introduction d'un recours principal dans un délai de soixante (60) jours[696]. Cette formalité permet au juge saisi d'apprécier le bienfondé, l'ampleur et la véracité de l'atteinte environnementale qui prétend l'arrêt d'un projet de développement ô combien cher à la nation. C'est dire que la procédure de sursis est réputé accessoire et donc incidente à une demande principale déjà pendante devant le même juge et pour les mêmes motifs. Toutefois, la nécessité de protéger la nature, ses ressources et les vies qui en dépendent a amené le juge à tolérer, tout au moins pour un temps, l'absence de demande principale. Ainsi, il est désormais possible de déposer la demande principale bien après l'introduction de celle en sursis. Toutefois, le Président du tribunal administratif saisi de l'affaire ne peut véritablement statuer sur le sursis que lorsque la preuve de l'existence d'une demande principale est clairement démontrée.

En principe, la règle du recours gracieux préalable demeure l'éternelle condition de recevabilité de tout recours en droit du contentieux administratif camerounais[697]. Dans notre tradition juridique en effet, cette règle est préservée

---

[694] La décision tacite de validation d'une étude environnementale est déduite du silence gardée par le Ministre en charge de l'environnement pendant 30 jours après le dépôt de la demande en validation. Voir art. 13 al.5 du décret de 2013, relative à la réalisation des études d'impact environnemental précité.

[695] Voir **KEUTCHA TCHAPNGA (C.)** *Droit du contentieux administratif*, Cours de Licence III, Université de Dschang, mai 2017, *op.cit.*, p.60.

[696] Voir art. 30 al.4 de loi n° 2006/022 du 29 décembre 2006 relative aux tribunaux administratifs, susmentionnée.

[697] Préalablement fixée à l'article 9 de l'ordonnance n° 72/06 du 26 aout 1972 précitée, cette règle a été fidèlement reconduite après la réforme portée par la loi n°2006/022 précité en son article 17. Il en ressort que : (1) Le recours devant le tribunal administratif n'est recevable qu'après rejet d'un recours gracieux adressé l'autorité auteur de l'acte attaqué ou à celle statutairement habilitée à représenter la collectivité publique ou l'établissement public en cause. (2) Constitue un rejet du recours gracieux, le silence gardé par l'autorité pendant un délai de trois mois sur une demande ou réclamation qui lui est adressée Ce délai court à compter de la notification du recours gracieux. (3) Le recours gracieux doit, sous peine de forclusion, être formé : a) dans les trois mois de publication ou de notification de la décision attaquée b) en cas de demande - d'indemnisation, dans les six mois suivant la réalisation du dommage ou sa connaissance c) en cas d'abstention

comme une pièce du musée parce que, dit-on, *« on ne surprend pas l'Administration en justice »*. Pourtant, la sacralité de la cause environnementale et probablement l'intime conviction du juge sur la nécessité de protéger son propre milieu de vie ne cessent d'inviter le gardien des droits et libertés fondamentaux à prendre ses responsabilités face à cette règle qui, aux yeux du professeur Charles DEBBASCH, n'est finalement qu'une *« astuce de l'Administration pour tenir les justiciables hors du prétoire du juge administratif »*[698].

A travers bien d'espèces, le juge du sursis s'efforce énergiquement à faire sauter le verrou du RGP. Pour illustrer, remarquons que dans l'affaire *NJAMBOU Maurice SOCADIC*, objet de l'ordonnance n°38 du 27 juin 1997, le recours du demandeur n'était pas précédé d'un recours gracieux. Décidé à innover, le juge l'a néanmoins déclaré recevable, sans avoir à invoquer le caractère d'ordre public du RGP qui avait jusqu'alors tenaillé ses prédécesseurs[699]. Il s'agit ici d'une avancée significative du point de vue de la justice environnementale, même si le prononcé du sursis est, lui aussi soumis à certaines conditions.

b- Les conditions du prononcé du sursis

A la lecture de l'article 30 de la loi n° 2006/022, l'octroi du sursis environnemental est subordonné au caractère irréparable du préjudice causé ou à causer par les travaux, à l'exigence des conclusions du Ministère public, et ne peut s'opérer dans les litiges à caractère d'ordre public.

En fait, le propre du sursis en tant que figure de proue de l'urgence environnementale est justement de concourir à la prévention d'un préjudice environnemental grave, irréversible ou qui s'annonce comme tel. C'est notamment le cas lorsque l'atteinte que le sursis vise à neutraliser ne pourrait pas être réparée, ou que même la réparation en somme d'argent ne saurait rétablir. On réalise alors toute la distinction qu'il y'a entre préjudice commercial et préjudice environnemental. C'est que les premiers peuvent être réparés par le reversement ultérieur des dommages-intérêt alors que dans le second cas, aucune réparation n'est possible malgré la mise en œuvre du

---

d'une autorité ayant compétence liée, dans les quatre ans à partir de la date à laquelle ladite autorité était défaillante.

698 **DEBBASCH (C.)**, *Contentieux administratif*, Paris, Dalloz, 8e éd., 2001, p. 660.

699 Voir entre autres, CS/CA jugement n°65 du 22 avril 1976 *EDIMO Jean Charles c/Etat du Cameroun* ; CS/CA Jugement /n°87-88 du 28 janvier 1988, *BABOULE Pierre.*

sursis[700]. Dans les détails, le juge est seul souverain à apprécier de la gravité de l'atteinte.

En tout état de cause, est considéré comme grave toute opération du chantier qui entrainerait un bouleversement profondément négatif du paysage, la disparition des espèces notamment celles déjà en voie de disparition ou qui faciliterait les catastrophes naturelles ou écologiques irréversibles.

L'exigence des conclusions du Ministère Public a longtemps été une exigence impérative et préalable à l'octroi du sursis à exécution. L'avis attendu du Parquet devait alors, au sens de l'ordonnance de 72/6 du 26 aout 1972 être conforme. Pourtant, cette exigence était porteuse de lourdeurs de procédures et constituait ainsi un goulet d'étranglement dans une situation où le sursis est attendu dans l'urgence la plus accrue[701]. Dans l'optique d'assumer ses responsabilités face à la nature, le juge s'est vue obligé d'abandonner cette exigence déjà anachronique. Désormais, la juridiction présidentielle peut accorder le sursis avant les conclusions du Ministère Public, notamment lorsque les considérations d'ordre public ne sont pas en jeux.

Malheureusement, l'une des particularités du droit public camerounais est la quasi institutionnalisation de la légalité de crise que la doctrine majoritaire qualifie encore de théorie des circonstances exceptionnelles[702]. Le maintien de l'ordre public exige le déploiement des prérogatives exorbitantes de puissance publique et restreint considérablement le contrôle du juge. Et du coup, les impératifs environnementaux ont tendance à être sacrifiées à l'autel des mobiles politiques. La limitation du sursis à exécution est regrettable dans cette situation où il serait pourtant particulièrement utile à la protection de l'environnement. Cette situation a des répercussions même en matière du référé administratif.

2- La mise en œuvre satisfaisante du référé administratif

En matière environnementale, le référé a pour principale fonction de permettre à la juridiction présidentielle de prendre, sans toucher au fond du litige, des mesures d'urgence de nature à sauvegarder les intérêts du requérant. Comme le sursis, le référé est une mesure conservatoire qui a ses particularités

---

[700] **ZOMA (L.),** « Le juge administratif d'Afrique de l'Ouest et centrale francophone face à l'urgence écologique », *Revue Juridique de l'Environnement*, n° spécial, 2022, pp.241-256.

[701] Voir **TSAMO (V.),** « Le contentieux de l'urgence environnementale devant le juge administratif camerounais », *IMJST*, vol.9, n°3, mars 2024, *op.cit.*, p.7183.

[702] **OWONA (J.),** « L'institutionnalisation de la légalité d'exception en droit public camerounais », *Revue juridique et politique : indépendance et coopération,* vol.29, n°1, 1975, pp.3-48.

tel qu'il ressort de la loi n°2006/022[703]. En effet, en cas d'urgence, le Président du tribunal ou le magistrat qu'il délègue peut, sur requête, et si le demandeur justifie de l'introduction d'un recours gracieux, les parties convoquées et après conclusion du Ministère Public, ordonner en référé toutes mesures utiles sans faire préjudice au principal[704]. Toujours dans l'esprit de l'urgence, la notification de la requête est immédiatement faite au défendeur avec fixation d'un délai de réponse ne pouvant excéder 05 jours[705], surtout que dans les 24 heures, le président statut sur le référé et en informe les parties en cause[706]. Enfin, l'ordonnance rendue dans cette situation est exécutoire par procuration même si un appel a été interjeté contre[707]. Encore convient que soient respectées les conditions de recevabilité **(a)** et de procédure **(b).**

a- Le respect des exigences de recevabilité

En effet, le juge doit impérativement s'assurer de la réalité de l'urgence car, comme le martèlent les Professeurs AUBY et DRAGO, *« l'urgence est l'âme du référé »*[708] et qui plus est, la demande ne doit pas être en lien avec le maintien de l'ordre public, ainsi qu'il a été précédemment mentionné avec le sursis. Mais plus concrètement, la demande n'est recevable que dans la mesure où il y'a vraiment péril en la demeure. C'est notamment le cas du risque d'un bouleversement irréversible de la nature, nécessitant une mesure urgente.

b- La procédure d'octroi du référé

Le triomphe du référé en contentieux administratif de l'environnement réside essentiellement dans sa rapidité et sa simplicité. En pratique, la demande de référé se présente par simple requête et peut, contrairement au sursis, être formée en même temps que la demande principale et possiblement avant elle. Surtout, l'épineuse règle du recours gracieux préalable ne conditionne pas véritablement le prononcé du référé. En effet, le demandeur pourra simplement en apporter ultérieurement la preuve d'un recours gracieux au moment du dépôt de la demande principale, c'est-à-dire bien après le prononcé du référé. On comprend donc que le juge fait primer l'intérêt environnemental sur les exigences procédurales. Le juge a déjà eu à prendre cette courageuse position dans bien d'espèces comme le témoigne l'espèce *SIGHOKO Abraham c/ Etat*

---

703 Voir articles 27, 28, 29 de la loi de 2006/022 mentionnée.

704 *Idem,* art. 27 al.1.

705 *Idem* al.2.

706 *Idem,* art. 28.

707 *Ibidem*, art.29.

708 **AUBY (J.-M.) et DRAGO (R.),** *Traité de contentieux administratif,* Paris, Tome2, LGDJ, 3e ed., 1984, p.10.

du Cameroun, objet de l'ordonnance de référé n° 12 du 18 juillet 1984[709]. Seulement, quelques années plus tard, cette position sera rapidement ébranlée en 1998 notamment dans *l'affaire SOSSO Esso Emmanuel c/ Crédit Foncier du Cameroun*[710]. De nos jours, la mise en œuvre du référé est en proie à des instabilités remarquables, oscillant entre urgence de protection de l'environnement et exigences de respect du RGP. Cette dernière s'impose avec plus d'autorité dans la mise en œuvre du contentieux de la réparation proprement dite des dommages environnementaux découlant des opérations du chantier.

Paragraphe 2- Le contentieux de pleine juridiction

D'expérience désormais acquise, il est fondamentalement difficile voire impossible d'envisager les travaux publics séparément des troubles anormaux de voisinage[711]. La vérité étant que les opérations du chantier ne peuvent être contenues dans le seul cadre du chantier. Certains dommages et nuisances sont immatériels et involontaires, à l'instar des nuisances sonores naturellement gravées dans le patrimoine génétique des opérations du chantier. Il est connu de tous que les opérations du chantier engendrent inévitablement les bruits.

La réparation des dommages relatifs à la réalisation des travaux publics s'est progressivement mutée en revendications de nature environnementale[712]. Si bien que la distinction qui existait préalablement entre dommages ou contentieux des travaux publics et dommages ou contentieux environnementaux, si elle existe encore aujourd'hui, est réduite à sa plus faible expression[713]. Il ne fait plus aucun doute que le contentieux de la réparation des dommages des travaux publics a été dépouillé et absorbé de sa substance par le contentieux de l'environnement en pleine émergence[714]. Ceci est encore plus vrai en droit de l'environnement camerounais où il n'existe pas encore de procédure environnementale contentieuse spécifique, ni de réelle répartition de compétences juridictionnelles, et dans lequel le juge administratif appelé à statuer est obligé de recourir à son instance classique. La conséquence

---

[709] Voir CS/CA, *SIGHOKO Abraham c/ Etat du Cameroun,* objet de l'ordonnance de référé n° 12 du 18 juillet 1984.

[710] Arrêt CS/CA, 1998, *SOSSO Esso Emmanuel c/ Crédit Foncier du Cameroun.*

[711] **PEYRON (N.),** « Les nuisances sonores émanant d'un chantier : principes et conséquences », *Construction urbanisme,* 2004, pp. 6-9.

[712] **POURCEL (E.),** « La prise en compte de l'environnement dans les travaux publics », *Courrier de la COFHUAT,* mars 2002.

[713] **MORTGAT (B.),** « Infrastructures routières et environnement », *Environnement et technique,* n° 188, juillet-août 1999, p. 36.

[714] **JEGOUZO Yves,** « Le juge administratif et l'ordonnancement du droit de l'environnement », *Revue juridique de l'environnement,* n° spécial 2004, p. 19-30.

immédiate en est l'harmonisation des règles de procédure assortie d'une fusion de contentieux. Cette situation atteint son point culminant dans la mesure où il est connu que les dommages des travaux publics sont, par nature ou par destination, pratiquement indissociables de ceux de nature environnemental[715]. Il en est ainsi des pollutions, des nuisances, des destructions de biens, de la gestion des déchets entre autres.

Dans le contexte actuel donc, le contentieux de la responsabilité administrative est considérablement phagocyté par des revendications environnementales et écologiques. Et dans ce registre, la situation de la victime détermine considérablement le choix du système de responsabilité applicable.

En fonction de leurs situations vis-à-vis d'un ouvrage public ou d'un chantier de travaux publics, les administrés victimes d'un dommage environnemental se classent dans trois catégories pour en demander réparation au juge de plein contentieux: celles des tiers, des usagers et des collaborateurs ou participants[716]. Chacune de ces situations de la victime permet de distinguer la responsabilité environnementale de l'administration selon qu'elle est avec ou sans faute **(A).** Toutes choses qui conditionnent les mécanismes pratiques de mise en œuvre concrète de chacun de ces régimes **(B).**

A- Les hypothèses de responsabilité environnementale de l'administration

Obéissant au régime de droit de la responsabilité administrative, la réparation des atteintes environnementales causées par les travaux publics revêt une double appréhension essentiellement dépendante de la variabilité de statuts des victimes. La responsabilité en question peut alors être engagée en

---

[715] **MALINVAUD (P.),** « Les dommages aux voisins dus aux opérations de construction », Revue de droit immobilier novembre/décembre 2001, p. 479 ; **MALINVAUD (P.),** « Vers un nouveau régime prétorien de responsabilité des constructeurs pour troubles de voisinage », *Revue de droit immobilier,* juillet-août 2006, pp. 251-258.

[716] La responsabilité des personnes publiques est susceptible d'être engagée, en dehors de toute faute, dans deux situations : en cas de risque ou en cas de rupture de l'égalité devant les charges publiques. Elle est identique au régime français et peut donc être appréhendée analogiquement. En effet, c'est au titre de la rupture de l'égalité devant les charges publiques que la responsabilité administrative sans faute peut être engagée lorsque la victime est un tiers. « Le tiers est l'administré qui se trouve dans une situation dans laquelle il ne tire aucun avantage des travaux en cours. Il n'utilise pas l'ouvrage, le travail entrepris ne lui profite nullement, directement. La jurisprudence contribue à l'identification des situations dans lesquelles des administrés acquièrent le statut de tiers. Un individu qui passe sous un pont est un tiers vis-à-vis de cet ouvrage. Le voisin d'une décharge publique a le statut de tiers (nuisances), le riverain d'une route (nuisances). Le propriétaire d'un terrain situé en contrebas du village comportant un bassin recueillant les eaux des fontaines publiques et les eaux pluviales du village, amenées par une rigole, est un tiers par rapport à cette rigole (CAA Bordeaux, 11 octobre 1999, commune de Bazus-Aure, *Revue de Droit rural* n° 286, 2000, p. 487 ; cf. CE, 10 avril 1974, *Ville de Cannes c/ Société Ricordel,* rec., p. 227). Pour amples connaissances, lire **GILLET LORENZI (E.) et TRAORÉ (S.),** *Droit administratif des biens, op.cit.,* pp.191-192.

dehors de toute faute **(1)**, même si l'hypothèse la plus fréquente est celle dans laquelle une faute est établie à la charge de l'Administration **(2)**.

1- La responsabilité environnementale sans faute de l'administration

En matière environnementale en général, la responsabilité sans faute du pollueur est consacrée par la loi cadre de gestion de l'environnement de 1996. A la lecture de ce texte, *« sans préjudice des peines applicables sur le plan de la responsabilité pénale, est responsable civilement, sans qu'il soit besoin de prouver une faute, toute personne qui, transportant ou utilisant des hydrocarbures ou des substances chimiques, nocives et dangereuses, ou exploitant un établissement classé, a causé un dommage corporel ou matériel se rattachant directement ou indirectement à l'exercice des activités susmentionnées »*[717]. Cette disposition appliquée au contentieux de droit commun de la réparation des dommages des travaux publics connait des particularités notoires. Ces particularités sont dues au fait que la responsabilité sans faute de l'Administration devant le juge administratif ne peut être invoquée que par le tiers des travaux publics **(a)** et dans certaines circonstances précises **(b)**.

a- Le tiers et la responsabilité sans faute

Comme susmentionné, les travaux publics ont presque toujours une incidence indésirée sur le voisinage, donnant ainsi droit aux tiers de porter leurs revendications devant le juge administratif.

En effet, selon Les Professeurs Emmanuelle GILLET-Lorenzi et Seydou TRAORE, *« le tiers est l'administré qui se trouve dans une situation dans laquelle il ne tire aucun avantage des travaux en cours. Il n'utilise pas l'ouvrage, le travail entrepris ne lui profite nullement, directement »*[718]. Cette dénomination peut être attribuée dans plusieurs hypothèses. Sans être exhaustif, un individu qui passe sous un pont est un tiers vis-à-vis de cet ouvrage. Le voisin d'une décharge publique a, lui aussi, le statut de tiers parce qu'il en subit directement les nuisances. C'est aussi valable pour le riverain d'une route, du fait des nuisances sonores que subi ce denier. Le propriétaire d'un terrain situé en contrebas du village comportant un bassin recueillant les

[717] Voir art.77 de la loi cadre de gestion de l'environnement de 1996 précitée.
[718] Voir **GILLET LORENZI (E.) et TRAORE (S.)**, (*Droit administratif des biens, op.ci.t*, pp.191-192.

eaux des fontaines publiques et les eaux pluviales du village, amenées par une rigole, est un tiers par rapport à cette rigole[719].

En contexte français notamment, le statut de tiers connait une extension jurisprudentielle considérable. Ainsi par exemple, il est capital de signaler que le Conseil d'Etat a très récemment, par deux célèbres décisions, fondé la responsabilité sans faute de l'Administration du fait de dommages accidentels de travaux publics subis par des tiers sur la notion de garde, en considérant que *« le maître d'ouvrage est responsable, même en l'absence de faute, des dommages que les ouvrages publics dont il a la garde peuvent causer aux tiers en raison tant de leur existence que de leur fonctionnement »*[720].

En droit camerounais, les circonstances d'engagement de la responsabilité environnementale sans faute de l'Administration sont clairement identifiées.

b- Les circonstances d'engagement de la responsabilité sans faute de l'Administration

Ces circonstances ont une double base juridique. Celle dictée par la loi cadre de gestion de l'environnement et celle tirée du droit commun de la réparation des dommages des travaux publics.

Quant à la première solution, elle est tirée de la substance de l'article 77(1) de la loi cadre précitée. Il en ressort que la responsabilité de tout pollueur peut être engagée même sans faute lorsqu'en transportant ou utilisant des hydrocarbures ou des substances chimiques, nocives et dangereuses, ou exploitant un établissement classé, ce dernier cause un dommage corporel ou matériel se rattachant directement ou indirectement à l'exercice des activités susmentionnées. Il convient cependant de remarquer que cette énumération a connu des avancées majeures et s'étend aujourd'hui à tout dommage environnemental à existence certaine.

Dans le second cas, la responsabilité environnementale du maître d'ouvrage est susceptible d'être engagée, en dehors de toute faute, dans deux situations : en cas de risque ou en cas de rupture de l'égalité devant les charges

---

[719] Cf. (CAA Bordeaux, 11 octobre 1999, *commune de Bazus-Aure*, *Revue de Droit rural*, n° 286, 2000, p. 487 ; cf. CE, 10 avril 1974, *Ville de Cannes c/ Société Ricordel, rec., p. 227).*

[720] Cf. CE, 3 mai 2006, *Ministre de l'Ecologie et du Développement durable, Commune de Bollène et autres – n°* 261956,260041 ; CE, 3 mai 2006, *Commune de Bollène, Syndicat intercommunal pour l'aménagement et l'entretien du réseau hydraulique du Nord Vaucluse* – n° 262046 ; *AJDA*, 2007, p.204, note Maryse Deguergue

publiques[721]. En évoquant la théorie du risque, le tiers invite le juge administratif à l'application du principe de précaution selon lequel l'absence de certitudes, compte tenu des connaissances scientifiques et techniques du moment, ne doit pas retarder la prise de décisions effectives et proportionnées visant à prévenir un risque de dommages graves et irréversibles à l'environnement[722]. S'il est cependant vrai que l'application du principe de précaution est rare devant le juge administratif, la rupture de l'égalité n'en connait pas pareil destin.

En effet, la rupture de l'égalité devant les charges publiques est une vieille cause d'engagement de la responsabilité sans faute de l'Administration qui découvre ses nouvelles marques sous le prisme du contentieux de l'environnement.

2- La responsabilité pour faute de l'Administration

Est rendu applicable le régime de la responsabilité pour faute lorsque des dommages sont subis par les usagers d'un ouvrage public ou par les participants à une opération de travail public[723]. Toutefois, l'application est différente selon que la réparation est réclamée par un usager **(a)** ou par un participant **(b).**

a- L'engagement de la responsabilité environnementale par les usagers

L'usager est, par définition, *« celui qui profite positivement d'un ouvrage. L'usage est, dit-on, une situation de fait qui résulte de l'utilisation effective d'un ouvrage donné par un particulier »*[724]. Suivant cette définition, plusieurs catégories de personnes sont susceptibles de revêtir la qualité d'usager. Ainsi par exemple, le piéton et l'automobiliste sont considérés comme des usagers de la voie publique qu'ils empruntent.

Au regard du contentieux de la réparation, on considère qu'est usager *« la victime d'un dommage environnemental qui trouve sa source dans l'utilisation ou qui survient lors de l'utilisation d'un ouvrage public »*[725]. Lorsqu'un usager est victime d'un dommage, tel par exemple un glissement de terrain ou encore l'affaissement d'un pont lors de sa traversée, l'engagement de la responsabilité de la personne publique reste subordonné à l'existence

---

721 **NUSSENBAUM (M.),** « L'appréciation du préjudice », *Les Petites affiches,* 19 mai 2005, p. 78-88.

722 Art.9 de loi cadre de gestion de l'environnement.

723 **TRAORÉ (S.), GILLET LORENZI (E.),** *Droit administratif des biens, op.cit.,* 2007, p.193.

724 *Ibidem,* .p.195.

725 *Ibidem,* p.194

d'un *« défaut d'entretien normal »* de l'ouvrage ou du travail public. Dans cette hypothèse, la responsabilité est donc fondée sur une faute. Mais il s'agit d'une présomption de faute, favorable à la victime. En effet, le dommage subi est censé résulter d'un *« défaut d'entretien normal »*.

Un ouvrage normalement entretenu ou un travail normalement exécuté ne produit aucun dommage particulier. Et comme l'affirment les Professeurs Emmanuelle GILLET-LORENZI et Seydou TRAORE, *« la théorie du défaut d'entretien normal est d'autant plus favorable que la victime n'a pas à faire la preuve de la faute de l'Administration »*[726]. La victime dans cette hypothèse devra simplement établir le lien de causalité et la preuve du préjudice[727].

En droit camerounais comme en contexte français, la jurisprudence a considérablement élargie les hypothèses de défaut d'entretien normal pour octroyer les indemnisations aux victimes. Cette solution, sans le savoir, a longtemps concouru à la protection de l'environnement.

A titre d'illustration, entrent dans ce classement une absence de signalisation ou un non-fonctionnement des feux de circulation ; l'incendie d'un collège non conforme aux normes de sécurité ; l'effondrement d'un pont ; un accident subi par un administré dans un escalier insuffisamment entretenu, d'un bâtiment administratif[728].

On peut néanmoins relever quelques exceptions au regard de la loi cadre de gestion de l'environnement relativement aux circonstances d'exonérations[729]. En effet, la réparation du préjudice est partagée lorsque l'auteur du préjudice prouve que le préjudice corporel matériel ou environnemental résulte de la faute de la victime. Elle est exonérée en cas de force majeure. La victime d'un dommage subi au cours d'une situation provoquée par elle et qui la met en contact avec un ouvrage ayant une affectation étrangère à l'usage qu'elle en fait, ne peut mettre en jeu la responsabilité du maître d'ouvrage sur le fondement du défaut d'entretien normal de l'ouvrage. Autrement dit, l'imputabilité du dommage en totalité à la faute même de la victime exonère la responsabilité du maître d'ouvrage[730].

---

726 *Idem.*

727 Voir arrêt CE, 29 avril 1963, *Province de Tamatave, AJDA* 1963, p. 570.

728 **BILONG (S.)**, *Droit administratif général*, notes de cours Licence II, Université de Dschang, 2017, pp.40-45, *inédit.*

729 Voir l'article 77 (2).

730 Voir arrêt du CE, 12 juin 1998, *M. Masse c/ Electricité de France*, in CJEG, janvier 1999, p. 36 ; CE, 26 septembre 2001, Département du Bas-Rhin, *AJDA* juin 2002, p. 549.

b- L'engagement de la responsabilité de l'Administration par le participant et le collaborateur

En matière des travaux publics, on distingue deux grandes catégories de participants. D'une part, les professionnels chargés de la réalisation des opérations de travaux publics à savoir l'entrepreneur ou concessionnaire, le personnel de l'entreprise, les hommes de l'art (les architectes et experts environnementaux chargés de la surveillance des travaux), les transporteurs de matériaux destinés aux chantiers. D'autre part, le maître d'ouvrage : la collectivité publique pour le compte de laquelle sont réalisés les travaux, les agents de l'Administration chargés d'intervenir sur le chantier pour donner des renseignements ou pour contrôler l'exécution des travaux. Entre dans cette dernière catégorie les agents et autorités de contrôle et de constatation des infractions environnementales[731].

La qualité de participant est donnée à ceux qui exécutent le travail ou apportent un concours intéressé à cette exécution et qui seraient personnellement victimes d'un dommage de caractère environnemental[732].

En règle générale, le participant bénéficie du travail fait[733]. Il s'enrichit en l'exécutant et le juge administratif lui applique normalement de ce fait, en cas de dommages, le régime de droit commun de la responsabilité pour faute[734]. Cette catégorie de victime devra apporter la preuve d'un préjudice environnemental subi du fait d'une faute commise, soit par l'entrepreneur, soit par le maître d'ouvrage. Cependant, la notion de risque est ici écartée pour deux raisons. Le participant n'est pas étranger au risque créé. Il est juridiquement couvert par ailleurs. En règle générale, l'aléa professionnel est couvert par les régimes légaux de responsabilité (accidents de travail). Ce régime de responsabilité est donc moins favorable pour la victime pour les raisons évoquées. Surtout qu'il devra réunir les conditions de saisine du tribunal pour espérer obtenir réparation de son droit à un environnement sain.

---

[731] Il s'agit particulièrement des inspecteurs de l'environnement.

[732] Voir **TRAORÉ (S.), GILLET LORENZI (E.)**, *Droit administratif des biens*, éd. du CNFPT, Paris, 2007, *Op.cit.* p.196.

[733] *Idem*, p.198.

[734] *Idem*, p.200.

B- La mise en œuvre de la responsabilité environnementale et la réparation

Plusieurs instances ont reconnues que le dommage environnemental constitue une dégradation ou une atteinte à l'environnement et que par conséquent, on ne devrait pas lui appliquer les règles classiques de la responsabilité[735]. Ce constat très pertinent n'est hélas pas suivi par la justice administrative qui peine toujours à prendre en compte la spécificité de l'environnement dans le contentieux administratif[736]. Comme cela s'est progressivement laissé entrevoir, la réparation du préjudice environnemental dans les travaux publics ne fait vraiment pas figure d'exception au droit commun de la responsabilité administrative[737]. Celle-là pour être mise en œuvre emprunte beaucoup à celle-ci, aussi bien au niveau des conditions à mobiliser **(1)** qu'à celui des modalités de la réparation **(2).**

1- Les règles générales de la responsabilité administrative

Comme en droit commun du contentieux administratif, il existe ici trois conditions que la victime de l'infraction environnementale devra effectivement remplir pour garantir la prospérité de son action devant le juge administratif. Il s'agit en l'occurrence de l'exigence d'un dommage environnemental ou d'un préjudice indemnisable **(a)** et surtout du lien de causalité entre le fait dommageable et l'action de l'administration **(b).**

a- La nécessité d'un dommage environnemental ou d'un préjudice indemnisable

Contrairement au droit privé ou au droit administratif général, la distinction entre préjudice et dommage, si elle existe encore, n'est pas consistante en matière environnementale. En droit, la distinction de ces deux notions n'as jamais été chose évidente et, mêmes les auteurs les plus réputés font preuve d'un glissement en la matière. C'est notamment le cas du Professeur Gérard CORNU[738]. Par contre, pour le Doyen Colliard, l'on parle volontiers de dommage causé à un bien. On ne dit pas le préjudice causé à une propriété, mais, on dit le préjudice subi par une personne. Aussi dommage

---

[735] **SABLIERE (P.),** « L'intangibilité de l'ouvrage public au risque de l'exécution des décisions de justice », *AJDA,* 21 avril 2003, pp. 784-798.

[736] Lire **FERCHICHI (W.),** « Le juge administratif et le contentieux de l'environnement. Classicisme justifié ; classicisme injustifié ! », *RJE*, n° 2021/1, vol. 46, 2021, pp.68-86.

[737] *Idem,* p.69.

[738] Voir **CORNU (G.),** *Vocabulaire juridique, op.cit.*

serait une expression réservée aux biens tandis que tout ce qui touche à la personne ne serait susceptible de subir qu'un préjudice. Au travers de cette précision, on perçoit derrière le préjudice, le sujet qui est la victime.

Quoi qu'il en soit, dans le régime du droit administratif général, tout préjudice causé par un dommage de travaux publics n'est pas forcement indemnisable[739]. La vérité est que certaines activités du chantier sont par nature gênantes pour le voisinage et ne doivent, pour cela, être incriminées que dans certaines conditions particulières[740]. C'est par exemple le cas de l'utilisation de certains matériaux à l'instar des perceuses, des moteurs d'engins, des broyeuses, des bétonneuses, ou encore des activités de terrassement qui entrainent inévitablement le bouleversement du paysage[741]. Pour prétendre à une indemnisation basée sur le trouble occasionné par les activités de cette catégorie, encore faut-il en apporter la preuve de l'exagération par rapport au seuil normalement fixé[742].

Pour éviter des égarements en la matière, la jurisprudence[743] a déterminé les conditions dans lesquelles un préjudice environnemental peut être indemnisable[744]. Il doit au moins être certain, spécial, direct, et porter atteinte à une situation légitime.

On parle du préjudice direct lorsqu'il résulte directement de l'activité du chantier public et qu'il procède directement de l'inobservation d'une règle du droit de l'environnement[745]. En effet, dans son arrêt du 28 décembre 1978, *BAHA NGUE Jean Michel c/Etat du Cameroun,* le juge pose : *« considérant que Baha Ngué ne pouvant apporter la preuve d'un lien de causalité entre l'Administration, l'accident et le préjudice qu'il a subi, il devrait saisir le juge judicaire d'une action en réparation contre le chauffeur et le propriétaire du véhicule »*[746].

---

[739] **DROBENKO (B.),** « Responsabilité en matière d'environnement », *Répertoire de la responsabilité de la puissance publique Dalloz,* janvier 2004, p. 1-19

[740] *Idem.*

[741] **LOMBERTY (M.),** « Les déchets du bâtiment ne sont pas ceux des travaux publics », *Recyclage et valorisation* n° 1, mai 2003, p. 5-12.

[742] **BONELLO (Y-H),** *Le contentieux de l'environnement,* Collection Que sais-je ?, Presses Universitaires de France 1993, pp. 25-40.

[743] Voir CCA 12 juillet 1955, *BAO C/ Administration du territoire.* Ici, le juge a clairement déterminé les caractères généraux que doivent revêtir un préjudice pour qu'il puisse ouvrir droit à réparation. Il affirme *« considérant que pour qu'une demande en dommage intérêt en puisse être accueilli par le tribunal administratif, le demandeur doit non seulement prouver la faute de service, mais aussi que cette faute qui met en jeu la responsabilité de l'administration ait engendré des conséquences dommageables pour lui, et que le préjudice qui en est résulté est un préjudice certain, spécial, direct, et porte atteinte à une situation légitime ».*

[744] **BONELLO (Y.H.),** *Le contentieux de l'environnement, op.cit.,* pp. 50-55.

[745] *Idem.*

[746] CS/CA, 28 décembre 1978, *BAHA NGUE Jean Michel c/Etat du Cameroun.*

La certitude du préjudice implique que le dommage environnemental doit effectivement être réalisé au moment où la victime porte son action devant le juge. Dans une kyrielle d'espèces, le juge a insisté sur cet aspect[747]. Le préjudice est spécial lorsqu'il est particulier à un individu ou une catégorie précise d'individu. Il doit donc s'opérer en fonction de la qualité de la victime telle qu'il a été précédemment développé entre les tiers, les participants et les collaborateurs. Aussi convient-il de réaliser que le préjudice environnemental est d'avantage matériel que moral contrairement à ce qui a régulièrement cours en matière civile ou dans la pratique administrative contentieuse[748]. La légitimité du préjudice environnemental résulte de la reconnaissance de la faute comme étant une atteinte à une situation, un milieu, une espèce ou un objet juridiquement identifié et protégé[749]. Encore faut-il parvenir à rapprocher l'atteinte environnementale à un fait fautif de l'Administration ou de son cocontractant.

b- La nécessité d'un lien de causalité

La détermination du lien de causalité est étroitement liée à celle de l'imputabilité de la responsabilité[750]. Dans le plus simple des cas, la causalité est prouvée lorsque le préjudice découle directement de l'agissement fautif des acteurs principaux des travaux que sont le maître d'ouvrage et l'Administration contractante[751]. Mais dans d'autres circonstances, le rapport n'est plus pratiquement le même. Dans ce cas, il convient de distinguer selon qu'il s'agisse de la causalité adéquate, de l'équivalence des conditions ou alors de la proximité de la cause.

Dans la première hypothèse, on retient pour cause du dommage l'évènement qui l'aurait normalement produit même en l'absence des autres, parce qu'il contenait en lui-même une capacité autonome de le produire[752].

[747] CS/CA 22 février 1979, *CNPS c/United Cameroon international compagnie et 27 janvier 1983, Evezo'o Dongmo Joseph c/ Etat du Cameroun.*

[748] Pendant longtemps, les juges qu'ils soient de l'ordre judiciaire ou administratif ont refusé la thèse de l'indemnisation du préjudice moral. Mais depuis la jurisprudence du CE 24 novembre 1961, *Letisserand*, le juge administratif a définitivement tourné le dos à la jurisprudence antérieure en indemnisant un préjudice purement moral. Cette position va d'ailleurs être entérinée au Cameroun plus tard dans la jurisprudence *CFJ 16 mars 1967, Dame Kwedi Eyoum augustine,* où il affirme *« attendu qu'une mère est en droit de se prévaloir de ses sentiments d'affection par la disparition de son fils de 14 ans ; qu'on ne peut douter de sa douleur véritable. Que la douleur qui en résulte pour elle, de la disparition prématurée de son fils est par elle-même génératrice d'un préjudice indemnisable ».*

[749] **BUSSON (B.),** « L'urgence en matière de protection de l'environnement : avancées et limites du référé administratif », *Droit de l'environnement,* mai 2001, pp. 93-97.

[750] Dans les deux cas, il s'agit de la détermination de la personne publique responsable du dommage.

[751] **DESCOLONGES (M.), SAINCY (B.),** *Les entreprises seront-elles un jour responsables ?,* La dispute, 2004, pp. 15-17.

[752] CE 14 Octobre 1966 *Marais.*

Quant à l'équivalence des conditions, elle prend en compte tous les éléments qui d'une manière ou d'une autre ont contribué à la dégradation écologiquement préjudiciable. Le système de la proximité de la cause ne voit dans l'origine du dommage que le dernier évènement qui l'a causé[753].

L'intérêt d'une telle distinction est capital en droit de l'environnement camerounais, un droit toujours à la recherche de son introuvable juridiction. Aussi que le choix d'un système de responsabilité est fortement tributaire de la compétence de la juridiction qui l'appliquera. On sait que l'équivalence des conditions a trouvé écho favorable devant le juge civil au même titre que la causalité *proxima*. Le juge administratif estime pour sa part que les éléments intervenus ne contribuent pas nécessairement tous à la réalisation du préjudice.

2- Les mécanismes d'indemnisation

Pour procéder à l'indemnisation, le juge administratif opère au préalable une évaluation rigoureuse des dommages environnementaux **(a)** pour en assurer une compensation adéquate **(b).**

a- L'évaluation rigoureuse des dommages environnementaux

L'indemnisation du préjudice environnemental devant le juge administratif repose, avant tout, sur une évaluation rigoureuse des dommages causés par la réalisation des travaux publics. Cette évaluation revêt une importance capitale dans la mesure où plusieurs Administrations sont présentes dans les opérations, ce qui complexifie la répartition des responsabilités[754]. Cela implique :

- La vérification des études d'impact environnemental : Il est essentiel de mener une étude d'impact environnemental approfondie pour évaluer de manière exhaustive les dommages causés à l'environnement par les travaux publics avant toute indemnisation[755]. Cette étude devrait prendre en compte les aspects tels que la biodiversité, la qualité de l'air et de l'eau, les sols ; bref, l'ensemble des éléments édictés par le décret de 2013 y relatif[756]. Appelé statuer, le juge saisi doit donc vérifier la pertinence et la fiabilité du rapport

---

[753] Voir **BAVOILLOT (F.)**, « La sanction administrative en droit de l'environnement », *Les petites affiches,* 27 avril 1994, pp.30-42.

[754] **DOUSSAN (I.)**, « Les difficultés des actions en réparation des dommages causés par l'inondation en raison de la pluralité de responsables et de responsabilités », *Droit de l'environnement,* n° 117, avril 2004, p. 59.

[755] **VINEY (G.)**, « L'appréciation du préjudice », *les Petites affiches*, 19 mai 2005, p. 89-95.

[756] Voir art.9 du décret de 2013 sur le contenu d'une étude d'impact environnemental.

d'étude pour en mesurer la sincérité de ses auteurs quant aux mesures d'atténuation prescrites.

- Une expertise indépendante : Il est cruciale que l'évaluation des dommages environnementaux soit réalisée par des experts indépendants et qualifiés, afin de garantir une analyse objective et précise des impacts sur l'environnement[757]. à ce niveau, le juge, parce qu'ayant des moyens et connaissances limités du droit et de la pratique de la protection de l'environnement, doit utiliser les mesures d'instruction pour y parvenir. Pour cela, il lui faudra faire recours à l'expertise de professionnels et spécialistes des questions d'environnement, pour avoir une nette perception des dégâts et des sanctions à prendre.

b- Compensation adéquate et mesures de réparation :

Un autre aspect fondamental de l'indemnisation du préjudice environnemental devant le juge administratif au Cameroun est la nécessité d'assurer une compensation adéquate et la mise en place de mesures de réparation appropriées. Cette tâche apparemment aisée peut s'avérer plus complexe en cas de concours entre plusieurs personnes publiques dans la commission du dommage[758]. Quoi qu'il en soit, l'indemnisation peut être :

- Financière : les personnes affectées par le préjudice environnemental doivent recevoir une indemnisation financière juste et adéquate pour compenser les dommages subis. Cette compensation devrait être calculée en fonction de l'étendue des dommages et de leur impact sur l'environnement et les biens des communautés concernées.

- écologique ou matérielle : En plus d'une compensation financière, il est toujours nécessaire de mettre en place des mesures concrètes de réparation, telles que la restauration écologique des zones affectées, la remise en l'état, la mise en place de programmes de conservation ou toute autre action visant à restaurer autant que possible l'environnement impacté[759].

En résumé, une évaluation rigoureuse des dommages environnementaux et la garantie d'une compensation adéquate ainsi que de mesures de réparation appropriées sont deux aspects fondamentaux de l'indemnisation du préjudice

[757] **VINEY (G.),** « L'appréciation du préjudice », *les Petites affiches, op.cit.*, pp. 89-95.

[758] **DOUSSAN (I.),** « Les difficultés des actions en réparation des dommages causés par l'inondation en raison de la pluralité de responsables et de responsabilités », *Droit de l'environnement,* n° 117, *op.cit.,* p. 59.

[759] **DELGORGUE (J.),** « Troubles de voisinage et juge administratif : l'impossible équilibre entre intérêts divergents », *Les Petites affiches,* 23 janvier 2004, p. 3-7.

environnemental devant le juge administratif au Cameroun[760]. Ces éléments sont essentiels pour assurer la protection de l'environnement et la prise en compte des intérêts des communautés affectées par les projets d'infrastructures publiques.

Section 2- La sanction des atteintes environnementales par le juge judiciaire

Le juge judiciaire a un rôle crucial à jouer en la matière[761]. Son intervention varie en fonction de la nature de l'infraction et donc de l'ampleur de la sanction à infliger. L'action du juge civil en la matière **(paragraphe 1)** doit être distinguée de celle du juge pénal **(Paragraphe 2)**.

Paragraphe 1- L'action du juge civil

En matière environnementale, le propre de l'action civile est de replacer la nature dans la situation où elle se serait trouvée si le dommage n'avait pas eu lieu, en condamnant son auteur soit à une mesure compensatrice pour les dommages irréversibles, soit à la remise en l'état pour ceux réversibles. Mais à plus d'un titre, le contentieux civil a vocation à venir en soutien aux autres contentieux et permet, aux dires de Georges ZIEDERKEHR, de *« renchérir le large rayonnement de la protection de l'environnement »*[762]. L'instance du juge civil est aujourd'hui l'une des plus sollicitées en matière de protection de l'environnement au Cameroun.

La loi cadre de gestion de l'environnement à l'instar des autres textes sectoriels reconnait clairement cette compétence. Mais avant toute chose, le contentieux civil de l'environnement tire son fondement pour l'essentiel des articles 1382 à 1384 du Code civil camerounais. A ce sujet, l'article 1382 pose *mutatis mutandis* que *« Tout fait quelconque de l'homme cause à autrui un dommage oblige celui par la faute duquel il est arrivé à le réparer »*[763]. Dans le fonds, le fait générateur demeure le même à savoir le dommage.

---

[760] **DOUSSAN (I.)**, « Les difficultés des actions en réparation des dommages causés par l'inondation en raison de la pluralité de responsables et de responsabilités », *Droit de l'environnement*, n° 117, *op.cit.*, p. 60.
[761] *Idem.*
[762] **ZIEDERKEHR (G.)**, « Rapport général », in SFDE, *Le dommage écologique en droit interne, communautaire et comparé*, Paris, Économica, 1992 ; **ZIEDERKEHR (G.)**, « Dommage écologique et responsabilité civile », *in Les Hommes et l'environnement. Quels droits pour le vingt-et-unième siècle ? Études en hommage à Alexandre Kiss*, Paris, Frison-Roche, 1998, pp. 513-525.
[763] Il s'agit ici d'une transposition en droit civil camerounais du fondement de la responsabilité civile telle que posée par le Code civil français de 1804.

Pour une meilleure appréhension du contentieux civil de l'environnement dans les travaux publics, il convient au préalable de scruter ses fondements **(A)** avant de décrypter les mécanismes de sa mise en œuvre **(B).**

A- Les fondements du contentieux civil environnemental dans les travaux publics

Outre les dispositions du Code civil relatives au régime général de la responsabilité[764], la loi cadre de gestion de l'environnement et les textes subséquents relatifs à l'environnement admettent la possibilité d'engager la responsabilité civile de l'entrepreneur pollueur sans qu'il soit nécessairement besoin de prouver une faute[765]. Toutefois, la pratique courante donne à réaliser que la démonstration de l'existence de la faute constitue un élément de fiabilité du recours et en facilite le traitement. La première hypothèse fait état de la responsabilité sans faute **(1)** alors que la seconde procède d'une responsabilité pour faute **(2).**

1- La responsabilité sans faute de l'entrepreneur

Elle revêt une double figure en matière environnementale. Dans son premier versent, elle implique l'absence totale de faute **(a),** et dans le second, la responsabilité du fait d'une personne ou d'une chose dont l'entrepreneur est civilement responsable **(b).**

a- L'absence totale de faute

Elle suppose que la responsabilité civile environnementale d'un entrepreneur peut valablement être engagée sans qu'il ait commis une faute[766]. Les bases de cette responsabilité sont solidement enracinées dans la loi cadre de gestion de l'environnement de 1996. Il en ressort que *« Sans préjudice des peines applicables sur le plan de la responsabilité pénale, est responsable civilement, sans qu'il soit besoin de prouver une faute, toute personne qui, transportant ou utilisant des hydrocarbures ou des substances chimiques, nocives et dangereuses, ou exploitant un établissement classé, a causé un dommage corporel ou matériel se rattachant directement ou indirectement à*

[764] Voir l'article 1382 Code civil camerounais.
[765] Voir l'article 88 de la loi cadre de gestion de l'environnement de 1996.
[766] **OUMBA (P.),** « L'encadrement du contentieux environnemental civil au Cameroun et en République Démocratique du Congo », *in Revue Africaine de Droit de l'Environnement,* n°5, 2020, pp.127-137.

l'exercice des activités susmentionnées »[767]. La loi n° 98/020 du 24 décembre 1998 régissant les appareils à pression de gaz et de vapeur s'inscrit dans la même mouvance lorsqu'elle fixe que *« la responsabilité civile environnementale est engagée contre tout constructeur, propriétaire ou utilisateur dont l'appareil cause un dommage corporel ou matériel résultant de son mauvais fonctionnement ou de sa mauvaise conception »*[768].

On constate cependant que ces dispositions opèrent une énumération plutôt limitative des dommages pouvant déclencher la responsabilité sans faute de l'entreprise en charge des travaux. Il s'agit en substance du transport ou de l'utilisation des hydrocarbures ou des substances chimiques, nocives et dangereuses. Sont également concernées les personnes exploitant un établissement classé qui causerait un dommage corporel ou matériel directement ou indirectement lié aux activités en cause. C'est donc dire que l'entrepreneur qui, pour des nécessités du chantier se trouve dans l'une des situations susmentionnées pourrait en subir des sanctions.

D'un point de vue essentiellement procédural, le constat est celui du renversement de la charge de la preuve. En règle générale, la preuve des faits incombe à la partie qui les allègue en vertu du célèbre principe *« actori incumbit probatio »*[769]. Dans cette situation pourtant, la victime demanderesse est exempte de cette formalité. *A contrario,* Il revient à l'entrepreneur pris en faction d'apporter la preuve de son innocence s'il entend contester sa responsabilité.

Toutefois, la restriction du champ des dommages qu'opèrent les dispositions susmentionnées cache mal l'étendue du contenu qu'elles renferment. En effet, ce régime spécial s'applique à tout dommage écologique et dans cette hypothèse, tout ce que la victime aura à faire sera de prouver que la chose (objet du dommage écologique) a servi à la réalisation du dommage[770].

b- Le dommage d'un tiers dont on est civilement responsable

En matière civile en général, il est possible de répondre de la responsabilité d'une faute qu'on n'a pas directement et personnellement

---

[767] En son article 77 (1).

[768] Voir art 10 et ss de la loi n° 98/020 du 24 décembre 1998 régissant les appareils à pression de gaz et de vapeur

[769] Voir **VANNIER (P.)**, « La charge de la preuve », in *Fiche d'introduction au droit, 2020, pp.201-206,* article consulté en ligne dans cairn info, lundi/04/03/2024, à 16h45, via www.cairn.info/fiches-d-introduction-au-droit-9782340036925-201.html.

[770] **OUMBA (P.)**, « L'encadrement du contentieux environnemental civil au Cameroun et en République Démocratique du Congo », *op.cit.*, pp.127-137.

commise[771]. Très souvent, le régime de la responsabilité sans faute s'applique aux dommages causés par les personnes ou les choses dont on a la garde. C'est souvent le cas en matière des travaux publics où l'entrepreneur emploi un nombre important d'employés et de matériels susceptibles de dégrader l'environnement ou de troubler le voisinage[772].

Les bases de cette responsabilité sont à rechercher à l'article 1384 du Code civil camerounais en vertu duquel : *« on est responsable non seulement du dommage que l'on cause par son propre fait, mais encore de celui qui est causé par le fait des personnes dont on doit répondre, ou des choses que l'on a sous sa garde »*. La loi cadre renchérit et précise l'étendue de cette responsabilité quant elle dispose que *: « lorsque les éléments constitutifs de l'infraction proviennent d'un établissement industriel, commercial, artisanal ou agricole, le propriétaire, l'exploitant, le directeur ou, selon le cas, le gérant peut être déclaré responsable du paiement des amendes et frais de justice dus par les auteurs de l'infraction, et civilement responsable de la remise en l'état des sites »*[773].

Dans la pratique des travaux publics, les entrepreneurs ont, par le truchement de conseils juridiques suffisamment aguerris, une bonne connaissance des sanctions qu'ils encourent en cas de dommages causés par les employés ou de la gestion négligée du matériel et des équipements du chantier.

C'est la raison pour laquelle les Codes de bonne conduite du chantier précisent les agissements écologiques des ouvriers et les conséquences juridictionnelles de leurs agissements fautifs[774]. Préservées comme des pièces du musée dans les contrats de recrutement des employés, les clauses de répartition des responsabilités entre entrepreneurs et ouvriers visent à rompre l'automaticité du régime de la responsabilité pour faute d'autrui afin que le cas échéant, l'ouvrier fautif puisse répondre personnellement de ses actes dégradants[775]. Bien plus, la réparation du préjudice environnemental est partagée lorsque l'auteur du préjudice prouve que le préjudice corporel ou matériel résulte de la faute de la victime. Elle est exonérée en cas de force

---

[771] C'est le propre de la responsabilité du fait d'un tiers ou d'une chose dont on a la garde.

[772] **LONDON (C.),** *L'entreprise et l'intégration de l'environnement*, Editions préventique, 1996, pp.12-20.

[773] Voir l'article 78 de ladite loi.

[774] **DOUSSAN (I.),** « Les difficultés des actions en réparation des dommages causés par l'inondation en raison de la pluralité de responsables et de responsabilités », *Droit de l'environnement* n° 117, avril 2004, pp. 59-65.

[775] **LONDON (C.),** *L'entreprise et l'intégration de l'environnement,* Editions préventique, 1996, pp.23-50.

majeure[776]. Ce régime d'exonération s'applique également dans l'hypothèse de la responsabilité pour faute[777].

2- La responsabilité pour faute de l'entrepreneur

La responsabilité pour faute est la terre d'élection de la réparation du préjudice environnemental dans les travaux publics[778]. L'idée fondamentale ici est que la faute, entendue comme fait générateur du préjudice subi est la trame principale de la sanction civile. Malgré la prospérité du régime de la responsabilité sans faute, le juge civil camerounais garde une large propension à toujours questionner la faute de l'agent ou de l'entrepreneur incriminé. Pour cerner les contours de cette responsabilité, la démarche consiste à scruter les différentes configurations de la faute **(a)** pour enfin saisir celles les plus récurrentes en matière des travaux publics **(b).**

a- Les différentes configurations de la responsabilité pour faute

En matière des travaux publics, le dommage environnemental imputable à l'entrepreneur peut résulter d'un fait direct ou indirect, dépendant de sa volonté ou non. Très souvent, la faute directe dépend de la volonté du pollueur. Elle résulte d'une action ou d'une omission commise contre l'environnement en connaissance des causes et conséquences, mais commise pour des exigences techniques des travaux. Mais très souvent aussi, elle résulte de la négligence et de l'imprudence de ce dernier.

Dans la pratiques, ces fautes se déclinent sous forme de dégradations et nuisances diverses.

b- Les troubles fautifs les plus récurrents en la matière

Sans prétendre opérer un inventaire exhaustif de ces fautes, l'objectif est ici, d'identifier les dommages environnementaux les plus hardis à retenir la responsabilité pour faute de l'entrepreneur. L'analyse du terrain donne à relever deux facteurs majeurs relatifs aux pollutions et au trouble anormal du voisinage[779].

---

[776] Voir l'article 77 alinéa 2.

[777] **DARDALHON (L.),** « Absence d'indemnisation des inconvénients normaux de voisinage », *AJDA*, 3 février 2003, p. 187

[778] *Idem.*

[779] **ASCENSI (L.),** « Le droit pénal face aux nuisances sonores », *Administrer,* n° 353, mars 2003, pp. 34-40.

La pollution est devenue le fondement le plus récurent de la réparation environnementale devant le juge civil. Qu'elle découle d'une erreur technique du chantier, de la violation d'une disposition environnementale légale ou règlementaire ; qu'elle soit le fruit de l'imprudence ou de la négligence de l'entrepreneur, elle demeure une faute susceptible d'engager la responsabilité de son auteur. Elle est devenue une terre véritablement fertile d'engagement de la responsabilité civile environnementale de l'entrepreneur. Elle peut être avancée même en l'absence de toute faute, notamment lorsqu'elle découle des choses présumées être sous la maitrise de l'entrepreneur. A titre d'illustration et sans prétention à l'exhaustivité, mention peut être faite de certains gaz, liquides[780] et produits chimiques qui s'échappent du chantier pour nuire le voisinage.

Ainsi, dans l'affaire la concernant, l'entreprise Razel-Cameroun avait été assignée à comparaître devant la Chambre Civile et Commerciale du Tribunal de Grande Instance de Monatélé. En effet, le demandeur exigeait la condamnation de Razel à payer cent millions de FCFA pour réparation du préjudice matériel et moral subi à cause d'un trouble de voisinage provoqué par l'exploitation d'une carrière dûment autorisée à Obala. Aux moyens de sa défense, le requérant arguait que malgré le respect du cahier des charges par Razel, l'exploitation de la carrière endommageait ses cultures par le jet des poussières provenant des tirs de dynamite, ainsi que des moellons provoqués par la déflagration des pierres, sans oublier les vibrations du sol. Le juge a reconnu la *« responsabilité sans faute dont seules les conséquences objectives saisissent le Tribunal qui les appréciera par rapport à un tel contexte »*[781]. Il a condamné par conséquent Razel, après une descente sur le terrain, à payer cinq millions de FCFA[782].

A l'ombre des pollutions, le trouble de voisinage constitue aujourd'hui une source des revendications sociales et environnementales. Les plaintes y relatives sont légion en situation de travaux publics. Et cela ne peut en être autrement tant les activités du chantier sont indissociablement liées aux nuisances sonores sous la forme de laquelle ces troubles se déclinent très souvent[783]. Les cahiers de charges sont le lieu de définition des mesures à

---

[780] Ainsi, dans *l'affaire MAETUR contre NKOUENDJIN YOTNDA Maurice, arrêt n°3 cc du 10 octobre 1985*, le juge décida que le constructeur de la chaussée MAETUR ET EXARCOS n'avait pas, par imprudence ou par inadvertance pris les mesures nécessaires pour empêcher la stagnation des eaux de pluie à l'entrée de la concession de sieur NKOUENDJIN et qu'il en était résulté un dommage indéniable.

[781] TGI de Monatélé, jugement n° 11/ civ. du 4 juin 2001.

[782] Pour amples explications, lire **OUMBA (P.)** in « L'encadrement du contentieux environnemental civil au Cameroun et en République Démocratique du Congo », *op.cit.,* p.132.

[783] **ASCENSI (L.),** « Le droit pénal face aux nuisances sonores », *op.cit.,* pp. 34-40.

mettre en œuvre pour prévenir de tels désastres. Le non-respect de ces prescriptions est cause d'engagement de la responsabilité de l'entrepreneur fautif.

La tranquillité du voisinage, condition en même temps que critère de la paix sociale est si prisée en droit que sa protection peut être garantie devant tous les juges, judicaire qu'administratif. Plus florissante dans les pays à forte croissance démographique où la plupart des travaux s'opèrent en milieu urbain[784], la réprobation civile de ces troubles en droit camerounais repose sur l'appréciation souveraine du seuil du trouble par le juge. Ce dernier dispose d'une large latitude d'appréciation afin de déterminer si le trouble est normal ou anormal, étant donné que seul le trouble anormal peut donner lieu à indemnisation[785]. Pour ce qui est du bruit par exemple, il est connu de tous que les grands travaux publics emploient de grands engins souvent à seuil de ronflement normalement élevé. Ainsi en est-il très souvent dans certaines activités du chantier, à l'instar des démolitions et des travaux d'extraction. Le juge tiendra nécessairement compte des circonstances de temps et de lieux pour déterminer le seuil du bruit. Dans ce cas, la victime devra apporter la preuve de l'exagération par rapport au seuil normal admis pour les travaux de cette catégorie[786].

B- La mise en œuvre de la responsabilité civile du pollueur

L'identification des fondements de l'action civile environnementale rend judicieux l'examen des mécanismes de sa mise en œuvre en matière des travaux publics. Car, c'est notamment dans ces détails qu'il est possible de déceler les conditions **(1)** à remplir pour mettre en marche cette instance et d'en obtenir les sanctions escomptées **(2).**

[784] Pas plus tard qu'en 2018, la cour de cassation, Chambre civile 3 du 8 novembre 2018, 17-24.33317-26.120, posait avec autorité qu' « en application du principe selon lequel nul ne doit causer à autrui un trouble anormal de voisinage, un entrepreneur, y compris des travaux publics, est responsable de plein droit vis-à-vis des voisins victimes pour avoir exercé une activité en relation directe avec le trouble anormal causé, nonobstant le fait que l'origine du dommage, causé par un véhicule, soit situé sur le domaine public ». Voir aussi CC/CC 3, 9 février 2011, 09-71.57009-72.492 relative à la responsabilité civile de l'architecte entrepreneur.

[785] **ASCENSI (L.),** « Le droit pénal face aux nuisances sonores », *op.cit.,* pp. 38-45.

[786] Pour ces développements, voir **LAMARQUE (J.),** *Code de l'environnement annoté et commenté*, Dalloz 1994, p.978 et ss. Dans la même veine, ces aspects ont été clairement recherchés par le juge dans les affaires suivantes : TGI de Yaoundé, 12 octobre 1983 *NKOUENDJIN YOTNGA c/ EXARCOS ; op.cit. ;* CA de Yaoundé, 30 juin 1987, *NGEUMA Mbo Samuel c/ ANOUKAHA François* ; TGI de Douala, jugement du 31 octobre 1983 *DIMITE Thomas c/ CICAM et Guiness Cameroun* ; CA de Yaoundé, 16 août 1976, *Société PATERSON, op.cit.*

1- Les conditions

Pour obtenir gain de cause face à un employeur pollueur, la réunion d'un certain nombre de conditions, comme dans tous les domaines, est indispensable pour la victime[787]. Quoique s'appliquant en matière des travaux publics, ces conditions ne dérogent pas totalement de celles que l'on rencontre dans le règlement des différends relatifs aux relations civiles et commerciales des particuliers[788]. Cependant, le dommage environnemental subi par un être humain diffère fondamentalement d'un préjudice écologique pur causé à la nature sans lien direct avec les hommes[789]. Ce qui donne à s'appesantir sur les conditions liées à la victime.

La victime personne physique ou morale de droit public ou privé, pour espérer obtenir réparation du préjudice environnemental causé par les dérives des travaux publics, doit satisfaire à la triple exigence de capacité, de qualité et d'intérêt.

La capacité d'une personne physique revêt un triple aspect physique, juridique et moral. Au plan physique, elle implique pour la victime qu'elle doit être née et demeurer en vie au moment même où la demande est faite. Ainsi, une demande en réparation d'un préjudice environnemental inscrite au nom d'une personne décédée ne peut prospérer que si elle avait été intentée préalablement à son décès. La capacité juridique requière du demandeur personne physique, d'avoir 21 ans révolus à la date de l'action, à condition de n'avoir pas été déchu de ses droits et de jouir, au plan moral, de la plénitude de ses facultés mentales[790].

La capacité de la personne morale se traduit par la représentation[791]. Mais avant, le juge exige que l'association ou l'ONG demanderesse existe juridiquement, c'est-à-dire qu'elle ait une personnalité juridique qui très souvent en matière d'environnement, se prouve par l'agrément du MINEPDED pour les associations de défense de la nature[792]. Toutefois, en matière administrative, le juge se montre indulgent et se réserve de déclarer

---

787 **NUSSENBAUM (M.,)** « L'appréciation du préjudice », *Les Petites affiches,* 19 mai 2005, pages 78-88

788 *Idem.*

789 **DARDALHON (L.),** « Absence d'indemnisation des inconvénients normaux de voisinage », *AJDA*, 3 février 2003, p. 189.

790 Ainsi compris, un malade mental ou un fou est incapable de conduire une instance quoi que méritant lui aussi de vivre dans un environnement sain. Toutefois il peut se faire représenter.

791 Il s'agit de toute personne physique ou morale qui subit un dommage et peut en demander réparation. Voir **AKAM AKAM (A.),** « Le comportement de la victime et la responsabilité civile » *Ecole Nationale Supérieure de la Magistrature,* 2011, p.1.

792 Voir article 2 de l'arrêté n° 0004/MINEP du 20 juin 2007 fixant les conditions d'agrément des bureaux d'étude à la réalisation des études d'impact et audits environnementaux.

irrecevable une demande introduite par une association de fait par exemple. Il admet alors les demandes des associations non déclarées et même de celles dissoutes, estimant que celles-là sont habilitées à former des recours en excès de pouvoir, au moins pour la contestation de la décision administrative de leur dissolution[793]. Une telle initiative ne serait pas vilipendée en matière environnementale quoique cela dépend exclusivement de l'appréciation souveraine du juge.

Tout de même, l'intéressé doit démontrer l'intérêt qu'il devra tirer de l'affaire. Il s'agit d'une formalité classique tirée de l'adage utilitariste *« pas d'intérêt, pas d'action »*. En matière environnementale, L'intérêt est intimement lié à la qualité du demandeur. En effet, qui a intérêt a également qualité. Celà implique pour la personne physique, le titre juridique en vertu duquel le demandeur intente son action en justice. Il doit en outre s'agir de la victime au sens juridique du terme[794]. Pour les personnes morales, notamment les associations, cette règle est nuancée. En effet, l'association qui souhaite agir en justice doit avoir reçu une habilitation légale expresse[795]. En outre, il doit s'agir de la victime du dommage environnemental généralement désigné par le vocable de *« voisin des travaux publics »*[796].

2- Les sanctions civiles escomptées

Statuer sur le giron des sanctions **(a)** conduira à en apprécier la portée **(b)**.

a- Les sanctions

Les sanctions infligées par le juge civil concernent outre les sanctions de droit commun en droit civil, celles à caractère essentiellement

---

[793] Voir jugement CS/CA n°29 du 29 novembre 1979, *Elites BANKA représentées par MBOUENDEU Jean de Dieu* ; jugement CFJ n° 73 du 20 mars 1972 *MOUELLE KOULA Eitel.*

[794] En matière civile, est présumée victime toute personne qui intente la demande à ce titre ou en lieu et place. Entre dans cette catégorie les ayants droit, les ayant cause, les créanciers dans une relative mesure.

[795] En droit camerounais de l'environnement, les associations de défense de l'environnement n'ont pas à démontrer un intérêt particulier dès lors que la protection de la nature et ses ressources constitue l'objet de leur existence sociale. Toutefois, elles n'ont qualité qu'à partir du moment où elles disposent d'un agrément du MINEPDED conformément à l'arrêté n° 0004/MINEP du 20 juin 2007 fixant les conditions d'agrément des bureaux d'étude à la réalisation des études d'impact et audits environnementaux précité. En effet, au sens de l'article 2 de cet arrêté, « un bureau d'étude est une structure légalement constituée, qui, en qualité d'ingénieur conseil, de consultant, d'association ou d'organisation non gouvernementale, est agrée par l'administration en vue d'exercer, conformément aux règles et normes nationales et internationales en vigueur en matière d'environnement, des études d'impact et audits environnementaux ». Et d'un point de vue d'ensemble, l'exigence de l'agrément semble être la condition générale des associations en droit international de l'environnement. Pour ample analyse, lire **BRAUD (X.)**, « L'intérêt à agir dans le contentieux de l'environnement », *Cahier du GRIDAUH*, n°32, Edition GRIDAUH, 2018, pp.33-53.

[796] **DAUCHY (J.M)**, « Le droit au sommeil », *Les petites affiches*, 23 août 2001, pp. 3-5.

environnemental. Il ne s'agit pas à proprement parler d'une mission aisée tant la responsabilité civile au contact des problématiques environnementales paraît, au premier abord, perturbée par les spécificités de cette branche du droit. Cette situation est doublement complexifiée au contact des travaux publics. Mais quoi qu'il en soit, le procès civil réparateur par essence, pourrait aussi valablement se soucier de la remise de la nature dans l'état où elle se serait trouvée si le dommage n'avait pas eu lieu. C'est d'ailleurs l'esprit de la responsabilité civile qui a pour principal leitmotiv de rétablir les équilibres rompus[797]. Dans cette mouvance, il n'est pas exclu que le juge civil exige du pollueur de prendre des mesures de remise en l'état si cela s'avère nécessaire. C'est dire que le paiement des dommages-intérêt et la remise en l'état sont les sanctions les plus courantes et s'appliquent très souvent sans préjudice de cumul.

b- La portée relative des sanctions

De manière générale, les sanctions en la matière opèrent avec une timidité remarquable. De plus en plus désintéressées, les populations agissent timidement au civil pour la revendication de leur droit à un environnement de qualité. Seules certaines associations de protection de l'environnement font exception et acceptent d'agir en justice pour des intérêts généraux. A ce sujet, la loi-cadre relative à la gestion de l'environnement reconnaît le droit des associations de protection de l'environnement agréées à se porter partie civile pour les infractions prévues par ledit texte. Il dispose notamment que *« les communautés de base et les associations agréées contribuant à toute action des organismes publics et parapublics ayant pour objet la protection de l'environnement, peuvent exercer les droits reconnus à la partie civile en ce qui concerne les faits constituant une infraction aux dispositions de la présente loi et de ses textes d'application, en causant un préjudice direct ou indirect aux intérêts collectifs qu'elles ont pour objet de défendre »*[798].

Mais comme l'affirmait la professeure CHAMELTON Hélène, les textes en droit de l'environnement sont une chose, et leur application, une autre[799]. Appliquée en droit camerounais, les associations aiment généralement

[797] Le propre de la responsabilité civile est de remettre la victime dans la situation où elle se serait trouvée si le dommage n'avait eu lieu. Inspiré des travaux de DOMAT, POTHIER et GROTIUS, Cet idéal équilibriste a fortement inspiré les rédacteurs du Code civil qui le matérialisèrent à l'article 1382. Toutes choses qui réduisent la distance entre responsabilité civile et protection de l'environnement qui, elle aussi, recherche l'équilibre écologique rompu par tout fait quelconque de l'Homme.

[798] Voir l'article 8, alinéa 2 de la loi cadre de gestion de l'environnement.

[799] Voir **CHALMETON (H.),** *préservation de l'environnement et travaux publics : Difficultés pratiques et solutions juridiques*, Thèse de Doctorat, p.45, *op.cit.*

à ne agir que lorsque leurs intérêts propres et directs sont menacées. Quoiqu'il en soit, les sanctions du juge civil en matière d'environnement n'ont pas une portée rivale à celles prononcées par son homologue juge pénal.

Paragraphe 2- L'action du juge pénal

Le juge pénal n'est pas principalement habilité à trancher des litiges nés de l'exécution des travaux publics. C'est le domaine régalien du juge Administratif[800]. Pourtant, les conditions du recours gracieux préalable ne permettent pas à ce dernier d'intervenir urgemment pour faire cesser les agissements périlleux sur l'environnement[801]. Il est probable que cette lacune ait inspiré le législateur de 1996 à aménager une place majestueuse au juge pénal en la matière[802]. Dans ce giron, le juge pénal bénéficie d'une source d'incrimination duale **(A)** pour engager la responsabilité environnementale pénale du délinquant **(B).**

A- Le recours à diverses sources d'incrimination

L'urgence environnementale ayant été dévoyée devant le juge administratif sous la pesanteur de l'épineux recours gracieux préalable[803], la loi cadre a encensé le juge pénal faisant de lui le palliatif adéquat. Ce dernier tient s'appuie tant sur la loi cadre **(1)** que sur les autres textes à l'instar du Code pénal **(2).**

1- La répression fondée sur la loi cadre de gestion de l'environnement

Pour concrétiser son engagement à promouvoir le droit à un environnement de qualité, le législateur environnemental n'a pas manqué de revêtir le manteau pénaliste pour incriminer et réprimer pénalement certaines atteintes à l'environnement. A travers diverses dispositions de la loi cadre de 1996, la responsabilité de l'entrepreneur peut valablement être engagée devant le juge pénal. Cette loi consacre son chapitre II aux sanctions pénales[804]. Sur cette base, les sanctions prévues sont relatives aux infractions liées à l'étude

---

[800] En vertu de la loi du 28 pluviôse An VIII.

[801] En effet, le recours gracieux préalable est exigé dans le traitement de recours en sursis et en référé, ainsi qu'il sera développement dans la seconde partie de ce travail.

[802] Voir article 88 de ladite loi.

[803] Le référé administratif et le sursis à exécution, comme il a été précédemment démontré, nécessitent, pour leur prospérité devant le juge administratif, la réalisation des exigences de procédure et de délai relatives au recours gracieux préalable.

[804] Voir le Titre VI, chapitre II de la loi cadre de gestion de l'environnement de 1996.

d'impact environnemental **(a)** ainsi qu'aux atteintes faites contre les milieux récepteurs **(b).**

a- Les infractions relatives aux études environnementales et sociales

En toute matière, l'étude d'impact environnemental est la boussole de toute procédure de protection de l'environnement. C'est la raison pour laquelle le non-respect ou encore la méconnaissance de la procédure de sa réalisation est tant réprimandé.

A la lecture de la loi cadre, est puni d'une amende comprise entre 2000 000 à 5000 000 FCFA et d'une peine d'emprisonnement de six mois à deux ans ou de l'une de ces deux peines seulement, toute personne ayant réalisé sans étude d'impact, un projet nécessitant une étude d'impact[805]. Cette peine est également applicable à toute personne qui aurait réalisé un projet non conforme aux normes, critères et mesures énoncés pour l'étude sus visée. La sentence sera la même à l'égard de toute personne ayant empêché l'accomplissement des contrôles et analyses prévus par la loi cadre ou par ses textes d'application[806].

L'expérience démontre que la violation des règles, procédures et modalités de réalisation de l'EIES entraine inéluctablement la fragilisation des différents milieux récepteurs de l'environnement[807]. Ce qui justifie la forte répression pénale de leur atteinte.

b- La sanction des atteintes aux milieux récepteurs

En effet, toute personne qui introduit des déchets toxiques et/ou dangereux sur le territoire camerounais encoure une peine pénale[808]. Celle-ci est constituée d'une amende d'un à cinq millions de FCFA et d'une peine d'emprisonnement allant de six mois à un an ou de l'une de ces peines seulement[809]. Cette peine s'endurcie lorsqu'il s'agit de l'utilisation sur le chantier, des substances jugées nocives, dangereuses et par conséquent prohibées par la règlementation. Dans ce cas de figure, le pollueur encoure une peine d'emprisonnement de 2 à 5 ans et d'une amende comprise entre 10

---

805 Voir art.80 et ss de la loi cadre de gestion de l'environnement, *op.cit.*

806 *Idem.*

807 **ASCENSI (L.),** « Le droit pénal face aux nuisances sonores », *Administrer,* n° 353, mars 2003, pp. 34-45.

808 Article 79 de la loi cadre de gestion de l'environnement de 1996 précitée.

809 Cf. Art.80 de la même loi.

millions à 50 millions de FCFA[810]. En cas de récidive, le montant maximal des peines est doublé[811].

De constat, les mêmes peines ne sont pas réservées aux délinquants rendus coupables de pollution, dégradation des sols et sous-sols, altération de la qualité de l'air et des eaux[812]. Ceux-ci encourent une amende comprise entre un million à cinq million de FCFA, et d'une peine privative de libertés allant de 6 mois à 1 an.

La liste est exhaustive et ne peut être reprise ici en détail[813]. Elle concerne divers milieux récepteurs susceptibles d'être atteint par les activités du chantier. Les infractions et sanction tirées de la loi cadre ne sont pas à confondre de celles qui sont aménagées dans le code pénal et les textes sectoriels épars.

2- La répression fondée sur le Code pénal et les autres textes sectoriels

En effet, la loi cadre ouvre la possibilité de faire recours à la loi pénale pour engager la responsabilité écologique de l'entrepreneur pollueur. Cette possibilité est clairement martelée par l'article 85 de ladite loi qui précise clairement que les sanctions qu'elle érige sont complétées par celles contenues dans le Code pénal ainsi que par différentes législations sectorielles applicables en matière de protection de l'environnement[814]. Au Cameroun, il existe une diversité des textes sectoriels qui répriment la criminalité environnementale puisque *« souvent, seules les sanctions pénales ont un effet suffisamment dissuasif. Tout d'abord, elles reflètent une désapprobation de la société qualitativement différente de celle manifestée par le biais des sanctions administratives ou d'une indemnisation au civil. Elles transmettent un message fort aux délinquants, avec un effet beaucoup plus dissuasif. Ainsi, une sanction administrative ou une autre sanction financière peuvent ne pas être dissuasives si les délinquants sont impécunieux ou au contraire très puissants financièrement »*[815]. Cette assertion est d'ailleurs confirmée par Jacques

[810] Idem, Art.81, al.1.
[811] Idem, Art. 81, al.2.
[812] *Idem*, art.82.
[813] Cf. Titre VII, Chapitre 2 de la loi cadre précitée.
[814] Ainsi compris, outre le code pénal, tout texte sectoriel de protection de l'environnement ayant érigé un comportement en atteinte de l'environnement assortie de sanction peut trouver application en matière des travaux publics. Il peut s'agir par exemple d'une disposition relative à la législation forestière.
[815] Voir l'Exposé des motifs de la directive européenne sur la responsabilité environnementale, publié en 2000 par la Commission européenne.

BARROT pour qui, *« seule l'épée tranchante du droit pénal peut avoir un véritable effet dissuasif »*[816].

En scrutant la loi pénale, force est de constater que les atteintes à l'environnement ne sont pas directement sanctionnées. Du moins, elles n'y sont généralement réprimées qu'à titre incident, notamment sous le prisme de la protection des biens publics et privés[817]. Dans l'ensemble, le Code pénal de 2016 consacre un principe général de la responsabilité pénale des personnes privées[818] et morales[819] ainsi que les peines alternatives[820]. Au rang des textes sectoriels qui répriment les atteintes à l'environnement dans les travaux publics, on dénombre entre autres, le Code minier[821], la loi portant régime de l'eau[822], etc. Quel que soit le cas, le régime des poursuite est le même.

B- Les mécanismes de poursuite devant le juge pénal

En effet, selon une formule devenue culte pour les juristes, la machine jugeante, inerte par sa nature ne peut être déclenchée qu'à l'instigation des tiers. C'est dire que le juge de jugement ne peut se saisir *proprio muto* (de sa propre initiative), même s'il lui était personnellement offert d'être témoin vivant d'une atteinte environnementale lors de la réalisation d'une route par exemple. Qui est donc ce tiers à qui revient à titre exclusif la compétence de déclencher l'action publique? En théorie comme en pratique, en sus des agents assermentés des Administrations à compétence environnementale sectorielle susmentionnés[823], l'opportunité des poursuites est exercée en priorité par le Ministère Public **(2)** près le tribunal compétent **(1).**

---

[816] Propos tenus par jacques BARROT lors de l'examen du texte en plénière.

[817] Voir **ONDOA AKOA (G.F),** La norme pénale à l'épreuve de la protection de l'environnement au Cameroun, Thèse de Doctorat, Université de Maastricht, 2020, pp. 20-30.

[818] **FOKA TAFFO (F.),** « Le droit pénal de l'environnement au Cameroun », in Ruppel (O.C.) et Kam Yogo (E.D.) (Eds. /dir.), *Droit et politique de l'environnement au Cameroun – Afin de faire de l'Afrique l'arbre de vie, op. cit.,* p.201.

[819] Art. 74 (a) CP : *« Les personnes morales sont responsables pénalement des infractions commises, pour leur compte, par leurs organes ou représentants » ;* lire **NTONO TSIMI (G.),** « Le devenir de la responsabilité pénale des personnes morales en droit camerounais. Des dispositions spéciales vers un énoncé général ? », *Doctrine et études, Juridis périodique,* n° 89, 2012, p.88.

[820] *Idem.*

[821] Aux termes de l'article 15 du Code minier précité, *« Est puni d'un emprisonnement de dix (10) à vingt (20) ans et d'une amende de vingt-cinq (25 000 000) à cent (100 000 000) millions de francs CFA ou de l'une de ces deux peines seulement, celui qui, ayant connaissance d'une procédure d'installation d'une carrière d'intérêt public, se fait délivrer directement ou indirectement, par quelque moyen que ce soit, l'autorisation d'exploitation de la même carrière ».*

[822] Loi portant régime de l'eau précitée, *« (1) Est punie d'un emprisonnement de cinq (5) ans à quinze (15) ans et d'une amende de dix millions (10 000 000) à vingt millions (20 000 000) de FCFA, toute personne qui pollue et altère la qualité des eaux ».*

[823] Voir l'article 88 de la loi cadre de gestion de l'environnement de 1996.

1- Le tribunal pénal compétent en la matière

Les règles générales de compétence en matière pénale au Cameroun sont fixées par la loi n°2006/015 du 29 décembre 2006 portant organisation judicaire[824]. Ce texte fixe précisément les bases de la compétence en ses aspects matériel, territorial, et personnel. Sans dénaturer ni travestir la lettre et l'esprit de cette loi, le *Guide de procédure du contentieux environnemental du Ministère de l'environnement et de la protection de la nature*[825] opère néanmoins une synthèse de ses dispositions, dans l'optique de simplifier et de garantir une mise en œuvre efficace du contentieux de la répression des atteintes à l'environnement.

Toujours d'actualité, ce document de 2009 tient compte de la compétence matérielle et territoriale de la juridiction pénale compétente. Une lecture attentionnée donne à remarquer qu'il s'agit notamment du tribunal de première instance (TPI) du lieu de réalisation des activités, statuant en matière correctionnelle si le montant de la demande est inférieur ou égal à 5 millions de FCFA. Toutefois, sera plutôt compétent le tribunal de grande instance (TGI) statuant en matière correctionnelle, si le montant de la demande est strictement supérieur à 5 millions de FCFA[826]. La mise en œuvre de l'action publique près ces juridictions est l'apanage de divers agents assermentés qui gravitent autour du Ministère Public.

2- L'exercice des poursuites en répression des infractions environnementales

A l'instar de toute infraction pénale, les atteintes à l'environnement[827] occasionnent de fois deux sortes d'actions[828]. D'une part et sûrement, elles déclenchent l'action publique. D'autre part et éventuellement, elles occasionnent l'action civile lorsque l'infraction lèse une personne nomment

[824] Voir loi n° la loi n°2006/015 du 29 décembre 2006 portant organisation judicaire.

[825] Dans l'optique de faciliter la mise en œuvre de la procédure du contentieux environnemental, le Ministre en charge de l'environnement d'antan a fait élaborer, sous son égide, un document qui en précise les modalités pratiques. Cf. Ministère de l'environnement et de la protection de la nature, *Guide de procédures du contentieux environnemental du Ministère de l'environnement et de la protection de la nature*, juillet 2009, 8 pages, précité.

[826] *Ibidem*, p.8.

[827] Afin de mieux saisir les infractions environnementales et le règlement des litiges environnementaux en général, lire, **TRUILE (M.), HAUTERAU (B.)**, *Le procès environnemental : du procès sur l'environnement au procès pour l'environnement*, Rapport de recherche de la mission de recherche Droit et justice, 2019, p.10 et ss.

[828] Cf. **ZAMBO ZAMBO (D.-J.)**, « Le nouveau code de procédure pénale et la victime de l'infraction : à propos de l'enrichissement du « parent pauvre » du procès pénal camerounais », *Revue internationale de droit comparé*, Vol.63, N°2011, P.78 ; **SEGAUD (A.)**, *Essaie sur l'action publique*, Thèse, Université de Reims Champagne-Ardenne, 2010, p.11.

désignée. Cependant, contrairement à la règle qui veut que l'initiative de la poursuite appartienne concurremment à la victime et au Ministère Public, en matière environnementale, cette règle est doublement érodée.

La première strate de cette érosion tient à l'exclusion explicite et expresse des personnes privées dans l'opportunité de la poursuite, notamment pour les infractions tirées de la loi cadre[829]. La deuxième est contenue dans la destination des amendes susceptibles de découler de cette poursuite. En effet, la loi cadre exige impérativement que les amendes issues des actions en répression des atteintes environnementales à l'égard des entrepreneurs soient intégralement reversées dans le Fonds National de l'environnement et du développement durable. Du coup, par défaut d'intérêt direct à gagner, les individus peinent à engager les poursuites environnementales.

Au regard de ces considérants, forte est la tentative d'affirmer qu'à l'instar de nombreux pays, la mise en œuvre de l'action publique environnementale au Cameroun est un monopole de l'Etat et partagé entre le Ministère Public **(a)** et les Administrations à compétence environnementale sectorielle **(b).**

a- La prépondérance du Ministère Public

En matière de répression des atteintes à la législation pénale, le Ministère Public détient l'opportunité des poursuites[830]. Il s'agit d'un principe qui permet au Procureur de la République, après vérification de la constitution d'une infraction, de poursuivre ou non le délinquant en fonction des données de fait qu'il apprécie souverainement dans chaque affaire[831]. Cette règle désormais érigée en principe général du droit n'est pourtant pas clairement et expressément consacrée par les textes. Pour autant, il est admis comme telle parce que le Procureur de la République est le principal destinataire des procès-verbaux relatifs aux infractions constatées dans son ressort de juridiction[832]. A la réception, lui seul décide souverainement de la suite qu'il en donnera.

---

[829] En effet, l'article 88 de la loi cadre n'inclus pas les individus, personnes physiques de droit privé dans la liste des agents et autorités habilité à constater et à exercer les poursuites en répression des atteintes aux dispositions de la loi cadre. Les populations n'ont, de ce fait, qu'un droit environnemental passif, limité à l'information ou mieux la dénonciation auprès des autorités administratives, des infractions constatées.

[830] **ASCENSI (L.),** « Le droit pénal face aux nuisances sonores », *op.cit.,* pp. 34-40.

[831] Voir **BATANON (C.),** *Etude critique de l'opportunité des poursuites dans les législations béninoise et française,* Thèse de Doctorat, Bourgogne Franche-Comté, 2017, page de résumé.

[832] Pour abonder dans ce sens, voir **FOKA TAFFO (F.),** « Le droit pénal de l'environnement au Cameroun », *op.cit., p.*201.

A plus d'un titre, cette faculté implique une réaction positive du Magistrat du Ministère Public informé ou témoin d'une infraction environnementale. Enfin, la règle de l'opportunité des poursuites permet de contourner l'inertie du juge de jugement en matière environnementale, la machine jugeante ne pouvant être déclenchée par ce dernier[833]. On ne peut cependant manquer de constater la relégation du Ministère public dans la poursuite des atteintes à l'environnement en contexte camerounais[834]. C'est notamment l'une des raisons pour lesquelles cette institution est fortement concurrencée en la matière.

b- Une institution concurrencée

Au contact de la réalité, même la compétence principielle du Parquet en matière de poursuite de l'entrepreneur pollueur est, elle aussi, mise en difficulté ainsi qu'il est loisible de le constater par le truchement de l'article 88 de la loi cadre de gestion de l'environnement. De rappel, cet article dispose que : *« sans préjudice des prérogatives reconnues au Ministère Public, aux officiers de police judiciaire de compétence générale, les agents assermentés de l'Administration chargée de l'environnement ou des autres Administrations concernées, notamment ceux des domaines, du cadastre, de l'urbanisme, des travaux publics, des forets, de la marine marchande, des mines, de l'industrie, du travail et du tourisme sont chargés de la recherche, de la constatation et des poursuites en répression des infractions aux dispositions de la présente loi et de ses textes d'application »*[835]. On peut remarquer la concurrence que cette disposition créée entre le Ministère Public et les agents assermentés du MINTP en l'occurrence, et ceux des autres Administrations dans la poursuite en répression des atteintes à l'environnement dans les chantiers publics.

---

833 L'auto saisine du juge de jugement est une exception considérablement rare en droit et n'est admise que dans des hypothèses restrictivement énumérées. Le cas le plus connu est l'hypothèse du délit d'audience.

834 Voir **ABDEL NACER HISSA (p.)**, « La poursuite des atteintes à l'environnement au Cameroun : le Ministère public relègue ? », *International Multilingual Journal of Science and Technology (IMJST)*, vol. 5, Issue 9, September – 2020, pp. 1638-1630 ; *Cf. Cameroon Tribune* (20 janvier 2017 :4 ; la pollution du sol, sous-sol, de l'air et de l'atmosphère suite à l'explosion de deux wagons citernes contenant du liquide inflammable appartenant à la société Camerounaise des Dépôts Pétroliers (SCDP), ayant fait environ deux-cents mille victimes le 14 février 1998. En réaction à ce désastre écologique, le Professeur NTONO TSIMI affirme que cette société (personne morale) aurait pu être poursuivie pour négligence. Lire à cet effet, **NTONO TSIMI**, « Le devenir de la responsabilité pénale des personnes morales en droit camerounais. Des dispositions spéciales vers un énoncé général ? », *Archives de politique criminelle,* 2011/1 n° 33, p. 221-244. Dans le même registre, mentionnons également le massacre de 450 éléphants dans le parc national de Bouba N'Djida en février 2012. *Cf.* **CHABASON** et al « Du braconnage artisanal à la criminalité organisée : un cri d'alarme négligé », in, **GROSCLAUDE (J.-Y.)**, *Regard sur la terre*, Armand Colin, 2014, p. 82 ; **TAMAFO FOMETE (J.-P.),** *Le droit international de l'environnement marin en Afrique de l'Ouest et du Centre,* Thèse de doctorat de 3e cycle, Yaoundé, Institut des Relations Internationales du Cameroun, 1990, p.51.

835 Le professeur **OUMBA (P.)** a opéré un commentaire de la portée de cette disposition, in « La contribution du droit administratif à la réparation des atteintes à l'environnement au Cameroun », *RJE*, p.198.*op.cit.*

A l'interprétation de cette disposition, une certaine doctrine en est venue à constater *« l'effritement de l'office du ministère public en peau de chagrin en faveur d'une prééminence de l'administration »*[836], pour enfin conclure à la subsidiarité de cette institution dans la poursuite des atteintes à l'environnement au Cameroun. Si un tel constat mérite du crédit, il ne serait valable que pour les infractions aux dispositions de la loi cadre, ainsi qu'il ressort de l'article 88 précité. Dans cette hypothèse, les agents les plus hardis seraient les agents assermentés de l'administration assurant la maîtrise d'ouvrage principale ou déléguée.

A contrario, il demeure constant que la poursuite des infractions environnementales tirées du code pénal relève, en permanence, de la compétence du Ministère public[837].

[836] Cf. **ABDEL NASSER (I.-p.),** « La poursuite des atteintes à l'environnement au Cameroun : Le Ministère public relègue ? », *International Multilingual Journal of Science and Technology,* Vol.5, N°9, Septembre 2020, pp. 1638-1647, *op.cit.*

[837] Dans cette matière, l'opportunité des poursuites n'est plus concurrencée par les inspecteurs assermentés de l'environnement, mais par les individus victime, conformément aux règles de droit commun de la procédure pénale camerounaise.

CONCLUSION DU CHAPITRE II

Longtemps tenu à la mage des disciplines de la science juridique, l'environnement s'est définitivement imposé à la science du droit comme un impératif à préserver[838]. Cette protection a dépassé le cadre restreint des spéculations doctrinales pour s'élever à l'instance du juge, faisant du droit de l'environnement un véritable droit et du juge chargé d'en trancher les litiges, un véritable juge de l'environnement[839].

Au contact des travaux publics, la sanction juridictionnelle des atteintes à l'environnement suscite un dualisme juridictionnel faisant intervenir aussi bien la juridiction de l'ordre administrative que celle de l'ordre judiciaire.

Devant le juge administratif, on constate une absorption par les litiges environnementaux du contentieux classique des travaux publics. La raison de ce brassage tient de l'inter connexité entre dommage environnemental et dommage des travaux publics. La vérité étant que l'essentiel des dommages causés par les travaux publics présentent des critères d'un dommage environnemental. C'est le cas des destructions de biens, des pollutions, des nuisances sonores et olfactives connues dans le régime administratif sous la forme de troubles anormaux de voisinage. Cette connexité justifie alors l'usage des mécanismes classiques de règlement des litiges administratifs pour le règlement des litiges environnementaux causés par les travaux publics. Dans le contentieux ordinaire, ces mécanismes sont les contentieux de l'annulation et de la réparation[840]. Dans le contentieux de l'urgence accessoire, il s'agit des procédures de référé et de sursis à exécution[841].

Ce contentieux devant le juge judiciaire semble plus structuré parce contrairement au juge administratif, ce dernier bénéficie d'une compétence d'attribution expressément aménagée par les textes en matière d'environnement[842]. Selon la nature de l'infraction, le juge pénal ou son homologue juge civil peut intervenir en contexte des travaux publics pour infliger des sanctions pénales ou civiles à l'encontre de l'entrepreneur rendu

---

[838] **KAMTO (M.),** *Droit de l'environnement en Afrique, op.cit.,* p.15.

[839] **AVRILLIER (R.),** « L'écologie à l'épreuve du droit. Le droit à l'épreuve de l'écologie », *Revue juridique de l'environnement,* n° spécial, 1995, pp. 16-29.

[840] Voir l'article 2 de la loi n°2006/022 du 29 décembre 2006 relatif à l'organisation et le fonctionnement des tribunaux administratifs, *op.cit.*

[841] *Idem,* sections IV et V.

[842] Voir l'art.88 de la loi cadre de gestion de l'environnement précitée.

coupable de dégradation de la nature et de ses ressources[843], ou de pollution de l'environnement humain[844].

In fine, on constate que soit la large part des règles procédurales classiques en usage tant dans le contentieux environnemental que dans celui des travaux publics, le contentieux des atteintes à l'environnement né de la réalisation des travaux publics recèle des particularités tenant, au moins, à l'urgence et l'arrangement amiable.

[843] **AVRILLIER (R.),** « L'écologie à l'épreuve du droit. Le droit à l'épreuve de l'écologie », *Revue juridique de l'environnement, op.cit.,* pp. 16-29.

[844] *Voir l'art.88 de la loi cadre de gestion de l'environnement précitée.*

CONCLUSION DU TITRE II

A la suite d'une analyse resserrée, il s'avère que la préservation de l'environnement lors de la réalisation des travaux publics est un vaste chantier qui mobilise un impressionnant jeu d'acteurs aux fonctions variées[845]. Cela implique la mise en place d'institutions non juridictionnelles, telles que des agences gouvernementales et administratives, chargées de surveiller et de règlementer les activités liées aux travaux publics. Elles œuvrent tantôt en synergie avec les acteurs privés majoritairement constitués d'ONG et d'association de défense de la nature, tantôt de façon conflictuelle, mais toujours en vue de protéger l'environnement. Ces institutions sont responsables de l'évaluation des impacts environnementaux, de l'octroi des autorisations et de la supervision des mesures de mitigation.

Parallèlement, les institutions juridictionnelles jouent un rôle essentiel dans l'application des lois environnementales et la résolution des litiges liés à la protection de l'environnement dans le cadre des travaux publics. Elles garantissent que les pouvoirs publics et les entrepreneurs respectent le bloc de légalité environnementale qui s'impose à eux dans la mise en œuvre des projets d'infrastructure, et qu'ils prennent des mesures nécessaires pour minimiser leur empreinte sur l'environnement.

Il s'agit notamment du juge administratif, du juge pénal, du juge judicaire. En l'absence d'une procédure environnementale contentieuse qui tienne compte de l'originalité des litiges environnementaux, ces juges empruntent aux règles de procédure classiques devant eux, pour trouver une solution aux problèmes à eux soumis[846].

Il est néanmoins important de noter que malgré le dynamisme de ces institutions, des défis persistent. Ils sont de l'ordre de l'inadaptation des délais de règlement des litiges, la persistance du recours gracieux préalable dans l'urgence environnementale devant le juge administratif etc[847]. Cependant, des progrès sont perceptibles grâce à l'engagement croissant en faveur du développement durable et à la sensibilisation accrue aux enjeux environnementaux.

---

[845] **GUIHAL (D.)**, « La lente mais irrésistible montée en puissance du principe de participation », *Droit de l'environnement*, octobre 2003, pp. 182-183.

[846] **LAVOILLOTTE (M.-P.)**, « Responsabilité environnementale : les principales causes exonératoires », *Revue environnement*, janvier 2003, p. 23.

[847] **TSAMO (V.)**, « Le contentieux de l'urgence environnementale devant le juge administratif camerounais, *op.cit.*, pp.7180-7190.

CONCLUSION DE LA PREMIERE PARTIE

Parvenue au terme de cette première analyse, il n'est plus possible de dénier à la protection de l'environnement son existence dans la réalisation des travaux publics au Cameroun. Cette protection est réelle et perceptible par le truchement d'un encadrement juridique consacré et d'une protection institutionnelle organisée.

La consécration du droit à un environnement sain dans le préambule de la Constitution est la base première de cette exigence en contexte du développement durable[848]. La loi cadre de gestion de l'environnement de 1996 et ses divers textes d'application constituent le cadre général de cette protection[849]. Ces textes érigent l'ensemble des techniques et exigences écologiques qui s'imposent aussi bien dans le secteur des constructions publiques que privées. Les acteurs du secteur des travaux publics fournissent des efforts considérables pour se soumettre à cette légalité, malgré certaines difficultés d'adaptation de certaines de ces règles générales en contexte des travaux publics. En droit de l'environnement en général, les dispositions normatives sont souvent imprécises, générales et pas toujours transposables dans le secteur des constructions publiques. Les textes sectoriels visant la protection des milieux récepteurs, tels que le sol, l'air, l'eau, le traitement et la gestion des déchets…sont généralement mobilisés sur les chantiers pour conjurer le poids du défaut d'un Code de l'environnement. Les contrats publics de travaux, les instruments de la commande publique au même titre que les conventions d'aide au développement sont de plus en plus mobilisés pour contraindre les entrepreneurs à se plier aux exigences environnementales[850].

Outre les normes, un dynamisme institutionnel est également observable sur le terrain. Il fait intervenir des acteurs tant du secteur public que privé. Allant d'Administrations publiques aux ONG et associations de défense de la nature, ces acteurs concourent à la surveillance environnementale, la constatation des atteintes y relatives, et leur sanction le cas échéant.

Pour pallier les insuffisances du droit et les inefficacités des acteurs non juridictionnels, le juge a un rôle important à jouer[851]. Il dispose en effet d'un certain pouvoir normatif[852]. Les décisions qu'il dégage, en la matière, permettent de fixer les bases jurisprudentielles de cette matière dont la

[848] Voir préambule de la Constitution révisée de 1996, *op.cit.*
[849] Voir le contexte juridique de l'étude, *supra*, pp.24-29.
[850] **MAITRE (M.P)**, « Encadrement communautaire des aides d'Etat pour la protection de l'environnement », *Environnement*, juin 2002, pp. 20-25.
[851] **MARTIN (G.)**, « Le droit de l'environnement, quelles mutations ? », *Les Petites affiches* du 27 avril 1994, pp. 12-18.
[852] Voir par exemple **BELAID (S.)**, *Essai sur le pouvoir créateur et normatif du juge*, LGDJ, 1974, page 296.

juridictionnalisation ne date pas d'assez longtemps. Et comme l'affirmait Marcel WALINE, *« la jurisprudence agit comme si elle avait un pouvoir normatif ; elle le prouve en marchant ; elle s'arroge ce pouvoir »*[853]. Le juge administratif camerounais, en plus de s'être arrogé une compétence environnementale, doit désormais pouvoir poser des décisions de principe pour viabiliser l'urgence environnementale jusqu'ici asphyxiée par la règle du recours gracieux préalable. Le juge constitutionnel pour sa part, devrait briser le silence et connaitre des litiges des atteintes à l'environnement[854]. Il le doit d'autant plus qu'il est le garant de la protection de la Constitution et des droits qui y sont explicitement consacrés, au rang desquels le droit de l'environnement[855].

Dans l'ensemble, des avancées notoires sont enregistrées tant sur le plan juridique qu'institutionnel pour garantir la protection de l'environnement en lors de la réalisation des travaux publics.

Cependant, lesdites avancées demeurent insuffisantes pour que l'on puisse affirmer avec assurance et intime conviction l'effectivité de la protection de l'environnement lors de la réalisation des travaux publics. Il persiste en la matière des obstacles de divers ordres qui interpellent de trouver des solutions pour une protection plus affirmée.

---

[853] Voir **DE LANVERSIN (Jacques),** « Contribution du juge au développement du droit de l'environnement », in *Mélanges WALINE*, 1974, page 519 ; **BELAID (Simon),** *Essai sur le pouvoir créateur et normatif du juge*, *LGDJ* 1974, p. 296. *Op.cit.*

[854] En effet, contrairement à son homologue béninois, le juge constitutionnel camerounais ne connait pas des litiges relatifs aux atteintes à l'environnement. Pourtant, la protection de l'environnement est un droit clairement consacré par la constitution.

[855] Voir préambule de la Constitution de 1996, précitée.

SECONDE PARTIE : UNE PROTECTION PERFECTIBLE DE L'ENVIRONNEMENT LORS DE LA REALISATION DES TRAVAUX PUBLICS

Le cadre de protection de l'environnement au Cameroun présente de plus en plus de défaillances par rapport aux mutations socioéconomiques et écologiques de l'heure[856]. L'explosion spectaculaire du phénomène des déchets plastiques suffit à elle seule pour rendre compte de la situation, aux côtés d'autres catastrophes écologiques[857]. Que l'on soit en zone rurale ou en milieu urbain au Cameroun actuellement, il est difficile d'échapper au phénomène de déchets plastiques.

Les problématiques environnementales telles que la pollution, l'émission du carbone, l'aggravation des gaz à effet de serre, le changement climatique dans les régions sensibles du pays, les inondations et les pluies torrentielles inhabituelles prennent des proportions de plus en plus inquiétantes. Les standards et référentiels internationaux jadis érigés pour prévenir les catastrophes écologiques semblent connaître eux aussi, des difficultés notoires[858]. Pourtant, les besoins en infrastructure ne cessent d'accroître avec acuité dans un contexte national où l'explosion démographique engendre le développement abyssal du phénomène des taudis dû aux constructions mal planifiées[859].

Dans ce rapport, un paradoxe persiste encore. En Fait, le droit de l'environnement ne pénètre que très timidement les pratiques des travaux publics et les mentalités des acteurs de ce domaine, malgré la profusion des textes juridiques et les déclarations de bonne volonté en la matière[860]. Aussi, le cloisonnement des techniques de protection de l'environnement, conduisant à protéger séparément l'eau, l'air, la terre, les espèces vivantes, est anachronique, même s'il reste le parti pris du législateur. L'absence de coordination entre les textes apparaît également de plus en plus problématique. Elle est aggravée par le défaut d'un Code de l'environnement et l'inexistence de dispositions environnementales spécifiques aux travaux publics. Dans les

[856] **Voir HUGON (P.)**, « Environnement et développement économique : les enjeux posés par le développement durable », *Revue Internationale et Stratégique*, n° 60, 2005/4 p.113.

[857] Il n'est pas rare d'entendre qu'un bâtiment, une route ou un édifice public c'est effondré au Cameroun, ceci avec des morts, des blessés, et les dégâts matériels du fait des travaux publics mal planifiés. Suite à l'excroissance de ce phénomène dans la ville de Douala Cameroun, les professionnels du bâtiment et des travaux publics ont organisés le 7 décembre 2023 à Yaoundé à l'immeuble Shilo une conférence de presse portée par l'Institut des Conducteurs de Travaux (IFPCT) pour exposer les causes et proposer des solutions adaptées pour la santé et le développement infrastructurel du Cameroun. Dans un passé bientôt lointain, notamment en 2004, l'on assistait à l'écroulement accidentel du pont du Mungo reliant la région du littoral à celle du Sud-ouest. On peut en dire autant de l'effondrement en 2020 du pont Palar alors vieux de 40 ans déjà, suite aux pluies diluviennes. Il est bon de savoir que ledit pont était la principale infrastructure reliant l'Etat du Cameroun à son voisin le Tchad. Les exemples sont légions et ne peuvent être suivis ici en détail.

[858] **Voir HUGON (P.)**, « Environnement et développement économique : les enjeux posés par le développement durable », *Revue Internationale et Stratégique*, n° 60, 2005/4, *op.cit.,* p.115.

[859] **KAM YOGO (E.)** et autres, *Manuel judiciaire de droit de l'environnement en Afrique*, *op.cit.,* pp.1-8.

[860] *Idem.*

écrits consacrés à l'environnement, les plaidoyers en faveur d'une codification par secteur d'activité sont réguliers depuis une trentaine d'années déjà[861].

Il n'existe pourtant pas en droit camerounais, de réglementation environnementale spécifiquement applicable aux travaux publics[862]. Les dispositions applicables à ce secteur ont un champ d'application plus large, malgré le fait que les activités de travaux publics présentent des spécificités[863]. Les normes environnementales générales s'avèrent donc souvent inadaptées et diffuses, lorsqu'il s'agit d'imposer la protection de l'environnement aux acteurs des travaux publics. A ce sujet, la Professeur CHALMETON Hélène constate que *« ceux-ci bénéficient d'un régime de protection traditionnel, du fait de leur caractère d'intérêt général »*[864]. Les obligations imposées par les différents textes ne sont pas toujours évidentes à articuler entre elles. Ce manque de correspondance se combine avec le défaut de coordination des politiques et ne manque pas de nuire à la qualité de la réglementation ou, en tout cas, à sa bonne perception. Ainsi, à côté d'une protection limitée **(Titre I)**, se dessinent à l'horizon, les perspectives d'une certaine amélioration de la situation **(Titre II)**.

[861] C'est par exemple le cas du colloque consacré à l'avenir du droit international de l'environnement, à l'Académie de droit international, à La Haye en 1984, où 25 communications sur 28 faisaient référence à cette problématique du cloisonnement des réglementations.

[862] Toutefois, l'ANOR entreprend progressivement de mettre sur pieds des normes techniques applicables à la qualité des engins et du matériel utilisables dans les travaux publics.

[863] **LEPAGE (C.)**, « De l'évolution du droit de l'environnement », *Gazette du Palais,* 28-29 juillet 2006, pp.2-15.

[864] **CHALMETON (H.)**, *Préservation de l'environnement et travaux publics : Difficultés pratiques et solutions juridiques,* Thèse de Doctorat PhD, Université de Nantes, p. 39, *op.cit.*

TITRE I- UNE PROTECTION LIMITÉE

Si l'on regarde le corpus juridique camerounais, en y intégrant les textes que l'Etat devrait avoir depuis Stockholm et Rio[865] transcrits du droit international, le droit de l'environnement serait probablement l'un des domaines dans lesquels les textes se sont le plus développés au cours des trente dernières années. Ce droit reste pourtant encore pauvre de son application, et donc de son effectivité. Ce constat peut s'opérer dans divers autres ordres juridiques nationaux. En France par exemple, en 1995 déjà, Michel BARNIER décomptait 130 lois et plus de 800 décrets touchant au droit de l'environnement. Plus tôt en 1990 déjà, Alexandre Charles KISS comptait, sur le même sujet, 35000 textes sur la planète, et pas moins de 300 conventions internationales[866]. Qu'il s'agisse des éléments naturels, de la lutte contre les pollutions et les nuisances, de la gestion des risques, des activités dangereuses et aujourd'hui du climat, les textes se sont multipliés ainsi que le réitère Mme Corinne LEPAGE[867]. Dans cette abondance pourtant, très peu, s'il en existe même vraiment, sont ceux qui s'intéressent spécifiquement à la protection de l'environnement dans les travaux publics, malgré l'influence de ces activités sur la nature, ses ressources et les activités humaines[868].

Certes, diverses normes juridiques, si elles ne réglementent pas directement le secteur des travaux publics, n'en sont pas moins opposables aux entrepreneurs[869]. Il en est ainsi parce que de façon tout à fait naturelle, la réglementation relative à l'environnement est, sauf disposition contraire, directement applicable à toute personne publique ou privée. Sauf qu'elles s'appliquent dans ce cas sans aucune distinction particulière et sans tenir compte des spécificités des travaux publics. Du coup, le droit de l'environnement n'est pas considéré à sa juste valeur dans ce domaine. Il n'est appliqué, le plus souvent, que dans la mesure du possible, dans un contexte où il devrait pourtant être nécessairement mis en œuvre avec efficacité **(Chapitre 1)**. Dans le même rapport, le foisonnement institutionnel qui caractérise le droit de l'environnement rend souvent touffue la protection recherchée. Le bilan des acteurs en présence dans les travaux publics aux fins de contrôle, de constatation et de sanction des infractions environnementales contraste avec leur efficacité, du fait de l'absence de coordination entre les factions présentes.

---

865 Il s'agit en effet de sa participation aux Sommets de Stockholm de 1972 et de Rio de Janeiro de 1992.

866 **CHALMETON (H.)**, *Préservation de l'environnement et travaux publics : Difficultés pratiques et solutions juridiques, Thèse de Doctorat PhD, Université de Nantes, op.cit.*, p.40.

867 Voir **LEPAGE (C.)**, « Les véritables lacunes du droit de l'environnement », *Le Seuil-Pouvoir*, n° 127, 2008/4, p.2, *op.cit.*

868 *Idem.*

869 **CHAMELTON (H.)**, *Préservation de l'environnement et travaux publics Difficultés pratiques et solutions juridiques, Thèse de Doctorat, op.cit.*, pp.50-25.

Dans une certaine mesure, les institutions et organismes de protection de l'environnement, souvent fictifs pour certains[870], opèrent sans réelle efficacité dans les travaux publics, parce que le développement infrastructurel dicte la manœuvre à suivre aux écologistes, quelque fois même au détriment des impératifs environnementaux. Ils n'ont pas toujours accès aux sites des travaux ainsi qu'aux informations nécessaires[871]. Suite à ce constat, la recherche de l'efficacité devient une préoccupation pressente au sujet d'un cadre institutionnel manifestement essoufflé au contact des réalités des travaux publics **(Chapitre 2).**

[870] **KAMTO (M.),** « La mise en œuvre du droit de l'environnement : forces et faiblesses des cadres institutionnels », *RADE, n°5, op.cit.,* pp29-35.
[871] *Idem.*

CHAPITRE 1- UNE APPLICATION TIMIDE DU DROIT DE L'ENVIRONNEMENT LORS DE LA RÉALISATION DES TRAVAUX PUBLICS

Le droit de l'environnement est un droit essentiellement technique. Il évolue avec la science et la technologie[872]. Cela explique sa diversité, voire le fait que son existence en tant que discipline autonome du droit ait pu être remise en cause, même par les plus éminents spécialistes[873]. En même temps, il est un droit congénitalement lacunaire[874]. Les travaux publics, on ne le dira jamais assez, présentent pourtant des spécificités liées à la particularité des opérations qui sont menées dans ce cadre. Ils sont l'épine dorsale du développement économique de l'Etat et plus concrètement, un complément indispensable de sa souveraineté. De ce fait, ils bénéficient de certaines exemptions et dérogations surtout, face aux exigences écologiques qui s'imposent normalement aux particuliers dans leurs constructions privées[875].

Dans l'ensemble, la majorité des règles qui s'appliquent en matière environnementale est issue du droit international de l'environnement qui, lui aussi, est dérivé de son parrain le droit international public[876]. La richesse du droit international repose sur sa capacité normative[877]. Les multiples Conventions qui sont conclues sur ce terrain permettent la réalisation de divers impératifs juridiques et économiques, y compris l'atteinte des objectifs du développement durable à l'instar de la protection de l'environnement[878].

Rares sont pourtant les accords internationaux bilatéraux ou multilatéraux conclus en vue de garantir l'environnement dans les opérations des travaux publics. De ce point de vue, se confesse l'impuissance des normes supranationales à garantir la protection de l'environnement dans les travaux publics **(Section 1).** Au plan interne, la protection de l'environnement souffre de divers maux. Les règles du droit national de l'environnement connaissent de nombreuses dérogations au contact des travaux publics. Dans cette mouvance, certaines catégories de travaux publics sont purement et simplement soustraites de l'obligation des études d'impact environnemental et social malgré la ferme consécration de l'obligatoriété desdites études[879]. Dans

---

[872] **MORTGAT (B.),** « Infrastructures routières et environnement », *Environnement et technique,* n° 188, juillet-août 1999, pp. 26-40.

[873] A ce sujet, le Professeur **DRAGO (R.)** affirmait en 1976 qu'il *« est absurde de penser qu'il s'agit d'une discipline juridique nouvelle et d'un droit autonome ».*

[874] Voir **LEPAGE (C.),** « Les véritables lacunes du droit de l'environnement », *op.cit.*, p.2.

[875] **WOLKOWITSCH (M.),** « Opinion publique, préservation de la nature et infrastructures de transport », *Aménagement et nature,* n° 61, mars 1981, *op.cit.,* p. 2-15.

[876] **Le BRIS (C.), LAVIEILLE (J.-M), DELZANGLES (H.),** *Droit international de l'environnement,* Institut des Sciences Juridique et Philosophique de la Sorbonne, 2018, p.28.

[877] *Idem.*

[878] Voir par exemple la Déclaration de Rio de 1992 sur la protection de l'environnement et le développement, *op.cit.*

[879] Le décret de 2013 relatif aux études d'impact environnemental et social rend obligatoires de telles études et en fait la condition *sine qua none* de démarrage de tout projet de développement au Cameroun.

certains cas de figure, certains chantiers publics sont interdits d'accès aux organismes de contrôle et de surveillance de la conformité environnementale. Cette exception tend même à s'ériger en règle de droit, dès lors que les mobiles politiques à l'instar de la souveraineté et de la défense du territoire sont invoqués. C'est dans ce cadre que s'inscrivent les dérogations accordées à certains travaux visant la construction, l'équipement ou l'aménagement d'infrastructures de défense et de la sûreté de l'Etat[880]. Les exemples sont légions et trahissent la faiblesse des normes nationales à imposer, elles aussi, une obligation collective de respect de l'environnement dans les travaux publics **(section 2).**

Section 1- L'inefficacité des normes supranationales de l'environnement

Tout naturellement, dans la mesure où le droit de l'environnement entre en conflit avec les intérêts économiques d'un certain nombre de multinationales du secteur BTP, ces dernières sont hardies à influencer les normes environnementales au profit de leurs gains économiques[881]. A ce constat, il convient de joindre les lacunes intrinsèques du droit national de l'environnement ; lacunes congénitalement reçue dès le berceau[882]. Dans cette mouvance, le droit de l'environnement affronte la question inévitable qui se pose à toute discipline relativement jeune, bâtie sur le socle de disciplines plus anciennes : celle de son autonomie et de son efficacité dans la poursuite de ses objectifs.

Selon le Professeur Maurice KAMTO, sa reconnaissance en tant que discipline juridique nouvelle s'est heurtée à deux écueils correspondant à des positions extrêmes[883]. D'un côté, affirme l'auteur, *« son autonomie a été vivement contestée du moins au début, par ceux qui ne voyaient dans cette nouvelle discipline qu'une excroissance de certaines disciplines juridiques existantes dépourvue de techniques juridiques spécifiques »*[884]. Cette perception n'est pas de nature à encourager l'application conforme de ce jeune droit en contexte des travaux publics. De l'autre, poursuit-il, *« on estime que l'approche dite holistique (c'est-à-dire globale) du droit de l'environnement*

---

[880] Idem, article 17.

[881] Voir **LEPAGE (C.)**, « Les véritables lacunes du droit de l'environnement », *op.cit.* p.6.

[882] Voir **SALOMON (J.-J.)**, « Quelques observations sur le droit international public », *Revue Belge de droit international*, 2016, pp.449-458.

[883] Voir **KAMTO (M.)**, *Droit de l'environnement en Afrique, op.cit.* pp. 21-22.

[884] *Ibidem.*

l'impose comme une matière nouvelle et fondamentale touchant à toutes les autres disciplines juridiques »[885].

Dans cette articulation, plusieurs auteurs soutiennent que le droit de l'environnement ne devrait pas être considéré comme une simple branche du droit à l'instar du droit civil, du droit pénal, du droit commercial, du droit du travail ou de n'importe quelle branche du droit international[886]. Ils souhaitent qu'il soit perçu comme un droit total, un *« ordre juridique complet »* parallèle aux ordres juridiques nationaux existants, cependant non intégré auxdits ordres juridiques qu'il transcende, ni à l'ordre juridique international duquel il découle[887]. Serait-ce dans cette condition que son application, notamment dans le secteur des constructions publiques, trouverait échos favorable[888].

Or, appelées à assurer la protection de l'environnement dans les travaux publics, les règles du droit de l'environnement font preuve d'une souplesse remarquable[889]. Ce constat est aussi bien observable pour les normes du droit international de l'environnement **(Paragraphe 1)** que pour les règles du droit communautaire CEMAC en crise d'efficacité en la matière **(Paragraphe 2).**

Paragraphe 1- La souplesse des normes environnementales internationales dans les travaux publics

A date, il n'existe que très peu de normes internationales ayant spécialement vocation à encadrer l'environnement dans les travaux publics. S'il est vrai que quelques initiatives ont d'ores et déjà été prises en la matière, le constat de leur échec vient rapidement ébranler les espoirs exprimés.

A titre de rappel, la Conférence de Rio de Janeiro de 1992 a favorisé l'adoption du programme *« Action 21 »* adopté par les Nations Unies. Ce programme prévoyait que les gouvernements réexaminent les politiques d'achats de fournitures de leurs organismes et départements afin d'améliorer si possible l'élément environnement dans les achats dédiés à la réalisation des objectifs de développement. Autrement dit, cette initiative avait pour objectif d'encourager la mouvance du chantier vert. Bien plus, en 2002, l'OCDE a

---

[885] *Ibidem.*

[886] **CHALMETON (H.),** *Préservation de l'environnement et travaux publics : Difficultés pratiques et solutions juridiques, Thèse de Doctorat PhD, Université de Nantes, op.cit.,* p.29-35.

[887] Voir par exemple **MAGARINO DE MELLE (M.),** «The role of law in the problems of environment and development : Necessary transformations » *in Policy on Environment and Development Uruguay in the Rio World Conference*, Editor : The author, Montevideo, 1992, pp. 13 et ss; **KAMTO (M.)**, *Droit de l'environnement en Afrique, op.cit.* p.21.

[888] **CHALMETON (H.),** *Préservation de l'environnement et travaux publics : Difficultés pratiques et solutions juridiques, Thèse de Doctorat PhD, Université de Nantes, op.cit.,* p.29-35.

[889] *Idem*, pp.50-25.

adopté une recommandation sur l'amélioration des performances environnementales des marchés publics écologiques[890] à mettre en œuvre par les gouvernements et les collectivités publiques dans les travaux publics. Le bilan de la mise en œuvre de chacune de ces exigences est biaisé et même fustigé à l'observation de la réalité, car l'environnement dans les travaux publics demeure encore un enfant mal aimé, sinon un objet juridique mal identifié et insuffisamment traité.

Dans l'ensemble, la doctrine majoritaire reproche au droit international de l'environnement son caractère trop peu rigoureux **(A)** qui rend facultatif le respect des standards environnementaux internationaux **(B)** applicables dans les travaux publics.

A- Un droit peu rigoureux dans les travaux publics

Le droit de l'environnement est un droit récent, encore en pleine construction[891]. Autant dire que ses champs sont encore à la recherche de leur introuvable rigueur. Dans son versent international, il repose avant tout sur un certain nombre de principes qui garantissent sa crédibilité et fondent son identité[892] ; lesquels ne sont pas toujours conformément transposables dans le secteur des travaux publics **(1)**, surtout que dans l'ensemble, leur valeur juridique ne fait pas toujours l'unanimité **(2)**.

1- La difficile transposition de certains principes du droit international de l'environnement dans le secteur des travaux publics

Le dénominateur commun des opérations des travaux publics est leur incidence environnementale très souvent négative, leurs exigences en termes de consommation des ressources de la nature et leur capacité de bouleversement du paysage. La protection de la nature et du cadre de vie des populations devrait donc être intégrée dans les pratiques de travaux publics en tenant compte de ces exclusivités. Pourtant, le droit de l'environnement, au mieux, ne distingue pas les travaux publics des autres secteurs de l'économie ; au pire, il introduit au bénéfice des acteurs des travaux publics, des dispositions dérogatoires au droit commun de l'environnement. Mais, le véritable drame est que les principes internationaux qui avaient été édictés pour garantir à l'homme, à l'échelle planétaire, un cadre de vie de qualité ne sont pas toujours

[890] Il s'agit notamment de la Recommandation du Conseil sur l'amélioration des performances environnementales des marchés publics, du 23 janvier 2002, C(2002)3.
[891] Voir **LEPAGE (C.)**, « Les véritables lacunes du droit de l'environnement », *op.cit.*, pp.123-133.
[892] *Idem.*

respectés en la matière, du moins pas dans leur entièreté. Les cas les plus évocateurs sont les principes de participation et du libre accès à l'information environnementale **(a)**. Mais dans l'ensemble, cette situation n'est que le reflet d'une crise juridique encore plus profonde, notamment celle de l'impuissance généralisée des règles fondamentales du droit international de l'environnement **(b)**.

a- Une mise en œuvre particulièrement tronquée du principe de participation

En droit international de l'environnement, l'objectif du principe de participation est d'améliorer la transparence dans la prise de décision dans les mégaprojets de développement, un objectif rarement atteint[893]. Ce principe est la conséquence d'une prise de conscience de l'impact de certains projets d'aménagement ou d'équipement sur l'environnement[894]. Il a été majestueusement consacré dans la Déclaration de Rio de Janeiro de 1992 sur l'environnement et le développement, en son principe 10 notamment[895]. Il réapparait avec plus de rigueur dans les documents stratégiques des partenaires financiers internationaux soucieux de l'environnement, sous la forme de conditionnalité de l'aide au développement[896].

Cependant, le problème de la Déclaration en tant qu'instrument du droit international est qu'elle n'a point de contrainte. Son caractère théorique et abstrait a même souvent été dénoncé comme étant la preuve de la valeur purement philosophique, voire *« métaphysique »,* d'un texte dépourvu de tout

---

[893] **SCHNEIDER (S.),** « Le BTP sur la voie de la valorisation des déchets », BTP Magazine n° 158, novembre 2002, p.44.

[894] **SEGUIN (D.)**, « Les atteintes à l'environnement dans la responsabilité civile : de l'illicite à l'anormal », *Droit de l'environnement*, n° 117, avril 2004, p. 69-89.

[895] Il ressort du Principe 10 de cette Déclaration, que *« la meilleure façon de traiter les questions d'environnement est d'assurer la participation de tous les citoyens concernés, au niveau qui convient. Au niveau national, chaque individu doit avoir dûment accès aux informations relatives à l'environnement que détiennent les autorités publiques, y compris aux informations relatives aux substances et activités dangereuses dans leurs collectivités, et avoir la possibilité de participer aux processus de prise de décision. Les Etats doivent faciliter et encourager la sensibilisation et la participation du public en mettant les informations à la disposition de celui-ci. Un accès effectif à des actions judiciaires et administratives, notamment des réparations et des recours, doit être assuré ».*

[896] A cet égard, force est de réaliser que la Banque Mondiale a systématisé l'obligation d'intégrer les acteurs locaux et ceux de la société civile dans les opérations d'examen des risques environnementaux et sociaux de la quasi-totalité des projets financés par ses soins. Il s'est longtemps agi des Politiques de Sauvegarde Environnementale et Sociale (PSES) de la Banque Mondiale. Mais depuis le mois d'août 2016, la Banque a adopté une nouvelle série de politiques environnementales et sociales appelées le Cadre environnemental et social (CES). À compter du 1er octobre 2018, le CES s'applique à tous les nouveaux financements de projets d'investissement de la Banque. Les projets en cours continueront cependant d'appliquer les Politiques de sauvegarde, si bien que les deux mécanismes coexisteront pendant environ sept ans.

intérêt juridique[897]. L'application du principe en question est rendue plus difficile dans les travaux publics qui sont l'épine dorsale de l'action administrative et, qui pour atteindre ses objectifs, est placée sous le signe de la puissance publique[898].

Au sens de la loi cadre de gestion de l'environnement de 1996, le principe de participation connote quatre significations. D'une part, il postule que chaque citoyen doit avoir accès aux informations relatives à l'environnement, y compris celles relatives aux substances et activités dangereuses, et que chaque citoyen a le devoir de veiller à la sauvegarde de l'environnement et de contribuer à la protection de celui-ci. D'autre part et surtout, que les personnes publiques et privées doivent, dans toutes leurs activités, se conformer aux mêmes exigences, et que les décisions concernant l'environnement doivent être prises après concertation avec les secteurs d'activité ou les groupes concernés, ou après débat public lorsqu'elles ont une portée générale[899].

Ainsi, le meilleur moyen de mise en œuvre du principe de participation repose sur les consultations publiques dans la phase préparatoire des travaux, notamment pendant la réalisation des études d'impact. A ce sujet, le décret de 2013 relatif aux modalités de réalisation des études d'impact environnemental et social rend obligatoire la participation des groupes impactés par la mise en œuvre des projets de développement[900].

Les procédures de concertation peinent pourtant à s'imposer aux acteurs des travaux publics dans la réalité[901]. Dans cette matière en effet, la volonté de faire réellement participer le public, dans le sens de recueillir ses observations afin de modifier les paramètres du projet pour l'adapter aux exigences environnementales, demeure quasi illusoire. Dans de nombreux cas en fait, la procédure des débats publics dépend encore trop souvent de la volonté des commis de l'Etat[902] quant à la réalité de la participation du public[903]. Ainsi, l'observation montre que cette procédure peut parfaitement admettre des

[897] Voir **MORANGE (J.)**, « La valeur juridique de la Déclaration », *dans La Déclaration des droits de l'homme et du citoyen,* Presse Universitaire de France, 2007, pp.87-114.
[898] Voir **TOUSSAIN Ange (C.)**, *Cour de droit administratif des biens appliqué aux travaux publics*, éd.3, vol.4, tome 2, 3eme éd., 1859-1862, p.20.
[899] Voir Chapitre 1 de la loi cadre de gestion de l'environnement de 1996, *op.cit.*
[900] Voir Art. 2. Al.1et 2 du décret de 1013 relatif aux modalités de réalisation des études d'impact environnemental et social susmentionné.
[901] **LEPAGE (C.)**, « Les véritables lacunes du droit de l'environnement », *op.cit.*, pp.123-135.
[902] Il s'agit en effet de la volonté des Préfets officiant comme Présidents des Commissions de consultations publiques dans les procédures d'expropriation et de réalisation des études environnementales.
[903] *Idem,* pp.129.

réunions publiques dûment organisées, mais sans véritables échanges en longueur de temps, c'est à-dire avec une succession de monologues, permettant simplement aux membres de la commission d'imposer la vision économique et infrastructurelle de l'Etat aux populations locales.

Il y'a ici urgence de négocier et de mettre en application des Convention sur l'accès à l'information, la participation du public au processus décisionnel et l'accès à la justice en matière d'environnement. Les Conventions d'Aarhus[904] et d'Escazú[905] en sont des exemples patents, mais malheureusement non encore ratifiées par l'Etat du Cameroun.

Le précédent rapport ne peut se présenter autrement tant c'est tout le droit international de l'environnement qui souffre d'inefficacité[906].

b- Une mise en œuvre impuissante du droit international de l'environnement

Dans l'ensemble, le droit international de l'environnement se distingue par son caractère trop peu effectif, notamment lorsqu'il est confronté aux nécessités du développement économique d'un Etat[907]. Autrement dit, il paraît le plus souvent incapable de produire les effets qui lui ont été assignés ou les comportements qu'il souhaiterait inciter[908]. De fait, il souffre de l'insuffisance des moyens de contrôle de son application[909] et de la faiblesse de ses principes à imposer un respect rigoureux de l'environnement dans les projets de développement[910].

L'effectivité d'un droit dépend pourtant en majorité de la rigueur de ses principes. Ceux-ci constituent des outils conceptuels d'un intérêt et d'une utilité essentiels dans la science du droit. Ils sont une définition et une cristallisation normatives des valeurs fondamentales de la société ; ils indiquent les objectifs fondamentaux ou la doctrine de l'État et de la société en

---

904 Voir Convention sur l'accès à l'information, la participation du public au processus décisionnel et l'accès à la justice en matière d'environnement, adoptée à Aarhus le 25 juin 1998

905 Voir, à titre d'indication, l'Accord régional sur l'accès à l'information, la participation publique et l'accès à la justice à propos des questions environnementales en Amérique latine et dans les Caraïbes, adopté à Escazú le 4 mars 2018.

906 *Idem.*

907 **Voir ATCHO (F.),** « L'effectivité en droit international », *Bruylant,* n°37, 2016, pp. 401-405.

908 **MALJEAN DUBOIS (S.)**, « La mise en œuvre du droit international de l'environnement », *IDDRI,* n°03/2003, 2003, p. 23.

909 *Idem.*

910 *Idem.*

une matière donnée : ce sont des normes programmatoires dont le législateur ou le juge ont normalement la charge de préciser le contenu[911].

Ce rapport n'est pourtant pas toujours de mise car la valeur juridique des principes internationaux de l'environnement oscille entre forces et faiblesses ; entre rigueur et souplesse. On peut l'apprécier à partir de l'instrumentum, c'est-à-dire de l'enveloppe formelle contenant l'énoncé normatif. Dans cette mouvance, la distinction la plus intéressante en la matière est relative aux normes contenues dans un acte de nature conventionnelle et les autres actes de nature différente. Suivant cette distinction, seuls les principes contenus dans des conventions constitueraient, des normes juridiques au sens du droit international avec une force contraignante pour les acteurs des travaux publics au sein des Etats signataires. On pourrait alors en conclure avec le Professeur Maurice KAMTO, que parmi les principes dégagés, ceux qui sont énoncés dans des conventions sont des principes et dans certains cas même potentiellement des principes du droit positif.

Inversement, ceux qui sont contenus dans des déclarations ou dans d'autres types de documents normatifs sont sans valeur juridique concrète, sauf à leur reconnaître une valeur juridique potentielle[912]. Pourtant, comme énoncé plus haut, il n'existe que très peu de Conventions internationales relatives à la protection de l'environnement dans les travaux publics. L'essentiel des principes mobilisés en la matière sont généralement issus des Déclarations qui, comme celles de Stockholm de 1972 et de Rio de 1992, sont dépourvues de valeur juridique contraignante, d'où leur échec cuisant en matière de travaux publics.

Même dans l'ordre juridique interne, le droit de l'environnement rencontre des faiblesses notoires, notamment en contexte des travaux publics.

2- Un droit aux sanctions dépourvues de contraintes

Les dommages des travaux publics sont aussi bien imputables à l'Administration publique contractante qu'à l'entreprise en charge de la réalisation[913]. Le droit international de l'environnement connait aussi de la responsabilité environnementale des Etats pour les infractions environnementales commises même dans les limites intérieures de leurs

[911] **KAMTO (M.),** *Droit de l'environnement en Afrique*, *op.cit.*, p. 73.

[912] *Ibidem.*

[913] **BETTATI (M.),** « Les sanctions du droit international de l'environnement », *in Le droit international de l'environnement*, 2012, pp.241-283 ;

territoires[914]. Une telle responsabilité découle du principe d'utilisation non dommageable du territoire[915], considéré comme une limite de l'application du droit souverain sur les ressources naturelles[916]. C'est par exemple le cas lorsque la réalisation d'un barrage national occasionne une surconsommation des ressources en eau dont dépendent les populations d'un Etat voisin, ou lorsque dans le même cas de figure, la mauvaise gestion des produits chimiques et biologiques du chantier entraine la pollution des eaux transfrontalières utiles à plusieurs autres Etats[917]. La responsabilité de l'Etat est susceptible d'être engagée dans ces circonstances pour utilisation dommageable des ressources naturelles à l'intérieur de son territoire[918].

Pourtant, le droit international éprouve des difficultés notoires à actionner les leviers de sanction dans cette circonstance. Au moins deux raisons expliquent ce manquement : d'une part, la persistance de la souveraineté nationale face aux exigences du droit international de l'environnement **(a)**, d'autre part, la faiblesse des juridictions de l'ordre international dans le contentieux environnemental **(b).**

a- La résistance de la souveraineté nationale face aux sanctions internationales

Les relations internationales contemporaines, sont avant toute chose, le reflet de rapports de force[919]. Et le mérite revient de ce fait à BERTRAND Badie, pour qui, la politique internationale est un combat pour la puissance[920]. De plus en plus guidées par cette conception conflictuelle du monde, les entités souveraines considèrent davantage les sanctions des juridictions internationales comme un rapport de force, sinon comme un dictat politique

---

[914] **Voir MALJEAN-DUBOIS (S.),** « La responsabilité de l'Etat en droit international public, stratégie d'évitement et pistes prospectives », *Journal international de Bioéthique et d'éthique des sciences*, n° 2019/2, vol.30, 2019, pp.95-118 ; **KROMAREK (P.),** « Les sanctions en matière d'environnement : Exemple Allemand et point de vue comparé », Déviance et société, N° 1, Vol.14, 1990, pp.79-89.

[915] **Voir MALJEAN-DUBOIS (S.),** « La responsabilité de l'Etat en droit international public, stratégie d'évitement et pistes prospectives », *Journal international de Bioéthique et d'éthique des sciences*, *op.cit.*, pp.120.

[916] Voir **DAVANTURE (S.),** *Les limites de l'application du droit sur les ressources naturelles : le cas des territoires palestiniens et du Sahara Occidental*, Mémoire de Maitrise en droit international, Université du Québec à Montréal, Avril 2006, 138 pages ; **PAIVA FARIA NETO (A.),** *La responsabilité internationale pour dommage transfrontière médiat,* Mémoire de Maîtrise, Université de Montréal, aout 2011, 212 pages.

[917] **Voir MALJEAN-DUBOIS (S.),** « La responsabilité de l'Etat en droit international public, stratégie d'évitement et pistes prospectives », *Journal international de Bioéthique et d'éthique des sciences*, *op.cit.*, pp.95-118.

[918] *Idem.*

[919] **BONIFACE (P.),** « La puissance internationale », *Comprendre le monde,* 2023, pp.59-74, consulté en ligne mercredi 21/03/2024 sur https://www.cairn.info/comprendre-le-monde-9782200634841-page-59.htm.

[920] **BERTRAND (B),** « Qui domine l'ordre international ? », Manuel indocile des Sciences Sociales, 2019, pp. 574-581.

imposé à leur volonté, plutôt qu'une mesure de réparation d'un quelconque équilibre écologique rompu[921]. Dans cette mouvance, tout agissement extérieur à l'égard d'un Etat se présente dès lors comme une sorte d' *« ingérence verte »*[922] que la doctrine souverainiste condamne de toutes ses énergies.

Classiquement, l'ingérence verte encore appelée droit d'ingérence environnementale[923], renvoie à une intervention, par des acteurs internationaux privés ou publics, sur un territoire qui relève de la souveraineté d'un Etat tiers, dans l'optique d'apporter des solutions urgentes à une catastrophe environnementale grave[924]. Prise sous cet angle, elle n'est pas néfaste en soi même puisqu'elle recherche en principe la restauration de l'équilibre écologique rompu[925]. Seulement, elle dévient très critique dès lors qu'elle est perçue comme le prolongement d'autres ingérences (économique, politique, humanitaire)[926]. Mais l'ironie du sort en est déjà les faiblesses intrinsèques des institutions juridictionnelles internationales appelées à se prononcer sur certaines atteintes graves à l'environnement[927].

b- Les faiblesses des juridictions internationales de l'environnement

Le traitement des grandes difficultés environnementales mondiales nécessite, à un certain moment, la création de juridictions spécialisées pour les besoins de la cause, notamment pour le règlement des problèmes environnementaux transnationaux[928]. En l'état actuel du droit international, une Cour International de l'Environnement (CIE) au sens de PIQUETTE Marie-Michelle[929] n'est pas encore opérationnelle. Mais, diverses juridictions internationales et régionales connaissent chacune à son niveau et

[921] **REINTEAU (B.),** « La performance environnementale, un défi pour la filière construction », *Le Moniteur des travaux publics,* mai 2002, p. 15.
[922] **Prieur (M.),** « Pour une ingérence verte : Ethique, environnement et responsabilité », *Revue juridique de l'environnement,* vol.9, n°6, 2015, pp.456-460.
[923] *Idem.*
[924] **KARSENTY (A.),** *Ingérence environnementale et protection de la biodiversité dans les Pays en développement,* rapport produit pour la Journée de la Fondation pour la Recherche sur la Biodiversité, 2 juin 2022, 8 pages.
[925] *Idem.*
[926] **BACHELET (Michel),** *L'ingérence écologique,* Paris, Ed. Frison Roche, 1995, p.32 ; **SABELI (F.),** *Ecologie contre nature : développement et politique d'ingérence,* Nouveaux Cahiers de l'IUED, 1998, p.12 ; **BRUNEL (S.),** *Le développement durable,* paris, Presses universitaires de France, collection que sais-je ?, 2012, p.18.
[927] **LA VILLEBAUGE (M.L.),** « Le développement durable dans les marchés publics : une réforme ou un vœu pieux ?, *Revue Lamy des collectivités territoriales* n° 16, septembre 2006, p.20-23.
[928] *Idem,* p.20.
[929] **PIQUETTE (M.-M),** *Une cour internationale de l'environnement : est-ce une solution possible pour protéger l'environnement dans le contexte économique, social et politique actuel?* Essai présenté au Centre universitaire de formation en environnement et développement durable en vue de l'obtention du grade de maî trise en environnement (M. Env.), Université de Sherbrooke, 2021, p.27.

progressivement, des problématiques environnementales. Par manque de coordination et dans l'absence d'une clause de répartition des compétences entre elles en matière environnementale, l'efficacité de leur intervention reste fortement hypothéquée[930].

A l'observation, dans l'attente de l'acquisition de sa propre juridiction, le droit international de l'environnement emprunte au droit international général ainsi qu'aux ordres régionaux, certaines de leurs institutions juridictionnelles. Il s'agit en substance, de la Cour internationale de justice (CIJ), du Tribunal international du droit de la mer (TIDM), de l'Organisation mondiale du commerce (OMC) et des trois cours régionales des droits de l'homme[931] au rang desquelles la Cour africaine des droits de l'homme et des peuples.

En effet, la Cour africaine pénale telle que reformée par le Protocole de Malabo[932] exerce une compétence *ratione materiae* aujourd'hui estimée plus élargie que celle de la CPI[933] ; elle connaît pas moins de quatorze crimes internationaux : génocide, crimes contre l'humanité, crimes de guerre, crime relatif au changement anticonstitutionnel de gouvernement, piraterie, terrorisme, mercenariat, corruption, blanchiment d'argent, traite des personnes, trafic illicite de stupéfiants, trafic illicite de déchets dangereux, exploitation illicite des ressources naturelles, crime d'agression[934]. À cela, il convient de rappeler les deux compétences novatrices qu'elle assure désormais à l'égard des personnes morales impliquées souvent dans les dommages causés à l'environnement, ainsi que les crimes économiques et financier[935]. C'est dire

---

[930] **KAMTO (M.)** « L'impératif de l'inculturation (« endogénéisation ») du droit de l'environnement en Afrique », Communications présentées lors du panel organisé à l'assemblée nationale de côte d'ivoire, in RADE, n°1, 2014, p. 153.

[931] Les trois Cours régionales des droits de l'homme sont la Cour européenne des droits de l'homme (CEDH), la Cour interaméricaine des droits de l'homme (CIDH), et la Cour africaine des droits de l'homme et des peuples (CADHP).

[932] Voir le Protocole portant amendement au Protocole portant statut de la Cour africaine de justice et des droits de l'homme, dit Protocole de Malabo. Il n'est pas encore en vigueur. Quinze ratifications sont nécessaires pour son entrée en vigueur (art. 11, al. 1).

[933] Lire **ZANI (M.),** « Pour une justice pénale internationale en matière environnementale : à propos de la répression des atteintes à l'environnement par une juridiction internationale spécialisée », Les *Cahiers de la recherche sur les droits fondamentaux,* [En ligne], mis en ligne le 19 novembre 2021, consulté le 22 janvier 2024 à 08h40min, URL : http://www.journals.openedition.org/crdf/6472 ; DOI : https://www.doi.org/10.4000/crdf.6472.

[934] Voir Protocole de Malabo, art. 28 A ; Pour amples détails sur la compétence de la Cour africaine des droits de l'Homme, lire **ZANI (M.),** « Pour une justice pénale internationale en matière environnementale : à propos de la répression des atteintes à l'environnement par une juridiction internationale spécialisée », *Les Cahiers de la recherche sur les droits fondamentaux,* [En ligne], mis en ligne le 19 novembre 2021, consulté le 22 janvier 2024. URL : http://journals.openedition.org/crdf/6472;DOI:https://doi.org/10.4000/crdf.6472, *op.cit.*

[935] **ATTA (K. J. M.),** « L'accessibilité de la Cour africaine des droits de l'homme et des peuples aux acteurs non-étatiques, un gage de l'effectivité du droit de l'environnement en Afrique ? », *RADE,* n°5, pp.17-29.

qu'elle est apte à connaitre des atteintes graves à l'environnement causées dans son ressort de compétence.

Mais dans son fonctionnement réel, la Cour fait front à une diversité d'écueils qui entravent l'accès à son prétoire aux acteurs non gouvernementaux hardis à la saisir aux fins de sanction des atteintes à l'environnement[936]. Ces écueils sont pour l'essentiel relatifs à la nécessité pour l'État mis en cause d'avoir ratifié le Protocole portant création de la Cour[937]. Pourtant, les Etats ne cessent de se montrer réticents et même récalcitrant à cet égard lorsque surgit un litige, électoral et pénal surtout[938]. La pratique courante de l'heure est la dénonciation massive du protocole créant la Cour par les Etats, lorsque l'intervention de l'auguste juridiction devient inévitable face à certaines violations flagrantes des droits de l'homme[939]. D'autre part, l'inertie des acteurs non-étatiques pour le développement d'un contentieux régional africain en matière d'environnement est ressentie[940]. Elle est due à l'ineffectivité du principe de participation et d'information en Afrique et à l'inefficacité de la société civile africaine en matière d'environnement[941]. A ces constats, se greffe le mépris par les acteurs de la pratique en matière de certification environnementale.

B- La mise en œuvre facultative des standards internationaux

Le boom démographique mondial et l'urbanisation rapide ont créé un besoin croissant pour un environnement bâti de haute qualité, sûr et durable. Dans le secteur du bâtiment et de la construction, les normes ISO contribuent à codifier les meilleures pratiques et les exigences techniques à l'échelon international, afin de garantir que les bâtiments et autres structures (appelées ouvrages de génie civil) soient sûrs et adaptés à leur emploi prévu. Régulièrement mises à jour pour tenir compte des changements climatiques, démographiques et sociaux, les normes ISO dans le domaine de la construction sont élaborées avec la contribution de toutes les parties prenantes concernées, notamment les architectes, les concepteurs, les ingénieurs, les sous-traitants,

---

936 *Idem.*

937 *Idem.*

938 Voir MATRINGE (Jean),

939 **KABLAN (J.) et ATTA (M.)**, « L'accessibilité de la Cour africaine des droits de l'homme et des peuples aux acteurs non-étatiques, un gage de l'effectivité du droit de l'environnement en Afrique ? », *Revue africaine de droit de l'environnement*, n°5, pp.17-27, *op.cit.*

940 *Idem.*

941 **ATTA (M.) et KABLAN (J.)**, « L'accessibilité de la Cour africaine des droits de l'homme et des peuples aux acteurs non-étatiques, un gage de l'effectivité du droit de l'environnement en Afrique ? », *RADE,* n°5 *op.cit.,* pp.17-27.

les propriétaires, les fabricants de produits, les organismes de réglementation, les décideurs politiques et les consommateurs[942].

De nos jours, les personnes et les entreprises sont encouragées à adhérer à l'ISO bien que cet organisme compte déjà dans ses rang plus de 169 membres à travers le monde. Les entreprises camerounaises en général et notamment celles agissant dans le secteur des travaux publics, sont encore à la marge de la certification ISO parce qu'elles ne maîtrisent probablement pas encore suffisamment les avantages comparatifs de cette certification **(1),** surtout que les initiatives de l'Agence Nationale de la Normalisation (ANOR) sont sans réel écho **(2).**

1- La faible culture de la certification ISO 14001

Les normes internationales élaborées par l'ISO sont certes d'application volontaire et facultative[943], mais constituent une base fiable et pertinente pour la certification de la qualité des produits et services d'une entité économique quant à leur conformité aux impératifs environnementaux, sociaux et sanitaires mondiales. Si elles ne visent pas à établir, influencer ou motiver des politiques publiques, des réglementations, ou des programmes politiques ou sociaux, elles offrent en revanche un appui précieux pour la mise en œuvre des politiques publiques[944]. La norme ISO qui garantit au mieux la protection de l'environnement dans les secteurs des constructions et des BTP est l'ISIO 14001. Le processus de son élaboration **(a)** est de nature à garantir des avantages comparatifs aussi bien aux entrepreneurs qu'aux décideurs publics **(b).**

a- Le processus d'élaboration des normes ISO

Les normes internationales ISO sont élaborées dans le cadre d'un processus qui accorde de la valeur au principe d'inclusion et qui s'adapte progressivement aux nouvelles dynamiques[945]. Les normes internationales environnementales élaborées dans ce cadre obéissent à un processus qui réunit de multiples parties prenantes, ce qui garantit la représentation du point de vue

[942] Organisation Internationale de normalisation, L'ISO et la construction : le monde va loin quand il s'accorde, rapport de l'ISO sur les constructions, octobre 2017, consulté en ligne le mercredi 21/03/02024, à 09h34, via https://www.iso.org/fr/developing-standards.html.
[943] **BEZOU (E),** *Système de management environnemental : Audit, certification et règlement éco-audit,* Editions AFNOR 1998
[944] *Idem.*
[945] Organisation Internationale de normalisation, L'ISO et la construction : le monde va loin quand il s'accorde, rapport de l'ISO sur les constructions, octobre 2017, consulté en ligne le mercredi 21/03/02024, à 09h34, via https://www.iso.org/fr/developing-standards.html.

technique très divers, y compris en matière d'intérêts économiques et sociaux[946]. Les différentes perspectives des pays sont relayées par l'intermédiaire d'un réseau de liaisons et de collaborations avec des organisations internationales gouvernementales et non gouvernementales. Grâce à ce processus inclusif, les normes internationales ISO reflètent un double niveau de consensus. Les processus de l'ISO suivent l'évolution des besoins des parties prenantes. Ils sont constamment ajustés afin de les simplifier et de les rendre plus efficaces pour ceux qui prennent part à l'élaboration des normes et plus rapides pour répondre en temps utile à la demande des utilisateurs sur le marché.

Grâce à son caractère inclusif, le processus ainsi décrit garantit aux acteurs des avantages comparatifs.

b- Les avantages comparatifs procurés par la certification ISO

Les normes internationales et les politiques publiques poursuivent la plupart du temps des objectifs semblables – par exemple, renforcer la compétitivité, l'efficacité écologique et économique et faciliter le commerce international. Les normes internationales sont donc des outils utiles pour les décideurs politiques à plusieurs titres. Les politiques fourmillées par l'ISO n'échappent guère à cette logique[947].

D'une part, le recours aux normes internationales ISO participe des obligations des pays membres de l'OMC de limiter les obstacles techniques et écologiques au commerce. Par conséquent, lorsqu'ils utilisent les normes internationales ISO, les pouvoirs publics respectent ces obligations internationales en sachant que les normes qu'ils appliquent sont pertinentes à l'échelle mondiale. Dans le monde globalisé d'aujourd'hui où il n'est plus possible d'élaborer et de mettre en œuvre des politiques publiques en vase clos, les normes internationales, qui sont aussi un moyen de communiquer et de coopérer à l'échelon international, sont des outils de plus en plus utiles dans la panoplie des décideurs politiques[948].

D'autre part, les normes internationales sont, de par leur nature même, de puissants instruments de gouvernance, car l'emploi de ces normes peut avoir une incidence sur les biens, les services et la qualité de vie[949]. Ces

[946] *Idem.*
[947] *Idem.*
[948] *Idem.*
[949] **RACINE (J.P.),** « La valeur juridique des codes de conduite privés dans le domaine de l'environnement », *Revue juridique de l'environnement*, n°4, 1996, pp. 409- 424 « La redéfinition des marchés de travaux et la

incidences sont évidentes, que ces normes soient utilisées par le secteur privé ou par le secteur public. Dans le secteur privé, s'aligner sur des pratiques internationalement reconnues constitue, pour les acteurs, un atout commercial qui leur permet de se mesurer à la concurrence (sur un marché équitable) et qui encourage également l'innovation et la croissance en favorisant le développement technologique[950].

Dans le secteur des travaux publics notamment, les normes ISO 14001 permettent d'instaurer plus de transparence et de concurrence dans les marchés publics et définissent des exigences environnementales essentielles pour l'industrie au travers de leur référencement dans les lois et les textes réglementaires des Etats membres. Dans l'un ou l'autre contexte, les normes internationales sont des outils efficaces et rentables. Elles fournissent des exigences détaillées en termes de sécurité, de processus et de performances dans les directives politiques ou les textes législatifs, sans les allonger ou les compliquer inutilement avec des informations techniques. Pourtant, de tels avantages semblent toujours échapper aux décideurs publics camerounais, qui peinent à arrimer les biens et services du secteur public à ces normes, ainsi qu'à exiger aux prestataires des travaux publics, la preuve de l'arrimage ISO.

Le Cameroun dispose dans son ordre intérieur d'un système national de certification, souvent en étroite collaboration avec l'ISO. Mais, ces systèmes semblent peu efficaces dans le secteur des travaux publics.

2- Les difficultés de la normalisation nationale

De rappel, l'ANOR (Agence des Normes et de la Qualité) est l'organisme national de normalisation créé par Décret Présidentiel n°2009/296 DU 17 septembre 2009, portant création, organisation et fonctionnement de l'ANOR[951].

Celle-ci est membre à part entière de l'ISO avec qui elle a entrepris, de nos jours, un nombre important d'initiatives en matière de certification-qualité. L'ANOR effectue entre autres les travaux de préparation des normes nationales par le biais de ses comités techniques. Chaque partie prenante intéressées par un sujet pour lequel un comité technique a été créé, a le droit

réalisation d'ouvrages publics », Actualité de la commande et des contrats publics septembre 2006, pages 23-27

[950] *Idem.*

[951] Elle a connu une réorganisation profonde avec le Décret de 2019/143 du 198 mars 2019 portant réorganisation de l'ANOR.

d'être représentée au sein du dudit comité. Il s'agit entre autres des entreprises, des ONG nationales et internationales. Seulement, les entreprises du secteur des BTP n'entendent pas, comme celles du secteur agroalimentaire[952], manifester suffisamment d'intérêt pour une telle collaboration aux fins d'établissement des normes de protection de l'environnement en contexte des travaux publics.

Cette réticence est liée à la faible intégration des questions environnementales dans le dispositif de la commande publique au Cameroun. En effet, la réforme des marchés publics de 2018 comme le CCAG ne créée aucune exigence de présentation d'une certification ISO ou de l'ANOR pour le soumissionnaire de marchés publics de travaux. La réalité est la même dans les instruments normatifs des concessions de service public ou du partenariat public-privé. Pourtant, dans certaines régions du monde comme la France par exemple, le maître d'ouvrage peut d'abord exiger lesdites certifications de l'entrepreneur qu'il sélectionnera. La réforme du Code des marchés publics de 2006 y autorise la demande de certificats issus du système communautaire (EMAS) ou de normes équivalentes, comme l'ISO 14001 par exemple[953]. Les candidats peuvent également présenter spontanément des certificats d'aptitude au respect de normes de gestion environnementale[954]. Cela constitue un critère de sélection des candidats, qui peut être fondé sur leur savoir-faire en matière de protection de l'environnement[955]. Dans le cadre de travaux publics, cette approche d'intégration permanente de l'environnement serait très positive et permettrait en tout cas de surmonter à l'avance, les faiblesses du droit communautaire CEMAC à impulser et à harmoniser une politique environnementale apte à s'imposer aux acteurs des travaux publics dans la sous-région.

Paragraphe 2- La faible garantie du droit communautaire CEMAC

Dès le 16 mars 1994, suite à l'éclatement des accords de Fort Lamy[956], un nouveau Traité a été signé entre six pays d'Afrique Centrale regroupés depuis 1964 dans l'Union Douanière et Economique de l'Afrique Centrale

[952] *Ibidem.*

[953] Décret n° 2006-975 du 1er août 2006 réformant le Code des marchés publics, article 45

[954] *Ibidem*, articles 48 et 50.

[955] Voir **CHAMELTON (H.)**, *Préservation de l'environnement et travaux publics : Difficultés pratiques et solutions juridiques,* Thèse de Doctorat de l'Université de Nantes, *op.cit.*, p. 56.

[956] **BATCHOM (J.)**, « La rupture du consensus de Fort-Lamy et le changement du rapport de force dans l'espace CEMAC », *Revue Etudes Internationales*, vol.43, n°2, juin 2012, pp. 163-183.

(UDEAC)[957], le Traité créant la Communauté Economique et Monétaire de l'Afrique Centrale (CEMAC)[958]. Selon une pertinente remarque du Professeur GNIMPIEBA TONNANG Edouard, *« la substitution de la CEMAC à l'UDEAC constitue en vérité un tournant radical dans les politiques qui avaient pendant plusieurs décennies sous-tendues les diverses tentatives d'intégration entre les pays de la sous-région, et qui se sont toutes révélées inefficaces aux priorités de promotion du développement socio-économique des Etats membres qu'elles étaient pourtant censées porter »*[959].

Dès ses origines donc, la CEMAC est porteuse d'une ambition essentiellement économique, ce qui explique sa forte mobilisation dans l'encadrement des règles du marché communautaire dans l'optique d'y instaurer les mécanismes propices à une saine, libre et loyale concurrence aussi bien dans le secteur public que dans celui privé[960]. Mais de façon singulière et contrairement au droit de l'environnement, le droit de la commande publique a connu et continue de bénéficier d'un encadrement communautaire (normatif et institutionnel) prometteur dont l'une des étapes déterminantes fut l'harmonisation depuis 2009, des procédures de passation des marchés publics dans l'espace communautaire[961].

Pourtant, il ne s'intéresse que très peu aux autres secteurs d'activités qui ne cadrent pas directement avec ces objectifs, au rang desquels la protection de l'environnement. C'est ce qui justifie la grande absence des dispositions relatives à la protection de l'environnement dans l'acte institutif de 1994. A ce niveau, on peut affirmer sans risque de se tromper qu'il n'a pas existé et n'existe presque toujours pas jusqu'ici, un droit de l'environnement communautaire primaire digne de ce nom[962]. Avec le temps, l'aventure intégrative face aux mutations sociales ne pourrait plus se construire à la marge des questions environnementales en pleine effervescence dans la communauté[963]. S'il est indiscutable que le droit dérivé s'est efforcé de corriger

---

[957] Il s'agit notamment du Cameroun, le Congo Brazzaville, le Gabon, la Guinée Equatoriale, la République Centrafricaine et le Tchad.

[958] Il s'agit du Traité du 16 mars 1994 qui a été révisé en 2009 à Libreville au Gabon.

[959] **GNIMPIEBA TONNANG (E.),** *Droit matériel et intégration sous régionale en Afrique Centrale : Contribution à l'étude des mutations récentes du marché intérieur et du droit de la concurrence CEMAC,* Thèse pour l'obtention du Doctorat en Droit et Financement du Développement, Université de Nice-Sophia Antipolis, mars 2004, pp.11-13.

[960] *Idem.*

[961] Voir Règlement N°06/09-UEAC-201-CM-20 portant Procédures de passation, d'exécution et règlement des marchés publics de la communauté.

[962] Voir **OUMBA (P.),** « Le contentieux civil de l'environnement en Afrique centrale : les cas du Cameroun et de la République démocratique du Congo », *op.cit.,* pp.127-139.

[963] *Idem.*

le tir en se prêtant davantage à ces enjeux par la suite, le constat est celui de la difficile transposition en contexte des travaux publics communautaires, de nombre de ces règles générales de protection de l'environnement qu'il promeut. Comme dans les ordres juridiques nationaux, il n'existe pas au niveau de la CEMAC un Code de conduite voué à la prise en compte spécifique de l'environnement dans l'exécution des marchés publics de travaux.

Deux constats cristallisent les attentions à ce niveau : d'une part, la place subsidiaire qu'occupent les questions environnementales dans le processus d'intégration de la CEMAC en général **(A)** et d'autre part, les occasions manquées du législateur communautaire d'imposer une véritable protection de l'environnement dans le processus de passation, de gestion et de règlement des marchés publics de travaux, domaines qu'il semble pourtant bien régir **(B).**

A- La faible mobilisation de l'environnement dans le processus d'intégration de la CEMAC

Comme l'ont relevé divers auteurs, la protection de l'environnement n'apparait pas comme une mission principale de l'organisation d'intégration économique en zone CEMAC[964], même s'il est quasiment impossible pour celle-ci de s'en détourner avec le temps. Cependant, à y regarder de près, force est de remarquer que l'environnement n'y est pas totalement exclu[965]. A la vérité, les visées économiques de l'organisation ne laissent finalement aux problématiques environnementales qu'une place accessoire, ainsi qu'il est loisible de le constater par une analyse du cadre juridique de la CEMAC. Dans cet angle d'analyse, le caractère accessoire en question se matérialise d'une part par l'affaiblissement du cadre normatif **(1)**, d'autre part, par la fragilité du dispositif institutionnel **(2)** communautaires dans la consécration et la protection du droit de l'environnement.

1- Une prise en compte timide dans les sources formelles du droit CEMAC

Tout ordre juridique est d'abord normatif, ainsi que le défend si bien le juriste Autrichien Hans KELSEN[966]. Comme toute Organisation d'intégration, la CEMAC s'est dotée, pour son fonctionnement harmonieux et en vue de l'atteinte efficace de ses objectifs, d'un système de normes qui constituent

---

[964] **SIME (R.-N),** « L'intégration régionale et l'harmonisation des normes de droit international de l'environnement dans le droit africain » in **GRANIER (L.),** (coord), « Aspects contemporains du droit international de l'environnement en Afrique de l'Ouest et Centrale », *UINC, GLAND,* 2008, pp.157-176.

[965] Voir art.50 du Traité révisé de la CEMAC de 2009.

[966] **KELSEN (H.),** *Théorie pure du droit. Introduction à la science du droit,* éditions de la Balconnière – Neuchâtel, juin 1953, p.35.

aujourd'hui ce qu'il convient d'appeler les sources du droit communautaire[967]. C'est donc dans les détails de ces sources qu'il convient de rechercher et d'analyser la véracité ainsi que la portée de la prise en compte des enjeux environnementaux dans la sous-région. Suivant la hiérarchie des normes en droit communautaire, certaines de ces sources sont élevées dans l'ordonnancement juridique et constituent des actes fondamentaux. Elles fondent ainsi le droit communautaire primaire, tandis que celles subordonnées en constituent des sources du droit dérivé[968]. De constat, la protection de l'environnement se trouve reléguée au second plan, aussi bien dans les textes fondamentaux de la communauté **(a)** que dans ceux du droit dérivé **(b).**

a- Le caractère accessoire de l'environnement dans les textes fondamentaux

Les sources formelles du droit communautaire primaire sont nombreuses et diverses aujourd'hui. On ne peut prétendre les examiner ici en détail. Toutefois, il convient de mentionner quelques-unes. Il s'agit notamment du Traité institutif de 1994, de l'acte Additif dudit Traité relatif au système institutionnel et juridique de la Communauté et des trois Conventions subséquentes régissant l'UEAC, l'UMAC et la Cour de justice communautaire, ainsi que les Actes additionnels annexés au Traité institutif. Il convient cependant d'y ajouter le Traité de Brazzaville instituant l'UDEAC de 1964 et les conventions subséquentes. Aussi doit-on prendre en compte le Traité révisé de 2009 et les cinq nouvelles Conventions régissant les institutions de la Communauté (UEAC, UMAC, Parlement communautaire, Cour de justice et Cours des comptes communautaires). On devrait également prendre dans cette typologie la particularité des actes additionnels.

Dans le Traité institutif précisément, y compris dans sa version révisée de 2009, il n'existe pas de dispositions expresses et spécifiques relatives à l'environnement. Cette omission, volontaire ou non, n'a pas manqué de susciter les réactions doctrinales. C'est notamment le cas de OUATTARA Bakary qui, dans un ton manifestement radical s'indigne de ce qu' *« aucune disposition de leur Traité institutif (parlant du Traité de la CEMAC), ne*

---

967 **SIME (R.-N),** « L'intégration régionale et l'harmonisation des normes de droit international de l'environnement dans le droit africain » in **GRANIER (L.),** (coord), « Aspects contemporains du droit international de l'environnement en Afrique de l'Ouest et Centrale », *op.cit.,* pp.157-176.

967 Voir art.50 du Traité révisé de la CEMAC de 2009.

968 **BATCHOM (J.),** « La rupture du consensus de Fort-Lamy et le changement du rapport de force dans l'espace CEMAC », *Revue Etudes Internationales*, vol.43, n°2, juin 2012, pp. 163-183.

mentionne le volet environnement »[969]. Néanmoins, la protection environnementale n'est pas totalement absente dans le Traité de 1994[970]. Elle y apparaît de façon implicite et c'est notamment avec la recherche des autres objectifs de développement qu'elle fait surface. Elle apparaît donc précisément sous le prisme de la recherche du développement harmonieux et de l'harmonisation des politiques sectorielles nationales. S'il est avéré que cette timide consécration est propre à l'ensemble des sources du droit primaire[971], elle se perpétue de façon encore plus patente dans les sources formelles du droit dérivé.

b- La prise en compte accessoire de l'environnement dans les sources formelles dérivées

En effet, les actes du droit communautaire dérivé sont des actes unilatéraux édictés par des organes communautaires, prenant leur source et leur validité dans le droit primaire. Ils sont, pour reprendre Joseph Kazadi MPIANA, *« les moyens d'action des organes communautaires »*[972]. Aussi convient-il de constater que, si le droit communautaire naît de ses textes fondamentaux, il ne vit qu'à travers les sources dérivées. Celles-ci ont, de ce point de vue, vocation à mettre en œuvre les objectifs communautaires tracés en grande ligne dans les textes fondateurs. De la sorte, ils constituent une occasion inouïe de régir le plus exhaustivement possible, les objectifs non amplement développés dans le Traité institutif, au rang desquels la protection de l'environnement.

Bien plus, de par leur caractère direct, de la primauté de leur application, et de l'immédiateté de leur insertion dans les ordres nationaux, ces normes auraient pu constituer un levier communautaire d'intégration des enjeux

---

969 Voir **OUTTARA (B.)**, « Le rôle des organisations sous régionales dans le développement du droit de l'environnement : l'exemple de l'UEMOA », in **GARNIER (L.)**, (coord), *Aspects contemporains du droit de l'environnement en Afrique de l'Ouest et Centrale*, UINC, Gland, 2008, pp.177-196, p.117.

970 **GARNIER (L.)**, (coord), *Aspects contemporains du droit de l'environnement en Afrique de l'Ouest et Centrale*, UINC, Gland, 2008, pp.177-196, p.117.

971 A ce sujet, il convient de remarquer que la Convention de l'UEAC énonce trois politiques communes à savoir : la politique économique générale (Section 1), la Fiscalité (section 2), et le Marché commun (section 3). En outre, elle énonce huit (08) politiques sectorielles, dont la protection de l'environnement et des ressources naturelles à la section V. En substance de l'article 2 de ladite Convention, aux fins énoncées à l'article premier dans les conditions prévues par la présente Convention, L'union Economique entend réaliser les objectifs suivants : (…), d)- Instituer une coordination des politiques sectorielles nationales, mettre en œuvre des actions communes et mettre en œuvre des politiques communes, notamment dans des domaines suivant : l'agriculture, l'élevage, la pèche, l'industrie, le commerce, le tourisme, les transports, l'aménagement du territoire communautaire, le dialogue social, les questions de genre, la bonne gouvernance et les droits de l'homme, l'énergie, l'environnement et les ressources naturelles la recherche, l'enseignement, et la recherche professionnelle.

972 **Voir MPIANA (J.-K.)**, « La problématique de l'existence du droit communautaire africain. L'option entre mimétisme et spécificité », *Revue libre de droit,* 2014, pp.49.

environnementaux dans les objectifs communs[973]. Pourtant, ce n'est qu'avec une timidité remarquable que les enjeux environnementaux y figurent. Elles sont ainsi reparties de façon atomique dans les Règlements, les Règlements-cadres, les Directives et les Décisions qui sont des actes obligatoires, et dans des Recommandations et Avis qui ne le sont pas par contre.

Quelle que soit leur portée, ces actes ne touchent que de façon sectorielle de la question environnementale et peinent à ériger dans la communauté, un régime juridique autonome et uniforme de protection de l'environnement[974]. A défaut de le faire, ils procèdent par des prescriptions environnementales aussi parcellaires, éparpillées, qu'isolées. On note en la matière une profusion normative caractérisée par le foisonnement et l'éparpillement des normes consacrant l'environnement dans une approche sectorielle[975]. Cette situation ne facilite pas la tâche aux organes institutionnels appelés à mettre en œuvre la protection de l'environnement, puisque l'efficacité des normes dans un ordre juridique donné est fortement tributaire de l'efficacité du cadre institutionnel qui les secrète et les implémente, vice-versa.

2- Une protection institutionnelle fragilisée

Au regard de l'article 10 du Traité révisé de la CEMAC, la Communauté est dotée de cinq (05) institutions et de plusieurs organes[976]. Dans cette riche armature institutionnelle, seulement quelques institutions sont destinées à jouer un rôle considérable dans la mise en œuvre du destin de la

---

[973] **OUMBA (P.)**, « Le rôle des organisations sous régionales dans l'intégration et le développement du droit de l'environnement en Afrique Centrale », *RADE* ; n°00, 2012, pp. 53-65.

[974] **MEVONO MVOGO (D.)**, *La protection de l'environnement dans le processus d'intégration de la CEMAC*, Mémoire de Master en droit public, Université de Douala, 2015, p.7.

[975] Voir par exemple : Décision N° 115/07-UEAC-187-CM-16 Donnant mandat au Président de la Commission de négocier, avec le Fonds Mondial de l'Environnement, la mise en place du Projet « *Renforcement des capacités des pays de la CEMAC pour la formulation et la mise en œuvre d'un Cadre réglementaire sous régional harmonisé à partir des Instruments juridiques nationaux pour la gestion des risques des OGM » ;* Décision N° 111/07-UEAC-187-CM-16 Relative à la contrepartie CEMAC requise pour la mise en œuvre du Projet « *Renforcement des capacités des pays de la CEMAC pour la formulation et la mise en œuvre d'un Cadre réglementaire sous régional harmonisé à partir des Instruments juridiques nationaux pour la gestion des risques des OGM* » ; Décision N°. 97/07-UEAC-070 U+042-CM-16 Portant création de Centre de coopération Policière, douanière et environnementale en zone CEMAC; Décision N° 49/03-UEAC-114-CM-10 donnant mandat au Secrétaire Exécutif de signer avec la COMIFAC un Accord de Coopération.

[976] La Communauté est constituée de cinq (5) Institutions : L'Union Economique de l'Afrique Centrale; L'Union Monétaire de l'Afrique Centrale; Le Parlement Communautaire; La Cour de Justice; La Cour des Comptes. Les Organes de la Communauté sont : La Conférence des Chefs d'Etat; Le Conseil des Ministres; Le Comité Ministériel; La Commission de la CEMAC; La Banque des Etats de l'Afrique Centrale (BEAC) ; La Banque de Développement des Etats de l'Afrique Centrale (BDEAC) ; La Commission Bancaire de l'Afrique Centrale (COBAC). Chacune des deux Unions dispose d'Institutions Spécialisées concourant à la réalisation des objectifs de la Communauté.

protection environnementale dans la Communauté[977]. Toutefois, cette protection demeure poreuse du fait de l'inadaptation des institutions de mise en œuvre des politiques environnementales communes **(a)** et de la timidité du contrôle qu'elles opèrent **(b).**

a- L'inadaptation des institutions d'impulsion des politiques environnementales

Au regard du Traité révisé de 2009, la Commission est, aux côtés de la Conférence des chefs d'État, du Conseil des Ministres, du Comité Ministériel, un organe communautaire à compétence générale[978]. De façon précise, en complément de l'article 25 du Traité révisé qui fait de la Commission de la CEMAC l'organe de réalisation des objectifs de la CEMAC et de ce fait, comme l'organe de réalisation de la protection de l'environnement, l'article 40 de la Convention révisée régissant l'UEAC donne à la Commission, entre autres attributions[979], le pouvoir d'exécution des politiques environnementales définies par le Conseil des Ministres[980].

En se focalisant uniquement sur la Commission comme centre névralgique d'impulsion des politiques environnementales dans la communauté, l'on remarquera qu'abstraction faite des difficultés de financement auxquelles est confronté l'ensemble du dispositif institutionnel de la Communauté[981], elle fait face à divers obstacles dans sa mission de garante de la protection de l'environnement dans l'espace communautaire[982]. En premier lieu, l'on peut relever la technicité du domaine et aussi l'absence de véritable pouvoir de sanction de la Commission.

Pour ce qui est de la technicité, on peut relever que la question de la protection de l'environnement requiert de la part des acteurs, non seulement

---

977 **TSAFFO (U.G),** *Le contrôle politique des activités communautaires en zone CEMAC*, Master Droit Public, Université de Dschang, Septembre 2017, p.13.

978 Voir Chapitre II du Titre II dudit texte.

979 *Idem* ; voir aussi **FEUDJEU (A.),** *la protection juridictionnelle en droit communautaire de la CEMAC*, Mémoire de Master II, Droit public, Université de Dschang, 2018, P. 62.

980 A la lecture de l'article 40 de la Convention révisée de l'UEAC, « *Le Conseil des Ministres arrête à la majorité simple et sur proposition du Parlement communautaire, les règlements et les recommandations de l'article 39 ci-dessous. Il délègue à la Commission (...) tout pouvoir d'exécution nécessaire à la coordination des politiques des États membres en matière de protection de l'environnement et des ressources naturelles* ». Les quatre (04) départements de la Commission sont : Le département du marché commun, le département des infrastructures et du développement durable, le département de politiques économiques, monétaires et financières, et enfin le département des droits de l'homme, de la bonne gouvernance, du développement humain et social.

981 **MELI FOTIE (A.),** *La protection de l'environnement en droit communautaire de la CEMAC,* Mémoire de Master II Recherche, FSJP, Université de Dschang, 2022, pp.31-37.

982 **FEUDJEU (A.),** *la fonction juridictionnelle en droit communautaire de la CEMAC*, Mémoire de Master II, Droit public, Université de Dschang, 2018, P. 62.

d'importants moyens financiers, mais aussi et surtout, des moyens techniques et scientifiques importants pour la détermination des problèmes environnementaux et leur résolution. Ainsi, la Commission, organe de réalisation des objectifs de la CEMAC et par conséquent l'organe principal de protection de l'environnement et des ressources naturelles, doit nécessairement s'équiper d'un personnel qualifié et de ressources considérables. La contribution de la technoscience ne sera pas des moindres et doit s'observer déjà dans les projets de texte portés par la Commission en matière environnementale car, *« un juriste seul ne fait pas de bonnes lois. »*[983]. Mais, cette capacité n'est pas encore un acquis en Afrique en général et en Afrique Centrale en particulier au regard du retard que ces derniers accusent dans le domaine. Il est donc plausible que contrairement aux grandes puissances, il faut encore à la CEMAC la force technique et scientifique nécessaire devant accentuer son efficacité dans la protection de l'environnement.

Relativement au pouvoir de sanction, comme pour la plupart des objectifs de la CEMAC, en cas de violation du droit communautaire, la Commission attire l'attention des États et établi un rapport[984] qu'elle transmet au Conseil des Ministres ou saisi la Cour de justice en cas de silence du Conseil des Ministres. Cette procédure est assez longue pour une protection efficace de l'environnement. L'idéale aurait été de doter la Commission de la CEMAC du pouvoir de sanction directe en cas de violation du droit Communautaire relatif à la protection de l'environnement. Autrement dit, la Commission devrait être comme en matière de règlementation des pratiques commerciales anti concurrentielles[985], un organe à fonction juridictionnelle en matière de protection de l'environnement. À défaut de la Commission, qu'il soit alors créé des organes spécifiques qui puissent en opérer un contrôle rigoureux[986].

b- La faiblesse des contrôles opérés par les institutions de contrôle

Pour garantir une mise en œuvre concordante de ses ambitions et de son droit, la CEMAC doit disposer d'un corpus institutionnel apte à veiller au respect des règles qu'elle édicte. Certaines de ces règles, on l'a souvent

---

[983]**GRANIER (L.)**, « Sur l'assistance internationale pour la préparation de législations environnementales dans les pays à faible gouvernance », *in* **PRIEUR (M.)** (dir), *Hommage à un printemps environnemental,* Mélanges en l'honneur des professeurs **BOURAOUI (S.), GHEZALI (M.) et MEKOUAR (A.)**, 2016, p. 97.
[984]Cf. Article 35 du Traité révisé.
[985] Cf. le règlement de la CEMAC n°12/05 de 2005 modifiant le règlement 01/99. A la lecture de ce texte et même du nouveau règlement n°06/19-UEAC-639-CM-33 du 07 Avril régissant la concurrence dans la CEMAC en son article 06, on constate que la Commission est un organe à fonction juridictionnel. Elle remplace le Conseil régional de la concurrence.
[986] **MELI FOTIE (A.),** *La protection de l'environnement en droit communautaire de la CEMAC,* Mémoire de Master II Recherche, FSJP, Université de Dschang, 2022, *Op.cit.*, p.29.

rappelé, sont à incidence environnementale lorsqu'elles se prêtent à la protection et la préservation du patrimoine naturel commun. Certes, de façon dispersée, ces institutions existent et initient souvent des initiatives salutaires sur le plan environnemental[987]. Mais l'idée d'un contrôle efficace est encore loin d'être acquise. Pour le Professeur Zulandice ZANKIA en effet, « *le droit communautaire, comme tout ordre juridique a besoin d'un mécanisme de contrôle et de sanction pour asseoir son autorité. Sinon il sombrera longuement dans la léthargie* »[988]. L'auteur relève en outre qu' « *une norme, une règle de droit ou un ordre juridique, qui prétend à l'efficacité doit être accompagné d'un mécanisme de contrôle aboutissant à la sanction de toute défaillance constatée. Le contrôle est un instrument fondamental au service du respect de l'ordre juridique interne, communautaire ou international* »[989].

Relativement aux institutions de contrôle de la mise en œuvre des politiques publiques d'intégration, le Traité révisé de la CEMAC dispose clairement que « *le contrôle des activités de la communauté est assuré respectivement par le Parlement Communautaire, la Cour de justice et la Cour des Comptes* »[990]. À la lecture de cette disposition, on peut croire à tort que ces institutions assurent avec efficacité les missions à elles confiées. En y regardant de près pourtant, grande sera la surprise du contraire. Il se trouve dans les faits que, dans le contrôle tant souhaité, le parlement Communautaire s'est quasiment inscrit aux abonnés absents du fait non seulement de sa faible participation au processus législatif[991], mais surtout de la neutralisation de ses prérogatives classiques de contrôle de l'action publique communautaire[992]. On peut en dire autant de l'inertie du contrôle juridictionnel du fait de son caractère trop abstrait et élitiste[993].

---

[987] C'est le cas de la COMIFAC qui œuvre remarquablement à la protection du patrimoine forestier de la communauté.

[988]**ZANKIA (Z.),** *Contrôle institutionnel et intégration sous régional en Afrique : les cas de la Communauté Économique et Monétaire d'Afrique Centrale et de l'Union Économique et Monétaire Ouest Africaine*, *Op.cit.*, P. 2.

[989] *Idem.*

[990] Voir l'article 46 dudit texte.

[991] Au regard de l'article 25 de la Convention régissant le Parlement communautaire, ce dernier n'exerce sa compétence législative que par le biais des avis facultatifs, conformes et obligatoires. Ses pouvoirs sont donc considérablement réduits dans ce domaine comme dans le cadre du contrôle politique d'ailleurs. Ce qui donne à penser que le Parlement communautaire est un pseudo Parlement, une instance consultative et une institution marginalisée et minorisée dans l'exercice de ses attributions régaliennes.

[992] Le caractère élitiste de la Cour réside dans le caractère politique de la nomination des juges qui y statuent. Ceux-ci sont en effet, nommés par la Conférence des Chefs d'Etat pour un mandat de six (06) ans renouvelable une fois.

[993] Au regard de l'article 23 de la Convention régissant la Cour, l'instance de cette dernière est inaccessible aux citoyens communautaires pour la défense de leur droit à un environnement sain et de qualité. Seuls sont accessibles les Etats et les organes et institutions de la Communauté, et incidemment les tribunaux nationaux statuant en matière communautaire.

Aux termes de l'article 23 de la Convention régissant la Cour, cette dernière peut être saisie, entre autres: - des recours en manquement des Etats membres des obligations qui leur incombent en vertu du Traité de la CEMAC et des textes subséquents ;- des recours en carence des institutions, organes et institutions spécialisées des obligations qui leur incombent en vertu des actes de la Communauté ;- des recours en annulation des Règlements, Directives et Décisions des institutions, organes et institutions spécialisées de la CEMAC, etc.[994]

En définitive, la levée des obstacles à l'efficacité de la Commission de la CEMAC dans la mise en œuvre du droit communautaire relève en majorité de la volonté des pères fondateurs de la Communauté, ainsi que de celles des organes et institutions qui au quotidien assurent la continuité de l'aventure intégrative[995]. Pourtant, à divers des égards, la Communauté a manqué l'occasion d'instituer une bonne fois pour toute, un véritable droit Communautaire de l'environnement, tant bien même les circonstances s'y prêtaient. Le cas le plus évocateur est l'absence de règles de protection de l'environnement dans le dispositif communautaire de la commande publique des travaux.

B- L'absence des règles de protection environnementale dans le dispositif communautaire de la commande publique

La prise en compte de la protection de l'environnement par le droit de la commande publique a fortement évolué ces dernières années sous l'influence du droit international public et du droit Communautaire[996]. C'est notamment le cas dans l'Union européenne[997]. Selon les données de l'Observatoire économique de l'achat public du Ministère français de l'économie, le montant des marchés publics s'élevait à 75,5 milliards d'Euros au dernier recensement de 2012. La même année, l'Observatoire notait que seulement 5,4 % des marchés dont le montant est supérieur à 90000 Euro hors taxe comportaient des clauses environnementales[998]. Pour le continent africain en général et dans la zone CEMAC en particulier, la commande publique présente un enjeu de

[994] Voir article 23 précité de la Convention régissant la Cour.
[995] **MELI FOTIE (A.),** *La protection de l'environnement en droit communautaire de la CEMAC,* Mémoire de Master II Recherche, *op.cit.,* pp.31-37.
[996] **MISCHO (J),** « Le droit communautaire admet-il des critères écologiques pour sélectionner un candidat à un marché public ? », *Bulletin juridique des contrats publics* n° 26, janvier 2003, pp. 1-14.
[997] **DELZANGLES (H.),** « Commande publique et environnement, jusqu'où peut-on aller », *op.cit.,* page introductive.
[998] Chiffres de l'Observatoire économique de l'achat public du Ministère de l'économie, recensement 2012, consulté samedi 23/03/2024 à 12h.50min via, http://www.economie.gouv.fr/daj/lobservatoire-economique-lachat-public/. 6,7 % en 2013 selon les chiffres disponibles de cette même année.

développement stratégique. En 2023, la masse monétaire de la commande publique dans la Zone CEMAC est estimée à environ sept cent vingt et deux milliard soit, 721. 872. 624. 33 FCFA[999]. Cette somme représente les dépenses engagées par les Etats membres pour des projets et des services publics tels que les infrastructures, etc.

Le cadre général de passation, d'exécution et de contrôle des marchés publics en zone CEMAC est régi par le Règlement n°06/09-UEAC-201-CM-20 portant Procédure de passation, d'exécution et règlement des marchés publics de la Communauté, considéré comme référentiel de la passation des marchés publics dans la Communauté. Aux termes de dudit Règlement, les marchés publics concernés sont ceux mis en œuvre au sein des institutions, organes, institutions et organes spécialisés de la CEMAC[1000]. Il faut néanmoins souligner pour le préciser, ces organes et institutions sont abrités par les Etats membres dont le Cameroun[1001] et du coup, les travaux concernés modifient le paysage ainsi que les données environnementales de l'Etat siège de l'institution. Bien plus, les travaux concernés sont souvent de portée transnationale et touchent à plus d'un Etat. A la lecture des textes, ces procédures ne prennent pas compte de l'environnement ni dans les critères d'évaluation des offres de candidature **(1)**, ni même dans le cadre des conditions de pré-qualification des candidats **(2).**

1- L'environnement absent dans les critères d'évaluation des offres

Le rôle joué par l'Union européenne dans la reconnaissance des objectifs environnementaux dans le dispositif de la commande publique des Etats membres n'est plus à débattre et parle à la CEMAC[1002]. La doctrine européenne le reconnaît et le célèbre éloquemment[1003]. Suivant l'impulsion donnée par l'inclusion, dans l'article 130 R§2 du Traité de Maastricht[1004], de l'objectif européen d'intégration, selon lequel les exigences de la protection de l'environnement devraient être intégrées dans la définition et la mise en œuvre des autres politiques, la Commission européenne a commencé à aborder la

---

[999] Consulter à cet égard, le Rapport des Services du FMI sur les politiques communes en appui aux programmes de réforme des pays membres de la CEMAC.

[1000] Voir l'article 2.

[1001] C'est par exemple le cas de la Banques des Etats de l'Afrique Centrale (BEAC) dont le siège est situé à Yaoundé au Cameroun.

[1002] **DELZANGLES (H.),** « Commande publique et environnement, jusqu'où peut-on aller », *op.cit.,* page introductive.

[1003] **Voir CHAMELTON (H.),** *Préservation de l'environnement et travaux publics Difficultés pratiques et solutions juridiques,* Thèse de Doctorat PhD, *op.cit.,* p.*91.*

[1004] Lire à cet égard les écrits de la Commission européenne dans son *Livre vert,* Communication du 27 novembre 1996, « Les marchés publics dans l'Union européenne : pistes et réflexions pour l'avenir », pt 5.45.

question des rapports entre environnement et commande publique dès le milieu des années quatre-vingt-dix[1005]. Un tel progrès demeure introuvable dans le dispositif de la commande publique CEMAC notamment dans le Règlement de l'UEAC relatif aux procédures de passation des marchés publics[1006].

D'un point de vue comparatif, remarquons d'entrée de jeu que dans son *Livre Vert* de 1996 intitulé *« Les marchés publics dans l'Union européenne : pistes et réflexions pour l'avenir »*[1007], la Commission européenne aborde dans un point VI, la question des marchés publics et de l'environnement, et évoque déjà toutes les phases de la procédure dans lesquelles l'objectif de la protection de l'environnement pourrait être intégré. Il s'agit notamment des phases d'examen des candidatures, de prescriptions techniques, de critères de sélection des candidats, d'identification de l'offre économiquement la plus avantageuse, ainsi que dans les conditions d'exécution du marché[1008].

Au regard du Règlement, les offres des candidats à l'appel à concurrence sont évaluées selon deux critères exclusifs qui ne prennent manifestement pas compte de l'environnement[1009]. Ces critères sont relatifs d'une part à l'offre la moins disante basée sur le prix le plus bas[1010], et d'autre part à la qualification du candidat qui présente l'offre la moins disante au regard de ses capacités juridiques, financières et techniques[1011]. Comme il est loisible de le constater, contrairement à ce qui a cours actuellement dans l'espace européen[1012], aucune

---

1005 Ainsi que le réitère **DELZANGLE (H.)** in « Commande publique et protection de l'environnement : jusqu'o peut-on aller », précité, p.4, *« rien n'était explicitement prévu dans le cadre juridique de 1992 (Directive 92/50/ CEE du Conseil du 18 juin 1992 portant coordination des procédures de passation des marchés publics de services). Par ailleurs, si la Commission avait évoqué la question lors de sa proposition de décision de révision du 5 e programme d'action pour l'environnement, ce dernier n'a pas retenu l'idée (voir Résolution du Conseil et des représentants des gouvernements des États membres, du 1er février 1993, concernant un programme communautaire de politique et d'action en matière d'environnement et de développement durable (JOCE n° C 138, du 17 mai 1993) »*. C'est donc à la suite d'une initiative pas très ancienne que le cadre juridique européen de la commande publique s'est fortement prêté aux initiatives environnementales, dans le cadre de la conciliation entre développement économique et développement durable.

1006 **YAMEOGO (H.)**, « problématique de la protection de l'environnement par la Cour de justice de l'UEMOA », *RADE*, n°05, p. 78.

1007 Communication de la Commission européenne du 27 novembre 1996, « Les marchés publics dans l'Union européenne : pistes et réflexions pour l'avenir ».

1008 Voir Communication de la Commission du 27 novembre 1996, « Les marchés publics dans l'Union européenne : pistes et réflexions pour l'avenir », pp.48 et ss. Pour amples connaissances lire aussi **DELZANGLES (H.)**, « Commande publique et protection de l'environnement : jusqu'où peut-on aller ? », précité, p.5,

1009 Voir l'article 47.

1010 Art.47(1) du Règlement UEAC relatif aux procédures de passation, d'exécution et règlement des marchés publics de la CEMAC précité.

1011 *Idem*, al.2.

1012 En effet, le Code français des marchés publics de 2004 (décret n° 2001-210 du 7 mars 2001 portant code des marchés publics) a ajouté, en suivant la jurisprudence de la Cour de Justice de l'Union européen, les préoccupations environnementales dans les critères de jugement des offres et des candidatures. Pour amples lectures, lire **LAVOILLOTTE (M.-P.)**, « L'environnement dans le nouveau code des marchés publics :

allusion n'est faite en zone CEMAC des performances environnementales de l'entrepreneur, de l'état de l'équipement et des engins, de l'approche écoresponsable dans les achats du chantier, qui sont pourtant des indicateurs d'une mise en œuvre efficiente de l'environnement dans les travaux publics. Cette ignorance persiste même au niveau des pré-qualifications des soumissionnaires.

2- La méconnaissance du critère environnemental dans la présélection des soumissionnaires

En effet, dans un contexte de rude concurrence comme celui des marchés publics dans l'espace communautaire et plus concrètement à l'ère écologique moderne, la politique environnementale de l'entrepreneur devrait être perçue comme un avantage comparatif et constituer à cet effet un critère important d'attribution de l'offre du marché public[1013]. Cette lecture n'est en rien émotionnelle, mais bien le souhait de voir se concrétiser ici, une solution écologique novatrice déjà fructueusement concrétisée ailleurs, notamment dans l'édifice intégrative européenne[1014].

Malheureusement, ce vœu est dévoyé à la lecture du règlement CEMAC relatif aux marchés publics. L'article 48 dudit règlement fixe de façon exclusive les critères de pré-qualification des candidats. Il en ressort que le dossier de pré-qualification contient les renseignements relatifs aux travaux, fournitures ou prestations qui font l'objet de la pré-qualification, une description précises des critères et des conditions à remplir pour être pré-qualifié, ainsi que les délais dans lesquels les résultats des pré-qualifications seront connus des candidats. Lesdites conditions peuvent notamment inclure des références relatives aux marchés analogues, les effectifs, les installations et le matériel dont les candidats disposent pour exécuter le marché et leur situation financière[1015].

On peut constater que le Conseil des Ministres de la CEMAC a encore ici manqué l'occasion de prendre en compte les compétences environnementales des candidats soumissionnaires. La CEMAC se comporte

l'affirmation du contrat au service de l'environnement », *AJDA*, 2004, p. 2081 ; **LAVOILLOTTE (M.-P.),** *Les contrats privés d'élimination des déchets : outils d'une meilleure gestion économique et environnementale,* Afnor, 2010, pp.15-30.

[1013] **YAMEOGO Hamidou**, « problématique de la protection de l'environnement par la Cour de justice de l'UEMOA », *RADE, op.cit.,* pp.45-56.

[1014] **DELZANGLES (H.),** « Commande publique et protection de l'environnement : jusqu'où peut-on aller ? », *op.cit.,* p.5.

[1015] Voir art.40 du Règlement CEMAC sur les marchés publics précité.

comme la grande muette et traîne donc le pas dans l'intégration des questions environnementales dans ses programmes d'intégration sous régionale, alors que le monde ne l'attend pas[1016]. Les avancées réalisées dans l'espace européen sur ce sujet démontrent que mieux aurait pu être fait ici. Là-bas en en effet, c'est en grande partie le droit de l'Union européenne qui est à l'origine de l'inclusion de considérations environnementales dans la logique du choix du co-contractant par le pouvoir ou l'autorité adjudicatrice[1017]. D'ailleurs, le droit de l'Union européenne (UE) a récemment fait l'objet d'une évolution de taille dans le domaine de la commande publique. Le Parlement européen et le Conseil ont adopté le 26 février 2014 une directive sur la passation des marchés publics abrogeant la directive 2004/18[1018], mais surtout une directive sur l'attribution des contrats de concession[1019]. Ces deux textes, qui ont été transposés depuis avril 2016[1020], forment aujourd'hui un nouveau cadre européen de la commande publique et sont appréciés sous l'angle de la place qu'ils font à la protection de l'environnement.

Ces initiatives communautaires imposent aux Etats membres la manœuvre à suivre pour pallier les écueils d'ordre interne dans le laborieux processus de conciliation du développement économique et de protection environnementale[1021], problème non encore résolu en droit camerounais.

Section 2- Les faiblesses de la norme nationale de l'environnement

Le droit national de l'environnement est tout aussi lacunaire que fragile au contact des réalités industrielles et techniques[1022]. Dans le secteur privé, son application est presque méconnue du fait du désintérêt environnemental généralisé et du sous-développement galopant[1023]. Le défaut de prise en compte de la lutte contre la pauvreté dans les programmes visant la protection de l'environnement est une erreur souvent commise par les décideurs publics et

---

[1016] *Idem.*
[1017] Directive 2014/24/UE du Parlement européen et du Conseil, du 26 février 2014, sur la passation des marchés publics et abrogeant la directive 2004/18/CE (JOUE n° L 94 du 28 mars 2014). Voir par exemple **HOEPFFNER (H.)**, « La nouvelle directive marchés publics : simple consolidation des acquis ou véritable modernisation ? », *Revue Europe*, n° 5, mai 2014, étude 3.
[1018] Directive 2014/23/UE du Parlement européen et du Conseil, du 26 février 2014, sur l'attribution de contrats de concession (JOUE n° L 94 du 28 mars 2014).
[1019] Directive 2014/23/UE du Parlement européen et du Conseil, du 26 février 2014, sur l'attribution de contrats de concession (JOUE n° L 94 du 28 mars 2014).
[1020] Les premiers éléments de transposition étaient en cours depuis 2013 en ce qui concerne les marchés publics, voir **CLAMOUR (G.)**, « Première transposition des directives « marchés » », *Contrats et Marchés publics*, n° 11, novembre 2014, p. 289.
[1021] **LONDON (C.)**, « Union européenne : les marchés publics passent au vert », *Bulletin du droit de l'environnement industriel*, n° 3/2003, pp. 11-15.
[1022] **TCHEUWA (J.-C.)**, « L'environnement en droit positif camerounais », *Juridis*, 2006, n°63, p.87.
[1023] **KAMTO (M.)**, *Droit de l'environnement en Afrique, op.cit.*, pp.15-17.

les bailleurs de fonds. La vérité est pourtant que le sous-développement entretient une relation étroite avec la dégradation de la nature. Dans le secteur public, les programmes de développement n'accordent qu'un intérêt factice aux enjeux environnementaux. La préférence est toujours accordée aux ouvrages publics, souvent au détriment des exigences internationales en matière d'environnement.

Face à l'urgence et la nécessité de réalisation du développement infrastructurel de la nation, certaines dérogations sont admises au profit des travaux publics **(Paragraphe 1),** dans un contexte marqué par la faiblesse des instruments de la commande publique dans la prise en compte des enjeux environnementaux **(Paragraphe 2).**

Paragraphe 1- La multiplication des exemptions environnementales inappropriées et l'amenuisement des techniques d'évaluation

Le droit administratif général duquel découle le droit des travaux publics est considéré comme l'ensemble des règles dérogatoires au droit commun qui gouvernent l'activité administrative[1024]. C'est donc foncièrement un droit de privilèges et de dérogations[1025]. Sa particularité est marquée par la reconnaissance d'un certain nombre de faveurs, de prérogatives ou d'exemptions au profit de l'Administration publique et des agents qui l'incarnent au quotidien. La justification la plus couramment avancée en est la recherche de l'intérêt général et le maintien de l'ordre public qui sont assignés à la volonté de l'Administration bras séculier de l'Etat. Dans le régime administratif en général, ces prérogatives sont aussi bien d'action que de protection[1026]. Ce reflexe princier se manifeste plus radicalement en contexte de développement infrastructurel où certaines activités bénéficient des dérogations notoires à la règle environnementale.

Au demeurant, presque toutes les activités professionnelles au Cameroun sont théoriquement soumises à des règles concernant la protection de l'environnement, mais le secteur des travaux publics est soustrait de certaines de ces exigences, du fait de son caractère d'intérêt général. Il s'agit précisément de la soustraction de certaines catégories de travaux publics de l'obligation commune de réaliser les évaluations environnementales préalables

[1024] **MEVONO MVOGO (D.),** *La protection de l'environnement dans le processus d'intégration de la communauté économique et monétaire d'Afrique centrale (CEMAC).* Mémoire de Master II recherche de la FSJP de l'Université de Douala, 2015, p. 52.
[1025] **BILONG (S.),** *approche méthodologique du droit administratif,* 2000, pp.34-35, *inédit.*
[1026] *Idem,* p.28.

(A). De telles exemptions constituent des entorses notoires à la règle environnementale déjà en proie à diverses fragilisations liées pour l'essentiel à la crise des études d'impact environnemental **(B).**

A- La soustraction de certains travaux de l'évaluation environnementale préalable

Si l'étude d'impact environnemental et social s'est cristallisée dans la pratique des Etats comme le moyen d'inventorisation des risques environnementaux des projets de développement, sa réalisation au Cameroun n'est cependant pas obligatoire à tous les égards. Certes, aux termes de l'article 6 de la loi cadre de gestion de l'environnement de 1996, toutes les institutions publiques et privées sont tenues, dans le cadre de leur compétence, de sensibiliser l'ensemble des populations aux problèmes de l'environnement[1027], et doivent surtout par conséquent intégrer dans leurs activités, des programmes permettant d'assurer une meilleure connaissance de l'environnement[1028]. Pourtant, cette dernière règle est érodée tant en théorie qu'en pratique car, les textes ultérieurs à la loi cadre ont admis des dérogations environnementales pour certaines activités **(1)** tandis que d'autres dérogations sont déduites de la culture sociologique camerounaise **(2).**

1- Les dérogations textuelles expresses

Le droit de l'environnement, à l'instar de celui des travaux publics, admet des dérogations notoires[1029]. Elles sont prévues par la règlementation et s'énoncent expressément **(a)** ou tacitement **(b).**

a- Les dérogations expresses

Celles-ci concernent le cas où un texte de l'ordre juridique fixe clairement les activités soumises à une dispense de réalisation d'étude d'impact environnemental et social. Le projet en question peut être en tout ou partie exempt de toute ou partie de l'étude. Dans la pratique camerounaise plus concrètement, le décret de 2013 relatif à la réalisation des études d'impact environnemental et social, suivant les pas de la loi cadre de 1996[1030] fixe

[1027] Art.6, al.1 de la loi cadre de gestion de l'environnement de 1996 *op.cit.*

[1028] *Idem.*

[1029] Ces dérogations sont accordées aux activités d'importance stratégique, à l'instar de la défense nationale par exemple.

[1030] Au terme de l'article 17 alinéa 1 de la loi cadre de gestion de l'environnement susmentionnée, *« Le promoteur ou le maître d'ouvrage de tout projet d'aménagement, d'ouvrage, d'équipement ou d'installation qui risque, en raison de sa dimension, de sa nature ou des incidences des activités qui y sont exercées sur le milieu naturel, de porter atteinte à l'environnement est tenu de réaliser, selon les prescriptions du cahier des*

clairement la catégorie d'activité pouvant échapper, mais seulement en partie, à la réalisation d'une étude environnementale. Il s'agit notamment de la réalisation des travaux visant la garantie de la défense et de la sécurité nationale[1031].

En effet, il ressort de l'article 27 du décret précité que : *« les études d'impact environnemental et social des projets relevant de la défense et de la sécurité nationale ne sont pas soumises à la procédure de réalisation des audiences publiques »[1032]*. Surtout, *« lorsque ledit projet est entrepris pour le compte des services de la défense ou de la sécurité nationale, le ministre chargé de la défense ou, selon le cas, de la sécurité nationale assure la publicité de l'étude d'impact dans des conditions compatibles avec les secrets de la défense ou de la sécurité nationale »[1033]*. Toute la question est celle de la fiabilité et de l'efficacité de l'étude environnementale lorsqu'elle est faite à l'exclusion des acteurs sociaux et environnementaux locaux. Le propre de la participation publique est pourtant, on le sait déjà, de permettre aux citoyens de mieux en mieux informés et formés sur les questions environnementales, de participer à la prise des décisions qui ont un impact réel ou possible sur leur qualité de vie. Elle permet surtout aux forces de défense et de sécurité nationale, de bénéficier des connaissances locales et traditionnelles des populations relativement à leur milieu physique et au tissu local[1034]. La dérogation ainsi mentionnée constitue donc un infléchissement regrettable du sacrosaint principe de la participation publique considéré par la doctrine majoritaire comme l'épine dorsale de l'étude d'impact environnemental[1035]. L'écarter revient donc finalement à vider ladite étude de sa substance et à remettre en doute sa crédibilité[1036].

Toutefois, cette donnée est loin d'être exclusivement camerounaise. Une analyse comparative donne à réaliser que les exemptions en cause sont aussi

---

charges, une études d'impact permettant d'évaluer les incidences directes ou indirectes dudit projet sur l'équilibre écologique de la zone d'implantation ou de toute autre région, le cadre et la qualité de vie des populations et des incidences sur l'environnement en général. Toutefois, lorsque ledit projet est entrepris pour le compte des services de la défense ou de la sécurité nationale, le ministre chargé de la défense ou, selon le cas, de la sécurité nationale assure la publicité de l'étude d'impact dans des conditions compatibles avec les secrets de la défense ou de la sécurité nationale ».

[1031] *Idem.*

[1032] Voir décret n° 2013 relative à la réalisation des études d'impact environnemental et social.

[1033] Voir art.17, al.1 de la loi cadre de gestion de l'environnement précitée.

[1034] **ANDRE (P.) et BARNIER (M.)** et autres, *La participation publique dans l'évaluation environnementale en Afrique francophone,* Institut de la francophonie pour le développement durable, Québec, avril 2023, p.9.

[1035] *Idem.*

[1036] **LAPAGE (C.),** « Les véritables lacunes du droit de l'environnement », *op.cit.,* p.13 ; **PREVIL (C.),** « La participation du public dans la gouvernance de l'environnement et du territoire : pour améliorer l'instrumentation », *Revue électronique des sciences de l'environnement*, vol.9, n°1, mai 2009, pp.10-63.

monnaie courante dans certaines régions du monde et dans certaines matières bien plus que dans les travaux publics. En contexte français par exemple, le nouveau Code de l'environnement accorde au Ministre de l'intérieur la faculté de prendre une décision afin de déroger au cas par cas à l'obligation d'évaluation environnementale[1037]. Cette décision intervient notamment pour les projets, ou aux parties de projets, ayant pour seul objet *« la réponse à des situations d'urgence à caractère civil »*. La décision permet alors au Ministre d'exempter le projet de travaux public ou encore l'ouvrage public en question de l'obligation de réalisation d'une étude d'impact environnemental. Cette prérogative est désormais reconnue aussi aux Préfets[1038]. Certaines de ces dérogations sont tacites dans les textes.

b- Les dérogations textuelles tacites

Les dérogations environnementales tacites concernent les hypothèses dans lesquelles la loi ou la réglementation énumère limitativement et de façon exclusive les catégories de travaux publics soumises à l'obligation d'étude d'impact environnemental. De toutes les façons, la technique de l'énumération a toujours été restrictive. Elle pose de sérieux problèmes dans la répartition des compétences en droit positif camerounais où elle est perçue comme restrictive des compétences d'une autorité de droit commun[1039].

En matière environnementale, les catégories de travaux soumises à une évaluation environnementale préalable sont limitativement énumérées par le décret n° 00001/ MINEPDED du 08 février 2016 fixant les différentes catégories d'opérations dont la réalisation est soumise à une évaluation environnementale stratégique ou à une étude d'impact environnemental et social. En abrogeant son devancier éponyme de 2005[1040], ce texte a sans doute étendue la gamme des opérations de travaux dont la réalisation impose une

[1037] Voir articles L.122-3-4 et R. 122-14 du Code français de l'environnement.

[1038] Lire **REY (E.),** « Autorisation environnementale : l'exemption due à la situation à caractère civil délégué au Préfet», article publié le 11 juillet 2022 et consultée en ligne le 27/12 2023 à 09h 51, sur https://ww.france-digues.fr/actualité/autorisation-environnement-lexemption-due-a-la-situation-durgence-a-caractere-civil-deleguee-au-prefet/.

[1039] Les exemples sont légions et concernent généralement la répartition des compétences entre les autorités publiques. Les plus vivaces concernent la répartition des compétences entre le juge administratif et le juge judiciaire d'une part. Voir à cet égard les articles. 2et 3 de la loi N°2006/022 du 19 décembre 2006 relative aux tribunaux administratifs ; voir **NJOCKE (H.-C.),** *L'accès au juge administratif camerounais*, Thèse de Doctorat PhD en droit publics, Université de Paris I, 2005, pp.75-210. D'autre part, ce duel est aussi remarquable entre le Président de la République et le Parlement au sujet du véritable législateur camerounais (voir articles. 25, 26, 27 et 28 de la Constitution révisée de 1996).

[1040] L'article 7 de l'arrêté précité dispose clairement que : *« Sont abrogées toutes les dispositions antérieures contraires au présent arrêté, notamment celles de l'arrêté n°0070/MINEP du 22 avril 2005 fixant les différentes catégories d'opérations dont la réalisation est soumise à une étude d'impact environnemental. »*.

étude environnementale préalable[1041]. Cependant, la société étant essentiellement mouvante, certaines activités se créent au gré de ces mutations. Surtout, le législateur par sa nature humaine est sujet à des oublies lorsqu'il légifère. Dans ces hypothèses alors, la technique restrictive de l'énumération présente un fort inconvénient de ne pas prendre en compte certaines activités récentes qui nécessiteraient en temps normal une évaluation environnementale préalable. Cette inquiétude mérite tout son pesant d'or dans un contexte marqué par des avancées technologiques impressionnantes qui nécessitent des installations spécifiques, à incidence environnementale non maitrisée en l'état actuel des connaissances scientifiques, mais non encore envisagées dans la réglementation environnementale. D'autres dérogations sont d'ordre sociologique.

2- Les dérogations d'ordre sociologique

Les dérogations environnementales de cette catégorie sont généralement factuelles et donc déduites de la pratique camerounaise. Elles correspondent à des hypothèses dans lesquelles certains travaux publics pourraient échapper en totalité ou en partie seulement, à l'obligation d'étude d'impact environnemental ou encore de surveillance environnementale, du fait de la survenance de certaines circonstances troublantes[1042]. A la vérité, la procédure de réalisation des études d'impact environnemental et social telle que dictée par les textes camerounais ne prend pas en compte la survenance des circonstances exceptionnelles[1043]. De telles circonstances existent pourtant et interrompent considérablement la normalité environnementale préétablie. Pendant cette période par exemple, l'administration n'est plus tenue de suivre la procédure environnementale ou administrative ordinaire pour la réalisation de certains travaux publics. Les cas les plus illustratifs sont la période d'état d'urgence d'une part **(a)**, et la période des conflits armés d'autre part **(b)**.

a- Les dérogations imposées par l'urgence

L'urgence est le caractère d'un état de fait susceptible d'entrainer, s'il n'y est pas porté remède à bref délai, un préjudice irréparable, sans cependant

[1041] Voir les articles 5 et ss dudit décret.

[1042] C'est notamment le cas en cas de catastrophe naturelle ou en période de l'Etat de crise écologique grave.

[1043] De manière générale, on parle de période de circonstances exceptionnelles lorsque l'Etat est mis dans des conditions telles qu'il ne peut plus fonctionner harmonieusement dans le cadre de la légalité et de la réglementation ordinaire. Dans cette circonstance, ce qui est normalement illégal devient normal en raison des circonstances exceptionnelles. Voir, arrêt CE, 28/02/1919, Dames Dol et Laurent.

qu'il y ait toujours nécessairement péril imminent[1044]. Au sens de la Constitution du Cameroun, l'état d'urgence est une circonstance qui exige de prendre des mesures spéciales pour la résolution d'une situation de crise[1045]. Lorsqu'il vise à assurer le maintien de l'ordre public, il est proclamé par le Président de la république qui dispose dans ce cas des pouvoirs spéciaux[1046]. Dans cette circonstance, les pleins pouvoirs peuvent être délégués aux autorités de police administrative centrales ou périphériques pour maintenir l'ordre public et assurer le développement harmonieux de l'Etat. En mettant en œuvre ces pouvoirs, il n'est pas impossible pour les autorités de police administrative générale ou spéciale d'ordonner la réalisation de certaines édifices ou ouvrages publics sans études environnementales préalables. Et même si cette formalité est remplie, l'étude en question serait douteuse en raison de l'amenuisement considérable des missions de contrôle tant des organisations de la société civile que du juge administratif[1047].

Cette hypothèse a clairement été vérifiée avec l'état d'urgence sanitaire proclamé suite à la survenance de la pandémie à Covid-19. La simplification des installations des antennes relais et de certains postes ou dispositifs sanitaires d'urgence fut une entorse remarquable à la règlementation environnementale[1048]. Dans cette hypothèse, la nécessité sanitaire faisait loi et l'urgence de mettre sur pieds des édifices de secours l'a emporté sur certaines exigences environnementales procédurales. A tout le moins, les consultations publiques, les validations administratives, le respect des délais et des procédures de réalisation d'une étude environnementale normale ne pouvaient plus être respectés[1049]. Il en est pareil en situation des conflits armés.

b- Les dérogations déduites de la période des conflits armés

La doctrine a longuement tergiversé sur l'impact négatif des conflits armés sur l'environnement et le lien étroit qu'il y'a entre la paix, le développement et la protection de l'environnement[1050].

1044 **ROBERT (J.)**, « Les situations d'urgence en droit constitutionnel », *Revue internationale de droit comparé,* 1990, n°2, pp.751-764.

1045 Voir l'article 9 (2) de la Constitution du Cameroun.

1046 *Idem.*

1047 Voir **NJOCKE (H.-C.)**, *l'accès au juge administratif camerounais*, Thèse de Doctorat PhD en droit publics, Université de Paris I, 2005, pp.75-210, *op.cit.*

1048 **DANTAN (E.), LOUIS (V.) et PAWLOTSKY (A.)**, « Les conséquences de l'état d'urgence sanitaire en matière de droit de l'environnement », *Revue des Droits de l'Homme, Actualités Droits-Libertés,* 2020, p.9.

1049 *Idem.*

1050 Aux termes du Principe 23 de la Déclaration de Rio de 1992, il est reconnu que : *« La guerre exerce une action intrinsèquement destructrice sur le développement durable. Les Etats doivent donc respecter le droit international relatif à l a protectio n de l'environnement en temps de conflit armé et participe r à son*

Bien au-delà des enjeux humanitaires habituels, les conflits armés soulèvent d'importants et cruciaux enjeux environnementaux[1051]. Ces enjeux paraissent de plus en plus évidents quand on songe aux effets immédiats que peuvent engendrer les déplacements massifs de populations, d'où la nécessité de construire de camps et de centres d'accueil pour réfugiés[1052]. L'intérêt de telles analyses tient de la vulnérabilité de la situation environnementale face à certaines armes à destruction déployées dans ce contexte. Dans l'ensemble, la législation nationale n'est pas conçue pour assurer la protection de l'environnement en situation des conflits armés puisqu'une telle circonstance n'est envisagée ni dans la loi cadre de 1996 ni même dans les textes subséquents[1053]. Ce sont les règles conventionnelles et coutumières du Droit International Humanitaire qui s'efforcent à trouver un régime de protection propice. Elles disposent de ce fait qu'il est interdit d'utiliser des méthodes ou des moyens de guerre conçus pour causer, ou dont on peut entendre qu'ils causeront des dommages étendues, durables et graves à l'environnement naturel[1054]. Elles exigent en outre qu'il faut dûment tenir compte de la protection et de la préservation de l'environnement en période de guerre[1055].

Abstraction faite des camps de réfugiés qui peuvent être réalisés sous l'égide des travaux publics en période de conflits armés, il arrive dans certains contextes que des Plans ou Programmes de reconstruction des villes détruites soient mis en œuvre avant même la fin des hostilités.

L'exemple le plus patent est donné par le ressent Plan de reconstruction des Régions des Nord-Ouest et Sud-Ouest du Cameroun, initié par le gouvernement alors en cours de belligérance avec les factions séparatistes[1056]. D'expérience, un Plan de reconstruction ne met pas automatiquement fin aux

*développement, selon que de besoin ».*Par conséquent, les Principes 24 et 25 de la même Déclaration dispose que : *«La paix, le développement et la protection de l'environnement sont interdépendants et indissociables... Les Etats doivent résoudre pacifiquement tous leurs différends en matière d'environnement, en employant des moyens appropriés conformément à la Charte des Nations Unies ».*

1051 **FAUTEUX (P.),** « Protection de l'environnement en période de conflit armé : vers un renforcement du droit », *Revue québécoise de droit international* n°7, 1991-1992, p.9.

1052 **DORSOUMA (A.-H.) et ANDRE BOUCHARD (M.),** « Conflits armés et environnement », *Développement Durable et Territoire,* Dossier 8/2006, p.8.

1053 Le préambule de la Constitution consacre le droit à un environnement sain et n'apporte pas suffisamment de détails sur les différentes modalités de sa mise en œuvre en situation de crise.

1054 Art. 35(3) du Protocole additionnel I aux conventions de Genève de 1949 ; voir aussi la Règle 45 de l'Etude du Comité International de la Croix Rouge (CICR) sur le Droit International Humanitaire Coutumier (DIHC).

1055 Voir Règle 45 de l'Etude du CICR sur le DIHC, *op.cit.*

1056 Le 05 Décembre 2019, le Premier Ministre Chef du Gouvernement du Cameroun, au cours d'une rencontre avec une quinzaine d'Ambassadeurs, de représentations et organisations internationales et les partenaires au Développement réunis à Yaoundé, la capitale politique du Cameroun, dévoilait le plan de reconstruction des régions anglophones du Pays.

belligérances. Celles-ci se poursuivent très souvent même après le début d'exécution de certaines infrastructures prévues dans le Plan. Dans ce cas, il est possible que de telles activités se réalisent dans l'abstraction totale ou partielle des exigences environnementales courantes. Ce postulat se confirme dans la mesure où les textes sont muets quant aux mécanismes spécifiques de protection de l'environnement en situation de cobelligérance[1057].

A ceci, se greffe la fragilisation des techniques d'évaluation environnementale.

B- La crise généralisée des techniques d'évaluation environnementale

Parmi les processus d'évaluation environnementale, l'étude d'impact environnemental et social des projets est sans doute le plus répandu. Aujourd'hui, plus de 250 pays et organisations à travers le monde intègrent des dispositifs d'ÉIES[1058]. Ils constituent une composante importante des régimes publics de protection de l'environnement qui impose de la part des initiateurs de projets, d'obtenir une autorisation préalablement à la réalisation d'activités susceptibles d'avoir une incidence sur l'environnement et la société[1059].

Malgré la volonté affichée des différents acteurs à accompagner le processus d'internalisation des dispositions légales et règlementaires en matière d'études d'impact et audits environnementaux, un diagnostic rapide a permis de mettre en exergue quelques entraves aux efforts des uns et des autres. Ces entravent sont sources de nombreuses critiques relatives à la qualité déplorable de certaines études **(1),** ainsi qu'à la compréhension différenciée du cadre de leur réalisation **(2).**

1- La qualité déplorable de certaines études

L'étude d'impact environnemental et social remplit plusieurs fonctions dont celle d'information[1060]. C'est sans doute la raison pour laquelle le décret de 2013 relatif à sa réalisation exige que le rapport d'étude doit être transcrit en langues française et anglaise[1061], pour en faciliter l'exploitation par ses différents utilisateurs. Pourtant, il s'avère déjà que l'information contenue dans

---

[1057] C'est notamment le cas des textes du droit de l'environnement au Cameroun.

[1058] **CÔTÉ (G.), WAAUB (J.-P.) et MARESCHAL (B.),** « l'évaluation d'impact environnemental et social en péril : la nécessité d'agir », *Revue électronique de droit de l'environnement,* vol.17, N°3, décembre 2017, p2.

[1059] *Idem.*

[1060] Voir l'article 14 du décret de 2013 relatif aux études d'impact environnemental et social.

[1061] Voir l'article 45 de la loi cadre de gestion de l'environnement.

les rapports d'étude environnementale de plusieurs projets de BTP ne respecte pas cette exigence linguistique. Plusieurs critiques sont alors avancées à cet égard **(a)** avec des conséquences inévitables sur le processus de décision et la protection de l'environnement **(b).**

a- Les critiques formulées

De l'avis de plusieurs experts, les études d'impact telles qu'effectuées en vue de la réalisation des travaux publics au Cameroun ne permettent pas d'identifier suffisamment les impacts négatifs des projets et masquent très souvent certains détails importants. Ils déplorent ainsi le manque de transparence de l'ÉIES. En effet, la démarche suivie par les experts environnementalistes pour l'évaluation des impacts ne semble pas toujours très claire, dénotant un certain manque de professionnalisme qui a pour effet d'ébranler la confiance des utilisateurs des rapports d'études et même de conduire à la contestation de leur validité.

Il est de plus en plus fréquent de voir des personnes et organismes concernés ou affectés par un projet, se tourner vers des experts en tout genre pour obtenir une contre-expertise environnementale[1062]. Cette remarque est plus plausible dans le contexte de corruption ambiante dans lequel évoluent les Administrations publiques camerounaises actuellement, y compris celles en charge de la gestion des politiques publiques de l'environnement. Il suffirait alors d'un *« pot de vin »*[1063] pour que certaines informations pertinentes du rapport de l'étude soient distraites à d'autres fins. Ce qui ne manque pas des conséquences.

b- Les conséquences engendrées

Le défaut de transparence de l'étude a des conséquences sur la capacité des acteurs publics des travaux à prendre des décisions éclairées quant à la réalisation des projets[1064]. À défaut d'information pertinente sur les enjeux, les décideurs publics et privés sont contraints parfois de réaliser leur propre synthèse du contenu des études d'impact, ce qui occasionne entre autres, des

---

[1062] **CÔTÉ (G.), WAAUB (J.-P.) et MARESCHAL (B.),** « l'évaluation d'impact environnemental et social en péril : la nécessité d'agir », *Revue électronique de droit de l'environnement,* vol.17, N°3, décembre, *op.cit.,* p.2.

[1063] Expression consacrée aux sommes d'argents indûment perçues par des agents véreux en contrepartie de services et prestations normalement gratuits.

[1064] *Idem.*

délais supplémentaires dans la délivrance des autorisations administratives ou l'octroi du financement nécessaire à la réalisation des projets.

Ces lacunes pourraient conduire à terme à une marginalisation de l'ÉIES en tant qu'outil d'aide à la décision[1065]. Il peut en être ainsi, même pour l'affaiblissement de son rôle dans la réalisation de projets acceptables sur les plans environnemental et social. L'émergence de nouvelles pratiques en marge des processus formels d'ÉIES pourrait bien être le symptôme de ces phénomènes[1066].

2- La compréhension différenciée du cadre des études

En effet, si le cadre normatif des études d'impact environnemental et social s'est nettement amélioré qualitativement et quantitativement ces dernières décennies, il demeure encore embryonnaire dans l'ensemble **(a),** ajouté à ceci la participation mitigée des acteurs du cadre institutionnel **(b).**

a- Un cadre réglementaire embryonnaire

Le problème à ce niveau est d'abord celui de la capacité des textes du droit à encadrer avec efficacité et exhaustivité les éléments d'une étude d'impact environnemental et social, qui relèvent davantage des données des sciences de la nature plutôt que de celles des sciences sociales. A cet égard, le Professeur Maurice KAMTO comme d'autres auteurs soulignait la nécessité pour les spécialistes de la science juridique de se mettre à l'école des autres sciences pour une meilleure appréhension des phénomènes environnementaux[1067].

L'autre préoccupation pertinente est relative à l'inefficacité de certains aspects de la procédure de validation administrative des rapports d'étude, telle que fixée par les textes[1068]. En effet, à la lecture du décret de 2013 relatif aux études d'impact environnemental et social, le Comité Interministériel dont l'avis est obligatoirement requis par la loi, est composé des représentants de divers départements ministériels dont leur choix n'est pas toujours basé sur de compétences établies. En regardant de près dans certains comptes rendus, on est vite frappé par quelques hésitations quant à la maîtrise de l'étude d'impact

---

[1065] *Idem.*

[1066] **CÔTÉ (G.), WAAUB (J.-P.) et MARESCHAL (B.),** « l'évaluation d'impact environnemental et social en péril : la nécessité d'agir », *Revue électronique de droit de l'environnement, op.cit., p.2.*

[1067] **KAMTO (M.),** *Droit de l'environnement en Afrique, op.cit.* p. 20.

[1068] Voir l'article 14 (1et 2) du décret de 2013 relatif aux études d'impact environnemental susmentionné.

du fait de sa complexité. Cette situation est en elle-même est le reflet des insuffisances du cadre institutionnel intervenant en la matière.

b- Un cadre institutionnel mitigé

Abstraction faite de l'insuffisance de la participation publique sus étudiée, se pose le problème de la qualité, mieux la compétence des autorités ainsi que des personnes intervenant dans la réalisation des études et dans le processus de sa validation administrative[1069].

Relativement aux agents de la première catégorie, la loi cadre, suivie de près par le décret de 2013 relatif aux études d'impact environnemental et social désigne les agents habilités à effectuer, à la demande du promoteur d'un projet, les études environnementales. Il s'agit en substance des consultants, bureaux d'études, associations ou de toutes ONG, agrées par le Ministre en charge de l'environnement[1070]. En scrutant de près les conditions de leur agrément par le MINEPDED, il ressort de l'arrêté n° 00004/ MINEP fixant les conditions d'agrément des bureaux d'études à la réalisation des études d'impact et des audits environnementaux que le dossier en la matière doit être déposé par deux responsables ayant un niveau de formation d'au moins BAC+5 dans un domaine scientifique et notamment en environnement, eaux et forêts, agriculture, sciences de la terre et autres domaines connexes à l'environnement ; justifier d'une expérience d'au moins 5 ans dans le domaine des études environnementales ; justifier d'une provision bancaire d'au moins un million (1.000.000) FCFA[1071].

Seulement, les critères ainsi énumérés ne sont pas facilement cumulables par les acteurs du domaine. D'un côté, les experts qualifiés et expérimentés se raréfient davantage à cause de l'inculturation environnementale généralisée et surtout de la banalisation des filières environnementales dans le monde de l'emploi au Cameroun[1072]. L'éducation environnementale reste encore médiocre et sous valorisée dans un contexte où le plus urgent demeure l'accès aux commodités de base et la lutte pour la survie. Ajouté à cela la faible qualité de formation que proposent les institutions de l'enseignement en matière environnementale. Il devient alors difficile de trouver les personnes réunissant plus de 5 ans d'études en la matière assorties de cinq années supplémentaires

---

[1069] **COTÉ (G.), WAAUB (P.) et MARESCHAL (B.)**, « L'évaluation environnementale en péril », *Revue électronique en sciences de l'environnement*, vol.17, n°3, décembre 2017, pp. 1-10.

[1070] *Idem.*

[1071] Voir article 3 de l'arrêté susmentionné.

[1072] **OUMBA (P.)**, « Le contentieux civil de l'environnement en Afrique centrale : les cas du Cameroun et de la République démocratique du Congo », *RADE,* op.cit. p. 129.

d'expérience professionnelle. Toutes choses qui se font très vite ressentir sur la qualité des rapports produits, étant donné qu'ils sont critiqués pour leur volume exorbitant contre très peu seulement d'informations utiles et fiables.

De l'autre, l'exigence de la somme d'un million de FCFA reste perçue comme une entrave à l'accès à cette profession, même pour des agents qualifiés et expérimentés, du fait du marasme économique ayant instauré un niveau de pauvreté inquiétant chez les populations. Dans ce contexte, l'attribution des marchés publics d'études environnementales s'opère selon des critères peu orthodoxes, avec des incidences drastiques sur la protection de l'environnement.

Paragraphe 2- L'impuissance des contrats publics des travaux à garantir la préservation de l'environnement

Les achats publics représentent une part belle des dépenses publiques camerounaises, au regard de leur importance quantitative. Les acteurs environnementaux fondent bien d'espoirs sur la commande publique pour inciter la protection de l'environnement dans la réalisation des travaux publics. Dans la majorité des cas, ces achats s'opèrent par voie contractuelle lorsqu'ils sont quantitativement consistants. Seuls les bons de commande n'excédant pas une valeur de cinq millions (5000.000) FCFA échappent aux règles du Code des marchés publics. Dans le reste des cas, abstraction faite des prestations opérées sous le régime de la régie totale, l'essentiel des achats publics s'opère par voie contractuelle. Et la doctrine estime à juste titre que *« le contrat est l'outil type pour organiser, construire des rapports juridiques entre les entrepreneurs privés et les administrations, favoriser l'intégration d'exigences de qualité environnementale »*[1073].

Il sera pourtant constant de réaliser que la tendance est quelque peu inversée en matière environnementale au Cameroun du fait de la persistance de plusieurs pesanteurs. Celles-ci sont relatives à la pénible intégration de l'environnement dans les textes de la commande publique **(A),** aggravée par la préférence accordées aux travaux publics sur les impératifs environnementaux **(B).**

1073 7 **LAVOILLOTTE (M.-P.),** « L'environnement dans le nouveau code des marchés publics, l'affirmation du contrat au service de l'environnement », *Actualité juridique de droit administratif*, 8 novembre 2004, p. 2081.

A- La timide intégration de l'environnement dans la commande publique camerounaise

Il s'agit à l'origine d'un problème d'ordre général **(1)** qui s'est aggravé en droit positif camerounais par le truchement de la faible mobilisation des pouvoirs de la maîtrise d'ouvrage en faveur de l'environnement **(2).**

1- Une prise en compte difficile dans l'ensemble

Cette difficulté s'est construite sur le plan supranational **(a)** avant de se répercuter dans l'ordre juridique interne **(b).**

a- Les difficultés d'incorporation à l'échelle supranationale

Le retard accusé dans la prise en compte de la dégradation de la situation environnementale planétaire a tenue en laisse, pendant une durée de temps considérable, les problématiques environnementales dans le milieu de la commande publique des travaux[1074]. Ce n'est qu'avec du temps, et sous l'impulsion du droit international que la variante environnementale connaitra un début de reconnaissance même si le bilan reste toujours mitigé de nos jours[1075].

De mémoire, dès 1992 déjà, les organisations supranationales ont commencé à faire évoluer leur position en faveur d'une prise en compte de l'environnement dans les marchés publics[1076]. Au niveau international par exemple, conformément aux orientations arrêtées lors de la Conférence des Nations Unies sur l'environnement et le développement des 3 au 14 juin 1992[1077], les pays membres de l'organisation sont incités à *« réexaminer et à améliorer les politiques de passation des marchés publics afin de s'acheminer vers des modes de consommation et de production plus durables »*[1078]. Sinon un peu plus tôt, notamment dans la seconde moitié des années 1990, l'Organisation de coopération et de développement économiques (OCDE) a

---

[1074] **MENEMENIS (A.),** « Le recours à des critères environnementaux dans l'attribution des marchés », *Droit administratif*, novembre 2002, p. 15.

[1075] **MORTGAT (B.),** « Infrastructures routières et environnement », *Environnement et technique*, n° 188, juillet-août 1999, p. 36.

[1076] *Idem.*

[1077] Informations disponibles sur www.territoires-durables.fr/upload/pagesEdito/fichiers/DateRio.pdf (accessible par ce lien le 30 décembre 2023), consulté le 21/03/2024 à 10h17min.

[1078] **CHAMALTON (H.),** Préservation de l'environnement et travaux publics Difficultés pratiques et solutions juridiques, Thèse de Doctorat, Université de Nantes, p.88, *op.cit.*

entrepris une riche réflexion sur l'insertion de l'environnement dans les marchés publics[1079].

Jusqu'à une date récente en effet, le 23 janvier 2002 plus précisément, le Conseil de l'OCDE réitérait l'insuffisance de la prise en compte des impératifs environnementaux dans les instruments de la commande publique des travaux. Dans l'espoir de bouleverser la tendance, il adoptait une recommandation relative à l'amélioration des performances environnementales des marchés publics. Il y dresse le vœu de ce que les achats publics, compte tenu de leur poids dans l'économie, doivent désormais revêtir un caractère d'exemplarité et impulser le mouvement de *« verdissement »* des pratiques commerciales. Ces multiples tractations n'auront malheureusement pas suffi à faire prendre conscience de ces atouts par les décideurs nationaux, puisque le niveau d'intégration de l'environnement dans les achats de la commande publique des travaux reste encore critique.

b- Les lenteurs enregistrées au plan national

Eu égard à la faible pénétration des enjeux écologiques et environnementaux dans la conscience publique et dans la culture juridique camerounaise[1080], la préoccupation environnementale a d'abord été ignorée des procédures de marchés publics durant les premières heures de l'indépendance[1081]. Il aurait été difficile de repérer les clauses et dispositions environnementales dans des plans quinquennaux puisque l'objectif principal était de concrétiser le développement économique du pays et de bâtir au profit de ce dernier, une image luxuriante en exploitant le plus largement possible la nature et ses ressources[1082]. Dans cette mouvance, les critères économiques et techniques d'attribution du marché public de travaux ont été les seuls envisagés à l'origine dans les textes en la matière. Les marchés devaient donc être

[1079] Voir OCDE *rapport : Marchés publics et environnement : problèmes et solutions pratiques*, 2001

[1080] Malheureusement de nombreuses personnes ne sont pas conscientes de l'impact de leur action sur l'environnement. Il y-a un manque de sensibilisation sur les questions environnementales, et des pratiques telles que la déforestation, la pollution et la désertification qui surplombent.

[1081] La raison principale en est qu'à l'accession du Cameroun à l'indépendance en 1960, le réveil de la conscience environnementale collective ne s'est pas encore opéré. Il ne s'opérera qu'à partir de 1972 au Sommet de Stockholm.

[1082] En effet, les plans quinquennaux des années 60 étaient soucieux de l'environnement même si cette protection n'était pas envisagée à titre principal. Elles étaient souvent subordonnées aux objectifs de développement économique et social. A l'époque, la priorité était donnée à l'exploitation des ressources naturelles pour favoriser la croissance économique, ce qui a parfois conduit à des conséquences néfastes sur l'environnement. Les préoccupations environnementales étaient donc moins centrales dans les planifications globales par rapport aux objectifs de production et d'industrialisation.

neutres, et aucune considération environnementale, ou plus généralement autre qu'économique, ne pouvait facilement y trouver place[1083].

De nos jours encore, la situation n'a connu que de timides progrès. Abstraction faite du Code des marchés publics qui consacre une place notoire à la question environnementale[1084], les autres textes relatifs aux concessions des services publics, aux contrats d'affermage, au partenariat public-privé semblent ne prendre compte des enjeux environnementaux que de façon incidente, voire très timide. Bien plus, force est de constater que les contrats publics de travaux n'imposent que très rarement la démarche de l'achat vert aux soumissionnaires, se limitant généralement aux considérations d'ordre général. Quoi qu'il en soit, en l'état actuel de notre droit, les performances environnementales du soumissionnaire ne constituent pas encore une condition éliminatoire dans l'attribution du marché public des travaux. Et même dans les hypothèses où de telles exigences sont prises en compte, les pouvoirs administratifs peinent à s'employer pour imposer aux entrepreneurs une véritable protection environnementale.

2- Les pouvoirs administratifs de contrôle et de sanction timidement utilisés au bénéfice de l'environnement

Le contrôle de la mise en œuvre des clauses environnementales et sociales du chantier relève certes, d'une prérogative du maître d'ouvrage, mais aussi et surtout d'une obligation administrative contractuelle. Seulement, l'évidence donne à constater que les pouvoirs de contrôle **(a)** et de sanction **(b)** sont insuffisamment déployés dans ce cadre pour imposer une efficace protection de l'environnement aux entrepreneurs.

a- Un pouvoir de contrôle sous employé

Dans l'exécution des marchés publics de travaux, l'administration contractante a l'obligation sinon le pouvoir de veiller à la bonne exécution des clauses administratives, techniques et environnementales du marché[1085]. Ce pouvoir est accompagné du pouvoir de contrôle et de modification unilatérale des clauses environnementales lorsque celles-ci ne sont plus conformes aux réalités environnementales du chantier[1086]. Le pouvoir de contrôle est celui qui

---

1083 Voir **FROGER (G.) et PLUMECOCQ (G.)**, « Faire entrer l'environnement dans l'économie. Temps, incertitudes et irréversibilités », *Revue Française de socio-économie*, vol.21, 2018, pp. 39-58.

1084 Voir les articles 55 et ss du Code des marchés publics de 2018.

1085 **LEMIEUX (P.)**, « Le pouvoir d'inspection et de contrôle de l'administration dans les marchés de travaux publics », Revue générale de droit, vol. 10, n°2, 1979, p. 403-427.

1086 Voir les articles 74 et ss du Code des marchés publics de 2018.

permet normalement au maître d'ouvrage d'assurer la surveillance générale du marché tant au cours de l'exécution des travaux qu'à celui de leur réception[1087]. Bien mieux encore, la direction permet au maître d'ouvrage de s'immiscer dans l'exécution du contrat même pour imposer à l'entrepreneur certains choix nouveaux et relatifs, par exemple aux matériaux et aux procédés de construction, ou en subordonnant les choix jugés plus écologiques qu'il propose à son agrément[1088]. La jurisprudence reconnait d'ailleurs que les pouvoirs de contrôle et de direction existent de plein droit, même dans le silence des textes et du contrat[1089]. Ils sont donc suffisants pour efficacement assurer la protection de l'environnement.

Dans la pratique des marchés publics de travaux au Cameroun, plusieurs pesanteurs entravent un contrôle efficace de la conformité environnementale du chantier. L'essentiel des déviances observées est relatif à la corruption ambiante du milieu et à l'inobservation du Code des marchés publics et des textes du droit de l'environnement[1090]. A l'observation, il apparaît de façon récurrente que plusieurs dispositions du Code des marchés publics relatives à la protection de l'environnement ne sont pas respectées dans le processus de gestion des marchés publics au sein des administrations. Ces écarts sont constamment constatés et décriés dans des rapports de partenaires financiers étrangers (Banque Mondiale, 2005; ARMP, 2006; CAD-OCDE, 2008; OIT, 2009; INS, 2011)[1091]. Les irrégularités s'opèrent pendant les trois principales phases du processus de travaux que sont : les études d'impact et la programmation, la passation, puis l'exécution et contrôle des marchés.

Durant la phase d'étude et de la programmation, il est reproché aux maîtres d'ouvrage et maîtres d'ouvrage délégués des écarts par rapport aux dispositions réglementaires relatives aux contenus, qualités, coûts et délais d'études d'une part, à l'absence, au non-respect ou à la non mise à jour de la programmation quant aux exigences environnementales récentes d'autre part. Au cours de la phase de passation des marchés, les écarts sont constatés par rapport aux normes fixant les étapes, les modalités de passation, les délais, le

---

[1087] **BIDJA NKOTTO (T.)**, *Les contrats de l'administration au Cameroun*, Thèse de Doctorat, précitée, pp.356-361.

[1088] *Idem.*

[1089] CE, 22 février 1952, N°70.901, *Société pour l'exploitation des procédés ingrand,* REC. CE 1952, p.130. Pour amples explications,; **BIDJA NKOTTO (T.)**, *Les contrats de l'administration au Cameroun*, *op.cit.*, pp.356-361.

[1090] Lire **BIAKAN (J.)**, *Droit des marchés publics au Cameroun, op.cit.*, pp. 91 et ss.

[1091] **MOUNGOU MBENDA (S.-P.) et BEKONO (E.-R.)**, « La déviance comme mauvaise pratique : cas du système des marchés publics au Cameroun », *Management international,* Volume 16, numéro 3, printemps 2012, p.156.

fonctionnement des organes et les acteurs environnementaux et sociaux dans leurs différents rôles[1092]. Cette phase concentre le plus grand nombre d'écarts impliquant à la fois les maîtres d'ouvrage et maîtres d'ouvrage délégués, les Présidents et membres des commissions des marchés, les membres des sous-commissions d'analyse et les maîtres d'œuvre[1093].

Enfin, dans la phase d'exécution et de contrôle proprement dite, on note régulièrement le non-respect des dispositions réglementaires en matière d'engagement des dépenses, de réception, de liquidation et de règlement des prestations environnementales. La plupart de ces écarts sont pourtant considérés comme des violations aux termes du Code des marchés publics[1094].

Par ailleurs, comme l'affirmait le Professeur Magloire ONDOA, les marchés publics au Cameroun se sont érigés en *« source d'enrichissement (rapide), ainsi qu'en un site privilégié d'indélicatesse... »*[1095]*,*culminant détournement de fonds, corruption, extorsion et prévarications diverses. Dans ce contexte, toute velléité de surveillance environnementale est sacrifiée à l'autel des intérêts égoïstes des acteurs véreux.

b- Un pouvoir de sanction infructueusement mobilisé

Le maître d'ouvrage dispose à son actif d'une panoplie de sanctions qu'il peut mobiliser pour réprimer les manquements environnementaux contractuels de l'entrepreneur. Il s'agit d'un pouvoir de plein droit qui existe même en l'absence de stipulations expresses puisqu'il fait partie des *« règles générales applicables aux contrats administratifs »*[1096]. Lorsque l'entrepreneur manque à ses obligations environnementales, l'administration contractante peut lui appliquer des sanctions pécuniaires[1097], coercitives ou résilier le marché pour inexécution conforme[1098].

Dans l'ensemble, ces pouvoirs sont fixés par le CCAG au profit du maître d'ouvrage et en vertu du privilège du préalable[1099]. Bien plus,

---

[1092] *Idem.*
[1093] *Idem.*
[1094] Voir art. 106 du Code des marchés publics *op.cit.*
[1095] Propos d'**ONDOA (M.),** préfaçant l'ouvrage de BIAKAN (J.), *Droit des marchés publics* au Cameroun, *op.cit.*, p.9.
[1096] CE, 2 février 1983, N°34.025, *Union des transports publics urbains et régionaux*, Rec. CE 1983, p.33.
[1097] La question de la constitutionnalité des amendes administratives s'est posée, notamment en cas de concurrence avec une peine pénale d'amende. Le Conseil constitutionnel français a admis leur constitutionnalité en précisant que, en cas de cumul avec une amende pénale, la somme des deux sanctions ne peut dépasser le maximum encouru pour la plus élevée des deux sanctions prévues (CC, 28 juillet 1989, loi relative à la sécurité et à la transparence du marché financier, n° 89-260 DC).
[1098] Voir les articles 181 et ss du Code des marchés publics de 2018.
[1099] Voir articles 74, 74 et 76 du CCAG.

l'Administration peut également, en cas d'inobservation d'une norme environnementale, mettre en demeure l'intéressé de se conformer à la législation. En cas de refus, certains droits et avantages précédemment accordés à l'entreprise peuvent lui être retirés. Il peut par exemple s'agir du retrait ou de l'annulation de certains bénéfices et exemptions fiscales ou douanières.

Dans la pratique courante pourtant, la mise en œuvre de ces sanctions n'est pas rassurante lorsqu'il s'agit de la violation des dispositions environnementales. Si l'inexécution des clauses administratives et technique est la cause récurrente de résiliation des marchés de travaux, cette mesure n'est pas favorablement utilisée au profit de l'environnement, sauf si le dommage environnemental enregistré est à l'origine d'une catastrophe écologique irréparable. Dans certains cas, l'inefficacité de la sanction relève des ambiguïtés et de l'obscurité laissée par les textes du droit de l'environnement. A titre d'exemple, l'article 12 du décret n° 2011/2583/pm du 23 août 2011 fixant la règlementation des nuisances sonores et olfactives prohibe l'émission ou la propagation de bruits au-delà du seuil fixé, sans pour autant en prévoir les sanctions en cas de violation[1100]. Dans cette figure, face à un excès, le maître d'ouvrage aura les mains liées, par défaut de base juridique.

Dans d'autres cas de figure, la sanction du maître d'ouvrage se heurte aux préférences accordées aux travaux publics par rapport aux impératifs environnementaux.

B- La priorité accordée aux travaux publics sur les impératifs environnementaux

A l'analyse, le droit public camerounais semble n'avoir simplement pas été conçu pour favoriser l'adoption des normes environnementales efficaces et contraignantes en contexte de travaux publics. La raison tient du fait que les biens de l'Administration dont l'essentiel est conçu par le mécanisme des travaux publics bénéficient d'un régime exorbitant de protection[1101]. Et cette protection relève aujourd'hui d'une préoccupation accrue de l'Administration pour au moins deux justifications raisonnables: d'une part, la dégradation aggravée de la situation économique du pays qui appelle à une préservation

[1100] Ce texte dispose platement que « *Les ministres chargés de l'environnement, des mines et des établissements classés, de l'industrie, de la recherche, de la santé publique, des collectivités territoriales, des travaux publics, des transports, du développement urbain, des finances, sont chacun en ce qui le concerne, chargés de l'application du présent décret qui sera enregistré, publié suivant la procédure d'urgence, puis inséré au Journal officiel en français et en anglais* ».

[1101] C'est le cas du principe de l'intangibilité des ouvrages publics

des acquis infrastructurels. D'autre part, l'amplification des conflits armés avec pour conséquences immédiates la destruction du patrimoine infrastructurel de l'Etat. Sous ce double rapport, la réalisation des travaux publics s'opère par priorité sur les enjeux environnementaux. Cette préférence se traduit sous la forme du privilège du préalable **(1)** et de l'exécution d'office reconnus au bénéfice des travaux publics **(2).**

1- Le privilège du préalable

Le privilège du préalable est une prérogative très prisée dans le régime administratif. L'acte administratif unilatéral en est le domaine de prédilection le plus ancien. Il est revêtu d'une présomption de vérité légale, ce qui suppose que jusqu'à preuve du contraire, il est réputé conforme au droit et que le recours formé contre un acte n'en suspend pas l'exécution[1102].

Outre le domaine de l'acte administratif unilatéral, l'exécution des travaux publics se présente aussi comme l'un des fertiles domaines d'expression du privilège du préalable. La doctrine s'accorde pour admettre que ces prérogatives trouvent leur fondement dans le but d'intérêt général reconnu aux travaux publics. La recherche du bien commun confère alors à l'Administration des prérogatives dérogatoires au droit commun de l'environnement[1103].

Ainsi, l'intérêt général reconnu aux activités de travaux publics autorise une certaine indulgence à l'égard des écarts à la norme environnementale. Toutefois, les fondements les plus profonds de cette dérogation sont à trouver dans la spécificité du contrat de l'administration face au droit commun des obligations **(a)** d'une part, et dans la particularité du contrat de travaux publics d'autre part **(b).**

a- La spécificité des contrats de l'Administration face à la problématique environnementale

Contrairement à l'esprit de l'article 1101 du Code civil[1104], le contrat de l'Administration est réputé spécifique parce qu'il implique des moyens de

[1102] CS/CA arrêt *ATANGANA MBARGA Adalbert, op.cit.* ; *« Attendu qu'il ne faut pas confondre un acte administratif et une décision rendue par une juridiction… qu'ainsi, malgré le recours intenté par ATANGANA Adalbert contre le décret du 26/06/1980, il était tenu de rejoindre Bertoua ».*

[1103] Ces prérogatives sont exorbitantes en ceci qu'on ne les rencontre pas dans constructions civiles et commerciales des particuliers.

[1104] Il ressort de cette disposition que *« le contrat est une convention par laquelle une ou plusieurs personnes, s'obligent, envers une ou plusieurs autres, à donner, à faire ou ne pas faire quelque chose ».*

puissance au profit de l'Administration. Rappelons que de tous les critères exigés pour la constitution d'un contrat administratif, la présence d'une personne publique au contrat en est la condition indispensable. De plus, le contrat doit comporter une clause exorbitante du droit commun[1105], voire prescrire un régime exorbitant du droit commun[1106].

Il en ressort que le contrat administratif est un contrat spécifique, dont la finalité dépasse très souvent certains autres intérêts en présence et justifie certains écarts par rapport à l'obligation qui pèse sur les particuliers de se soumettre à la normalité environnementale dans la réalisation des travaux privés. C'est dire que l'ambiance juridique exceptionnelle dans laquelle baigne le contrat administratif des travaux est susceptible de favoriser une soumission différenciée de l'administration à la norme environnementale. Cette spécificité est commune aux contrats de la commande publique dans leur ensemble, mais plus affirmée encore en ce qui concerne les contrats des travaux publics.

b- La particularité des contrats des travaux publics dans le régime administratif

Aux termes du Code des marchés publics de 2018, on entend par marchés de travaux *« un marché conclu avec des entrepreneurs en vue de la réalisation des opérations de construction, reconstruction, démolition, réparation, rénovation de tout bâtiment ou ouvrage, y compris la préparation du chantier, les travaux de terrassement, l'installation des équipements ou de matériels, la décoration et la finition, ainsi que les services accessoires aux travaux si la valeur de ces services ne dépasse pas celle des travaux eux-mêmes »*[1107]. Ce sont donc des contrats, certes d'intérêt général comme les autres contrats administratifs, mais dont les effets seront plus difficiles à effacer, même s'ils ont un impact indésirable sur l'environnement. C'est alors ici que l'adage *« ouvrage public mal planté ne se détruit pas »* agit avec le plus de force.

Par conséquent, la doctrine considère que l'importance des constructions réalisées, ou à réaliser, justifie la mobilisation des prérogatives spécifiques pouvant dans certaines mesures justifier les dérogations à la norme environnementale. Selon François LLORENS par exemple, *« la construction est dans tous les cas une opération trop importante pour qu'aucun propriétaire*

1105 CE, 1912, *Société des granits porphyroïdes de Vosges.*

1106 CE, Section, 19 janvier 1973, *Société d'exploitation de la rivière du Sant.* Et si ce n'est pas le cas, il peut néanmoins être conclu pour la gestion d'un service public *(CE, Epoux Bertin).*

1107 Voir l'article 5 (z-bb).

puisse abdiquer ses prérogatives »[1108]. De ce fait, en tant que maître d'ouvrage, l'Administration contractante ne peut pas renoncer à ses prérogatives de puissance. Il en est ainsi par exemple du pouvoir d'exiger de son cocontractant de poursuivre les activités, même dans l'hypothèse où des contestations sont formulées contre les effets négatifs des opérations sur l'environnement. Les travaux s'exécutent toujours d'office.

2- L'exécution d'office des travaux publics

Parce qu'ils recherchent la réalisation d'un intérêt général, les travaux publics ne se font pas souvent attendre dès lors que la note de service portant démarrage des travaux a été servie[1109]. L'ordre de service en question est un acte détachable du contrat et donc un acte administratif unilatéral au sens de l'arrêt NGONGANG JANKE Martin[1110]. Pris comme tel, il est susceptible de recours pour excès de pouvoir[1111], même si son exécution est réputée immédiate et automatique. C'est d'ailleurs ce que le Professeur SCHWARZENBERG appelle *« l'autorité de chose décidée »*.

La contestation de la légalité des actes prescrivant des travaux publics – actes administratifs unilatéraux ou contrats – est, selon une pertinente conclusion de la Professeure CHAMELTON Hélène, *« une voie contentieuse susceptible d'assurer la protection de l'environnement, puisqu'elle peut entraîner l'annulation d'actes prescriptifs de travaux »*[1112]. Cependant, les délais de traitement des contentieux en droit administratif camerounais sont tels que, en l'absence d'utilisation du référé administratif ou encore du sursis à exécution, les décisions administratives contestées ont souvent reçu un commencement d'exécution, voire une entière exécution lorsque le juge administratif statut[1113]. Dans cette hypothèse précise, l'annulation de l'acte ou surtout de la décision ordonnant démarrage des travaux interviendra tardivement lorsque le préjudice ou le dommage environnemental est déjà probablement définitivement consommé. Et même lorsque tel ne sera pas le cas, il reste que la recherche de l'intérêt général et la réalisation des objectifs

---

1108 **LLORENS (F.)**, « Contrat d'entreprise et marché de travaux publics : contribution à la comparaison entre contrat de droit privé et contrat administratif », *Librairie générale de droit public*, vol.10, n°2, pp. 403-427.
1109 *Idem.*
1110 Arrêt CFJ 20 mars 1968, *NGONGANG NJANKE Martin.*
1111 CE, 10 décembre 1957 *Dame LAMOTTE*
1112 **CHAMELTON (H.)**, *Préservation de l'environnement et travaux publics Difficultés pratiques et solutions juridiques*, Thèse Doctorat, p.157, op.cit.
1113 *Idem.*

du développement économique sont plutôt favorables à la réalisation de travaux publics qu'à leur annulation pour atteinte à l'environnement[1114].

[1114] C'est le sens de l'adage *« ouvrage public mal planté ne se détruit pas »*.

CONCLUSION DU CHAPITRE 1

Comme on le voit, la protection de l'environnement dans les travaux publics est une mission complexe et délicate[1115]. Elle exige de faire appliquer ingénieusement un corpus normatif tenant tant du droit national que supranational. Ce défi est malheureusement loin d'être relevé. Ladite protection se heurte aux obstacles d'ordre aussi bien épistémologiques que pratiques[1116], tous rattachés à la timide application des normes environnementales par les acteurs des travaux publics.

Dans cette mouvance, on dresse le constat de l'impuissance des normes du droit supranational de l'environnement à encadrer le secteur des travaux publics. Ici, le droit international de l'environnement se montre très généralisant pour être efficacement transposé dans les pratiques du chantier. C'est un droit mou et dépourvu de contraintes dissuasives pour les acteurs des constructions publics. Les principes de précaution et de prévention célébrés ci et là, ne produisent pas grand effet parce que déduits des textes sans réelle force juridique contraignante, notamment les Déclarations à l'instar de celle de Rio de Janeiro de 1992. La jurisprudence internationale peine elle aussi à s'imposer aux acteurs du secteur, parce que généralement interprétée comme nouvelle forme d'ingérence verte et donc perçu comme potentiellement dangereuse pour la souveraineté. Quoi qu'il en soit, les travaux publics sont un secteur stratégique pour le développement de l'Etat et ne peuvent connaitre de ralentissements qu'en cas de catastrophe écologique grandeur nature.

Aussi, l'aventure intégrative CEMAC intègre très lentement les considérations environnementales. Ce constat est vérifié tant au niveau des sources du droit communautaire primaire que dérivé[1117]. Le dispositif de la commande publique communautaire, notamment le Règlement régissant les rouages des travaux publics dans la communauté manque à son tour l'occasion d'intégrer les exigences environnementales.

De son côté, le droit national de l'environnement est souple au contact des travaux publics. Ces travaux bénéficient des prérogatives de puissance qui rendent difficile l'imposition des normes environnementales déjà vilipendées par certains entrepreneurs, et contribuent à l'inefficacité de l'intervention des acteurs du cadre institutionnel.

[1115] **PEYRICAL (J.-M.)** « Marchés publics : critères de choix des entreprises : liberté ou fiction ? », *Le Moniteur des travaux publics* du 24 novembre 2000, P.10.

[1116] **REINTEAU (B.),** « La performance environnementale, un défi pour la filière construction », *Le Moniteur des travaux publics,* Annuel de la prescription, mai 2002, p. 6.

[1117] **BERGER (R.), GREPIN (G.),** *Etablissement du Profit Environnemental de la Région Afrique Centrale,* AGRIFOR Consult, septembre 2007, pp. 19 et ss.

CHAPITRE 2- UN CADRE INSTITUTIONNEL INÉFICACE DE LA PROTECTION DE L'ENVIRONNEMENT

A l'approche du Sommet Rio+20, le processus de prospective du PNUE sur les questions environnementales émergentes (PNUE 2012 a) faisait état de ce que l'harmonisation de la gouvernance avec les exigences du développement durable constitue le principal défi à relever afin de faciliter la transition vers un développement plus durable. Il faisait du cadre institutionnel de la gouvernance de l'environnement et du développement durable, l'un des principaux sujets à débattre au cours de ce sommet. Le choix de débattre du cadre institutionnel de protection de l'environnement procédait du regrettable et lointain constat réalisé au sujet de son inefficacité généralisée à l'échelle planétaire[1118]. En effet, quel que soit le secteur de la protection de l'environnement considéré, ce constat demeure invariable.

Au plan national, le Professeur Maurice KAMTO relevait, à une certaine époque, au moins trois facteurs de cette inefficacité : l'insuffisance de l'autorité du Ministère chargé de l'environnement et de la coordination institutionnelle, dans un contexte où les missions dudit ministère ne sont pas toujours bien définies et où règne parfois une instabilité institutionnelle due au changement fréquent de l'appellation du Ministère ou à l'attribution de certaines de ses compétences à d'autres départements ministériels dits à compétence environnementale sectorielle ; l'insuffisance des ressources humaines en nombre et en qualité; l'insuffisance des moyens financiers[1119]. De nos jours ces écueils persistent encore.

Au niveau régional, la mise en œuvre du droit de l'environnement pâtit de plusieurs manquements au rang desquels la faiblesse des politiques environnementales des organisations d'intégration économique africaines. Cette faiblesse s'aggrave par le défaut d'un droit communautaire de l'environnement digne de ce nom.

Les difficultés ainsi énumérées se combinent dans les travaux publics et rendent davantage plus complexes les actions de protection de l'environnement en la matière. Dans ce registre, force est de constater la fébrilité des institutions non juridictionnelles **(Section 1)** aux côtés d'une

---

[1118] En effet, la Conférence de Stockholm avait déjà, en 1972, attiré l'attention sur le déficit institutionnel au plan national, et le PNUD et la Banque mondiale rappellent constamment aux pays en développement la nécessité d'une réforme des institutions chargées de la mise en œuvre des politiques de développement. Relativement à l'environnement, c'est dans le Programme d'Action 21 que l'on trouve l'appel le plus pressant à la rénovation institutionnelle. Dans chacun des thèmes des 40 chapitres de ce document fondamental, on retrouve les questions institutionnelles soit à la rubrique « activités », soit à celle « moyen d'exécution ». Action 21 insiste notamment, au chapitre 8, sur « le renforcement de la capacité institutionnelle nationale ». Pour amples détails, voir **KAMTO (M.)**, *Droit de l'environnement en Afrique, op.cit.*, p. 106.

[1119] **KAMTO (M.)**, « La mise en œuvre du droit de l'environnement : forces et faiblesses du cadre institutionnel », *RADE*, n°5, *op.cit.*

armature juridictionnelle inadaptée à faire respecter les exigences environnementales par les acteurs des travaux publics **(Section 2).**

Section 1- Un dispositif non juridictionnel fébrile

Le droit de l'environnement, on ne le dira jamais assez, est un très jeune droit encore à la quête de ses marques. A l'observation de la classification pyramidale des droits de l'homme telle qu'opérée actuellement dans la doctrine[1120], il fait probablement partie des droits de la troisième génération[1121]. En effet, les droits de l'homme dits de la troisième génération sont ceux qui postulent, pour leur mise en œuvre, une intervention solidaire de toutes les forces vives de la société nationale et internationale. C'est la raison pour laquelle ils sont encore appelés droit solidarité. Cette dernière dénomination donne à confirmer l'appartenance du droit à un environnement sain au rang de droit de la troisième génération. L'idée de solidarité contenue dans cette appellation est clairement perceptible dans l'énoncé constitutionnel du Cameroun. De rappel, le préambule de la loi fondamentale dispose que *« toute personne a droit à un environnement sain. La protection de l'environnement est un devoir pour tous. L'Etat veille à la défense et la promotion de l'environnement »*[1122].

En mettant à la charge de tous l'obligation de protection de l'environnement, le constituant de 96 appelle à la structuration d'un cadre institutionnel de protection de l'environnement, lequel doit collaborer avec les acteurs privés dans cette initiative. Il a sans doute été précédemment démontré les mécanismes institutionnels de cette collaboration. Seulement allons-nous bientôt réaliser qu'il s'agit d'une collaboration empreint d'assez d'écueils au contact des travaux publics.

Paragraphe 1- La faible contribution des institutions publiques

Depuis bientôt une trentaine d'années, on observe de nombreux progrès dans le domaine du développement juridique et institutionnel en faveur de la protection de l'environnement[1123]. Ce progrès s'est nettement accru en particulier depuis la Conférence des Nations unies sur l'environnement et le développement qui s'est tenue à Rio en 1992, la consécration du droit à un

---

[1120] **TERRE (F.) et MOLFOSSIS (N.),** *Introduction générale au droit*, Dalloz, 15e éd, coll. Précis, 2023, pp. 4520. .

[1121] **AVRILLIER (R.),** « L'écologie à l'épreuve du droit. Le droit à l'épreuve de l'écologie », *Revue juridique de l'environnement*, n° spécial 1995, pp. 15-29.

[1122] Voir préambule de la Constitution du 18 janvier 1996, *op.cit.*

[1123] Voir **CABALLERO (F.),** *Essai sur la notion juridique de nuisance*, LGDJ, 1981, p. 1.

environnement sain dans la Constitution et l'édiction de la loi cadre de 1996. Différents types de sanctions administratives existent en droit de l'environnement. Les sanctions laissées à la discrétion de l'administration, tout d'abord, peuvent consister en une amende administrative[1124]. La question de la légalité des amendes administratives se pose cependant, notamment dans l'hypothèse de concurrence avec une peine pénale d'amende et surtout face à la nécessité de préserver l'équilibre financier et économique du contrat administratif[1125].

Mais, le droit de l'environnement dans les travaux publics connait un problème bien plus crucial, notamment celui de la saturation institutionnelle[1126]. En effet, le bilan des administrations intervenant dans la constatation des infractions environnementales est vertigineux par rapport à leur efficacité. Ce problème est général et se pose pour l'ensemble du droit international de l'environnement. C'est dire qu'il y-a un éclatement déplorable des administrations de contrôle **(A)** contre des mesures peu efficace à garantir la protection de l'environnement **(B).**

A- L'éclatement déplorable des institutions administratives de contrôle

Si presque toutes les Administrations publiques sont de nos jours concernées à un titre ou à un autre par la protection de l'environnement au regard de l'organisation du gouvernement actuel, au moins trois d'entre elles sont plus spécifiquement concernées au plan national. Il s'agit du MINEPDED, le MINTP, et du maître d'ouvrage entendu ici comme l'Administration contractante.

Mais la liste des intervenants est considérablement élargie selon la nature et l'ampleur du projet en question. Bien plus, l'article 88 de la loi cadre opère une extension spectaculaire des acteurs susceptibles d'intervenir en la matière. Il en ressort que : *« Sans préjudice des prérogatives reconnues au ministère public, aux officiers de police judiciaire à compétence générale, les agents assermentés de l'Administration chargée de l'environnement ou des autres Administrations concernées, notamment ceux des domaines, du cadastre, de l'urbanisme, des travaux publics, des forêts, de la marine*

[1124] **MARTYR (F.),** « Une arme à double tranchant ? Le recours au partenariat public-privé et la maitrise des risques budgétaires », *Revue française d'administration publique,* n° 163, pp. 613-630.

[1125] **DE BRUX (J.) et MARTY (F.),** « Les partenariats publics privés institutionnalisés : intérêt, limites et risques d'une structure hybride public-privé » *Revue française d'administration publique,* vol.157, n°1, pp. 120-625.

[1126] **FALQUE (M.),** « La puissance publique, garante ou destructrice de l'environnement », *Journal des économistes et des études humaines,* mars 1991, pp. 105- 128.

marchande, des mines, de l'industrie, du travail et du tourisme sont chargés de la recherche, de la constatation et des poursuites en répression des infractions aux dispositions de la présente loi et de ses textes d'application ». Dans le système des Nations Unies il y en a deux figures de proue : le Programme des Nations unies pour l'environnement (PNUE) et la Commission du développement durable (CDD), abstraction faite des donateurs internationaux et des partenaires techniques et financiers.

Les agents et contrôleurs environnementaux de ces organismes font face sur le terrain des travaux publics, à des problèmes de collaboration **(1)** ainsi que de coordination de leurs actions **(2).**

1- L'absence de collaboration entre les Administrations présentes sur le terrain

Le problème de l'administration de l'environnement dans les travaux publics se pose avec une certaine acuité dans les pays africains en général. La raison en est la complexité des problèmes environnementaux et l'inexpérience confessée des agents devant intervenir pour la constatation des infractions et la sanction des atteintes portées. Mais l'inexistence des stratégies de collaboration en est le plus épineux. Le choix d'un schéma institutionnel est d'autant plus délicat qu'il met en jeu le partage du pouvoir au sein de l'Administration, quelle que soit du reste la formule retenue. Pourtant, comme l'affirme si bien le Professeur Stéphane DOUMBE BILLE, *« une solution adéquate du problème institutionnel semble conditionner largement l'efficacité de la gestion de l'environnement dans la perspective d'un développement durable, et l'inefficacité du système institutionnel classique impose à cet égard une rénovation institutionnelle »*[1127] .

En scrutant les plans de gestion environnementale des chantiers publics, rares sont les fois où sont aménagés les mécanismes de collaboration entre les différentes factions administratives susceptibles d'intervenir[1128]. D'ailleurs, d'une vue d'ensemble, il n'existe dans cette jungle institutionnelle aucune clause de répartition de compétences entre les différents départements ministériels ayant compétence environnementale[1129].

[1127] Voir **DOUMBE-BILLE (S.)**, « Évolution des institutions et des moyens de mise en œuvre du droit de l'environnement et du Développement », *RJE,* 1993, pp.11.

[1128] Voir par exemple, Groupe de la Banque africaine de Développement, *Résumé de l'étude d'impact environnemental et sociale du projet d'aménagement de la route Batschenga-Ntui-Yoko*, consultable en ligne, consulté le 21/03/2024 à 10h38 min: www.afdb.org.

[1129] **KAMTO (M.),** *Droit de l'environnement en Afrique*, *op.cit.*, p.105

Ainsi sera-t-il loisible de voir intervenir dans un même chantier, au niveau central ou périphérique, les agents de l'Urbanisme et de l'Habitat, du Tourisme, des Travaux publics et des Transports, de la Culture ; les Ministères de l'Agriculture et des Forêts, des Mines de l'Eau et de l'Énergie, des Eaux et Forêts, du Développement rural, de l'Élevage de la Pêche et des Industries animales, du Plan et de l'Aménagement du Territoire, de la Santé publique, du Développement industriel, de la Recherche scientifique et technique[1130]. Ajoutés à ces institutions un ensemble d'organismes publics et para-publics intervenant dans le monde rural, forestier, urbain (les missions ou organismes d'aménagement et de développement) et dans le domaine de l'eau et de l'énergie (sociétés nationales d'Eau et d'Électricité)[1131]. A plus d'un titre, les stratégies de ces acteurs manquent de coordination.

2- L'absence de coordination des stratégies internes de contrôle

Dans la plupart des cas, il manque une réelle coordination y compris dans les travaux publics réalisés au niveau local. En effet, les collectivités locales, notamment les Communes et les Régions ont une responsabilité importante dans la gestion de l'environnement notamment en milieu urbain où elles s'occupent en particulier de la gestion des déchets ménagers, de développement infrastructurel, du problème des nuisances de toutes sortes et de l'esthétique générale des centres urbains[1132].

Pour endiguer ce marasme afin d'accroître l'efficacité de l'intervention des acteurs administratifs, il conviendrait peut-être, ainsi que le suggérait déjà le Professeur KAMTO, qu'une juste et précise répartition des compétences voit enfin le jour. De cette façon, *« la politique forestière se préoccupera surtout, et peut-être même exclusivement, de l'exploitation des forêts, au mieux de leur régénération, parce qu'elles sont une source de recette pour l'État, et non pas de leur protection en tant que gisement exceptionnel de biodiversité ; la politique de l'aménagement du territoire consistera essentiellement à définir des zones de développement d'une agriculture industrielle ou d'implantation des industries, et nullement de l'articulation des espaces dans une perspective écologique ou de préservation des écosystèmes spécifiques : d'où, par exemple, l'implantation de certains ouvrages lourds tels que les barrages qui s'avère ensuite catastrophique pour l'environnement dans la zone de localisation ; la*

[1130] *Idem.*

[1131] Cette situation longtemps décriée par le Professeur **KAMTO (M.)** *in Droit de l'environnement en Afrique, op.cit.*, p.106. En 1992, n'a hélas pas connue grand changement au fil du temps.

[1132] Voir Code général des Collectivités décentralisées du 24 décembre 2019, *op.cit.*

politique de l'eau se contente de l'approvisionnement des populations en eau sans se préoccuper du volume des réserves et des incidences écologiques des quantités prélevées, et celle des mines s'occupe exclusivement de l'extraction et de la commercialisation, mais nullement des sites d'extraction et de leur destin post-minier »[1133]. Resterait ensuite à l'Administration compétente de mettre en œuvre ses moyens de puissance pour imposer un réel respect des exigences environnementales.

B- La timide application des mesures administratives

Aujourd'hui, de nombreuses polices de l'environnement sont entre les mains des autorités de l'Etat au niveau central, déconcentré ou décentralisé : la police des parcs nationaux, la police des sites, la police de la protection de la faune et de la flore, la police des déchets, la police du bruit[1134]. Mais, la plupart s'appliquent difficilement en matière de travaux publics, où c'est davantage le maître d'ouvrage qui assure, en collaboration avec l'entrepreneur, la mise en œuvre bienveillante de chacune de ces polices, sur la base d'une clause de répartition des compétences. Toutefois, c'est au maître d'ouvrage qu'il revient de sanctionner les manquements enregistrés, et dans cette mouvance, il n'est pas impossible pour celui-ci d'opérer une déchéance administrative. Sauf que, à l'instar des mesures incitatives (2), la déchéance administrative reste une arme rarement utilisée au profit de l'environnement (1).

1- La rareté de la déchéance pour faute environnementale

A la vérité, la prise en compte effective de l'environnement dans les travaux publics au Cameroun ne sera pas, même des années après, aussi aisée qu'on le souhaite. Elle ne peut s'opérer dans la rapidité et l'immédiateté attendues, puisqu'elle nécessite au fond, un profond changement de mentalités, de la part des personnes publiques, mais aussi des acteurs des travaux publics, qui doivent apprendre à mieux appliquer les réglementations environnementales. Une telle évolution dans la conception de la protection de l'environnement semble peiner à émerger. Dans l'attente d'une prise de conscience volontaire par les acteurs, on peut envisager la restauration de la sanction comme un accélérateur pour la prise en compte de l'environnement,

---

[1133] *Ibidem.*
[1134] *Ibidem.*

les incitations ne permettant pas, le plus souvent, d'y parvenir pleinement. PASCAL affirmait à ce sujet que *« La loi, sans la force, est impuissante »*[1135].

En effet, la déchéance administrative est une sanction complémentaire ou encore une conséquence de la résiliation unilatérale du marché. Elle fut longtemps quinquennale[1136] mais sur la table du Code des marchés publics de 2018, elle est désormais de deux ans seulement. Aux termes de l'article 184 dudit Code en effet, il ressort que : *« Le co-contractant de l'administration dont le marché est résilié pour des raisons évoquées à l'article 182 alinéa d), e), f), et h) du présent Code, ne peut, sauf dérogation accordée par l'autorité des marchés publics, soumissionner avant une période de deux ans à compter de la date de notification de la résiliation »*[1137].

Dans l'environnement de la concurrence, la déchéance entache l'image de marque, la renommée et la crédibilité de la politique environnementale du cocontractant. S'il est clair que les cas de déchéance suite à la résiliation unilatérale des marchés abondent en jurisprudence, il reste que très peu sont prononcées exclusivement au profit de la protection de l'environnement, sauf à considérer une défaillance technique comme telle[1138].

2- L'usage irrationnel des incitations environnementales

Les mesures de réparation souvent prononcées par les tribunaux civils ou administratifs se cantonnent à la fixation de dommages et intérêts, lesquels sont rares dans la pratique camerounaise. Et même lorsqu'elles surviennent, elles apparaissent peu élevées et donc peu dissuasives pour dissuader les responsables des nuisances. Bien plus, les lenteurs de procédures, la dépravation de l'urgence par le recours gracieux préalable ont suffisamment été mis en relief comme des goulets d'étranglement d'une justice environnementale jugée peu équitable. L'approche incitative pourrait dans ce cas palier ces écueils, si l'Administration savait l'utiliser pour dissuader les pratiques polluantes.

[1135] Source : *Pensées,* section V : la justice et la raison des effets, 1671

[1136] L'article 95 du décret n°95/101 du 09 juin 1995 portant règlement des marchés publics, en ce point prévoyait que : *« le cocontractant de l'administration dont le marché est résilié ne peut, sauf dérogation spéciale exclusivement accordée par l'autorité des marchés publics, soumissionner pour un nouveau marché public avant une période de cinq ans à compter de la date de résiliation ».* Le décret du 02 février 1979 était plus rude à ce sujet et prévoyait que l'autorité qui, n'nonobstant la déchéance de cinq ans et en absence de toute dérogation, accorde un marché à une personne ou un organisme sanctionné, engage sa responsabilité pécuniaire personnelle.

[1137] Voir art.184 (1) du *Code des marchés publics, op.cit.*

[1138] **FAURE (M.),** « Vers un nouveau modèle de protection de l'environnement par le droit pénal », *Revue européenne de droit de l'environnement,* n°1, 2005, pp. 2-19.

En effet, les mesures fiscales dissuasives visent à décourager certaines activités ou certains comportements néfastes pour l'environnement. Du reste, il n'est pas certain qu'elles produisent toujours les effets escomptés à l'égard des acteurs du secteur BTP à cause de la non maîtrise de la notion économique de *« double dividende »*[1139] par les acteurs des marchés publics. En effet, la doctrine conçoit le double dividende de la fiscalité environnementale comme le fait d'atteindre deux objectifs de politique publique : protéger l'environnement et augmenter les recettes budgétaires grâce à un seul et même instrument fiscal[1140]. Cependant, l'efficacité de la fiscalité et autres mesures financières comme moyen d'une politique de gestion rationnelle de l'environnement exige que ces mesures fiscales convergent véritablement vers la protection de l'environnement[1141], et ne soient pas seulement des mesures ponctuelles ou isolées. Elles doivent véritablement s'intégrer dans l'ensemble du système fiscal.

Pourtant, il n'existe pas une véritable fiscalité environnementale digne de ce nom, à l'exception des quelques exemptions fiscales et douanières sus étudiées. Mais dans l'ensemble, on doit reconnaitre que la manipulation de la fiscalité comme instrument de protection de l'environnement nécessite assez de prudence. Les effets retours peuvent être économiquement indésirables. Par exemple, la fiscalisation de certaines activités industrielles génératrices de certaines nuisances, ou l'alourdissement de la fiscalité de certaines opérations de travaux publics nécessitant de gros investissements en capitaux et en équipement peut entraîner le désinvestissement dans ces secteurs ou dissuader des investisseurs potentiels.

Paragraphe 2- La minoration de l'action de la société civile

Si les acteurs non étatiques font désormais partie intégrante du paysage institutionnel du droit de l'environnement camerounais où ils paraissent à bien des égards incontournables dans l'élaboration et la mise en œuvre des politiques publiques de l'environnement, ils sont moins bien impliqués dans le contrôle du respect de l'environnement dans les projets à fortes incidences

---

[1139] **CARUANA (N.),** « Fiscalité environnementale : pour une nouvelle définition de la notion de double dividende », *Gestion et Finances publiques,* n° 3, 2017, pp.70-75.

[1140] Ibidem. Toutefois une autre partie de la doctrine récuse formellement l'usage d'un tel instrument redoutant ses effets économiques pervers. L'un des plus fervents pourfendeurs en est le Prix Nobel d'économie TIBREGEN Jan. voir **TIMBERGEN (J.),** in « Techniques modernes de la politique économique », *Finances et économie appliquée*, éd. Dunod, Coll. Paris, 1961, pp.37-84.

[1141] **CAUDAL (S.),** « Outil fiscal et protection de l'environnement : le rôle et la place du droit international et européen », *in L'outil économique en droit international et européen de l'environnement*, La documentation française 2002, pp. 410-435.

environnementales[1142]. Dans la même articulation, les *« conditionnalités environnementales »*[1143] imposées par les bailleurs de fonds internationaux semblent trop hâtives pour contraindre les acteurs des TP.

Dans la pratique des Etats en développement au rang desquels le Cameroun, les conditionnalités environnementales sont autant critiquées **(A)** que l'inefficacité des ONG **(B).**

A- Les vicissitudes de l'aide publique au développement

De nos jours, presque toutes les institutions financières internationales ont développé des procédures techniques à suivre impérativement par les emprunteurs pour accéder aux fonds de développement sollicités. C'est du moins le cas avec l'ensemble des partenaires financiers et techniques intervenant dans le financement des infrastructures routières pilotées par la Cellule des Projets routiers à financement conjoint du MINTP (CPR-FC)[1144].

Ces procédures s'accompagnent d'éco-standards ou de clauses environnementales consistant en des pratiques que ces institutions sont censées respecter dans le choix, la préparation et la réalisation des projets qu'elles financent[1145]. Ces règles et pratiques s'imposent donc aux emprunteurs qui sont en général les États. *L'éco-conditionnalité* consiste à *« subordonner le versement d'aides publiques au respect des normes environnementales dans la réalisation des projets auxquelles ces aides sont affectées »*[1146]. La Banque Mondiale a joué en la matière un rôle précurseur en raison de l'ancienneté de ses préoccupations environnementales et de l'importance quantitative et

---

[1142] Voir à ce sujet, **COLIN (A.),** « Les ONG, des outsiders centraux des négociations climatiques ? », *Revue internationale et stratégique,* n°109, 2018, pp.135-143.

[1143] En effet, cette notion est essentiellement de construction doctrinale puisque rares sont les références directes à la notion de conditionnalité environnementale dans les documents de ces organisations, sans doute car il s'agit d'un sujet sensible et controversé. Par contre toutes les organisations financières internationales exigent de leurs emprunteurs la réalisation d'une étude d'impact environnemental comme préalable au financement du projet et se basent ensuite sur les conclusions de cette étude d'impact pour déterminer la conditionnalité à mettre en place. Voir à ce sujet : **VANDEVORST (A.),** « contenu et portée du concept de conditionnalité environnementale : vers un nouvel instrument au service du droit et de la protection de l'environnement en Afrique ? », *Revue juridique de l'environnement*, n°1-2, 1996, PP.83-120 ; **SOREL (J.-M.),** « Sur quelques aspects juridiques de la conditionnalité du FMI et leurs conséquences » in *European Journal of International Law,* Vol 7, N°1, 1996, pp. 42-66 ; **PIQUEMAL (A.),** « La notion de conditionnalité et les organisations internationales économiques et financières », *in Mélanges en l'honneur du Doyen Paul ISOART*, Université de Nice-Sophia Antipolis, Institut de droit de la paix et du développement, Paris, Pédone, 1996, pp. 306-318.

[1144] Voir MINTP, *Manuel de procédures administratives, budgétaires, financières et comptables de la cellule des projets routiers à financement conjoint du Ministère des Travaux Publics*, juin 2020, 353 pages.

[1145] **VANDEVORST (A.),** « contenu et portée du concept de conditionnalité environnementale : vers un nouvel instrument au service du droit et de la protection de l'environnement en Afrique ? », *Revue juridique de l'environnement*, op.cit., PP.83-120.

[1146] **KAMTO (M.),** « La mise en œuvre du droit de l'environnement : Forces et faiblesses du cadre institutionnel », *op.cit.,* p.34.

qualitative de ses ressources humaines et financières. En imposant systématiquement une étude d'impact des projets qu'elles financent ou dont elles contribuent au financement, les institutions financières contribuent assurément à la mise en œuvre du droit de l'environnement. Cependant, ces conditionnalités produisent souvent des effets pervers dans l'ensemble **(1)** dans les hypothèses où les fonds octroyés sont détournés dans le grand silence des bailleurs **(2)**.

1- Les effets pervers de la conditionnalité environnementale

De l'avis de plusieurs analystes, l'aide publique au développement est une source d'aliénation de la souveraineté des Etats et n'est pas toujours généreuse, ni désintéressée[1147]. Selon une étude d'Eurodad (Réseau européen sur la dette et le développement) réalisée en 2006, environ 37 % des prêts de la Banque mondiale contiennent des conditionnalités sociales et environnementales dont certaines relèvent d'une micro-gestion inopportune des différents secteurs publics[1148]. Il est bien excessif, par exemple, de demander à un gouvernement - comme ce fut le cas pour accorder un prêt au gouvernement rwandais dans le cadre d'un Crédit national d'appui à la réduction de la pauvreté de préparer une stratégie visant à promouvoir de meilleures pratiques dans les foyers et dans 184 écoles publiques rurales [1149].

A l'observation, plusieurs Etats africains pauvres et très endettés[1150] sont régulièrement contraints d'accepter un nombre incompréhensible de conditions s'ils veulent accéder aux fonds de développement de la Banque Mondiale et du FMI, et même de certaines institutions financières régionales comme la Banque africaine de développement ou encore la Banque des Etats de l'Afrique Centrale (BDEAC).

[1147] Voir sur l'ensemble de la question : **RAY (O.) et SEVERINO (J.-M.)**, « La fin de l'aide publique au développement : les enjeux de l'action hyper collective », *Revue d'économie du développement,* vol.20, n°2, 2012, pp.83-142 ; **COGNEAU (D.) et LAMBERT (S.)**, *l'aide au développement et les autres flux nord-sud : complémentarité ou substitution ?,* Document de travail Dial, Institut de recherche pour le développement, juillet 2006, pp. 5-20 ; **CHATAIGNER (J.-M.)**, « Aide publique au développement et réformes des systèmes de sécurité : l'improbable rencontre du Dr Jekyll et de Mr Hyde », *Afrique contemporaine,* n°209, 2004, pp. 39-49.

[1148] European Network on Debt and Development, 2006. Ce rapport n'est pas isolé, car des voix se sont longtemps levées pour signaler ce déséquilibre. Voir par exemple à ce sujet, **GERN (J.-P.)**, « Europe-Afrique : La relance du développement par l'annulation de la dette », *Etudes internationales*, Vol.19, n°1, 1988, pp1-7.

[1149] Voir **KAMTO (M.)**, « La mise en œuvre du droit de l'environnement : Forces et faiblesse et faiblesse du cadre institutionnel », *op.cit.,* p.34.

[1150] Depuis 2006, le Cameroun a atteint le point d'achèvement de l'initiative PPTE avec l'impulsion d'une nouvelle vision économique contenue dans le Document de Stratégie pour la Croissance et l'Emploi (DSCE) qui est aujourd'hui remplacé par la SND-30.

Cette affirmation n'est plus surprenante tant dans la pratique, une fois les fonds octroyés pour la réalisation du projet indiqué, les institutions hôtes se préoccupent moins du suivi du respect des engagements écologiques consentis par les Etats. La gestion est dans ce cas, délaissée au bon gré des acteurs locaux d'office peu soucieux de l'environnement.

2- La négligence des fonds de protection de l'environnement par les bailleurs

Selon un récent Rapport du journal *Le Monde Afrique,* environ 2.8 milliards d'euros de recettes publiques ont été détournées entre 1998 et 2004 au Cameroun, soit une perte annuelle de plus de 300 milliards de FCFA[1151]. Ceci ne s'apparente pas à un fait anodin car malgré le marasme économique sources de crises socio écologiques multiples, le pays reste perçu comme un des plus corrompus au monde, aux dires de Transparency International. Le gouvernement projette cependant de faire du triangle national un pays émergent à l'horizon 2035, c'est-à-dire un pays où l'intégrité constitue une valeur capitale pour les citoyens, avec une croissance économique forte fondée sur le travail bien fait et la redistribution équitable des revenus nationaux[1152]. Dans les prévisions de la Loi de finances, l'aide extérieure constitue une ligne budgétaire rarement négligée. Pourtant, malgré les objectifs affichés, la mal gouvernance persiste et tend à son paroxysme à une vitesse inquiétante, en témoigne un récent Rapport de la Chambre des Comptes de la Cour-Suprême[1153].

Dans ce marasme économique, le déficit de la balance extérieure atteint un seuil paroxysmal alarmant et conduit silencieusement le pays vers le regrettable statut de pays surendetté, en préviennent les sonnettes d'alertes de la Caisse Nationale d'Amortissement[1154]. Les scandales financiers ne cessent pourtant d'éclater, exposant les malversations des fonds de financement de certaines infrastructures dites de première génération. L'un des cas les plus patents demeure les controverses et scandales autours de la construction des

[1151] Information disponible en ligne, consultée le 21/03/2024 à 10h53 min, via https://www.lemonde.fr/afrique/article/2021/02/10/cameroun-2-8-milliards-d-euros-de-recettes-publiques-detournes-en-six-ans_1477971_3212.html

[1152] Voir *Stratégie nationale de développement,* 2020-2030, op.cit., p. 18. .

[1153] *Ibidem*, pp.15-30.

[1154] Sur la période de 13 allant de 2009 à 2022, l²'enveloppe de la dette publique du Cameroun a explosé, passant de 1904 milliards de FCFA à 11216 milliards de FCFA en 13 ans, soit une augmentation de 489%. Autrement dit, au cours de la période analysée, le Cameroun a multiplié le stock de sa dette pratiquement par six. Ces données ont été révélées par la Caisse Autonome d'Amortissement (CAA), le gestionnaire de la dette publique, le 16 février 2023 à Douala, la Capitale économique du Pays, au cours de la présentation aux investisseurs du programme de financement 2023 de l'Etat par le Ministre des Finances.

infrastructures devant abriter la Coupe d'Afrique des Nations (CAN) de 2019 reportée en 2021.

Mais le spectacle le plus écœurant dans ce contexte de gabegie aggravée est l'irrationalité dans la posture des institutions financières constituées en guichets automatiques. En effet, celles-ci n'actionnent que très rarement et timidement les leviers de contraintes nécessaires pour assurer, d'une part la gestion transparente des fonds, d'autre part le respect des exigences environnementales et écologiques de l'aide. Certains de ces fonds auraient pourtant servi à booster l'action des ONG qui reste mitigée et limite leur intervention dans le secteur des constructions publiques.

B- L'inefficacité des organisations non gouvernementales de protection de la nature

Les organisations de la société civile sont des acteurs majeurs du droit de l'environnement. Leur rôle s'identifie à un double plan. Elle s'analyse d'abord à travers leur implication dans le processus de normalisation du droit de l'environnement, ensuite par leurs actions en vue de la mise en œuvre de ces normes[1155]. Seulement, ces contributions sont considérablement altérées de nos jours, et cette vérité est observable dans tous les secteurs du droit de l'environnement y compris dans le contrôle de la protection de l'environnement dans les travaux publics. Les obstacles auxquelles elles font couramment face sont aussi bien intrinsèques **(1)** qu'extrinsèques **(2)** à leur organisation et fonctionnement.

1- Les entraves intrinsèques

Les obstacles intrinsèques sont ceux qui émanent du fonctionnement interne défectueux, indépendamment de toute influence externe. Du point de vue juridique et sociologique, nombre de ces entraves sont relatives tantôt à l'insuffisance des moyens d'action **(a)**, tantôt à la fébrilité des actions menées **(b)**.

a- L'insuffisance des moyens d'action

En opérant une rapide analyse du fonctionnement des ONG opérant en territoire camerounais dans l'ensemble, on ne met pas du temps à réaliser

---

[1155] **GAUDEFROY (T.), LEMENAGER (M.) et MERMET (L.),** « La stratégie d'une ONG internationale d'environnement : articuler biologie et management, action publique et concurrence », *Annales des mines,* 2003, pp.14-24.

qu'elles sont confrontées à une insuffisance criarde des ressources financières, logistiques et humaines. Et le constant se généralise sur l'ensemble des ONG d'origine africaine.

Relativement aux insuffisances financières, de manière générale, la difficulté qui se pose à ces Organisations est que les problèmes environnementaux sont plus cruciaux comparés aux ressources disponibles. Aussi le sont-ils plus consistants dans les pays du Sud, alors que les ressources, elles, se trouvent en abondance dans les pays du Nord[1156]. Tandis que celles situées dans le grand Sud sont confrontées à de plus cruciaux problèmes environnementaux (sècheresse, déchets, pollution, logement indécent, désertification, déboisement, braconnages, inondations, etc.) sans véritables ressources financières appropriées, celles du Nord rencontrent moins de problèmes avec une suffisance financière saisissante. Il y'a donc urgence de rapprocher les ressources des problèmes.

Pourtant, l'on constate que de sommets en conférences, les effets d'annonce se multiplient et trop de promesses sont faites sur le plan du transfert des ressources, aussi bien financières que technologiques, vers les pays du Sud, sans jamais véritablement se concrétiser [1157].

Dans cette mouvance, on ne manque curieusement pas souvent la mauvaise gestion des rares fonds transférés à ces ONG. Il y'a au Cameroun comme dans bon nombre de pays du continent Noire, une certaine culture de détournement des fonds qui s'est cristallisée et semble devenir congénitale. Ce qui créée une dépendance permanente des ONG d'ici vis-à-vis des généreux donateurs du Nord. L'efficacité de leur action en pâtit alors, puisque les conditionnalités de l'aide ne coïncideront pas toujours avec les objectifs environnementaux.

Relativement au personnel des ONG, il est souvent peu qualifié et rarement disponible. Le contexte de création de ces ONG prédisait déjà l'essentiel de ces disfonctionnements. En effet, créées dans la mouvance des années 1990 et conservant pratiquement le même esprit de nos jours, ces associations et organisations répondaient à un besoin d'opportunisme plutôt qu'à une véritable connaissance des enjeux environnementaux. Elles sont très

---

[1156] **THIOUNE (A.),** « Quel rôle pour les ONG du Sud ? », *in Revue internationale et stratégique*, n°98, 2015, pp.73-81 ; **BRUNEL (S.),** *La coopération Nord-SUD,* Paris, Presses universitaires de France, 1997, pp.15-25 ; **PEROULAZ (G.),** « Le rôle des ONG dans la politique de développement : forces et limites, légitimité et contrôle », *Annuaire suisse de politique de développement,* vol.23, n° 2, 2004, pp. 9-24.

[1157] Le constat est du **Professeur KAMTO (M.),** *in Droit de l'environnement en Afrique, op.cit.,* p.56.

souvent, pour reprendre une célèbre affirmation d'Alexis BONIS CHARENCLE, *« de petits cercles d'amis »* qui n'ont aucune réelle qualification en matière environnementale, et qui pour des raisons peu orthodoxes se lancent dans les affaires sans une véritable considération pour la cause environnementale[1158]. C'est la raison pour laquelle certaines mènent des actions sans réelle portée.

b- La timidité des actions menées

Au moins deux difficultés ont été identifiées à ce niveau : D'une part, l'absence de coordination entre les ONG impliquées dans les projets d'infrastructure, d'autre part, une mauvaise définition des objectifs à atteindre.

Comme dans plusieurs secteurs, le secteur de protection de l'environnement a besoin d'une action conjuguée des acteurs pour être efficace. Pourtant, les ONG préfèrent toujours évoluer en rang dispersé sur ce terrain, alors que l'appel à une large collaboration se fait entendre au plus haut des niveaux[1159]. Ils se posent évidement un problème de leadership entre elles et donne souvent lieu à des conflits d'intérêts[1160], alors qu'elles sont déjà toutes confrontées à certains obstacles d'ordre interne.

1- Les obstacles extrinsèques

Ils sont liés aux facteurs externes à l'organisation et au fonctionnement des ONG. Déjà, le contexte sociopolitique de fonctionnement des ONG n'est pas suffisamment favorable à leurs initiatives **(a),** surtout qu'elles ne reçoivent pas toujours un traitement égalitaire des acteurs des travaux publics **(b).**

a- Un contexte sociopolitique défavorable

Pour des mobiles politiques ou par raison d'Etat, la réalisation de certaines infrastructures s'opère dans la discrétion la plus stricte, notamment lorsqu'il s'agit des infrastructures stratégiques pour le développement de l'Etat. L'accès à ces chantiers aux fins de contrôle de conformité

[1158] **LOWE GNINTEDEM (P.-J),** *Les ONG et la protection de l'environnement en Afrique Centrale*, Mémoire de Master, Université de Limoges, 2003, disponible en ligne, consulté le 21/03/2024 à 10h59 min, sur https://www.memoireonline.com/03/06/125/ong-protection-environnement-afrique-centrale.html.

[1159] **RUBIO (F.),** *Dictionnaire pratique de l'humanitaire*, l'Harmattan, vol.1, 1ere éd., 2015, 320 p ; **RUBIO (C.),** *Dictionnaire pratique des organisations non gouvernementales* (ONG), l'Harmattan, vol.2, 1ere éd, vol.1, 2009, 240 p ; **RYFMAN (P.),** *Les ONG* , Armand Colin, vol.1, 3eme éd, 280 p ; **MAILLARD (D.),** « Pour une histoire des ONG 1968-2008 : le Biafra ou le sens de l'Humanitaire », *Kartala,* vol.1, 1ere éd, 2009 ; p.237-240.

[1160] *Ibidem.*

environnementale n'est donc pas libéralisé. Dans certains cas, les panneaux de signalisation l'indiquent clairement dès l'entrée.

Mais d'un point de vue analytique, le problème semble encore plus empirique et procède d'un conflit classique entre l'entité souveraine qui est l'Etat et celle non souveraine qui est l'ONG ; conflit dans lequel la première se sent de plus en plus concurrencée par la deuxième[1161].

Aussi sommes-nous en droit d'invoquer la situation sécuritaire de plus en plus délétère dans les régions en guerre, à l'instar des Régions Anglophones et d'une partie septentrionale du Pays. Autant reconnaitre que les travaux publics qui s'opèrent sous ces cieux sont d'accès difficiles aux ONG et associations de défense de la nature, du fait des belligérances. Il est tout autant vrai que dans un autre angle d'analyse, les Organisations ne sont pas égalitairement traitées par les acteurs des travaux publics.

b- Un traitement inégalitaire des acteurs

La loi cadre de gestion de l'environnement et les autres normes de la République, instituent les mécanismes de financement des ONG et Associations à vocation sociale, environnementale et humanitaire. Certains de ces financements sont octroyés par le mécanisme de la coopération décentralisée[1162].

Section 2- Un dispositif juridictionnel dévoyé

La justice et ses institutions sont de plus en plus appelées à intervenir au secours de la protection de l'environnement et à garantir l'efficacité des politiques environnementales en contexte de développement économique. Les efforts de juridictionnalisation de l'environnement ne rencontrent pourtant pas encore le succès attendu. Le droit de l'environnement reste encore difficile à appréhender par plusieurs magistrats.

[1161] **SMITH (J.),** Les ONG et l'évolution de droit international, Edition juridique international, vol.1, 2eme éd, 2020, 180 p ; **GARCIA (M.),** « Les organisations non gouvernementales de défense des droits de l'homme », *Presse Universitaire de France* , vol.2, 3eme éd, 2018, 320 p ; **LEE (D.),** « Rapport sur le droit international humanitaire à l'épreuve des conflits *», Cambridge University Press,* vol.1, 1ere éd, 2017, 200p, **CHEN (M.)**, La reconnaissance et la protection des ONG en droit international, *Larcier*, vol.1, 1ere éd, 2017, 200 p.

[1162] **PERROULAZ (G.),** « Le financement des ONG dans la coopération au développement et l'aide humanitaire : le cas de la Suisse et comparaison internationale », *Annuaire Suisse de politique et développement,* n°23, 2004, pp.49-82 ; **DONSIMONI (M.),** *Du don à l'aide. Le marché de l'altruisme,* Paris, l'Harmattan, 1995, 228 pages ; **PERROULAZ (G.),** « Evolution de l'aide humanitaire fournie par la Confédération et les œuvres d'entraide suisses de 1990 à 1997 », *Annuaire Suisse de politique et développement,* n°2, 2004, pp.49-82.

Le juge constitutionnel camerounais, à la différence de ses homologues français[1163] et béninois[1164], refuse toujours de se prononcer sur les querelles d'ordre environnemental et écologique, alors que le droit à un environnement sain a des fondements constitutionnels indélébiles[1165]. Au regard de l'actualité politique des élections présidentielles de 2025, il demeure loyale à l'ordre juridique et politique en place depuis 1982. Certes, les textes qui régissent son organisation et ses attributions ne lui donnent pas expressément compétence pour trancher des litiges environnementaux. Cependant, en tant que gardien de la suprématie constitutionnelle dont il contrôle le respect des droits et libertés consacrés, cette compétence devrait être évidente[1166].

Outre ces écueils d'ordre général, le contentieux des atteintes à l'environnement du fait des travaux publics suscite un nombre inquiétant de dilemmes. Ni la loi, ni la jurisprudence camerounaise ne permettent encore de résoudre ces dilemmes. A titre de rappel, le contentieux de l'environnement au Cameroun est toujours à la recherche de son insaisissable juridiction et se prête, en attendant, à un dualisme juridictionnel pas toujours favorable pour les victimes. Cette imprécision est la matrice nourricière de diverses autres lacunes à l'instar de la difficultueuse distinction entre le contentieux classique des travaux publics et les litiges de nature spécifiquement environnementale, notamment devant le juge administratif. Plusieurs juridictions de par le monde, à l'instar de la Cour d'appel de Tunis ont pourtant admis et continuent de confirmer, ainsi que l'indique FERCHICHI Wahid, que le dommage environnemental, parce que constituant une catégorie spécifique, ne saurait être soumis pour son règlement, aux règles classiques de la responsabilité[1167].

Dans la culture juridique camerounaise, cette donnée est vite battue en brèche puisque la loi cadre de gestion de l'environnement soumet expressément à la compétence du juge judiciaire (pénal et civil) la connaissance, suivant la procédure de droit commun, du contentieux des atteintes à l'environnement[1168]. La compétence du juge administratif n'est à

[1163] Voir **CROTTET (B.),** « Le conseil constitutionnel et l'obligation de vigilance environnementale », *Revue française de droit constitutionnel*, n°90, 2012, pp. 239-267.
[1164] Voir **HOUNAKÉ (K.),** « Bénin, Côte d'Ivoire, Togo. Analyse croisée », *Annuaire internationale de justice constitutionnel,* 2020, pp. 539-546.
[1165] Voir le préambule de la Constitution révisée du 18 janvier 1996.
[1166] En effet, tout droit constitutionnellement consacré bénéficie de la protection du juge constitutionnel, y compris le droit à un environnement sain.
[1167] **FERCHICHI (W.),** « Le juge administratif et le contentieux de l'environnement. Classicisme justifié ; classicisme injustifié ! », *Revue Juridique de l'Environnement*, Vol. 46, N°2021/1, op cit., p.1.
[1168] Voir art.88 de la loi Cadre de gestion de l'environnement. *Op.cit.*

son tour admise en la matière que par déduction doctrinale[1169] et affirmation jurisprudentielle[1170].

Bien que les deux ordres de juridictions concourent, ainsi que cela a été antérieurement développé à la résolution des litiges environnementaux même en contexte des travaux publics, l'efficacité de leur intervention reste toujours hypothéquée par un certain nombre de goulets d'étranglement. Et sous ce rapport, on s'apercevra que les juridictions de l'ordre judiciaire peinent à intervenir dans les travaux publics aux fins de protection de l'environnement **(Paragraphe 2)** tandis que le contentieux administratif, malgré son efficacité dans le règlement des litiges des travaux publics, peine lui aussi à garantir le droit à un environnement sain dans cette matière **(Paragraphe 1).**

Pargraphe1- Un contentieux administratif inadapté

A la base, les travaux publics sont une notion beaucoup plus technique que juridique. Mais la loi a étendu cette notion et le régime juridique des travaux publics au domaine d'intervention du juge administratif. Par la suite, la jurisprudence s'est efforcée de trouver un contenu juridique à la notion en question[1171]. Le contentieux des travaux publics a été placé sous l'influence du juge administratif dès les origines notamment par l'article 4 de la loi du 28 pluviôse an VIII. Cette acception est systématiquement affirmée en droit public camerounais par le truchement du Code des marchés publics qui confère à la connaissance du juge administratif les litiges des travaux publics. Or, il s'avère que l'essentiel des dommages qui sont enregistrés dans le giron des travaux publics est en lien étroit avec la dégradation de l'environnement[1172], et se règlent d'ailleurs par les mêmes mécanismes classiques du contentieux des travaux publics. Tout compte fait, cette similitude de régime n'est pas tout à fait de nature à garantir aux victimes une meilleure protection de leurs droits

---

[1169] **OUMBA (P.),** Le contentieux de la réparation des atteintes à l'environnement au Cameroun », *Revue de Droit Administratif,* n°4, 2014, pp.207-210, *op.cit.*

[1170] *Ibidem.*

[1171] L'arrêt de principe en la matière est resté jusqu'en 1955 celui du CE, 10 JUIN 1921 *Commune de Monségur.* Trois jurisprudences de principe ont par la suite pris le relais en impliquant à la définition classique, de nouveaux critères de définition : C'est le cas de l'arrêt du Tribunal des Conflits du 28 mars 1955, *Effimief ;* l'arrêt CE, 20 avril 1956, *Grimouard* ; et l'arrêt CE 1957 *Mimouni.*

[1172] Le contentieux lié aux bruits de voisinage produits par les travaux publics peut, selon les cas, relever aussi bien des juridictions judiciaires qu'administratives. Les juridictions judiciaires civiles ou pénales sont compétentes lorsque les violations des réglementations relatives au bruit sont imputables à des personnes privées (personnes physiques et personnes morales de droit privé telles que les sociétés commerciales). Ce régime juridique apparaît très favorable aux victimes, lesquelles n'ont qu'à prouver l'existence du dommage, et le lien de causalité entre celui-ci et les ouvrages ou travaux publics incriminés pour obtenir, le cas échéant, une indemnisation (C.A.A. Rennes, 27 janv. 2005, Chenillat, *JurisData* n° 270972 : sur la nécessité de prouver le lien de causalité entre les troubles et le fonctionnement d'un ouvrage public).

environnementaux. Le constat est que le contentieux de la légalité ne semble pas être conçu pour garantir la protection de l'environnement en contexte des travaux publics **(A)** tandis que le recours en réparation s'avère peu dissuasif **(B).**

A- Un contentieux de légalité détourné de la problématique environnementale

Dans l'avènement de ce que Jean Marc SAUVÉ appelle un *« nouveau procès administratif »*[1173], Michel PRIEUR constate que les tribunaux administratifs sont devenus *« les nouveaux défendeurs de l'environnement»*[1174], pour la simple raison qu'aujourd'hui, de nombreux contentieux posent à ce juge de manière constante, les questions relatives à la protection de l'environnement. Décidément, le contentieux environnemental tel qu'il est vécu par devant le juge administratif camerounais est d'abord un contentieux de l'excès de pouvoir puisque l'essentiel des recours à lui soumis visent essentiellement l'annulation des actes administratifs illégaux. En dépit des particularités du droit de l'environnement, le contentieux de l'environnement est soumis au régime général de l'annulation des actes administratifs. Le contrôle que le juge administratif opère peut porter sur les cas de vice de forme, d'incompétence, de la violation d'une disposition légale ou réglementaire ou d'un détournement de pouvoir[1175]. Ces irrégularités peuvent être internes ou externes selon le contenu de l'acte[1176].

Seulement, le recours en annulation pour excès de pouvoir semble, à l'observation, de plus en plus inefficace dans la garantie des droits environnementaux des citoyens au contact des travaux publics. De façon concrète, la pratique des délais apparaît inadaptée dans le traitement des recours visant la sauvegarde des intérêts écologiques **(1),** dans un contexte où l'urgence environnementale est, elle aussi neutralisée par l'exigence du recours gracieux préalable **(2).**

[1173] **SAUVE (J.-M),** « Le nouveau procès administratif », Intervention lors des Etats généraux du droit administratif, organisés à la maison de la chimie le 27 septembre 2013 sur le thème « le juge administratif et les questions de société ».

[1174] **PRIEUR (M.),** « Les tribunaux administratifs, nouveaux défenseurs de l'environnement », *RJE,* 1977.

[1175] Article 2 (3) de la loi de 2006 fixant organisation et fonctionnement des tribunaux administratifs.

[1176] **EHAWA (B.),** « La protection de l'environnement par le Juge administratif camerounais à travers les moyens classiques du contentieux de l'excès de Pouvoir », *International Multilingual Journal of Science and Technology (IMJST),* vol. 6 Issue 8, August – 2021, p.4019.

1- L'inadaptation des délais de traitement des recours

Il convient encore de remarquer, ainsi qu'il a été antérieurement annoncé, que les délais de traitement des requêtes ou demandes devant le juge administratif camerounais son tels que, en l'absence d'utilisation du référé, les décisions administratives contestées ont souvent reçu un commencement d'exécution, voire une entière exécution lorsqu'elles sont annulées par le juge administratif . Pourtant, le cours de la justice en droit camerounais en général et plus singulièrement de la justice administrative est considérablement ralenti à cause des lenteurs de procédure **(a)** qui engendrent une annulation tardive et inefficace des actes attaqués **(b).**

a- Les lenteurs procédurales

Le juge administratif camerounais éprouve des difficultés notoires à répondre au nombre croissant de recours introduits devant lui, notamment en matière environnementale qu'il semble peu maîtriser[1177]. Cela n'est pas très surprenant puisque l'on ne peut être meilleur juge que d'un Droit dont on a une certaine maîtrise. Selon une donnée récente du MINJUSTICE relative à la proportion d'affaires jugées par rapport au nombre d'affaires enrôlées dans les tribunaux administratifs en 2018, seulement 13,6% de demandes introduites auraient été jugées en procédure normale contre 69,8% en procédure d'urgence. Dans cette proportion, 69,6% d'affaires ont été jugées favorablement à l'Etat en procédure normale contre 56,6% en procédure d'urgence[1178]. Et ceci ne relève pas d'un fait exceptionnellement camerounais, puisqu'entre 1989 et 2005 seulement, le nombre de recours introduits annuellement devant les Tribunaux administratifs en France est passé de 68 000 à 160 000[1179]. La justice administrative semble donc débordée face aux défis qui l'interpellent.

En effet, au terme des articles 18 et 19 de la loi n° 2006/022 du 29 décembre 2006 relative aux tribunaux administratifs, *« sous peine de forclusion, les recours contre les décisions administratives, doivent être introduits dans un délai de soixante (60) jours à compter de la décision de rejet du recours gracieux visé à l'article 17 ci-dessus»*[1180]. Ce délai court du

[1177] **ASSOUA (B.-M.),** « L'évaluation du préjudice environnemental dans le cadre de la réparation pécuniaire par les juges camerounais », *International Multilingual Journal of Science and Technology (IMJST),* Vol. 8 Issue 6, june – 2023, *op.cit*., pp. 6344-6360.

[1178] Institut National de la Statistique, *Annuaire Statistique du Cameroun,* Edition 2019, p.136, cité en annexe.

[1179] Chiffres issus de « Tribunaux administratifs, triste Etat », *L'Express* 21 février 2005, page 49 ; chiffre de 172557 pour l'année 2006, selon le *Rapport public du Conseil d'Etat 2007*, La Documentation française 2007.

[1180]Article 18 (1) de la loi n°2006/022.

lendemain du jour de la notification à personne ou à domicile élu[1181]. Toutefois, ces délais ci-dessus sont prorogés si le requérant a, dans l'intervalle déposé une demande d'assistance judiciaire ou saisi une juridiction incompétente. Dans ce cas, le recours contentieux est valablement introduit dans les soixante (60) jours qui suivent la notification de la décision statuant sur la demande d'assistance judiciaire ou sur la compétence. Ainsi qu'il est loisible de le constater, toute demande est subordonnée au rejet d'un recours gracieux préalable qui constitue pourtant un véritable goulet d'étranglement dans une procédure où face à l'imminence du danger, il est attendue du juge une intervention rapide[1182].

Dans la foulée, ces lenteurs sont considérablement aggravées par le défaut de fixation du délai imparti au juge pour vider sa saisine. Si les textes fixent, certes avec lacune les délais pour saisir le juge, rares sont les cas où ces textes précisent le délai imparti à celui-là pour statuer. Dans la pratique, cette imprécision laisse au juge un temps anormalement long pour statuer, préférant souvent opérer d'interminables renvois, laissant ainsi se poursuivre sereinement des activités manifestement dangereuses pour l'environnement. Dans cette euphorie juridique, le principe de la célérité de la justice érigé comme l'épine dorsale de l'Etat de droit n'est plus désormais qu'un vœu pieux[1183]. Faute d'avoir été véritablement entendu, l'*« appel éloquent à la moralité administrative »* de Maurice HAURIOU mérite alors d'être encore réitéré[1184] puisque ces lenteurs entrainent des décisions judiciaires tardives et inefficaces du point de vue de la protection de l'environnement.

b- Des annulations tardives et écologiquement inefficaces

S'il est vrai que le contentieux de l'environnement devant le juge administratif camerounais se règle par les mécanismes classiques de l'excès de pouvoir[1185], il reste que face aux travaux publics cette solution est dévoyée. Tout d'abord, la particularité des recours environnementaux réside dans

---

[1181] *Ibidem,* al.2.

[1182] **MALJEAN-DUBOIS (S.),** « L'urgence environnementale », *Annuaire français de droit de l'environnement,* 2022.

[1183] **FANDJIP (O.),** *les juridictions administratives et le temps ; cas du Cameroun et du Gabon*, Mémoire de DEA, Faculté des Sciences Juridiques et Politiques de l'Université de Dschang, 2009, consulté en ligne dimanche 7/01/2024 à 08h53, via le lien https://www.memoireonline.com/10/09/2798/m_les-juridictions-administratives-et-le-tempscas-du-Cameroun-et-du-Gabon1.html.

[1184] **HAURIOU (M.),** *Précis de droit administratif et de droit public général*, Sirey, 12ème édition 2002, page 442.

[1185] **EHAWA (B.),** « La protection de l'environnement par le Juge administratif camerounais à travers les moyens classiques du contentieux de l'excès de Pouvoir », *International Multilingual Journal of Science and Technology (IMJST),* Vol. 6, Issue 8, august – 2021, *op.cit.,* p.4019.

l'imminence, voire l'irréversibilité de l'atteinte et donc dans l'urgence de l'intervention du gardien des droits et libertés. Dans les faits, une situation présente des risques de dégradation irréversible de la nature, de la couche d'ozone et/ou de la santé des individus ; elle est sur le point d'être mise en exécution au mépris de ces impacts, le juge doit intervenir *illico presto* pour empêcher un tel désastre. Dans cette hypothèse, seule la rapidité du juge peut efficacement contribuer à préserver les intérêts en jeu. Lorsque la décision ordonnant la cessation d'activité intervient après le commencement de son exécution ou pire lorsqu'elle est déjà achevée, alors son efficacité est inscrite aux calendes grecques.

En droit administratif camerounais pourtant, tout semble converger vers les annulations retardataires dès lors qu'il s'agit des actes ou activités concernant les travaux publics, et plus globalement les contrats administratifs. D'ailleurs, une certaine doctrine soutenue par une frange importante de la population a longtemps soupçonné un probable concubinage entre la justice administrative et l'Administration courante, estimant concrètement que celle-là n'est qu'une extension de celle-ci dont elle défend de façon inavouée les intérêts[1186]. Une telle allégation devient irrésistiblement séduisante tant il est établie qu'en 2018, 69,6% d'affaires pendantes devant le juge administratif ont été tranchées à la faveur de l'Etat en procédure normale, et 56,6% en procédure d'urgence[1187].

Quoi qu'il en soit, d'un point de vue strictement juridique, l'annulation de l'acte détachable d'un contrat ne permet pas *ipso facto* l'annulation dudit contrat. Pour que cette annulation soit prononcée, le juge du contrat doit intervenir à la demande de l'une des parties contractantes. En l'absence de référé suspensif, l'introduction d'un recours contentieux contre un acte administratif préparatoire d'un contrat n'empêche pas l'autorité administrative de conclure ledit contrat, ni de le mettre en œuvre[1188]. Dès lors, un chantier de travaux publics pourrait avoir débuté, voire être même définitivement exécuté avant que l'annulation d'un acte préparatoire sur le fondement d'une atteinte à l'environnement permette de soulever l'argument de la nullité du contrat, ce qui prive finalement la décision d'annulation de son efficacité.

[1186] Lire par exemple **CROUZATIER-DURAND (F)**, « Le fonctionnaire de fait ou quand le juge sauve les apparences ?», *Presse de l'Université de Toulouse Capitole, op.cit.*, pp. 205-215.

[1187] Institut National de la Statistique, *Annuaire Statistique du Cameroun,* Edition 2019, p.136, cité en annexe.

[1188] Voir **CHAMELTON (H.)**, *préservation de l'environnement et travaux publics : difficultés pratiques et solutions juridiques*, Thèse de Doctorat, p.304, *op.cit.*

Enfin convient-il de réaliser que le contentieux administratif camerounais est fait de sorte que même une annulation du juge ne produise pas toujours les effets escomptés. D'abord parce que la préférence accordée aux travaux publics dépasse en fait largement les considérations environnementales. Ensuite, parce qu'il n'existe concrètement pas de voie d'exécution à l'encontre de l'Administration. Elle ne peut recevoir ni d'injonction, ni d'astreinte de la part du juge de l'environnement. Dans ce contexte, même l'urgence environnementale devant le juge administratif peinerait à produire les effets récoltés d'elle sous d'autres cieux[1189].

2- La neutralisation de l'urgence environnementale devant le juge administratif

Visiblement, les lacunes du contentieux des contrats et des travaux publics ont des répercutions flagrantes en matière environnementale, domaine qui normalement nécessiterait un traitement rapide pour affirmer son efficacité. C'est que le recours contentieux formulé contre un acte administratif n'en suspend pas l'exécution[1190]. C'est dire concrètement que la contestation contentieuse d'une note de service ordonnant la réalisation d'un ouvrage public écologiquement dégradant ne saurait en empêcher l'exécution. Quoi que contestés, les travaux de réalisation de l'ouvrage en question se poursuivront jusqu'à achèvement si le juge n'a pas encore statué.

Cette solution qui paraît naturelle en temps ordinaire devient très dangereuse en matière environnementale où l'effet non suspensif de la décision peut entrainer des conséquences écologiques irréparables que le juge ne pourra pas après coup effacer. C'est pourquoi le législateur a organisé en faveur des justiciables et inconsciemment au profit de l'environnement, des procédures de référé et de sursis à exécution pour obtenir du juge qu'il ordonne à l'administration de différer l'exécution de la décision et de suspendre les activités querellées jusqu'à ce qu'il soit statué au fond sur leur conformité environnementale.

Cependant, malgré leur consécration et même leur bienveillance en matière environnementale, la pratique des procédures de l'urgence accessoire en sol camerounais s'apparente à une véritable mise en scène théâtrale à cause

---

[1189] Cas du Gabon.

[1190] Art.30 (1), loi N°2006/022 du 29 décembre 2006 portant organisation et fonctionnement des tribunaux administratifs *op.cit.*

de l'exigence du recours gracieux préalable aussi bien dans le référé administratif **(a)** que dans le sursis à exécution **(b).**

a- L'anormal maintien du recours gracieux préalable dans la procédure du référé

Après la levée du recours gracieux préalable dans l'urgence spéciale au sortir de la réforme judiciaire de 2006[1191], la doctrine et les justiciables ont fait éco commun à l'effet de voir le législateur maintenir le même cap au sujet de l'urgence accessoire[1192]. D'un point de vue écologique, ces revendications qui continuent de se faire entendre sont tout à fait légitimes dans la mesure où seule la procédure de référé convient pour faire cesser instamment et provisoirement[1193] les troubles et les dommages environnementaux, notamment en contexte des travaux publics. A plus d'un titre, cela aurait contribué à la concrétisation de la très recherchée célérité de la justice et au raffermissement de l'introuvable Etat de droit démocratique. Or, il n'en n'est rien car le recours gracieux préalable est omniprésent dans le processus du référé et s'y impose avec force de par son caractère d'ordre public[1194].

Au regard de l'article 27 de la loi n°2006/022, « dans les cas d'urgence, le président du tribunal ou le magistrat qu'il délègue peut, sur requête et si le demandeur justifie de l'introduction d'un recours gracieux, les parties convoquées et après conclusions du ministère public, ordonner, en référé, toutes les mesures utiles, sans faire préjudice au principal »[1195]. On comprend donc que l'essence du référé est véritablement la sauvegarde des intérêts menaçant ruine face aux prérogatives exorbitantes de l'administration. Le législateur l'a toujours su et s'est pourtant toujours gardé de prendre ses libertés face à cette règle d'autrefois, anachronique désormais et de plus en plus vilipendée à l'ère moderne où la célérité de la justice est devenue l'un des

[1191] À l'analyse du droit positif camerounais, l'exclusion du recours gracieux dans les procédures d'urgence spéciale se décline sous un double angle à savoir, d'une part, l'exclusion de cette formalité en matière électorale, partisane et associative, d'autre part, l'exclusion en faveur des autorités de tutelle contre les actes pris par les autorités décentralisées. Voir **BIPELE KEMFOUEDIO (J.) et FANDJIP (O.),** « Le nouveau procès administratif au Cameroun : réflexion sur le recours gracieux en matière d'urgence », *Revue internationale de droit comparé*, p. 980 et ss, *op.cit.*

[1192] **KEUTCHA TCHAPNGA (C.),** « La réforme attendue du contentieux administratif au Cameroun », *Juridis Périodique*, n° 70, avril-mai-juin 2007, pp. 24-29 ; **BIPELE KEMFOUEDIO (J.) et FANDJIP (O.),** « Le nouveau procès administratif au Cameroun : réflexion sur le recours gracieux en matière d'urgence », *Revue internationale de droit comparé*, *op.cit.*, p.280.

[1193] **KEMFOUET KENGNY (E.-D.),** *Le référé devant le juge administratif camerounais,* Mémoire de Maîtrise en Droit public, Université de Dschang, 1998, p. 16.

[1194] **BIPELE KEMFOUEDIO (J.) et FANDJIP (O.),** « Le nouveau procès administratif au Cameroun : réflexion sur le recours gracieux en matière d'urgence », *Revue internationale de droit comparé*, *op.cit.*, pp. 985-986.

[1195] Art.27 (1) de la loi de 2006/022 précitée.

baromètres de l'Etat de droit. A plusieurs des égards néanmoins, la loi essaie de restaurer l'esprit de l'urgence, et c'est nettement le cas lorsqu'elle pose que la requête est irrémédiablement faite au défendeur avec fixation et immédiatement d'un délai de réponse ne pouvant excéder cinq (5) jours[1196], surtout qu'il est statué sur requête par ordonnance de référé, et que l'ordonnance en question est, dans les vingt-quatre (24) heures, notifiée aux parties en cause[1197].

Le juge de l'espèce *SIGOKO FOSSI Abraham* s'était très tôt rendue compte des hésitations du législateur et a essayé de redonner au référé son destin normal en dispensant les justiciables de l'exigence du RGP[1198]. Position que son suivant refusera catégoriquement d'admettre quelques années plus tard, dans l'espèce *SOSO Emmanuel* où il décide que le recours du *sieur SOSSO Emmanuel* était irrecevable pour défaut d'un recours gracieux préalable[1199].

S'agit-il d'une banale erreur judiciaire, d'un simple revirement jurisprudentiel, d'une politique jurisprudentielle bien planifiée, ou encore d'une jurisprudence politique inavouée ? Quoi qu'il en soit, l'exigence du recours gracieux préalable dans le référé encours des critiques. Pour autant, cette règle n'a jamais été abandonnée, elle persiste à tondre l'âme de l'urgence même dans la procédure du sursis à exécution.

b- L'incompréhensible exigence du recours gracieux préalable dans le sursis à exécution

Le sursis à exécution est l'une des valeureuses procédures pouvant à terme permettre aux justiciables ou à l'entrepreneur d'obtenir du juge, de sursoir préalablement les activités du chantier public susceptibles de dégradation irréversible de l'environnement[1200]. Dans une série d'affaires à l'instar de celles du 31 décembre 1997, du 14 octobre 1998 et du 5 avril 2001, le juge administratif avait admis l'existence d'un droit de citation directe à travers ce que le Professeur Raymond GUIMDO qualifia de *« minoration du*

[1196] *Idem*, art.27(2).
[1197] *Idem,* art. 28.
[1198] Ordonnance de référé n° 12 du 18 juill. 1984, affaire *SIGHOKO FOSSI Abraham c/ État du Cameroun.*
[1199] CS/CA, Ordonnance de référé n° 06 du 08 déc. 1998, *SOSSO Emmanuel c/ Crédit Foncier du Cameroun, Juridis Périodique*, n° 45, janvier-février-mars 2000, p. 41, note **KEUTCHA TCHAPNGA (C.).**
[1200] La loi de 2006/022 précitée consacre toute sa section 5.

recours gracieux comme condition de recevabilité de la demande de sursis »[1201].

Seulement, à l'instar de la procédure du référé, celle conduisant à l'obtention du sursis demeure toujours hypothéquée par l'exigence du très vilipendé recours gracieux préalable. En effet, ainsi que l'on pertinemment souligné le Professeur BIPELE KEMFOUEDIO Jacques et FANDJIP Olivier, le recours gracieux préalable est systématiquement exigé à tout justiciable en ce qui concerne le sursis à exécution à l'exception des actions introduites par les autorités de tutelle contre les actes des autorités décentralisées[1202].

Au terme de l'alinéa 2 (30) de la loi de 2006/022 précitée, *« lorsque l'exécution est de nature à causer un préjudice irréparable et que la décision attaquée n'intéresse ni l'ordre public, ni la sécurité ou la tranquillité publique, le Président du tribunal administratif peut, saisi d'une requête, après communication à la partie adverse et conclusion du ministère public, ordonner le sursis à exécution »*[1203]. Surtout que *« l'ordonnance prononçant le sursis à exécution devient caduque si, à l'expiration du délai prévu à l'article 18, le tribunal n'est pas saisi de la requête introductive d'instance »*[1204].

Décidément, les instruments classiques de l'excès de pouvoirs semblent dépassés pour une imposition du respect de l'environnement en contexte des travaux publics. Quid du contentieux de la réparation ?

B- Un contentieux de réparation peu dissuasif

La réparation des atteintes environnementales devant le juge administratif connait un destin dandinant au contact des dommages causés par la réalisation des travaux publics. La combinaison de ces deux domaines de l'intérêt général pose généralement un problème de détermination de la base

---

[1201] **GUIMDO DONGMO (B.-R.),** *Le juge administratif camerounais et l'urgence. Recherche sur la place de l'urgence dans le contentieux administratif camerounais*. Thèse de doctorat d'État en droit, Université de Yaoundé II, 2004, p. 28 et 29.

[1202] Voir **BIPELE KEMFOUEDIO (J.) et FANDJIP (O.),** « Le nouveau procès administratif au Cameroun : réflexion sur le recours gracieux en matière d'urgence », *Revue internationale de droit comparé*, *op.cit.*, p. 988. Selon leur pertinente analyse, l'article 72 alinéa 2 de la loi de 2004 portant orientation de la décentralisation dispose, à la suite de l'article 71 alinéa 2 du même texte excluant le recours gracieux à la faveur de l'autorité de tutelle, que lorsque l'acte attaqué, pris par une autorité décentralisée, est de nature à compromettre l'exercice d'une liberté publique ou individuelle, le président de la juridiction administrative saisie ou un de ses membres, délégué à cet effet, prononce le sursis dans un délai maximal de quarante-huit (48) heures. Ils notent alors un prolongement de l'exclusion du recours gracieux au contentieux d'urgence accessoire notamment en ce qui concerne les autorités de tutelle.

[1203] Lire à cet égard CS/CA, Ordonnance n° 05/CS/PCA du 05 oct. 1992, portant sursis à exécution affaire *SIGHOKO FOSSI Abraham c/ État du Cameroun (MINSANTE), Juridis* Périodique n° 68, oct.-nov.-déc., 2006, pp. 115-120, note **KEUTCHA TCHAPNGA (C.) et GNIMPIEBA TONNANG (É.).**

[1204] Al.4 de l'art.30 de la loi de 2006/022 précitée.

de responsabilité la plus solide en droit, et la plus avantageuse pour la victime. Encore convient-il dans cette hypothèse de distinguer parmi les dégâts du chantier, ceux susceptibles de réparation de ceux qui ne le sont pas. La même opération doit s'effectuer entre dommage environnemental causé à l'environnement de l'homme, et le dommage écologique causé à l'environnement lui-même. En effet, le dommage écologique est le plus souvent non réparable par voie contentieuse, car le préjudice porté à la nature n'est personnel à aucun requérant. S'agissant du dommage environnemental, la nécessité du caractère personnel du préjudice induit que le requérant soit riverain de l'opération de travaux publics génératrice de nuisances[1205]. Si tel n'est pas le cas, il sera dépourvu d'intérêt à agir, et son recours sera déclaré irrecevable.

Bien plus, le contentieux de la réparation dans le régime administratif camerounais semble dans son ensemble peu dissuasif parce que soumis, lui aussi, à l'épineuse exigence du recours gracieux préalable, dans les conditions et modalités pré-étudiées. Mais, cette inefficacité atteint son paroxysme dans la mesure où les actions engagées contre l'administration publique ne peuvent aboutir qu'à l'allocation d'une indemnité qui, à son tour, n'est pas suffisamment conséquente pour décourager les dégradations environnementales, puisqu'il n'existe pas de voies d'exécution contre l'administration. Notamment, le juge administratif ne peut ordonner ni une injonction **(1)**, ni une astreinte **(2)** à l'égard de l'Administration fautive.

1- L'absence des pouvoirs d'injonction contre l'Administration

Les procédures d'exécution contre l'administration publique sont quasi inexistantes en droit public camerounais. Cette lacune juridique est en réalité un legs hérité de la vieille tradition royaliste française selon laquelle on ne peut saisir les biens de la cour. D'ailleurs, toute procédure d'exécution était proscrite par l'adage selon lequel *« juger l'administration, c'est encore administrer »*[1206]. Néanmoins, ces procédures existent déjà dans la IVe République où elles ont été récemment instaurées. Cependant, elles n'y

---

1205 Sur la notion de trouble de voisinage, voir : **ATHANASSOPOULOU (H.),** *La théorie des troubles de voisinage résultant des activités publiques en droit comparé français et allemand*, Thèse Bordeaux IV, 1998 ; **BEZARD (S.) et RIVET (I.),** *Les troubles anormaux du voisinage : notion et sanction*, Paris, édité par les auteurs, 1991.

1206 Il s'agit ici d'une affirmation que la doctrine reconnait quasi unanimement à **DE PANSEY (H.),** in (*De l'autorité judiciaire dans les Gouvernements monarchiques*, édition de 1818), qui siégea à la Cour de cassation Française, et qui était également membre du Conseil d'Etat. La même idée fut par la suite défendue par **PORTALIS (J.)** (Chambre des pairs, séance du 25 janvier 1834, Archives parlementaires 2e série, tome 85, pages 722 et suivantes, à propos du projet de loi relatif à l'organisation du Conseil d'Etat français.

occupent qu'une place subsidiaire en ce qui concerne la réparation des dommages des travaux publics[1207]. Ce défaut est pourtant constant en droit camerounais et y constitue une source de neutralisation de l'idée de réparation que renferme le recours de plein contentieux.

Gaston JEZE au début du 21e siècle affirmait déjà que l'absence d'un pouvoir d'injonction du juge à l'égard de l'Administration était *« injustifiable »*. Cette affirmation faisait suite au constat selon lequel la juridiction administrative pratiquait traditionnellement une justice retenue. Au Cameroun, malgré les évolutions et les reformes ci et là opérées dans le contentieux de droit public, le juge administratif continue d'exclure les personnes morales de droit public du champ d'application des voies d'exécution existant en droit privé[1208].

Le droit public camerounais surpris par les préoccupations environnementales fugue. Le pouvoir d'injonction du juge administratif, plus que par le passé, fait l'objet d'une analyse ambivalente dans le contentieux de la responsabilité administrative. Cette ambivalence s'apprécie au travers de l'interdiction traditionnelle d'adresser des injonctions à l'administration et la reconnaissance jurisprudentielle progressive, mais peu affirmée de celles-ci. Cette interdiction est consacrée par le législateur et déduite du principe de la séparation des pouvoirs d'une part entre l'Administration jugeante et celle courante, d'autre part, entre l'exécutif et le judiciaire. Et la reconnaissance jurisprudentielle s'observe à travers la condamnation explicite de l'Administration à une obligation négative matérialisée par le retrait d'une décision octroyant un droit illégal et l'obligation de régularisation[1209].

Elle s'observe aussi à travers la condamnation explicite de celle-ci à une obligation positive qui se déploie dans le cadre du contentieux de la

---

[1207] En matière de responsabilité pour dommages de travaux publics, le juge de l'injonction n'a rien d'un juge préventif. L'évolution jurisprudentielle enterre définitivement la possibilité d'une injonction au principal dans le droit de la responsabilité susvisée. Le triple encadrement de l'injonction et son caractère fondamentalement subsidiaire enferment le requérant dans une quête vaine : celle d'obtenir une réparation intégrale au sein du contentieux des dommages de travaux publics. Si cette réparation est, en vérité, un objectif poursuivi par le juge, elle laisse sa place à une indemnisation du préjudice subi en cas de prévalence d'un comportement fautif de la part de la personne publique.

[1208] Le ton fut donné en France avec l'arrêt TC, 8 décembre 1899, *Association syndicale du canal de Gignac*, recueil page 731.

[1209] **IBRAHIM DEGUIA (C.),** « Réflexion sur le pouvoir d'injonction dans le contentieux administratif au Cameroun », *International Multilingual Journal of Science and Technology (IMJST)*, Vol. 6, N° 2, 2021.

reconstitution de carrière et dans celui de l'imposition[1210] et des contrats administratifs.

En matière des contrats administratifs notamment, la tendance jurisprudentielle sur la question n'est pas unanime et oscille entre affirmation et déni. Dans bien d'espèces en tout cas, le juge refuse d'ordonner à la personne publique de prendre des mesures adéquates. Dans l'espèce UM NTJAM Désiré[1211] par contre, le requérant a saisi la Chambre Administrative d'un recours contentieux pour paiement de ses créances par l'Etat du Cameroun en souffrance au Ministère de l'Environnement et des Forets depuis 1999 dont le montant s'élève à 4.027.712 FCFA, le juge fit montre d'orgueil et ordonna le payement des sommes dues. En effet, avant de statuer au fond, le juge avait déjà en août 2005 par jugement ADD déclaré sa compétence en matière d'injonction. Après donc motivation de sa décision finale, ledit juge a affirmé dans le dispositif de sa décision que : *« (...), L'Etat est condamné à payer la somme de 4.027.712 francs à Monsieur Um Ntjam François pour sa facture engagée (...) »*. Une certaine doctrine a voulu voir dans la formule précédente une injonction tacite du juge administratif à l'égard de l'administration[1212].

Quoi qu'il en soit, l'usage des injonctions aux fins de réparation des dommages environnementaux causés aux citoyens au cours de la réalisation des travaux publics restent peu connues à nos jours. Il en est pareil des astreintes.

2- L'impossibilité d'ordonner les astreintes à l'Administration

L'historique du contentieux administratif camerounais enseigne que l'exécution des décisions du juge à l'encontre de l'Administration a toujours fait tache d'huile. Il est possible que ce problème ne soit pas encore résolu, sinon les justiciables auraient déjà le sentiment d'une justice équitable lorsqu'ils vont en procès contre l'Administration publique. L'analyse de la

---

[1210] Pour ce qui est du contentieux de l'imposition, la Chambre Administrative de la Cour Suprême dans l'affaire, *Société SODEXHO – Cameroun c/ Etat du Cameroun (MINFI)*. 72 Arrêt n°134/CFJ/CAY du 26 janvier 1971, Union Trading Cameroon c/ Etat du Cameroun Oriental a ordonné le dégrèvement des impositions mis à la charge de la Société requérante. Dans l'espèce, saisie d'un recours tendant au dégrèvement des impositions d'un montant de 637.592.413 francs, le juge a décidé : *« ... Article 2 :(...), en conséquence, il est ordonné le dégrèvement pur et simple des impôts ICAI à l'exportation au montant de 106.559.210 f, plus la somme de 14.475.000 f d'erreur de calcul des services des impôts, soit au total 121.034.210 f »*. Le même constat est aussi fait dans l'espèce, *UNION TRAIDING CAMEROUN c/ Etat du Cameroun* où il avait été ordonné à l'administration de rembourser les sommes perçues au titre d'une imposition irrégulière.

[1211] CS/CA, Jugement n°80 du 18 juin 2008, *UM NTJAM François Désiré et Fils c/ Etat du Cameroun.*

[1212] C'est notamment le cas de **IBRAHIM DEGUIA (C.),** in « Réflexion sur le pouvoir d'injonction dans le contentieux administratif au Cameroun », *International Multilingual Journal of Science and Technology (IMJST)*, Vol. 6, N° 2, 2021, *op.cit.*, p.15.

pratique des astreintes donne à réaliser qu'elles auraient pu constituer un levier privilégié pour contraindre l'Administration et son cocontractant à la réparation soit du préjudice environnemental causé à la nature elle-même par une remise en l'état, soit de celui causé aux personnes par les dégradations et pollutions de leur milieu de vie et de leurs activités.

Levier de contrainte par excellence en droit judicaire privé, l'astreinte est un moyen par lequel le juge prononce une condamnation pécuniaire, accessoire et éventuelle, applicable en cas de non-exécution de la chose jugée par la partie perdante, et dont le montant s'aggrave en fonction du retard mis à exécuter la décision juridictionnelle. Ainsi compris, son objet n'est pas à titre principal de réparer le dommage causé à la partie gagnante, mais plus concrètement un moyen de pression destiné à favoriser cette exécution dans la célérité[1213]. C'est donc en somme une pénalité de retard, une mesure coercitive et de contrainte. Généralement évoquée au singulier, l'astreinte revêt pourtant une double variante : la provisoire et la définitive. Aux termes de l'article L911-6 du Code de justice administrative français, *« l'astreinte est provisoire ou définitive. Elle doit être considérée comme provisoire à moins que la juridiction n'ait précisé son caractère définitif. Elle est indépendante des dommages et intérêts »*.

Si elle est une mesure clairement affirmée par le Code de justice administrative en France[1214], elle reste cependant exclue devant le juge administratif camerounais. L'administration publique camerounaise reste encore jalousement attachée à ses prérogatives de puissance publique qui neutralisent toute astreinte pouvant provenir du juge administratif, sur quelque matière que ce soit, y compris en matière environnementale. Seulement, même dans l'hypothèse où l'astreinte se prononçait contre le cocontractant pollueur, elle s'avérerait peu dissuasive parce que dans l'ensemble, les biens de l'Administration ne sont pas saisissables en cas d'inexécution de la décision du juge administratif.

Paragraphe 2- Les limites pratiques du juge judiciaire

Les limites pratiques de l'intervention du juge judiciaire dans le règlement des litiges environnementaux en contexte des travaux publics sont nombreuses et variées. Elles incluent le manque de ressources financières et

---

[1213] **BONICHOT (J.-C.), CASSIA (P.) et POUJADE (B.)**, *Les grands arrêts du contentieux administratif*, Dalloz, 4e édition, thème 71, n° 1, p.1300.
[1214] Articles L911-3 à L911-8.

techniques pour mener les enquêtes approfondies, le manque de formation spécialisée des Magistrats sur les questions environnementales, ainsi que les obstacles liés à l'application effective des lois environnementales en raison de la corruption et de l'influence économico politique. Ces défis entravent considérablement la capacité du système judiciaire à assurer une protection efficace de l'environnement.

Pour mieux les appréhender, il convient de les analyser selon qu'elles sont propres au juge pénal **(A)** ou bien à son homologue juge civil **(B)**.

A- Les écueils de l'intervention de la juridiction pénale dans le domaine

La sanction pénale des atteintes à l'environnement n'est pas toujours satisfaisante dans l'ensemble et notamment en contexte des travaux publics. L'obligation ou le devoir de protéger l'environnement implique pourtant des sanctions pénales en cas de manquements. Tel qu'il a été précédemment étudié, la loi cadre de gestion de l'environnement de 1996 a prévu un régime autonome de sanctions pénales des atteintes à la nature, à ses ressources, et aux milieux récepteurs, sans avoir nécessairement recours au Code pénal. Telle qu'il a été remarqué, le juge pénal camerounais n'intervient que très difficultueusement en contexte des travaux public pour y régler des litiges, sauf rarement lorsque les atteintes sont de nature environnementale et surtout imputables à l'entrepreneur personne privée.

Aussi a-t-il été relevé que les Magistrats du Ministère Public à qui revient normalement l'opportunité des poursuites sont, dans la large frange, déconnectés des questions environnementales et n'initient que rarement des poursuites en répression des atteintes mêmes graves à l'égard des pollueurs sur le chantier public **(1).** Cette situation est corroborée par l'inconsistance de certaines sanctions pénales telles qu'elles sont aménagées par les textes et ordonnées par le juge pénal **(2).**

1- La déconnexion des magistrats de la problématique environnementale

Selon une pertinente analyse du Professeur KAM YOGO Emmanuel, le droit de l'environnement reste méconnu de nombre de magistrats pourtant appelés, tout au long de leur carrière, à l'appliquer. En effet, constate-t-il, *« l'expérience menée depuis plusieurs années à l'École Nationale d'Administration et de Magistrature (ENAM) du Cameroun a montré que près de 80% des élèves Magistrats n'avaient pas suivi un cours de droit de l'environnement pendant leurs études dans les facultés de droit. Cette expérience peut être plus ou moins identique dans les autres écoles de magistrature en Afrique francophone. Ce pourcentage se justifie par le fait que, dans plusieurs facultés de droit, le droit de l'environnement n'est pas toujours enseigné dans des filières de droit privé et n'est qu'un cours optionnel dans certaines filières de droit public »*[1215]. Le constat ainsi dressé permet de comprendre les hésitations des Magistrats de l'ordre judiciaire à se saisir des litiges environnementaux[1216]. Suite à ce rapport, certains auteurs en sont venus à s'interroger sure *« d'abdication »* des Magistrats, notamment ceux du Ministère Public, face au procès des atteintes à l'environnement au Cameroun[1217].

Dans cette mouvance, la concurrence que créée la loi cadre de gestion de l'environnement entre le Ministère Public et les agents assermentés des Ministères à compétence environnementale sectorielle au sujet de la constatation et la poursuite des infractions environnementale est largement en faveur de l'Administration[1218]. Et même dans l'hypothèse où le juge pénal doit intervenir, la portée de sa sanction est souvent telle qu'elle ne suffit pas à dissuader les pratiques polluantes de certains acteurs des travaux publics.

2- La portée limitée des sanctions du juge pénal

Face à la puissance publique dont l'Administration et son cocontractant sont dépositaires dans la réalisation des travaux publics, les sanctions du juge pénal n'ont souvent qu'un effet passif, en l'absence d'un droit pénal de l'environnement autonome. Certes, dans bon nombre de matières déjà, ainsi que le souligne pertinemment le Professeur BIPELE KEMFOUEDIO Jacques, l'Administration publique est de plus en plus *« dépouillée de ses prérogatives de puissance publique devant le juge judiciaire»,* et ceci en matière de voie de fait administrative notamment[1219]. Toutefois, la pratique des travaux publics est par nature exclusive de l'intervention du juge judiciaire depuis la Loi du 28 Pluviôse An VIII. Et lorsqu'il parvient à trouver un angle original d'intervention en la matière aux fins de protection de l'environnement, le

[1215] **KAM YOGO (E.) et autres**, *Manuel judiciaire de droit de l'environnement en Afrique,* Institut de la Francophonie pour le développement durable (IFDD), 2018, *op.cit.,* p.6.
[1216] *Idem.*
[1217] C'est du moins ce que prétend **ISSA PAVE (A.-N.)** dans son article intitulé « La poursuite des atteintes à l'environnement au Cameroun : le Ministre public abdique ? », *International Multilingual Journal of Science and Technology (IMJST), op.cit.,* pp.1638-1650.
[1218] Voir l'article 88 de ladite loi.
[1219] Lire **BIPELE KEMFOUEDIO (J.),** « L'administration camerounaise dépouillée de ses prérogatives de puissance publique devant le juge judiciaire. Regard sur la jurisprudence en matière de voie de fait administrative », *Les annales de droit, op.cit.,* pp.31-59.

quantum des sanctions qu'il peut prononcer par référence à la loi cadre semble, malgré les apparences, peu dissuasif face aux puissantes entreprises opérant dans le secteur du BTP. Encore que ces sanctions ne sont que rarement véritablement ordonnées dans la pratique.

On ne peut manquer de souligner l'absence d'un véritable droit pénal de l'environnement en droit camerounais. Les infractions environnementales sanctionnées par le Code pénal manquent d'originalité et s'apparentent aux infractions pénales générales. Leur sanction ne protège l'environnement qu'incidemment, dans l'ombrage de la protection des biens matériels.

Reconnaissons néanmoins que dans la loi cadre de gestion de l'environnement, certaines infractions contre l'environnement sont considérées comme des crimes et punies relativement comme tels. A titre d'exemple, la loi punit d'une amende de 50 millions à 500 millions de FCFA et d'une peine d'emprisonnement à perpétuité toute personne qui introduit les déchets toxiques sur le chantier[1220].

Relativement aux atteintes assimilables aux délits, la sanction est tout autant exemplaire. En effet, sera punie d'une amende de 2 millions à 5 millions de FCFA et d'une peine d'emprisonnement de six mois à deux ans ou de l'une de ces deux peines seulement, toute personne ayant réalisé, sans étude d'impact, un projet nécessitant une étude d'impact, réalisé un projet non conforme aux critères, normes et mesures énoncés pour l'étude d'impact, ou empêché l'accomplissement des contrôles et analyses prévus par la loi ou par ses textes d'application[1221]. Aussi, sera punie d'une amende de 10 millions à 50 millions de FCFA et d'une peine d'emprisonnement de deux à cinq ans ou de l'une de ces deux peines seulement, toute personne qui importe, produit, détient ou utilise contrairement à la réglementation des substances nocives ou dangereuses dans un chantier public. Est concerné par cette mesure, tout agent du chantier, en fonction de la répartition des responsabilités entre d'une part l'entrepreneur et le maître d'ouvrage, et d'autre part entre l'entrepreneur et ses employés[1222].

Dans la même mouvance, l'article 82 (1) de la loi cadre punie d'une amende de 1 million à 5 millions de FCFA et d'une peine d'emprisonnement de six mois à un an ou de l'une de ces deux peines seulement, toute personne qui pollue, dégrade les sols et sous-sols, ou altère la qualité de l'air ou des eaux.

[1220] Voir article 80 de la loi cadre de gestion de l'environnement de 1996.
[1221] *Ibidem,* article 79.
[1222] *Ibidem,* article 81.

en infraction aux dispositions de la loi[1223]. Poursuivant la même logique, est puni d'une amende de 10 millions à 50 millions de FCFA et d'une peine d'emprisonnement de six mois à un an ou de l'une de ces deux peines seulement, tout capitaine de navire qui se rend coupable d'un rejet dans les eaux maritimes sous juridiction camerounaise d'hydrocarbures ou d'autres substances liquides nocives pour le milieu marin, en infraction aux dispositions de la loi et de ses textes d'application ou des conventions internationales relatives à la prévention de la pollution marine auxquelles le Cameroun est partie[1224].

L'instance du juge civil fait également face à de nombreuses difficultés en la matière.

B- Les limites du juge civil

Normalement, la juridiction civile est la plus hardie à sanctionner les atteintes à l'environnement, puisque le préjudice environnemental découle ordinairement d'un dommage en tant que fait générateur[1225]. L'auteur est rarement la personne publique, mais plutôt l'entrepreneur, son matériel ou tout ouvrier recruté par ses soins et exerçant sous sa maîtrise[1226].

Quoi qu'il en soit, le juge civil se base essentiellement sur l'idée de dommage pour réparer le préjudice environnemental causé par l'entrepreneur du fait de ses travaux dommageables. Pourtant, cette base ne présente pas des avantages suffisants pour réparer en contexte des travaux publics **(1),** même si elle peut produire des effets favorables dans le reste du contentieux environnemental **(2).**

1- Le défaut d'une base juridique solide

En effet, le contentieux de l'environnement tire sans conteste son fondement pour l'essentiel des articles 1382 et 1384 du Code civil[1227]. L'article 1384 dispose clairement : *« tout fait quelconque de l'homme cause à autrui un*

[1223] *Ibidem,* article 82 (2).

[1224] *Idem,* art 83 (1).

[1225] DOUSSAN (I.), « Les difficultés des actions en réparation des dommages causés par l'inondation en raison de la pluralité de responsables et de responsabilités », *Droit de l'environnement,* n° 117, avril 2004, p. 59.

[1226] **CAMPROUX DUFFRENE (M.-P),** « L'accès au juge civil français en cas d'atteinte à l'environnement : une diversité d'actions pour répondre à la diversité des préjudices », *Presse de l'Université de Toulouse Capitole*, p.203-224 ; **BOUTONNET (M.),** « La réparation du préjudice causé à l'environnement », *Revue environnement*, 2008, pp.67-109 ; **BOURU (M.),** *Les préjudices environnementaux. Essai sur la dualité de l'office du juge judiciaire,* Thèse de Doctorat, Droit, Université Côte d'Azur, 2018, p.576.

[1227] **OUMBA (P.),** « Le contentieux des atteintes à l'environnement au Cameroun », *Revue de droit administratif,* n°4, 1e septembre 2014, p.197, *op.cit.*

dommage, oblige celui par la faute duquel il est arrivé à le réparer »[1228]. Pourtant, l'efficacité d'une telle base de réparation en droit de l'environnement reste fort douteuse. En effet, le contentieux de la réparation des atteintes à l'environnement est généralement peu dissuasif en contentieux des travaux publics. La raison est plus profonde d'ailleurs. Elle tient de ce que la notion de dommage revêt une ambivalence en matière environnementale. On ne le dira jamais assez, le dommage causé à autrui par le biais de la dégradation de l'environnement est fondamentalement distinct de celui causé à l'environnement naturel lui-même.

Dans le premier cas alors, le dommage produit des conséquences économiques et morales subies sur l'homme et découle d'une atteinte à son cadre de vie ainsi que ses activités. Parce que le préjudice porte sur l'homme, on comprend donc que le droit de la responsabilité parvienne à le réparer aisément[1229].

La donne n'est pourtant pas la même pour le préjudice directement causé à l'environnement en tant que dame nature. A dessein, la doctrine et la jurisprudence estiment qu'il s'agit ici d'un *« préjudice écologique pure »*[1230], parce qu'il vise les dommages causés à l'environnement indépendamment des répercutions sur les personnes[1231]. Pourtant, en visant la nature et non les hommes, la réparation de ce préjudice s'accommode mal des règles de procédure telles que mises en œuvre devant le juge civil.

Deux problèmes fondamentaux se posent généralement à ce niveau : d'une part, le défaut de la qualité à agir vue que le préjudice n'est pas personnel, d'autre part, l'impossibilité d'apporter la preuve de l'intérêt à agir et surtout, la preuve que le résultat de l'action sera personnellement bénéfique au demandeur. Faute d'une telle preuve, et la nature n'ayant pas de personnalité juridique, elle ne peut prétendre à un intérêt à agir et l'action encoure irrecevabilité. Toutefois, ce constat ne doit pas faire perdre de vue les voies d'ouverture à une éventuelle réparation même si celle-ci est souvent elle-même inefficiente.

[1228] Il s'agit là du socle granitique de la responsabilité civile.

[1229] **DOUSSAN (I.),** « Les difficultés des actions en réparation des dommages causés par l'inondation en raison de la pluralité de responsables et de responsabilités », op.cit., p. 61.

[1230] Voir par exemple **CAMPROUX DUFFRENE (M.-P.),** « Le préjudice écologique et sa responsabilité en droit civil français de la responsabilité ou les premier pas dans un sentier menant à un changement des rapports Homme-Nature », *Revue juridique de l'environnement,* vol.46, éd.3, 2021, pp.457-474.

[1231] *Ibidem.*

2- L'inefficience des mesures de réparation

En effet, ce n'est que dans une formule assez lacunaire que le législateur de l'environnement reconnait la compétence du juge civil en matière d'environnement. Il ressort de l'article 77 de la loi cadre de gestion de l'environnement que : *« sans préjudice des peines applicables sur le plan de la responsabilité pénale, est responsable civilement, sans qu'il soit besoin de prouver une faute, toute personne qui, transportant ou utilisant des hydrocarbures ou des substances chimiques, nocives et dangereuses, ou exploitant un établissement classé, a causé un dommage corporel ou matériel se rattachant directement ou indirectement à l'exercice des activités susmentionnées »*[1232]. De cette formule, le législateur intègre les éventuelles sanctions susceptibles d'être prises par les juridictions civiles, sauf qu'aucun texte de l'ordre juridique ne définit les règles de procédure devant permettre au juge civil de remplir cette impérieuse tâche. On en dira autant du quantum des peines.

Sous ce rapport donc, les juridictions civiles peineront encore longtemps à ordonner la réparation du préjudice environnemental dans la pratique, puisqu'aucun texte ne leur en donne la manœuvre à suivre pour ce nouveau contentieux[1233]. Toutefois, elles manifestent souvent la volonté de mieux faire, puisqu'à l'analyse, certaines décisions manifestent la volonté de protéger l'environnement. Il s'agit notamment des décisions dans lesquelles le juge en accordant la réparation des dommages-intérêt à des personnes morales de défense de la nature du fait d'un dommage civil, ordonnent, de manière indirecte, une réparation que l'on pourrait qualifier d'environnementale. Dans ce cas précis, s'il est vrai que la nature n'est pas indemnisée à titre principal, elle l'est incidemment.

[1232] Loi cadre de gestion de l'environnement de 1996, art 77(1), *op.cit.*

[1233] Un code de l'environnement en droit camerounais pourrait, à l'instar de la France, résoudre ces difficultés.

CONCLUSION DU CHAPITRE 2

Ainsi qu'il ressort des analyses, le cadre institutionnel de préservation de l'environnement en contexte de travaux publics rencontre des difficultés criardes. Les obstacles persistent malgré les efforts et concernent aussi bien les institutions non juridictionnelles que celles juridictionnelles.

Les premières sont confrontées à un problème de foisonnement des administrations appelées à intervenir dans les sites des travaux aux fins de contrôle et de sanction des atteintes à l'environnement. Elles opèrent souvent sans réelle collaboration, ni de coordination d'actions, toutes choses qui produisent des actions dénuées de cohérence, et donc finalement inefficaces. L'autre pôle du problème est l'inefficience des décisions prises par les autorités habilitées à sanctionner les atteintes à l'environnement. Les sanctions du maître d'ouvrage ou du maître d'ouvrage délégué manquent trop souvent de rigueur et produisent un effet peu dissuasif. Pour preuve, la résiliation pour inexécution des clauses environnementales du chantier reste peu probable dans la pratique actuelle.

De leur côté, les organisations de la société civile rencontrent des difficultés notoires tenant aussi bien des dysfonctionnements intrinsèques que des influences extérieures[1234]. Elles font aussi face à une crise de légitimité qui se traduit par la discrimination de leur traitement de la part des pouvoirs publics. Elles évoluent en rang dispersé[1235], avec peu de ressources pourtant, et sont critiquées pour leur faible maitrise des véritables enjeux environnementaux[1236].

La justice semble peu adaptée au contentieux environnemental en contexte des travaux publics. Le juge administratif peine à justifier son efficacité à cause de la persistance de la règle du recours gracieux préalable dans l'urgence environnementale. Les indemnisations qu'il ordonne semblent peu consistantes pour dissuader les entrepreneurs coupables de dégradation. Les magistrats de l'ordre judiciaire peinent à intervenir dans les litiges relatifs aux travaux publics, domaine de prédilection du juge administratif. Ils semblent dans l'ensemble déconnectés des problématiques environnementales, d'où l'impopularité des décisions qu'ils rendent.

[1234] **OLLITRAUL (S.),** « Les ONG dans les COP : des outsiders de la politique climatique ? », Revue internationale et stratégique, n°109, *op.cit.,* 2018, pp.135-143 ; **CHATIER (D.) & OLLITRAUL (S.),** « Les ONG d'environnement dans un système en mutation : des objets non identifiés ? », in **AUBERTIN (C.),** *Représenter la nature ? ONG et biodiversité,* Paris, IRD Edition, 2005, *op.cit.,* pp. 58-60.

[1235] **KAMTO (M.),** « Forces et faiblesses du cadre institutionnel de protection de l'environnement », *RADE* n°1, 2014, *op.cit.,* p. 30.

[1236] **LOWE GNINTEDEM (P.-J.),** *Les ONG et la protection de l'environnement en Afrique Centrale,* Mémoire de Master II en Droit et Carrière Judiciaire, Université de Limoges, 2003, *op.cit.,* pp. 12-25.

CONCLUSION DU TITRE I

Dans l'ensemble, le cadre institutionnel de protection de l'environnement dans les travaux publics rencontre un certain nombre d'obstacles qui persistent aussi bien sur le plan juridictionnel que sur le plan non juridictionnel.

Les facteurs d'inefficacité des institutions non juridictionnelles impliquées dans la protection de l'environnement en contexte des travaux publics au Cameroun incluent souvent un manque de ressources et de capacités, des lacunes dans la coordination interinstitutionnelle, ainsi que des problèmes de qualification du personnel opérant souvent sans réelle connaissances de véritables enjeux environnementaux. Les institutions souffrent d'un manque de personnel qualifié, d'équipements adéquats, et de financements suffisants pour assurer une surveillance et une application efficace des réglementations environnementales[1237].

Par ailleurs, le manque de coordination entre les différentes Administrations en présence sur les sites entraine des lacunes dans la supervision et l'application des lois environnementales[1238]. Les acteurs de la société civile manquent de ressources, d'efficacité, de légitimité suffisante pour s'imposer dans le secteur des BTP. Très souvent, ils ne sont pas les bienvenues dans les sites de travaux inaccessibles pour certains. L'absence d'expertise environnementale accable leur intervention tandis que la forte dépendance aux financements publics inhibe toute velléité d'un contrôle transparent et libre.

En ce qui concerne les institutions juridictionnelles, l'inefficacité découle de lenteurs dans le traitement des affaires environnementales, du manque de spécialisation des juges et du personnel de juridiction dans les questions d'ordre écologique. On ne peut faire abstraction de pressions économiques et politiques pouvant influencer l'indépendance et l'impartialité des décisions de justice.

En outre, le manque de sensibilisation du public aux enjeux environnementaux et aux recours juridiques disponibles peut limiter la capacité des tribunaux à être pleinement efficaces dans la protection de l'environnement.

[1237] **KAM YOGO (E.) et autres**, *Manuel judiciaire de droit de l'environnement en Afrique,* Institut de la Francophonie pour le développement durable (IFDD), 2018, *op.cit.*, pp. 25-40.

[1238] Ce problème semble être général aux ONG environnementales à travers le monde. Voir, **LEPAGE (C.)**, « Les véritables lacunes du droit de l'environnement », *Pouvoir*, n°17, 2008, pp. *op.cit.*, pp. 100-130.

Il est essentiel pour les pouvoirs publics d'identifier ces facteurs d'inefficacité afin de mettre en place des réformes visant à renforcer les capacités institutionnelles, à améliorer la coordination interinstitutionnelle, à promouvoir une expertise spécialisée et à garantir l'efficacité judiciaire pour assurer une meilleure protection de l'environnement dans le contexte des travaux publics au Cameroun.

Toute la question est donc celle de savoir dans quelles mesures implémenter efficacement ces solutions pour garantir une protection effective de l'environnement lors de la réalisation des travaux publics ?

TITRE II- UNE PROTECTION AMÉLIORABLE

Comme il a été donné de le constater, la protection de l'environnement n'est pas suffisamment ancrée dans les travaux publics au Cameroun. Pourtant, le développement durable ne peut plus être envisagé en dehors des considérations environnementales. Cette exigence a été formulée depuis la Conférence de Rio de Janeiro de 1992[1239].

Les problématiques environnementales évoluent au gré des mutations sociales, les solutions aussi. Si les premières décennies de l'an I de l'environnement étaient marquées par des problèmes liés au phénomène de pollution maritime, de prolifération des déchets, les progrès technologiques survenus entre temps ont fait naitre de nouvelles nécessités en matière de protection de l'environnement, et l'exigence des techniques nouvelles de protection[1240]. Les exigences environnementales modernes dans le monde sont de plus en plus axées sur la durabilité, la réduction des émissions de carbone, la préservation de la biodiversité et la gestion responsable des ressources naturelles. De nombreuses entreprises et de gouvernements s'efforcent d'adopter des politiques et de pratiques qui minimisent leur impact sur l'environnement et favorisent un mode de vie plus respectueux de la planète. Cette prise de conscience croissante est essentielle pour préserver notre planète pour les générations futures.

Sous un autre prisme d'analyse, les attentions semblent fichées sur la transition vers les énergies renouvelables, la réduction de l'utilisation du plastique à usage unique, de la promotion de pratiques agricoles durables et de la sensibilisation à la protection des écosystèmes fragiles tels que les forêts, les océans et les zones humides. Ces actions nécessitent une participation collective de tous les niveaux de la société, des entreprises, des individus, des gouvernements.

Dans le secteur des travaux publics plus concrètement, les exigences environnementales modernes se traduisent par une intégration croissante des pratiques durables dans la planification, la conception et la réalisation des projets. Cela inclut l'adoption de matériaux de constructions écologiques, la mise en œuvre de mesures visant à réduire les déchets et les émissions de carbone, ainsi que la préservation des écosystèmes locaux lors du

---

[1239] A plusieurs niveaux et degrés, la Déclaration de Rio de 1992 insiste sur la nécessité de tenir compte de l'environnement dans les activités de développement des Etats. A la lecture du Principe 4 par exemple, il est énoncé qu'afin de parvenir à un développement durable, la protection de 'environnement doit faire partie intégrante du processus de développement et ne peut être considérée isolement.

[1240] **EGOUZO (Y.),** « L'évolution des instruments du droit de l'environnement », *Pouvoirs*, 4/2008 (n0 127), pp.23- 33.

développement de nouveaux projets. De plus en plus, les projets de travaux intègrent des solutions d'infrastructures vertes telles que des toits végétalisés, de systèmes de gestion des eaux pluviales et des aménagements favorables à la biodiversité. Ces pratiques contribuent à minimiser l'empreinte environnementale des projets tout en favorisant un développement urbain plus durable. Dans la pratique camerounaise des travaux publics, certaines de ces exigences peinent à être impulsées malgré les efforts incontestables des pouvoirs publics dans ce cens. Le problème y est encore plus profond et exige un urgent réaménagement du cadre juridique **(Chapitre 1),** ainsi qu'une refonte du cadre institutionnel y relatif **(Chapitre 2).**

CHAPITRE 1-UN RÉAMENAGEMENT URGENT DU CADRE JURIDIQUE DE PROTECTION

La loi *lato sensu* et le contrat sont les principales sources créatrices du doit de l'environnement en contexte des travaux publics. Si la loi pose des prescriptions d'ordre général, le contrat quant à lui définit les conditions spécifiques dans lesquelles la règle environnementale doit être appliquée par les parties. Dans la même logique, la loi est une norme imposée tandis que le contrat, quand lui, est fondé sur l'expression du consentement libre et éclairé des parties[1241].

Seulement, les acteurs des travaux publics sont constamment réticents à accepter les textes juridiques qui leur imposeraient de charges environnementales lourdes. Dans l'ensemble en effet, la réglementation environnementale leur apparaît peu accessible rigide dans certaines mesures, et surtout imposée. A ce sujet, le Professeur Jean CARBONNIER martelait pourtant qu'*« une loi qui n'est pas soutenue par un consensus populaire est en péril d'ineffectivité »*[1242].

Dans cette mouvance, le contrat semble plus efficace que les normes du législateur, pour garantir le respect des exigences environnementales par les opérateurs des BTP. Mais puisque la loi est de portée générale, il convient alors de créer des conditions nécessaires pour une mise en œuvre intégrée des politiques et textes juridiques de l'environnement en contexte des travaux publics d'une part (**Section 1)**, et d'inscrire davantage les contrats publics des travaux dans la logique écologique moderne (**Section 2)**.

Section 1- L'impératif de la revalorisation de la norme environnementale lors de la réalisation des travaux publics

Au Cameroun comme dans nombre d'Etats africains en développement, le droit de l'environnement reste un droit largement inefficient. Cette inefficience tient non pas forcement à l'inexistence de règles, mais plutôt du mauvais vouloir systématique de les appliquer[1243].

Plusieurs pratiques offrent une alternative pouvant garantir la rénovation du droit de l'environnement dans le secteur des constructions publiques. Il est

[1241] Selon les dispositions de l'article 1108 du Code civil, le consentement des parties qui s'obligent doit avoir été exprimé au préalable de la formation de ladite convention. La doctrine estime qu'il ne suffit pas simplement de l'exprimer, encore faut-il qu'il le soit de façon libre et éclairée. Voir par exemple **PELICIER (N.),** « Un consentement pleinement libre et éclairé ? », *Laennec,* vol. 69, n°4, 2011, pp. 24-30 ; **LAURENT (A.)** et autres, *Le consentement en droit civil,* vol unique, 8e édition, 2016, 976 pages ; **GHESTIN (J.) et PERIGNON (I.),** *Théorie générale du contrat et de l'obligation*, vol unique, édition Dalloz, 2020, 1600 pages, **GOUT (O.),** *Le consentement en droit des contrats,* édition LGDJ, 2014,342 pages.

[1242] **CARBONNIER (J.),** *Essai sur les lois*, partie II, chapitre 4.

[1243] **LEPAGE (C.),** « Les véritables lacunes du droit de l'environnement », *Op.cit.,* pp.18.

d'abord essentiel d'adopter une approche holistique qui intègre des critères environnementaux dès la phase de planification des projets. La recherche de solutions plus innovantes pour réduire les émissions du carbone et minimiser les déchets, ainsi que la promotion de la biodiversité dans les zones affectées par les projets. De plus, il est nécessaire d'impliquer les parties prenantes y compris les communautés locales et les experts en environnement, tout au long du processus législatif pour garantir une interprétation rassurante de la norme environnementale et sa mise en œuvre conforme. On peut en dire autant de la formation du personnel et l'adoption de la certification environnementale telle que les normes ISO 14001 qui peuvent aider à garantir le respect des exigences environnementales tout au long du cycle des travaux. Mais dans l'urgence, l'impulsion d'un nouveau management environnemental renforcerait mieux le respect du droit de l'environnement **(Paragraphe 1)**, même si le rajeunissement de certaines normes et labels environnementaux demeure aussi une préoccupation majeure **(Paragraphe 2)**.

Paragraphe 1- Le nécessaire développement d'un véritable management environnemental

La notion de management environnemental est une pratique bientôt ancienne dans le monde[1244] mais relativement récente au Cameroun. En tout état de cause, le management a pris naissance en droit financier avant de s'étendre dans le domaine de la sécurité des produits. Il s'est considérablement rependu dans les années 1990. Il s'agit des méthodes de gestion et d'organisation de l'entreprise, qui visent à prendre en compte systématiquement l'impact de l'activité sociétale sur l'environnement[1245]. A travers cette approche, l'entreprise montre ainsi son implication dans la protection de l'environnement et acquiert une culture qui y est favorable.

De constat, le management environnemental n'est pas véritablement ancré dans les pratiques sociétales au Cameroun **(A)**, raison pour laquelle les entrepreneurs doivent se mettre à l'école de ce mode de management **(B)**.

[1244] Lire par exemple, **JOHANSSON (U.)**, **SCHMIDT-FABER (C.)**, « Les taxes environnementales dans l'Union européenne : 1980-2001, les premiers signes d'une réforme fiscale verte », *Eurostat, Statistiques en bref,* 9/2003, pp. 1-10.

[1245] **DELACHE (X.)**, **MASSE (E.)**, « Les instruments économiques des politiques d'environnement », *Annales des mines,* avril 2005, pp. 31-43.

A- Les facteurs de l'inexistence d'un management environnemental dans le secteur du BTP

Cette situation est la conjugaison de divers facteurs. Tandis que certaines d'entre eux sont liés à l'environnement socioéconomique du Cameroun en général **(1)**, d'autres par contre sont dépendants de la volonté des entrepreneurs **(2)**.

1- Les facteurs liés au contexte socioéconomique

Il faut reconnaitre que l'environnement socioéconomique a une influence incontestable sur les mentalités. L'absence d'une conscience environnementale nationale ne favorise pas le progrès de la protection de l'environnement. On note ici un manque de sensibilisation et d'éducation chez les acteurs socioéconomiques. Une compréhension insuffisante des enjeux environnementaux peut entrainer un manque d'engagement en matière de gestion durable. Il est de ce point de vue essentiel d'éduquer les entreprises et les individus sur les avantages d'une approche respectueuse de l'environnement.

La faiblesse des règlementations et de l'application des lois en est un facteur majeur. On l'a souvent dit avec insistance, même si le cadre normatif du droit de l'environnement abonde de textes, leur mise en œuvre et leur application sont souvent insuffisantes. Le manque de contrôle et de sanctions dissuasives peut encourager les entreprises et les individus dans l'irrespect des normes environnementales.

La pression démographique et l'urbanisation rapide peuvent aussi dans une relative mesure expliquer cette carence. En effet, la croissance démographique et l'urbanisation rapide au Cameroun entrainent une pression accrue sur les ressources naturelles[1246]. La planification urbaine inadéquate et l'expansion non maitrisée peuvent nuire à l'environnement. On peut en dire pareil du manque de sensibilisation des pouvoirs publics. En effet, le choix du maitre d'ouvrage influence sur les pratiques des entreprises. Si le pouvoir adjudicataire n'est pas conscient de l'impact environnemental de ses décisions

[1246] **NGANG (J.-M.)**, « Les règles d'urbanisation et la protection de l'environnement au Cameroun » in **RUPPEL (O.) et KAM YOGO (E.)** (eds./dir.), *Droit et politique de l'environnement au Cameroun-Afin de faire de l'Afrique l'arbre de vie*, NOMOS, vol.37, 2018, pp.337-391 ; Prieur (Michel) *L'étude d'impact sur l'environnement,* Paris, édition BCEOM, 2001, p.20 ; **MORAND DEVILLIER (J.)**, *Esthétique et ville, dans : Vers un droit de l'environnement urbain, Actes des 2e journées scientifiques,* 29-31 octobre 1996, Réseau Droit de l'Environnement de l'AUPELF – UREF, Dakar, Université Cheik Anta Diop.

d'achats, les entreprises peuvent ne pas ressentir la pression de s'adapter, surtout qu'elles sont déjà aux prises avec les défaillances internes.

2- Les facteurs liés aux entreprises du secteur BTP

En effet, la mise en œuvre de pratiques environnementales exige des investissements en termes de technologie, de formation et d'infrastructures. Le manque de ressources financières et techniques peut constituer un obstacle. Le manque de coopération entre les entreprises et les factions de la société civile en est un facteur. La gestion environnementale nécessite, on ne le dira jamais assez, une collaboration entre les entreprises, le gouvernement, les ONG et les communautés locales. Le manque de coordination entre ces acteurs peut entraver la mise en place de mesures efficaces.

Mais la raison immédiate demeure le triomphe du bénéfice privé sur les impératifs d'intérêt général. En effet, dans un contexte où les entreprises cherchent à maximiser leurs profits à court terme et en peu de moyens, les considérations environnementales peuvent facilement être reléguées au second plan. La recherche de la performance économique peut inciter à négliger les pratiques écodurables[1247].

De nos jours remède peut être porté à ces carences soulevées.

B- Les mécanismes d'instauration d'un nouveau management environnemental

Dans l'ensemble, un nouveau management de l'environnement en contexte des travaux publics repose sur la systématisation de la normalisation ISO 14001 **(1)** même si certaines autres initiatives demeurent non négligeables **(2)**.

1- La vulgarisation de la norme ISO 14001 : Une solution idoine

De rappel, la norme ISO 14001 est un système de gestion de l'environnement reconnu mondialement. Elle permet de mettre en œuvre une gestion environnementale complète dans tous les secteurs de l'entreprise et de développer les processus en permanence. Le système de gestion environnemental qui en découle permet alors de définir et de mettre en œuvre

[1247] Voir **NLOM (J.-H.)**, *Etude sur la mise en valeur du potentiel du secteur privé à stimuler la croissance verte et la création d'emplois au Cameroun*, Rapport réalisé pour le compte de la Commission Economique des Nation Unies pour l'Afrique, 2009, p.76-86.

de manière cohérente la politique environnementale de l'entreprise. Il s'agit de la planification de l'approvisionnement en matériaux, de l'élimination des déchets, en passant par la répartition des tâches entre les différents agents de gestion de l'environnement sur le chantier. Sur la base des informations qui en découlent, l'entrepreneur peut mieux planifier l'organisation des processus de formation des employés à la gestion minimale de l'environnement quel que soit le poste de travail.

Valable dans le monde entier, la norme ISO 14001 a déjà fait ses preuves et sa popularité va sans cesse croissante. Grace à elle, de milliers d'entreprises parviennent aujourd'hui à contribuer activement à la protection de l'environnement en travaillant de manière durable et en utilisant des ressources de manière responsable.

En l'état actuel, rares sont les entreprises camerounaises du secteur des travaux publics qui ont une certification internationale ISO 14001. Celles qui ont été identifiées, sans être exhaustif, sont énumérées par catégorie suivant la suivante classification :

- Dans la catégorie A, les sociétés **Razel, Bun's, et l'entreprise Routd'Ad** sont des entreprises spécialisées dans les domaines d'activités tels que les routes et les ouvrages d'art ;
- Dans la catégorie B, on peut mentionner les entreprises **Croisière BTP, Comar, Sotcocog, Smar, Cetp et Simfo&Sons ;**
- Dans la catégorie C, Ets Cotrap est l'une des rares entreprises ayant une certification ISO 14001 certaine. Par ailleurs, l'ANOR annonce environs 720 entreprises sur le chemin de la certification de leurs produits[1248].

Au demeurant, ces entreprises sont celles qui ont obtenu la certification ISO 14001, démontrant leur engagement envers la protection de l'environnement et la mise en place de pratiques durables dans leurs activités. Il en ressort néanmoins que la norme ISO 14001 reste largement boycottée par les entreprises du secteur des travaux publics. Il y'a donc nécessité de sensibiliser les pouvoirs publics et ces entreprises sur les enjeux d'une telle certification, même si celle-ci ne demeure pas l'unique levier d'impulsion du nouveau management environnemental ici recherché.

[1248] Consulter le site internet de l'ANOR.

2- Le nouveau management environnemental : une question à réponses multiples

Abstraction faite de la vulgarisation de la norme ISO 14001 dans le secteur des travaux publics, la promotion du nouveau management environnemental peut reposer sur divers autres leviers. Ces leviers s'inscrivent cependant dans une dynamique d'ensemble et nécessitent une diversification générale de l'économie et un renforcement du secteur privé. En effet, le nouveau management environnemental encourage la diversification de l'économie nationale. Cela implique la transformation structurelle de l'économie, la dynamisation du secteur privé, l'import-substitution et la transformation locale des matières premières. Ces actions contribuent dans l'ensemble à un développement durable et à une meilleure gestion des ressources[1249].

Dans la foulée, quelle que soit la politique aménagée pour les besoins de la cause, une application plus stricte de la norme environnementale, la sensibilisation des masses et le renforcement des formations en matière environnementale demeurent essentiels au même titre que la promotion des pratiques durables.

L'investissement étatique dans des technologies respectueuses de l'environnement irait certainement dans le même sens. De plus, il est crucial d'encourager la collaboration entre le gouvernement, les entreprises et la société civile pour garantir une gestion plus intègre des ressources naturelles.

Sur un plan purement juridique, le rajeunissement des normes et labels environnementaux dans les travaux publics mérite une attention particulière.

Paragraphe 2- L'utile rajeunissement des normes et labels environnementaux

Dans divers cas, la norme environnementale camerounaise souffre du vieillissement de certaines de ses prescriptions. Pourtant, à l'origine, la loi est le miroir de son époque et traduit les besoins exprimés par le peuple à un moment donné. L'efficacité d'une norme repose surtout sur sa capacité à s'adapter aux mutations sociales et son aptitude à satisfaire les besoins de son

---

1249 **AKA MBA MBENGONO (O.- J.-M.),** *L'introduction de la gestion axée sur les résultats dans l'administration publique,* Thèse de Doctorat, Université de Yaoundé II, pp. 240 et ss.

époque. Lorsqu'elle n'y peut plus, elle doit être réadaptée ou mise hors circuit juridique par des techniques aménagées par le droit.

Pour l'heure, des déficits majeurs sont relatifs aux techniques environnementales de base, et l'on note ici l'urgence de rajeunir les mécanismes de réalisation des études d'impact environnemental **(A),** même si dans l'ensemble, la codification du droit de l'environnement reste la solution la plus attendue **(B).**

A- L'urgent rajeunissement des mécanismes de réalisation des EIES

Les progrès scientifiques et technologiques réalisés ces dernières décennies sont d'une importance cruciale pour la connaissance des données de la nature. Souvenons-nous que c'est grâce aux satellites que l'on a découvert l'aggravation de la dégradation de certains milieux restés inaccessibles à l'homme du fait du défaut des moyens pour y parvenir. De nos jours, les images satellitaires haute résolution permettent d'appréhender les fontes glacières dans l'arctique, ou encore la destruction de l'environnement marin liée aux déversements indus[1250]. Ces solutions sont d'une importance cruciale dans l'étude des données de la nature dans les travaux publics **(1),** même comme la réussite de leur emploi en la matière repose considérablement sur l'objectivation des critères d'accréditation des cabinets d'évaluation environnementale **(2).**

1- La modernisation du matériel pour une meilleure prévention des risques

Au rang des lacunes des études environnementales constatées au Cameroun, l'on relève l'insuffisance des ressources technologiques et de technicité des agents de réalisation. Les bureaux d'études locaux manquent parfois de moyens technologiques pour cerner les différents problèmes sur les sites de projets. Cependant, contrairement aux idées préconçues, le constat est celui de la grande tendance vers la modernisation du matériel d'analyse chez les consultants appelés à réaliser les études d'impact environnemental. Les

[1250] Il s'agit des déversements de produits pétroliers, les déchets industriels toxiques, les produits chimiques agressifs, les engrais et pesticides agricoles, ainsi que les déchets provenant des installations de traitement des eaux usées. Ces déversements peuvent contaminer les sources d'eau douce, les rivières, les lacs, les nappes phréatiques et les océans, mettant en danger la vie aquatique et la santé humaine. Il est crucial de prévenir ces déversements et de mettre en place de mesures adéquates pour gérer et nettoyer tout déversement qui pourrait survenir, afin de protéger l'espace hydraulique.

nouvelles technologies au service de l'environnement sont importantes pour relever les défis écologiques et bâtir un modèle de croissance durable.

Quelques outils et matériels couramment utilisés ailleurs peuvent recevoir écho favorable dans le contexte camerounais. Il s'agit par exemple de l'utilisation des actionneurs de qualité[1251] de l'air, de l'eau et du sol pour la collecte des données sur les polluants, les niveaux de PH, la température, etc. Les stations météorologiques surveillent les conditions climatiques telles que la température, l'humidité et la vitesse des vents. Les jumelles, drones et appareils photos dernière génération doivent être déployés pour une meilleure étude de la flore et la faune. Les logiciels de modélisation et de cartographie tels que le Système d'information Graphique (SIG) permettent de cartographier les zones d'étude et d'analyser les données spatiales. Les modèles numériques aident à simuler les impacts environnementaux et à prédire les scénarios futurs. Les microscopes permettront d'examiner les échantillons de sol, d'eau et de végétation. Men matière d'imagerie plus précisément, les drones collectent mieux les images que les appareils photos manuels. Les images aériennes qui en ressortent permettent d'établir une cartographie plus visible des sites et d'en planifier une meilleure surveillance environnementale. Les images satellites fournissent des données sur les changements environnementaux à grande échelle. En somme, le matériel d'étude environnementale est varié et adapté aux besoins spécifiques de chaque projet d'évaluation environnementale. Ecore faut-il que les agents appelés à manipuler ces nouvelles technologies en aient les aptitudes requises.

2- L'objectivation des critères d'accréditation des experts pour une meilleur performance

Au regard des manquements relevés en la matière, l'objectivation des critères d'accréditation des cabinets d'étude environnementale au Cameroun reste la solution majeure pour garantir la qualité et la fiabilité de ces consultants[1252]. Quelques solutions peuvent être formulées à ce sujet :

Il faut au préalable un système de normes et de d'indicateurs objectifs. Il est notamment question d'établir des normes claires et des indicateurs

---

[1251] Un actionneur de qualité est un dispositif ou un système conçu pour mesurer, contrôler, améliorer la qualité de l'air, du sol, de l'eau dans un environnement donné. Ces actionneurs peuvent être des capteurs de surveillance de la qualité de l'air, des purificateurs d'air, des systèmes de ventilation, des filtres à air avancés, ou d'autres technologies visant à réduire la pollution des milieux récepteurs.

[1252] **KAM YOGO (E.) et autres**, *Manuel judiciaire de droit de l'environnement en Afrique,* Institut de la Francophonie pour le développement durable (IFDD), 2018, *op.cit.,* p.25-30.

mesurables pour évaluer la performance des cabinets. Par exemple, des critères tels que le nombre d'experts qualifiés dans l'équipe, la méthodologie d'évaluation des impacts, la conformité aux lois environnementales etc.[1253].

Les évaluations externes sont également d'importance cruciale. Il est question de faire appel à des évaluateurs externes indépendants pour auditer les cabinets d'études. Ces évaluateurs peuvent vérifier la conformité aux critères d'accréditation et fournir des rapports impartiaux. Exiger des cabinets qu'ils documentent leurs processus, méthodologies et résultats irait dans le même sens. La transparence permet une évaluation objective et facilitera ainsi la comparaison entre différents cabinets. Dans la foulée, il faudrait mettre en place un suivi régulier pour s'assurer que les cabinets maintiennent leur niveau de qualité au fil du temps. Cela peut inclure des audits périodiques et des mises à jour des accréditations. La codification du droit de l'environnement reste cependant la solution la plus attendue.

B- La nécessité d'une codification du droit de l'environnement

L'un des plus grands handicaps du droit de l'environnement camerounais demeure l'éparpillement des textes en la matière. Il existe aujourd'hui une profusion normative remarquable dans les divers secteurs de l'environnement. Cet éparpillement n'est pourtant pas de nature à faciliter l'interprétation et l'application conformes des exigences prescrites dans ces textes. La codification présente pourtant des avantages considérables pour une discipline déjà assez complexe comme le droit de l'environnement en contexte des travaux publics **(1),** surtout lorsqu'elle peut être opérée par domaine d'activité **(2).**

1- Les enjeux de la codification du droit de l'environnement

La codification, martèle Marie-Josée LONGTAIN, *« est la réunion organisée ou la systématisation dans un livre, dit code, de dispositions légales autour d'un même thème général. La notion est relativement claire et ne suscite guère de débats, malgré la propension à nommer « code » ce qui souvent n'est qu'une consolidation de textes »*[1254]. En droit de manière générale, le code, à l'opposé des textes de lois et de règlements, possède une structure forte et schématise une armature d'ensemble qui se veut solide et qui se moule à

[1253] *Ibidem.*

[1254] **LONGTAIN (M.-J.),** « La codification comme élément ou source de justice », *Les cahiers de droit,* vol. 42, n° 3, 2001, *op.cit.,* p.670.

l'intensité des normes. La logique du code est d'abord déductive, allant du général au particulier, et les normes exprimées dans ce contexte s'insèrent dans la réalité des choses, elles traitent au détail près les spécificités d'un domaine choisi.

La codification en droit de l'environnement offre plusieurs avantages à l'instar de l'accessibilité et la lisibilité des informations. En effet, le code rassemble les textes juridiques relatifs à l'environnement en un seul document. Ceci facilite la recherche d'informations pour les acteurs des travaux publics. Bien plus, il opère un classement hiérarchisé des règles et des dispositions législatives et règlementaires par thèmes. Il a surtout la particularité de pouvoir être souvent mis à jour de façon régulière, suivant une procédure plus simple que celle des lois, pour refléter les évolutions de la problématique environnementale. En compactant les informations environnementales dans un *« tout en un »,* le code en garanti la sécurité juridique.

La France, véritable laboratoire du droit de l'environnement[1255], avait opté pour le choix d'un Code de l'environnement qui est un gage incontestable de la cohérence dans la mise en œuvre des politiques environnementales hexagonales. La structure dudit Code est de nature à fixer les dispositions applicables à chacun des milieux récepteurs de l'environnement, en fonction des spécificités[1256]. Toutefois, une codification des exigences environnementales à respecter en contexte des travaux garantirait une meilleure protection environnementale dans ce contexte.

2- Les vertus de la codification sur les TP

La codification des règles environnementales dans les travaux publics présente divers avantages spécifiques. En premier temps, elle garantirait la clarté et la simplicité. En effet, en regroupant les lois et règlements environnementaux dans un code unique, les professionnels des travaux peuvent accéder facilement aux informations nécessaires. Cela facilite également la recherche juridique et évite les dispersions des textes.

Il y'a au-delà, un enjeu de conformité. En effet, le code permet aux acteurs de travaux publics de connaitre précisément les obligations légales en matière d'environnement. Ils peuvent ainsi s'assurer de respecter les normes et d'éviter les sanctions. En outre, il y'a aussi un souci de facilitation de projets,

---

[1255] *Ibidem.*

[1256] Voir structuration du Code français de l'environnement, *op.cit.*

puisqu'en maitrisant les règles grâce au code, les professionnels peuvent anticiper les contraintes et intégrer les exigences environnementales dès la conception des projets. Cela favorise une meilleure planification et une exécution plus fluide.

La réduction des risques fait partir des objectifs de la codification. Le code offre une référence fiable pour prendre des décisions éclairées. Il permet d'éviter les erreurs et les litiges liés à l'environnement, ce qui réduit les risques financiers et juridiques[1257].

De toutes les vertus de la codification du droit de l'environnement, la sanction des atteintes reste la plus innovante. La loi cadre de gestion de l'environnement ne sanctionne que limitativement les infractions environnementales, au même titre que le Code pénal camerounais. Comparativement pourtant, force est de noter que le Code de l'environnement de la Guinée prévoit une catégorie unique de sanction pénale aux infractions relatives aux dispositions portant sur les installations classées. Il punit par exemple d'une amende de 100 000 à 1 000 000 FG et d'une peine d'emprisonnement de 2 à 5 ans, ou de l'une de ces deux peines seulement, l'exploitant d'un établissement classé sans autorisation ou en infraction aux dispositions de l'autorisation prévues à ses articles 72 à 74.

Et même si le Code de l'environnement du Togo est silencieux sur cette question, celui du Sénégal opère activement à cet égard. De constat, Il punit d'une amende de 500 000 à 1 000 000 F CFA toute personne qui exploite sans autorisation un établissement de première classe. En cas de récidive, il est prononcé une peine d'emprisonnement de 2 à 6 mois et une amende de 1 500 000 à 2 000 000 F CFA ou l'une de ces deux peines seulement[1258].

Aux côtés de la codification et dans l'attente de celle-ci en contexte camerounais, les acteurs doivent œuvrer à inscrire les contrats publiques dans la logique écologique moderne.

[1257] **HAURIOU (M.)**, *Précis du droit administratif et de droit public,* Dalloz, coll. Bibliothèque Dalloz, n° 12, 2002 ; **CARBONNIER (J.)**, *Droit civil : introduction,* 1972, **BOUVIER (J.)**, *Les Codes français : histoire et évolution*, 2004 ; **GAUDEMET (Y.)** Les Codes français : Essai d'histoire critique, 1989 ; **DUPONT (M.)**, *La codification du droit du travail en France* : analyse historique et perspectives, Thèse de doctorat, Université Paris-Sorbonne, 2018 ; **LEVEBVRE (P.)**, *La codification du droit civil français*, Mémoire de Master, Université de Montréal, 2015.

[1258] Voir arts. 78 et suivants du Code de l'environnement du Sénégal.

Section 2- L'inscription des contrats des travaux publics dans la logique écologique moderne

Ainsi que nous l'avons précédemment étudié, les contrats publics de travaux ne s'ouvrent que timidement aux problématiques environnementales. Pourtant, ils sont le lieu par excellence d'imposition de la prise en compte des exigences écologiques aux acteurs très négligents du secteur des BTP[1259]. Malgré les efforts d'intégration des questions environnementales consentis par le législateur des marchés publics de 2018, il se trouve que l'obligation des études d'impact environnemental et social est restée l'exigence majeure, dans un contexte mondial pourtant marqué par la célébration exponentielle de mesures écologiques nouvelles et innovantes.

Dans la pratique en général, il n'existe pas de documents types de gestion de l'environnement sur les chantiers à part le plan de gestion de l'environnement dont l'établissement n'est cependant soumis à aucun contrôle spécifique de l'Administration, et dépend donc du bon vouloir des maitres d'œuvres. Quant à la répartition des responsabilités entre l'entrepreneur et le maître d'ouvrage, le Cahier des clauses administratives générales reste pour l'heure l'unique référence, et ne se consacre qu'incidemment à l'environnement. Les cahiers des clauses environnementales particulières n'étant pas systématisés, leur édiction varie d'un marché à un autre.

Bien plus, ces instruments ne sont généralement visibles que pour les travaux publics à envergure nationale. Ceux réalisés par les collectivités décentralisées se font très souvent dans la foulée, et le cahier des clauses environnementales n'y est trop souvent qu'accessoire. Cela ne peut véritablement en être différemment tant la prise en compte de la réalité des menaces environnementales et écologiques semble échapper aux collectivités généralement constituées autours des communautés villageoises. Surtout que dans certaines localités du pays, lesdites communautés vivent encore en harmonie avec la nature et dans la logique d'avoir la maîtrise de celle-ci[1260].

En appendice, le transfert des compétences environnementales et des mesures d'accompagnement aux collectivités décentralisées s'opère dans une lenteur qui n'a d'égale mesure que le rythme d'évolution de la décentralisation

---

[1259] **MORAND-DEVILLER (J.),** « Le juge administratif peut-il ordonner la démolition d'un ouvrage public mal planté ? », *Bulletin juridique des collectivités locales,* n° 6/2003, pp 400-419.

[1260] Voir **DUPONT (J.-P.),** *l'Homme et la nature : en quête/enquête sensible*, vol.3, édit.1, 2011, pp. 342-349 ; **LECLEC (M.),** « L'homme et la nature : la géographie physique modifiée par l'action humaine », Vol.34, éd.2, 2020, p.128.

elle-même[1261]. Les entrepreneurs locaux opérant dans le secteur des travaux publics n'ont souvent qu'une piètre connaissance du droit de l'environnement, se prêtent régulièrement à des interprétations erronées ou trop permissives des textes du droit national et pire, du droit international en matière d'environnement. Il en est souvent aussi ainsi du droit des contrats administratifs aux contours souvent jugés trop techniques, voire même hermétiques pour les non-initiés de la science juridique.

Nonobstant, un début de solution pourrait déjà être l'intensification des exigences environnementales dans le dispositif de la commande publique, de sorte que l'obligation de protéger l'environnement apparaisse à tous les stades de réalisation du chantier, notamment pendant la conclusion des contrats publics des travaux **(Paragraphe 1)** ainsi qu'au moment de leur mise en exécution **(Paragraphe 2).**

Paragraphe 1- L'exigence du respect des critères environnementaux pendant la passation des marchés publics

Nous devons entendre par passation des marchés publics, l'ensemble des mécanismes conduisant à l'attribution des offres. Au regard du Code des marchés publics et des documents d'appel d'offre, la performance environnementale du soumissionnaire n'est pas érigée comme critère de sélection. Seuls sont essentiellement prises en compte les aptitudes techniques et la situation financière de l'entrepreneur[1262].

En effet, le Code des marchés publics contient l'essentiel des dispositions relatives à la passation des marchés publics au Cameroun. Il contient en effet l'ossature du droit regroupant les procédures que l'Etat, les collectivités territoriales décentralisées, les établissements publics administratifs ou les entreprises du secteur public ou parapublic doivent respecter lorsqu'ils passent une commande des travaux, des biens ou des services[1263].

[1261] Voir, **TCHENKEU (F.-J.)** et **ANAUD (M.-M.),** « Processus de décentralisation au Cameroun : enjeux et défis de la gouvernance urbaine », *Afican city journal,* vol. 02, n° 02, févier 2021, pp.12-17.

[1262] Très souvent, les documents d'appel d'offre n'insistent, comme condition d'attribution des offres, que sur les aptitudes techniques des soumissionnaires. Le Code des marchés publics de 2008 n'en fait pas allusion.

[1263] **BIAKAN (J.),** *Droit des marchés publics au Cameroun, contribution à l'étude des contrats publics*, Harmattan, *op.cit.,* p.38.

Toutefois, il existe un cadre juridique des règlements hors Code des marchés publics. Il s'agit notamment des textes d'application du Code des marchés publics de 2018, au rang desquels :

L'arrêté mettant en vigueur les dossiers types d'appel d'offre pour la passation des marchés des travaux publics ; l'arrêté fixant les modalités d'application de la demande de cotation[1264] ;

L'arrêté relatif à la mise en vigueur des Cahiers des clauses administratives générales applicables aux marchés publics[1265] ; et des autres textes relatifs aux marchés des fournitures[1266] ;

L'arrêté n° 143/CAB/PM du 29 avril 2007 mettant en vigueur des dossiers types d'appel d'offres pour des prestations intellectuelles. Ces textes pris dans leur ensemble donne à percevoir les différentes phases de passation d'un marché public, susceptibles d'intégrer les questions environnementales. A l'analyse, il y'a nécessité d'une prise en compte consolidée des performances environnementales de l'entrepreneur au niveau des dossiers types d'appel d'offre **(A)** avec une insistance sur l'indice carbone et l'achat écoresponsable **(B).**

A- L'urgence d'une prise en compte des enjeux environnementaux dans les dossiers types d'appel d'offre

Les dossiers types de passation des marchés publics de travaux au Cameroun explicitent en détail les pièces, explicitant les aptitudes juridiques, sociales, techniques, financières et économiques du soumissionnaire. Ils sont constitués des documents d'appel d'offre, du Cahier des charges, des critères d'éligibilité et d'évaluation, et du contrat type. Ces dossiers types visent à assurer la transparence, l'équité, et la compétitivité dans le processus de passation des marchés publics des travaux. Ils sont donc conçus pour garantir que les projets soient attribués à des entrepreneurs qualifiés, tout en respectant les règles et règlementation en vigueur. Ces documents sont donc des leviers à privilégier pour imposer aux entrepreneurs la protection de l'environnement, s'ils sont empreints de la logique du mieux disant environnemental **(1)** ou de l'offre la plus écologiquement satisfaisante **(2).**

[1264] Arrêté n°32/CAB/P M du 28 février 2023 fixant les modalités d'application de la demande de cotation

[1265] Arrêté n° n°33/CAB/PM du 13 février 2007 éponyme

[1266] Arrêté n°143/CAB/PM du 29 août 2007 mettant en vigueur des dossiers types d'appel d'offres international pour la passation des marchés publics de fournitures

1- Les contours du mieux disant environnemental

Le mieux disant environnemental au Cameroun est un concept en pleine construction qui n'est pas encore suffisamment ancré dans la pratique. Dès lors, marquer un temps d'arrêt sur les contours de la notion **(a)** favoriserait certainement une meilleure appréhension des mécanismes de sa vulgarisation en la matière **(b).**

a- Les implications du mieux disant environnemental

Au Cameroun comme dans bon nombre de pays du monde, les travaux publics sont généralement attribués par le biais d'appels d'offres. Les entrepreneurs intéressés soumettent leurs offres techniques et financières. Le mieux disant est choisi en fonction d'une évaluation globale, qui prend en comptée à la fois le cout proposé et la qualité technique de l'offre. Les critères d'évaluation les plus courants sont souvent la qualité technique, l'expérience de l'entreprise, les délais de réalisation, la capacité financière, mais rarement l'aptitude environnementale de l'entrepreneur. Le mieux disant est pourtant sensé donner l'offre avec la, meilleure combinaison de la qualité et du coût. Quoi qu'il en soit, le mieux disant dans les travaux publics au Cameroun implique une évaluation minutieuse des offres, en tenant compte à la fois de la qualité, des coûts, tout en garantissant la transparence et l'intégrité du processus.

b- L'implémentation du mieux disant environnemental

Le mieux disant environnemental peut être imposé dans les travaux publics de plusieurs manières. Tout d'abord, les autorités exigent que les entreprises de construction respectent des normes environnementales strictes tout au long du processus de soumission de leurs dossiers. Cela peut inclure des exigences telles que la preuve de la détention des engins écodurables, de matériaux écodurables, et que les entrepreneurs fassent preuve de leurs états antérieurs en matière de gestion écodurables des déchets et de la biodiversité, et de détenir surtout une politique interne en matière environnementale. Dans le meilleur des cas, le pouvoir adjudicataire peut exiger aux entrepreneurs d'inclure dans leur dossier, des critères liés au développement durable tels que l'empreinte carbone, l'utilisation de matériaux recyclés, et l'approche interactive avec les organisations de la société civiles[1267].

Le mieux disant environnemental implique indubitablement l'offre écologiquement satisfaisante même si les deux mécanismes d'impulsion de l'environnement en contexte des travaux publics ne renferment pas tous les mêmes réalités.

2- Les mécanismes de cette systématisation

La confusion entre le mieux disant environnemental et l'offre écologiquement satisfaisante a-t-elle sans doute été exagérée. Pourtant, sans être totalement antinomiques, les deux recèlent des particularités qui méritent une certaine distinction. Cette confusion mérite d'être levée **(a)** pour notamment favoriser la compréhension des mécanismes d'imposition de l'offre la plus écologiquement satisfaisante dans les travaux publics au Cameroun **(b).**

a- La distinction entre les notions en présence

A la vérité, le mieux disant environnemental est un concept plus large qui englobe à la fois des critères économiques et environnementaux. Il vise à sélectionner l'offre qui présente la meilleure combinaison de qualité technique, de coût et d'impact environnemental positif.

Dans l'ensemble, les critères environnementaux peuvent inclure la réduction des émissions de carbone, l'utilisation des matériaux durables, la gestion des déchets, etc.

L'offre écologiquement satisfaisante quant à elle se concentre principalement sur les aspects environnementaux, mais pas forcément à l'exclusion des autres critères[1268]. Elle garantit simplement que l'offre respecte des normes écologiques minimales sans nécessairement prendre en compte d'autres facteurs tels que le coût ou la qualité technique.

[1267] **ROMESTANT (F.), ORUEZABALA (G.)**, « Favoriser le mieux-disant dans les achats publics responsables : proposition d'un processus de mobilisation de réseaux d'acteurs », *Recherches en Sciences de Gestion*, n°128, 2018/5, pp. 103-131.

[1268] **MARTA (T.-S.)**, « La doctrine environnementaliste : une dynamique au croisement du savoir scientifique et profane », *Revue juridique de l'environnement*, n° spécial, 2016, pp. 219-240.

A titre d'illustration, une offre peut être considérée comme écologiquement satisfaisante si l'entreprise promet d'utiliser les matériaux recyclés, même s'ils ne sont pas moins chers.

b- La systématisation de l'offre écologiquement satisfaisante

L'offre la plus écologiquement satisfaisante est celle qui privilégie la durabilité et qui répond aux normes écologiques minimales. Elle insiste sur la présentation de certaines exigences telles que :

- Le choix de matériaux durables, qui implique l'utilisation de matériaux recyclés ou renouvelables, privilégie les matériaux à faible impact écologique, faible empreinte carbone et longue durée de vie.
- La réduction de l'indice carbone : l'offre doit minimise l'émission des gaz à effet de serre, privilégier des méthodes de production et de transport à faible émission de carbone.
- La mise en œuvre des techniques de construction respectueuses de l'environnement telles que les écoconstructions, et l'intégration de technologies vertes, pour réduire la consommation des énergies et l'émission des gaz à effet de serre. De plus, promouvoir le transport du matériel moins polluant contribuerait également à une offre plus écologique. Mais de toutes ces pratiques, celle relative à l'instauration d'un véritable crédit carbone serait la meilleure.

B- La résurgence de l'indice carbone et de l'achat écoresponsable

La gestion de l'indice carbone est la promotion de l'utilisation de matériaux durables et recyclés, l'objectivation des trajets de transports pour limiter les transports de CO2, et la sensibilisation des acteurs impliqués. Au Cameroun actuellement, les politiques environnementales sont détournées du mécanisme de gestion du crédit carbone. Pourtant, il existe à l'échelle internationale un marché carbone aux vertus incontestables et qui semble être le mécanisme d'application par excellence du principe pollueur-payeur **(1)** avec pour inséparable corolaire la démarche de l'achat écoresponsable **(2).**

1- La prise en compte de l'indice carbone

Pour une entreprise de BTP, la gestion de l'indice carbone est essentielle pour évaluer et réduire son impact sur le changement climatique. En l'état actuel de l'évolution de notre économie, l'indice carbone n'est pas encore considéré comme un critère du marché public. Pourtant, elle est porteuse d'un avantage comparatif insoupçonné, notamment l'aptitude à la gestion de l'environnement.

Sa prise en compte dans les marchés publics de travaux implique acquis un certain nombre d'exigences. D'une part, l'évaluation des émissions de gaz à effet de serre, qui permet de calculer la quantité de GES émise par l'entreprise lors de ses travaux antérieurs, ainsi que les mesures qu'elle a jadis déployées pour compenser. D'autre part, le mode de calcul doit être connu pour une évaluation objective. En effet, l'Agence de la transition écologique (ADEME) a publié, en 2004, une méthode de calcul encore ignorée de la majorité des acteurs des travaux publics. Appelé Bilan carbone, cette méthode quantifie les émissions de GES pour les flux physiques de l'organisation. Elle inclut les émissions directes et indirectes nécessaires au fonctionnement de l'entreprise.

Afin d'assurer la prise en compte de cette exigence, le législateur des travaux publics, ou mieux celui de l'environnement devrait rendre obligatoire l'examen périodique des états de gestion de l'indice carbone par unité d'entreprise. En France par exemple, le Code de l'environnement rend obligatoire l'établissement d'un bilan de gestion des émissions de gaz à effet de serre tous les trois ans pour certaines entités, notamment les services de l'Etat, les collectivités territoriales de plus de 50 000 habitants, les établissements publics et autres personnes morales de droit public de plus de 250 agents, les personnes morales de droit privé employant plus de 500 personnes en outre-mer[1269].

L'instauration d'une telle mesure au Cameroun permettrait au pouvoir adjudicataire de tenir compte de l'indice carbone des entreprises candidatant à la gestion écoresponsable des travaux publics.

2- La priorisation de la démarche d'achat écoresponsable

Toute opération des travaux publics implique au préalable la réalisation d'un certain nombre d'achat en vue d'approvisionner le chantier. L'achat des travaux publics est aussi un des aspects les plus importants dans le processus d'écologisation de la commande publique.

En effet, l'achat écoresponsable permet à l'entreprise de prioriser l'acquisition de biens ou de services auprès d'un fournisseur ou d'un prestataire sélectionné dans le but de minimiser les impacts environnementaux

[1269] Voir article L 229-25 dudit Code

et sociaux tout en favorisant les bonnes pratiques en terme d'éthique et de droits humains[1270]. Il s'agit alors d'une approche qui prend en compte les aspects environnementaux et sociaux liés à l'achat. Cela pourrait inclure les consommations d'énergie, l'utilisation de matières premières, les émissions de gaz à effet de serre, etc. Pour réussir cette opération, l'entreprise doit pouvoir fidéliser un fournisseur dont la réputation écologique ne souffre plus d'aucune contestation sur le marché. Le choix d'un fournisseur qui intègre des pratiques responsables dans sa chaine d'approvisionnement est donc un atout majeur, au même titre que la priorisation de l'approche sociale et solidaire.

Toutes ces exigences doivent être prises en compte dans l'analyse des dossiers types à soumettre au moment de l'évaluation et de l'attribution des offres. Le maître d'ouvrage devrait encore poursuivre la mise en œuvre conforme de ces exigences en cours de réalisation du chantier.

Paragraphe 2- Imposer le respect environnemental pendant l'exécution des contrats de travaux

En effet, les produits et techniques généralement utilisés sur les chantiers sont de nature à causer des pollutions diverses sur les différents milieux récepteurs. C'est précisément dans cette phase des travaux que le plan de gestion environnemental s'implémente. Il est toujours prévu dans les rapports de l'étude environnementale et guide la mise en œuvre des mesures de protection adoptées. En effet, le plan de gestion environnemental et social (PGES) *« comprend un plan de mise en œuvre des mesures proposées et détermine les responsabilités pour leur mise en œuvre et estime les coûts nécessaires à l'application de ces mesures »*[1271] . En consultant les documents techniques de certains travaux de construction des routes nationales, il ressort que *« pour chaque impact identifié, les mesures visant à prévenir, atténuer ou compenser les impacts négatifs d'une part, et optimiser les impacts positifs ont été formulées... le présent plan de gestion environnemental et social consiste*

[1270] 5- CADET (Coralie), Les achats verts sont-ils une réelle source de performance économique pour les entreprises?, Mémoire de Master en Management Stratégique des Achats, Université Grenoble Alpes, 2021, 139 pages.

6-5-**CADET (C.),** *Les achats verts sont-ils une réelle source de performance économique pour les entreprises?,* Mémoire de Master en Management Stratégique des Achats, Université Grenoble Alpes, 2021, *op.cit.,* pp. 14 et ss ; **DJOPMO NONO (M.-G.),** *La régulation juridique et la gestion des déchets au Cameroun,* Mémoire de Master en droit public, Université de Dschang, 2014-2015, p.37 ; **DONGMO (B.R.),** *L'application en Afrique Centrale des principes de prévention et de précaution,* Mémoire de Master en droit international de l'environnement, Université de Limoges, 2010, pp. 12-14.

[1271] Voir *Guide de réalisation et d'évaluation des études d'impact environnemental au Cameroun,* p.24. *Op.cit.,*

en une synthèse et une planification de la mise en œuvre des mesures préconisées »[1272].

Une mise en œuvre fructueuse de ces plans demande que les acteurs se départissent de la logique sanctionnatrice **(A)** pour privilégier l'approche réparatrice et par bonification **(B).**

A- La minoration de la logique sanctionnatrice

S'il est vrai que les pouvoirs du maître d'ouvrage permettent de veiller à la bonne exécution des travaux publics, leur utilisation à tout égard peut s'avérer parfois improductive. Certes en matière environnementale, ces pouvoirs sont déjà rarement utilisés pour contraindre l'entrepreneur à se plier à ses obligations écologiques contractuelles.

Mais d'un point de vue global, il est possible et même nécessaire de se départir de la logique sanctionnatrice en droit de l'environnement en mettant l'accent sur la prévention et l'incitation positive plutôt que la seule répression **(1).** Surtout, l'intensification du partenariat public-privé pourrait renforcer la collaboration des acteurs des travaux publics à une protection plus vertueuse de l'environnement **(2).**

1- Le renforcement des incitations environnementales pour une protection consolidée

La loi cadre de gestion de l'environnement au Cameroun a eu le mérite d'instituer les exemptions fiscales et douanières pour encourager les bonnes pratiques écologiques auprès des entreprises. La création d'un Fond national de l'environnement et du développement durable est également un instrument financier de mise en œuvre de la politique environnementale. Seulement, les entreprises du secteur des travaux publics expriment certaines difficultés d'accès à ces avantages.

Il s'agit d'une part de la complexité des procédures administratives et des critères d'éligibilité, qui peuvent rendre difficile pour certaines entreprises, en particulier les petites et moyennes entreprises, de naviguer à travers le processus de demande de financement. De plus, le manque de sensibilisation et d'information sur les opportunités de financement offertes par le Fonds peut limiter l'accès des entreprises à ces ressources. En outre, la concurrence pour

[1272] Consulter à ce sujet le *Rapport de l'étude d'impact environnemental et social de l'aménagement de la route Batchenga-Ntui-Yoko-Tibati-N'Gaoundéré,* p.238.

les fonds disponibles peut constituer un défi pour nombreuses entreprises qui cherchent à obtenir du soutien financier pour leurs projets environnementaux.

Il est donc important que le Fonds et les autorités compétentes travaillent à simplifier les procédures, à accroitre la transparence et à fournir un soutien technique aux entreprises pour faciliter leur accès aux financements environnementaux. De plus, une sensibilisation accrue sur les opportunités offertes par le FNEDD, et des efforts pour promouvoir l'inclusion des petites et moyennes entreprises dans le processus de financement pourraient contribuer à surmonter ces entraves.

2- La consolidation du partenariat public-privé pour une gestion intégrée

L'instauration du partenariat public-privé en droit camerounais est la conséquence directe de l'intégration du nouveau management public dans la gouvernance publique sur le territoire national[1273]. Devenu acteur du marché et de la société, condamné à réussir sa mission de pourvoyeur d'intérêt général, l'Etat ne peut plus s'enfermer dans son unilatéralisme d'antan. L'atteinte des objectifs du développement durable est conditionnée par un brassage d'efforts entre toutes les forces vives de la société et implique nécessairement l'implication des acteurs privés dans la gouvernance. Droit de troisième génération encore dit droit solidarité, le droit à un environnement sain[1274], a besoin plus que tout autre droit, du partenariat public-privé pour se concrétiser.

Pour améliorer le partenariat public-privé en vue d'une meilleure prise en compte de l'environnement dans le contexte des travaux publics au Cameroun, une inclusion plus sérieuse des PME dans le secteur des travaux est impérative. En effet, les marchés publics au Cameroun ont le défaut de privilégier les grandes entreprises ayant déjà effectuées un long séjour dans le secteur. Celles-ci, par abus de position dominante, ne se soucient souvent que très peu des exigences environnementales, ayant déjà le bénéfice de la présomption du préalable. Il est crucial à cet égard d'intégrer des clauses spécifiques dans les procédures de passation des marchés publics ou les contrats PPP. Au Ghana par exemple, la loi sur les PPP impose aux

---

1273 Voir la loi N°2023/008 du 25 juillet 2023 fixant le régime général des contrats de partenariat public-privé au Cameroun. Cette loi établit le cadre juridique pour les contrats de PPP et vise à ressembler toutes les formes de PPP sous un régime unique, favorisant cohérence et efficacité dans leur mise en œuvre.

1274 **DOMINIQUE (R.),** « Les droits de l'homme de la troisième génération », *Revue interdisciplinaire d'études juridiques*, vol.19, n°2, 1987, pp.19-31. ; Art.1 de la Déclaration des Nations Unies sur le Développement, *« Les droits de troisième génération reposent sur le concept de la solidarité et proclament les droits collectifs des sociétés, des peuples et des groupes. Il inclus les droits à un développement durable, à l'autodétermination et à un environnement sain »*.

soumissionnaires privés de présenter un plan de contenu local, démontrant comment le projet bénéficiera aux entreprises locales[1275]. Impliquer d'autres parties prenantes, tels que les défenseurs de l'environnement, peut renforcer la sensibilisation aux droits environnementaux de l'homme et encourager des politiques et actions responsables de la part du secteur privé.

En somme, un PPP bien structuré, inclusif et transparent peut contribuer à la protection de l'environnement tout en favorisant le développement économique et social au Cameroun.

A- La capitalisation des approches réparatrice et de bonification

Ces deux approches ont souvent longtemps été confusément appréhendées. Sans être véritablement opposées, elles recèlent néanmoins des particularités de fond. En effet, tandis que l'approche réparatrice vise la réparation de la dégradation **(1),** l'approche de bonification vise surtout la bonification des impacts positifs des travaux sur l'environnement **(2).** Elles s'avèrent plus utiles que les sanctions pécuniaires ou disciplinaires qui n'ont aucune réelle portée sur l'équilibre rompu dans les faits.

1- La logique réparatrice

L'approche réparatrice en droit de l'environnement est un concept essentiel dans la gestion des impacts environnementaux causés par la mise en œuvre de certains projets. Elle implique de contraindre l'auteur de la dégradation à prendre des mesures adéquates pour assurer la remise en l'état du site dégradé. Elle s'oppose de la logique compensatrice basée sur le principe pollueur-payeur qui, lui, postule plutôt une compensation financière et non nécessairement une remise en l'état.

En effet, la compensation écologique, sans être nécessairement exaltée, est néanmoins une salutaire mesure de gestion des impacts environnementaux d'un projet. Elle consiste à compenser les dommages causés à l'environnement par des mesures visant à restaurer ou créer des fonctions écologiques et des

[1275] **BITHO (T.),** « Une visite des chantiers des textes portant sur les contrats de partenariat public-privé en Afrique : cas du Togo, du Ghana et du Sénégal, chronique sur internet, consulté lundi 19/03/2024 à 11h00, via le lien https://www.financialafrick.Com/2021/08/26/tribune-une-visite-des-chantiers-des-textes-portant-sur-les-contrats-de-partennariat-public-prive-en-afrique-cqs-du-tigo-du-ghana-et-du-senegal/.

milieux perdus. Elle intervient lorsque les dommages ne peuvent ni être évités ni réduits par d'autres moyens[1276].

Par contre, la mise en l'état d'un site dégradé par les travaux publics est une étape essentielle pour restaurer un environnement altéré par des activités de construction ou d'infrastructure. Il est alors nécessaire de bien identifier les dommages. Lorsqu'une activité à l'instar de la construction d'une route, d'un bâtiment ou d'un réseau d'eau cause des dégradations sur un site, la mise en état serait plus utile qu'une compensation financière. Il suffit d'établir un plan de remise en état qui définisse objectivement les dommages et les mesures adéquates. La bonification des mesures positives peut y être incluse.

2- L'approche par bonification

Depuis longtemps, la doctrine catastrophiste appréhende les travaux publics comme naturellement dangereux pour l'environnement. Elle souligne surtout les risques de dégradation de l'écosystème, la perte de la biodiversité, la pollution et les changements climatiques induits par les travaux publics. Cette perspective cherche à sensibiliser sur les impacts négatifs et à encourager des mesures de prévention et de protection de l'environnement lors de la planification des travaux publics. Seulement, elle n'ambitionne pas souvent la valorisation des effets positifs qui en découlent. Ces effets existent pourtant indéniablement[1277] et nécessitent d'être bonifiés pour une gestion plus intègre de l'environnement pendant les travaux.

En effet, les travaux publics produisent plusieurs effets positifs, au rang desquels l'amélioration des infrastructures, la création d'emplois dans le secteur de la construction et ses industries connexes, le développement économique et l'accès accru aux services essentiels etc.

Pour les bonifier, diverses mesures peuvent être prises et encouragées. Sans prétendre à l'exhaustivité, on peut mentionner :

[1276] Voir, **DEVICTOR (V.),** « La compensation écologique : fondements épistémiques et reconfigurations technoscientifiques », Nature Science et Société, vol. 26, n°. 2, 2018, pp. 136-149 ; **DAUGUET (B.),** *La compensation écologique,* Thèse de Doctorat en Sciences de l'environnement, Université de Paris, 2020, pp. 50-75 ; **QUETIER (F.)** et autres « Mesures de compensation écologique : risques ou opportunités ? », *Vertigo,* vol.18, n°.2, 2018, pp.1-7 ; **COCHARD (H.),** « La compensation écologique : réflexion scientifique et critique », *Musée national d'histoire naturelle,* 2019, pp. 45-50.

[1277] Voir, **DUPONT (J.),** « La doctrine environnementaliste », Revue de droit de l'environnement, vol. 45, n° 3, 2020, pp.345-362 ; **MARTIN (M.),** « Les travaux publics », *Editions juridiques modernes*, 2022, pp.40-70 ; **DURAND (P.),** « Jurisprudence en droit de l'environnement », Recueil Dalloz, n°123, 2019, pp. 456-468 ; **DUBOIS (C.),** *Préservation de l'environnement et travaux publics,* Thèse de Doctorat en droit, Université de Paris, 2023, pp.145-200.

- L'évaluation, l'objectivation des mesures de réalisation des études environnementales dans l'optique de mieux certifié les impacts positifs à bonifier ;
- L'utilisation des technologies vertes[1278] pour la réduction de l'empreinte carbone ;
- L'encouragement de la participation citoyenne ; l'accroissement de la consommation des produits locaux et de la main d'œuvre locale etc.

[1278] La technologie verte, également connue sous le nom de technologie environnementale ou écotechnologie, fait référence à l'utilisation de l'innovation et de la science pour développer des solutions qui réduisent l'impact environnemental et favorisent la durabilité. Cela peut inclure des technologies visant à réduire la pollution, à optimiser l'utilisation des ressources naturelles, à promouvoir les énergies renouvelables, à améliorer l'efficacité énergétique, et à créer des processus de production plus respectueux de l'environnement. En somme, la technologie verte vise à concilier le progrès technologique avec la préservation de l'environnement.

CONCLUSION DU CHAPITRE I

La réadaptation des TP aux exigences environnementales est une entreprise incontournable. Elle passe avant tout par une refonte du cadre juridique de cette protection. La norme environnementale peut être revalorisée par divers moyens. Reconnaissons avant tout la nécessité de mettre sur pied un nouveau management environnemental dans le secteur des travaux publics. Cette entreprise a longtemps été ignorée en contexte camerounais alors même que c'est sur elle que devait reposer le destin du droit de l'environnement. Les facteurs de son ignorance ont été identifiés tant dans le fonctionnement interne des entreprises que dans l'environnement socioéconomique du Cameroun.

Tout compte fait, sa viabilisation repose essentiellement sur la vulgarisation de la certification internationale, notamment l'adhésion systématique des entreprises du secteur BTP à la norme ISO 14001 en tant que certifiant de la conformité environnementale d'une unité entrepreneuriale. Outre mesure, l'inscription des achats publics à la logique écoresponsable favoriserait considérablement cette nouvelle vision écologique.

Dans la foulée, les standards et labels jadis utilisées en matière de protection de l'environnement dans le secteur BTP méritent réformation. C'est ici qu'il y'a urgence de reformer les EIES, de moderniser le matériel de l'évaluation des risques, d'objectiver les critères d'agrément des cabinets d'études environnementales.

En effet, il a été constaté que malgré la volonté affichée des différents acteurs à accompagner le processus d'internalisation des dispositions légales et réglementaires des EIES, les efforts des uns et des autres sont entravés par divers obstacles tels que l'absence de suivi par l'administration ; une présentation diversifiée des rapports d'EIES par les consultants ; la qualité déplorable des études etc.

Le second axe de cette redynamisation juridique consiste à inscrire les contrats publics dans la logique écologique moderne. Elle devra se matérialiser par l'exigence des compétences environnementales de l'entrepreneur, aussi bien dans les documents d'appels d'offres, que dans la phase d'attribution. Le mieux disant environnemental pourrait combler le même vide.

Dans l'absolue, les incitations environnementales devraient être renforcées pour encourager les entreprises à une approche plus volontaire de la protection de l'environnement. La priorisation de la prévention sur la répression produirait certainement un effet bénéfique dans cette entreprise.

CHAPITRE 2-UNE REDYNAMISATION IMPÉRIEUSE DU CADRE INSTITUTIONNEL DE PROTECTION

Au rang des véritables lacunes du droit de l'environnement, la défaillance du cadre institutionnel et la faiblesse de l'intervention des acteurs sont généralement pointées du doigt à l'échelle globale, et non pas seulement dans les travaux publics au Cameroun. De Conférences à Sommets, les appels au renforcement des capacités des acteurs environnementaux du secteur public ou privé se sont amplifiés. Qu'il s'agisse des éléments naturels, de la lutte contre les pollutions et les nuisances, des activités dangereuses et surtout du climat, un cadre institutionnel efficace est indispensable pour en assurer la protection. Généralement, les faiblesses se manifestent surtout dans le processus de prise des décisions et dans les mécanismes de mise en œuvre des responsabilités et des sanctions.

Dans la mesure où la protection de l'environnement est perçue par les entrepreneurs comme une source de ralentissement des activités du chantier, qui en plus, grève la situation financière des entrepreneurs dans certains cas, ceux-ci se mobilisent peu pour la cause environnementale et préfèrent généralement l'appréhender comme une simple formalité. De leur côté, les décideurs publics manquent de pragmatisme et sont davantage soucieux du développement infrastructurel plutôt que de l'élaboration d'une réelle règlementation de l'environnement qui prendrait en compte les spécificités de chaque secteur d'activité, à l'instar des TP toujours consommateurs des ressources naturelles.

Les règles procédurales de la réparation contentieuse des dommages de droit commun ne sont pas suffisamment adaptées au contentieux de l'environnement. Les référés et sursis devant permettre de régler d'urgence les litiges en la matière sont absorbés, on ne le dira jamais assez, par certaines exigences procédurales au rang desquelles la sempiternelle règle du recours gracieux préalable. Il y'a donc urgence de repenser le cadre institutionnel de protection de l'environnement, en posant les jalons d'un nouveau management pour les institutions non juridictionnelles **(section 1)** et en inventant un nouveau paradigme de l'intervention des acteurs juridictionnels **(section 2).**

Section 1- Une nécessaire réorganisation des institutions non juridictionnelles de protection

Les défis environnementaux et écologiques sont multiples lors de la réalisation des projets d'infrastructures[1279]. Ils concernent l'exploitation des

[1279] **MICHAUT (C.)**, « Ecologie : le plus dur reste à faire », *Environnement magazine*, novembre 2004, pp. 45-47.

ressources naturelles et ses impacts (épuisement, dégradation, conflits d'usage, gestion des déchets[1280], etc.). Ils touchent aussi bien aux risques multiformes, d'origine naturelle ou anthropique, souvent pluriels à l'échelle d'un espace donné. La prise en compte de ces défis environnementaux par les sociétés implique des actions d'anticipation, de prévention, de protection, mais aussi de gestion de l'urgence et des crises[1281].

Le jeu d'acteurs jusqu'ici observé sur le terrain de la protection de l'environnement semble ne plus produire les résultats escomptés. Tandis que les acteurs privés font face aussi bien aux difficultés d'organisation que de fonctionnement, ceux publics manquent de coordination et de pragmatisme[1282]. Dans ce registre, la protection de l'environnement dans les travaux publics ne peut valablement trouver ses marques que dans la mesure où les acteurs publics élaborent des politiques de coordination de leurs politiques sur le terrain **(Paragraphe 1)** accompagné d'une certaine revalorisation de l'implication des acteurs du secteur privé **(paragraphe 2).**

Paragraphe1- La nécessaire coordination des politiques et institutions publiques

De nos jours, le problème du droit de l'environnement, qu'il soit national ou international, n'est plus nécessairement celui du vide institutionnel qui avait prévalu dans les années 90[1283], mais plutôt celui de l'éparpillement et de l'absence de coordination des institutions en charge des questions environnementales. A cette défaillance organisationnelle se greffe le constat de l'insuffisance des ressources humaines et financières pour assurer efficacement les missions dévolues à ces institutions. Ces difficultés se soulèvent plus sévèrement en contexte des travaux publics puisque certaines opérations transcendent divers domaines d'activité dont la gestion est confiée à divers Ministères.

A titre d'exemple, la réalisation d'une route nationale pose nécessairement et au préalable des problèmes fonciers et domaniaux sous fond d'expropriation et d'indemnisation, les difficultés de préservation des espaces forestiers et leurs espèces lorsque le tracé doit notamment empiéter un domaine

[1280] **SCHNEIDER (S.),** « Le BTP sur la voie de la valorisation des déchets », *BTP Magazine,* n° 158, novembre 2002, pp. 34-52.

[1281] **VEYRET (Y.), LAGARNIER (R.) et SCARWELL (H.-J.),** « Gestion de l'environnement : acteurs, actions, territoires », *in L'environnement,* 2017, pp.193-224.

[1282] **GUEYE (O.K),** *La gestion de l'environnement dans les politiques publiques locales*, Thèse de Doctorat nouveau régime-Droit Public, Université de Loraine, septembre 2015, pp. 325-335.

[1283] **KAMTO (M.),** *Droit de l'environnement en Afrique, op.cit.,* pp. 256-258.

zoologique protégé à l'instar d'un parc. Il en est de même de la construction d'un barrage qui soulève nécessairement le problème de gestion des ressources en eau, en agriculture et trouble indubitablement l'activité économique locale.

C'est nettement en regard de cette diversité que la loi cadre de gestion de l'environnement confère compétence aux Administrations impliquées pour constater les infractions à l'environnement et procéder à sa réparation[1284]. Celles-ci doivent alors de temps à autres élaborer des plans d'intervention plus coordonnées de leurs activités sur le terrain, afin d'éviter d'éventuels conflits positifs ou négatifs de compétences **(A).** Aussi, puisqu'il a été constaté que l'efficacité des agents administratifs pâtit de l'inaptitude de certains d'entre eux à la manipulation de l'outil environnemental, une amélioration des aptitudes serait gage d'une certaine efficacité de leur intervention **(B).**

A- La coordination des actions administratives

En effet, la compétence environnementale relève comme beaucoup d'autres (culture, sport, éducation, transport, route, santé…), de la compétence de plusieurs personnes publiques, qui doivent de ce fait exercer en commun les compétences dont elles sont titulaires dans ce domaine. La profusion des administrations à compétence environnementale n'est pas forcément un atout pour une bonne gestion des problématiques environnementales. Sur le terrain des travaux publics par exemple, peuvent être impliqués, les agents des eaux et forêts en protection des espèces fauniques que les ouvriers présents sur le chantier, ont souvent l'habitude de prendre comme du gibier offert par la nature en reconnaissance de leur effort. Nombre d'entre eux estiment que ces gibiers sont, pour ainsi dire, un avantage de service, alors que certaines espèces se trouvent en fait, sous un régime de protection particulière parce que menaçant extinction[1285]. On peut en dire autant des agents de la santé et de la protection sociale qui interviennent pour contrôler les conditions de travail des ouvriers, ou encore les protocoles sanitaires du chantier. Pourtant, il est possible dans le même temps que la protection de telles espèces ait été, sur la base contractuelle attribuée soit à l'entrepreneur, soit aux agents relevant de l'autorité du maître

[1284] Aux termes de l'art. 88 (1) de la loi cadre de gestion de l'environnement de 1996, « *Sans préjudice des prérogatives reconnues au ministère public, aux officiers de police judiciaire à compétence générale, les agents assermentés de l'Administration chargée de l'environnement ou des autres Administrations concernées, notamment ceux des domaines, du cadastre, de l'urbanisme, des travaux publics, des forêts, de la marine marchande, des mines, de l'industrie, du travail et du tourisme sont chargés de la recherche, de la constatation et des poursuites en répression des infractions aux dispositions de la présente loi et de ses textes d'application* ».

[1285] Au Cameroun, plusieurs espèces animales sont en voie de disparition. Il s'agit entre autres du Gorille des plaines de l'Ouest, du Gorille de la rivière de Cross, du Vautour africain, du Lycaon, du Faux Gavial, du Chimpanzé commun, de la Baleine bleue, du Rhinocéros noir etc.

d'ouvrage; ou encore que le MINEPDED, usant de sa compétence environnementale de droit commun s'en soit déclaré compétent au préalable. Dans cette hypothèse d'école, la protection des ressources cours le risque d'être sacrifiée à l'autel d'un éventuel conflit de compétence.

Pour éviter un tel schéma, au moins deux possibilités s'offrent aux acteurs en présence : Une coadministration planifiée entre les Administrations impliquées **(1)**, ou mieux encore l'initiation d'un contrat environnemental à part entière **(2)**.

1- La possible coordination des interventions

La répartition des compétences entre le maitre d'ouvrage et l'entrepreneur est souvent gage d'une meilleure surveillance environnementale. Il arrive quelquefois que les cahiers des charges opèrent cette répartition, mais pas toujours. Ce qui pose moins de problèmes, puisqu'à la vérité, la protection de l'environnement est considérée *ipso facto* comme une obligation mutuelle de ces deux parties au contrat. La coadministration est inévitable dans un contexte marqué par l'intervention d'un conglomérat d'organismes à intérêt environnemental. Elle peut s'opérer sous diverses formes, et revêtir diverses appellations : *« partenariat »*[1286], *« action commune »*[1287] , *« semi-décentralisation »*[1288] , *« gestion intégrée »*[1289] , *« coopération public-public »*[1290] etc.

En effet, dans la pratique des travaux publics, certaines tâches de protection de l'environnement sont dévolues au maître d'ouvrage, dans le cadre de l'exercice de ses pouvoirs régaliens de contrôle, d'autres à l'entrepreneur dans l'exercice courant de ses prestations. Dans l'hypothèse pure de la coadministration, la mission de protection de l'environnement s'avère particulièrement délicate et justifie de ce fait la mise sur pieds d'une commission mixte composée des agents relevant aussi bien de l'autorité du maître d'ouvrage, des autres Administrations à compétence sectorielle, et ceux

1286 Voir **HEMERY (V.)**, « Le partenariat, une notion juridique en formation ? », *Revue française de droit administratif,* 1998, p. 347 ; **DAMON (J.)**, « Partenariat et politique sociale », Revue de droit sanitaire et social, vol.45, n° 1, 2009, pp. 149-162.

1287 Il s'agit ici de l'expression retenue par l'article 72, alinéa 5, de la Constitution de la Vie République française, notamment celle du 4 octobre 1958, loi constitutionnelle n° 2003-276 du 28 mars 2003.

1288 **EISENMANN (C.)**, *Problèmes d'organisation de l'Administration, 1966-1967,* Cours de droit administratif, LGDJ, 1982, p. 287 et s.

1289 Recommandation du Parlement européen et du Conseil du 30 mai 2002 relative à la mise en œuvre d'une stratégie de gestion intégrée des zones côtières en Europe (JOCE L 148, 6 juin 2002, p. 0024- 0027).

1290 Commission européenne, 4 octobre 2011, SEC (2011) 1169 final, Direction Générale Marché Intérieur et Services, *Document de travail concernant l'application du droit de l'Union européenne sur les marchés publics aux relations entre pouvoirs adjudicateurs (« coopération public-public »).*

représentant l'entreprise réalisatrice du chantier[1291]. Les prémices de cette gouvernance sont déjà visibles dans la pratique des travaux publics au Cameroun et sont de plus en plus encouragées du fait de l'efficacité de leur intervention[1292]. Toutefois, cette solution est loin d'être une panacée d'autant plus que dans certains systèmes juridiques étrangers au nôtre, la profusion des contrats typiquement environnementaux présente de plus meilleures garanties et permet de résorber le problème de la saturation institutionnelle.

2- La nécessité des contrats environnementaux autonomes dans les travaux publics

Les conséquences de l'essor de la problématique environnementale sur le droit des contrats ne sont plus à rechercher de nos jours, elles atteignent au contraire, les proportions impressionnantes. Il n'est plus simplement question d'insérer, avec ou sans réelle pertinence les enjeux environnementaux dans le dispositif de la commande publique, mais de laisser émerger des contrats environnementaux spéciaux, atypiques, voire autonomes[1293]. A défaut de s'occuper personnellement des problèmes environnementaux du chantier, le maître d'ouvrage et l'entrepreneur peuvent s'en départir au profit d'une tierce partie sur une base contractuelle. Le phénomène de contractualisation de l'environnemental est en pleine effervescence dans le monde **(a)** et présente une innovante alternative pour une gestion plus efficace de l'environnement en contexte des travaux **(b).**

a- Un phénomène juridique en pleine construction

L'environnement est à n'en plus douter, un miroir des mutations qui traversent les sociétés civiles contemporaines ; mutations qui viennent expliquer et justifier la part plus importante du contrat. L'Etat, devenu providence puis participatif voire *« contractuel »*[1294], est désormais appelé à

[1291] Voir par exemple SOGEA-SATOM, *Plan de gestion environnementale et sociale des travaux de réhabilitation de la route Babadjou –Bamenda (51, 970km)*, 20/01/2018, p.37, *inédit.*

[1292] Voir **DE BRIANT (V.),** *L'action commune en droit des collectivités territoriales. Contribution à l'étude des compétences exercées en commun par l'Etat et les collectivités territoriales*, L'Harmattan, 2009 ; **DE BRIANT (V.),** « La coadministration dans le domaine de l'environnement : un levier inattendu pour la clarification des compétences », *Dans Revue juridique de l'environnement*, éd. Lavoisier, (n° spécial), 2013/5, pages 27 à 40, *op.cit.*

[1293] **GRIMONPREZ (B.),** *Les contrats environnementaux au crible des contrats sociaux. L'offre de réforme des contrats spéciaux*, *Dalloz*, 2021, p. 275.

[1294] **MEKKI (M.),** « L'intérêt général et le contrat. Contribution à une hiérarchie des intérêts en droit privé », *LGDJ,* 2004, n° 1093, p. 660 et s.

jouer un rôle parmi les acteurs de la société civile[1295]. Sa qualité de prestataire de services et son rôle d'acteur à part entière de la société civile, l'obligent davantage à utiliser des techniques plus souples dans la poursuite des objectifs du développement durable, au premier rang desquelles la protection de l'environnement. Quant au droit, il n'est plus un simple commandement. La texture du droit a dû évoluer pour renforcer son efficacité, gage de sa légitimité[1296]. Du coup, le droit apparaît, progressivement, moins comme un instrument de contrainte que comme une réponse aux attentes sociales des citoyens et des usagers. Les politiques publiques de l'environnement dans les travaux publics sont dispersées et de plus en plus négociées entre les acteurs publics et l'entrepreneur. Dans ce contexte, le contrat est indispensable en sa qualité d'instrument d'élaboration de normes consensuelles, instrument de collaboration des pouvoirs économiques privés aux objectifs de politique économique.

En effet, plusieurs juristes futuristes à l'instar du Professeur Mathilde HAUTEREAU-BOUTONNET[1297] ont impulsé, dans la littérature juridique, l'émergence d'une nouvelle figure théorique. Celle-ci procède tant du phénomène de *« contractualisation du droit de l'environnement »,* que de *« l'écologisation de la matière contractuelle »*[1298]. De façon simple, le contrat environnemental peut être défini comme *«une catégorie contractuelle qui, regroupant tous les contrats ayant pour finalité d'appréhender l'environnement, a pour conséquence de réguler les relations homme/environnement »*[1299].

Le contrat, dans tous ses états en effet, permet de mieux adapter les moyens à la poursuite d'une finalité : la gestion, la protection de l'environnement et la promotion du développement durable. Il répond à un besoin de flexibilité lié à la complexité des questions posées qui justifie un droit dialogique et réflexif pour répondre à l'incertitude inhérente à ce domaine. Pour renforcer l'efficacité du droit de l'environnement cependant, le contrat est d'une double utilité. Il renforce, tout d'abord, la collaboration entre

---

1295 **MEKKI (M.)**, *L'efficacité et le droit, in L'efficacité et le droit. Regards croisés franco-japonais pour une nouvelle politique juridique des gouvernances pluridimensionnelles*, (sous la codirection de K. Yoshida et M. Mekki), les éditions de Yuhikaku, 2010, p. 405 et s.

1296 *Idem.*

1297 Voir, **HAUTEREAU-BOUTONNET (M.)**, « Le contrat environnemental », *Droit*, 2015, p. 217.

1298 **MONTEILLET (V.)**, *La contractualisation du droit de l'environnement*, Thèse de Doctorat, 2015, pp.270 et ss.

1299 **HAUTEREAU-BOUTONNET (M.)**, « Le contrat environnemental », *Droit*, 2015, p. 217, *op.cit.*
MONTEILLET (V.), *La contractualisation du droit de l'environnement*, Thèse de Doctorat, 2015, pp.270 et ss, *op.cit.,*

les acteurs. Il renforce, ensuite, le caractère contraignant de certains aspects du droit de l'environnement

Toutefois, en l'état actuel de l'évolution de notre droit positif, le contrat ne pénètre pas encore suffisamment le droit de l'environnement, pas plus que l'environnement ne pollue le droit des contrats. D'une part, le droit de l'environnement s'enrichi progressivement, avec les années, de la technique contractuelle. L'efficacité environnementale est donc de plus en plus renforcée par le contrat. En retour, et d'autre part, le droit des contrats s'enrichi lui aussi, dans la poursuite de ses objectifs dont les travaux publics, au contact des questions environnementales.

b- Un outil à encourager en contexte camerounais

Selon une idée largement répandue en droit, ce qui est consenti serait mieux respecté. L'idée d'un contrat de gestion de l'environnement n'est pas tout à fait nouvelle. La pratique contractuelle de l'environnement dans les travaux publics existe depuis mais demeure cependant très peu usitée en fait. Dans la plupart des travaux réalisés au Cameroun, la gestion de l'environnement sur le chantier est intégrée dans les prestations contractuelles de l'entrepreneur et assurée donc comme une tâche technique du chantier. Pourtant, la mise en œuvre d'un plan de gestion environnementale est une tâche ardue et stratégique, qui exige des compétences particulières et donc un cadre juridique approprié.

Dans ce cas, un contrat de l'environnement distinct du contrat des marchés des travaux favorisait, on le pense, une meilleure prise en compte de l'environnement. Ces contrats peuvent par exemple garantir une meilleure gestion écologiquement rationnelle et durable de l'énergie ou des déchets du chantier. Ils peuvent tout de même s'intéresser à la réparation du préjudice écologique, à la conservation de la biodiversité, ou encore un contrat gérant à la fois tous ces aspects.

Le contrat de l'environnement présente donc de nombreux avantages à l'instar de sa souplesse, de la responsabilisation de la gestion environnementale, de la créativité dans la mesure où le gestionnaire est spécifiquement tenue de produire des résultats comparatifs, et surtout de la participation des véritables professionnels à la mise en œuvre des politiques environnementales sur les chantiers publics[1300]. Par le contrat, au sens de négociation et/ou d'accord de volontés, le caractère collaboratif ou participatif du droit de l'environnement se renforce normalement[1301]. Par la négociation, les acteurs publics et privés contribuent à la mise en place d'une forme de démocratie participative et dialogique sur le chantier. *In fine,* la contractualisation de l'environnement dans les travaux publics résout à moitié le problème de la qualification du personnel, que l'on identifie souvent comme un obstacle à une implémentation efficace des politiques environnementales.

B- La dotation en personnel qualifié

L'amélioration des compétences des agents publics de gestion de l'environnement est une nécessité accrue dans les pays en développement comme le Cameroun. Le service public de l'environnement, au Cameroun en particulier, ressemble à un service d'emprunt puisque le personnel qui y statut provient d'horizons diverses. Pour dire vrai, les fonctionnaires de l'environnement proviennent majoritairement des autres administrations publiques, ce qui justifie la tendance vers la reproduction des comportements bureaucratiques dans ce domaine qui nécessite pourtant les compétences techniques et une intervention plus active de leur part. Pour y remédier, à défaut de la rationalisation des critères de recrutement de ces agents **(2),** ceux-ci devraient subir des formations initiales et continues plus adéquates **(1).**

1- La nécessité d'intensifier la formation des agents publics

Déjà confronté à une insuffisance criarde en nombre, les agents publics de gestion de l'environnement sont en mal de repère sur le plan de la connaissance des véritables enjeux environnementaux de l'heure, avec au bout de chaînes l'insuffisance des ressources financières devant garantir leur intervention. Une illustration concrète des incidences de cette insuffisance des ressources tant humaines que financières est l'accroissement du braconnage de diverses espèces menacées d'extinction telles que les éléphants dans la forêt tropicale, face auquel on en est réduit à constater l'impuissance des décideurs publics. En particulier, l'insuffisance des connaissances se complique avec la multiplication des Conventions internationales exigeant des États parties des

[1300] **BRAZETTE (S.),** *Le droit de l'environnement au service de la protection de l'environnement,* Mémoire de Master II en ingénierie juridique du patrimoine, Université de la Réunion, 2017, 63 pages.

[1301] **LASCOUME (P.),** « Négocier le droit, formes et conditions d'une action gouvernementale conventionnelle – un exemple de néo-corporatisme dans les politiques d'environnement », *Revue Politique et management public*, vol. 11, déc. 1993, p. 47 ; **LASCOUME (P.),** « Action publique et environnement, Que sais-je ? », *Presses Universitaires de France*, 2012, n° spécial. p. 80 et ss.

rapports périodiques qui mobilisent une partie importante du personnel en service dans les administrations publiques en charge du secteur de l'environnement[1302]. Les programmes de renforcement des capacités sont sans doute fort utiles à cet égard, mais ils ne sauraient se substituer à des formations locales plus pérennes et avec des spécialités conçues en fonction des problèmes spécifiques à chaque chantier.

Pour être à même de relever les défis posés par la transition écologique en cours, les agents publics chargés de la conception et de la mise en œuvre des politiques environnementales doivent au préalable intégrer les causes et les conséquences des grandes thématiques environnementales telles que le changement climatique, les données écologiques, les limites et les solutions apportées par la biodiversité, etc. ce n'est que dans cette optique qu'ils peuvent contribuer à l'atténuation de l'ampleur de la crise écologique en cours. Ceux directement recrutés au sortir des Facultés et des centres de formations doivent être sélectionnés suivant des critères objectifs et rationnels.

2- La nécessité d'imposer les critères objectifs dans la sélection

Plusieurs voix, notamment celles des analystes les plus avisés, se sont levées pour décrier les tares de la fonction publique camerounaise. Selon certains observateurs des services publics, elle serait une fonction de prébendes[1303]. La prébende participe d'un service public dans lequel l'intégration des agents relève des critères peu orthodoxes, basés sur les considérations politiques, ethniques, économiques ; subjectifs en tout cas.

Pour garantir l'objectivité dans la sélection, le pouvoir adjudicataire doit mettre l'accent sur la véracité de l'expertise technique du consultant. Très souvent, la passation des marchés publics au Cameroun s'apparente à un véritable service d'amis. Les consultants devront désormais démontrer d'une solide expertise dans le domaine de d'évaluation environnementale avec des compétences spécifiques en matière d'analyse des impacts, de gestion des ressources naturelles et de durabilité. Bien plus, il est impératif que les consultants étrangers attributaires des marchés soient familiers avec la

---

[1302] Voire **KAMTO (M.)**, « La mise en œuvre du droit de l'environnement : forces et faiblesses des cadres institutionnels », *op.cit.*, p. 32.

[1303] **BENDIBENO KOLLO (I.), AZOMO NDONGO (J.-C.)**, « Pratiques de gestion des ressources humaines et performances sociales des collectivités territoriales décentralisées au Cameroun », *Mondes en Développement*, Vol.178, 20017, pp. 139-154 ; **KAMDEM (E.)**, « Reformer l'administration publique camerounaise : un défi de la recherche enracinée en management. Contextes nouveaux et perspectives nouvelles en Afrique », *EMS, Edition*, 2020, pp. 344-357 ; **HIMBE DEFOUKOUEMOU (L.)**, « Le système GRH dans la fonction publique camerounaise », Conférence, ENA de Strasbourg, février 2016, pp. 15 et ss.

législation environnementale camerounaise et les normes internationales applicables, et en mesure de garantir la conformité réglementaire tout au long du processus d'évaluation.

Dans le plus grand profit de tous, ils doivent faire montre d'une capacité inouïe à mobiliser les parties prenantes dans les évaluations environnementales. Ces parties doivent comprendre les communautés affectées par le projet, les ONG environnementales, et les leaders locaux d'opinion[1304]. Aussi va-t-il de soi que les consultants doivent être en mesure de produire des rapports d'évaluation environnementale complets, précis et bien documentés, conformes aux normes professionnelles reconnues, abstraction faite des exigences réglementaires relatives à leur agrément[1305]. Une fois ces consultants sélectionnés sur des critères objectifs, encore reste-t-il aux pouvoirs publics de revaloriser l'ensemble des initiatives environnementales privées qu'ils pourront de façon volontaire, impulser sur le terrain en dehors de toute prévision contractuelle ou règlementaire. L'effet du prince leur en donne large possibilité.

Paragraphe 2- L'impératif de la revalorisation des initiatives privées

Les personnes privées intervenant dans la protection de l'environnement en contexte de travaux publics sont de plus en plus favorables à l'impulsion des initiatives volontaires véritablement protectrices de l'environnement. Dans la même lancée, les organisations et associations de protection de la nature expriment leur détermination à agir en contexte des travaux publics. Seulement, ces initiatives ne font pas encore l'objet de valorisation attendue. Elles peuvent être valorisées de plusieurs façons. Tout d'abord, les entreprises peuvent investir dans les technologies vertes ou durables pour réduire leur empreinte carbone. Ensuite, elles peuvent promouvoir la sensibilisation à l'environnement au sein de leurs équipes et encourager les pratiques écoresponsables. De plus, les partenariats avec des organisations environnementales et la transparence dans leurs pratiques sont également essentiels pour renforcer l'impact positif des initiatives privées. Pour produire une efficacité grandeur nature, l'approche volontaire mérite d'être encouragée **(A)** concomitamment avec l'amélioration des conditions d'intervention des acteurs chargés de la surveillance environnementale **(B).**

[1304] Voir art.14 et ss du décret de 2013 relatif à la réalisation études d'impact environnemental et social, *op.cit.*

[1305] Voir arrêté n° 00004/MINEP de 2017 fixant les conditions d'agrément des bureaux d'étude à la réalisation des études d'impact et audits environnementaux, *op.cit.*

A- La consolidation de l'approche volontaire chez les entrepreneurs du BTP

L'approche volontaire dans les travaux publics est un dispositif qui consiste à ce que les entrepreneurs du secteur s'engagent à améliorer leurs performances environnementales, au-delà des obligations réglementaires et contractuelles[1306]. L'approche volontaire peut reposer aussi bien sur les accords négociés ou encore sur les engagements unilatéraux. Elle se matérialise généralement par la confection des Codes de bonne conduite **(1)** qui impulsent sur le chantier des pratiques écodurables **(2).**

1- La vulgarisation des Codes de bonne conduite environnementale

A l'instar de toute norme juridique, la norme environnementale fait l'objet d'innombrables entorses dans son application. Pourtant, contrairement à certaines normes, celle environnementale vise la protection d'un objet juridique particulier, notamment le milieu de vie et les ressources dont dépendent l'existence, la santé et l'épanouissement des générations actuelles et futures. Pour contourner la stérilité des normes environnementales, des codes de bonne conduite ont été impulsés à l'échelle supranationale **(a)** et produisent une efficacité qui mérite désormais d'être expérimentée en contexte des travaux **(b).**

a- L'exemplarité des Codes de bonne conduite environnementale

Les Codes de bonne conduite sont des outils qui visent à promouvoir des pratiques responsables et durables dans un domaine d'activité, notamment la protection de l'environnement. Ils peuvent être élaborés par des organismes représentatifs d'un secteur, des institutions internationales, ou des autorités publiques. Ils contiennent généralement des principes, des recommandations, des normes, et des mécanismes de contrôle et de sanction.

Dans la plupart des cas en matière de gestion de l'environnement en Afrique, les Codes de bonne conduite environnementale sont impulsés par les organisations interétatiques. C'est par exemple le cas du Code de bonne conduite pour la gestion durable des forêts du bassin du Congo, adopté en 2005 par les pays membres de la Commission des Forets d'Afrique Centrale

1306 **MILLER (E.)**, « l'impact du changement climatique sur la biodiversité », *Revue scientifique*, vol. 5, n° 2, 2020, pp. 35-50.

(COMIFAC)[1307], du Code de conduite pour la pêche responsable dans les eaux sous juridiction de l'Organisation des pêches du centre-ouest du golfe de Guinée (OPRCOGG), adopté en 2010 par les pays membres de cette organisation[1308]. C'est également le cas avec le Code de conduite pour la prévention et la lutte contre la pollution marine dans la région du golfe de guinée, adopté en 2013 par les pays membres de la commission du golfe de Guinée (CGG)[1309].

Dans leur ensemble alors, ils visent à renforcer la coopération régionale, à harmoniser les législations nationales. Ils s'inspirent souvent des Conventions internationales comme la Convention des Nations Unies sur le droit de la mer[1310], la Convention sur la biodiversité biologique,[1311] ou la Convention-cadre des Nations Unies sur les changements climatiques[1312]. Toutefois, ces Codes ne sont pas souvent efficacement respectés par les Etats membres. Leur application exige souvent les moyens financiers conséquents. Mais de manière plus globale, ils se heurtent aux obstacles tels que la faiblesse des institutions, la corruption, les pressions économiques. Nonobstant, ces pratiques se révèlent progressivement vertueuses aux yeux de quelques soumissionnaires ingénieux, et méritent encouragements.

b- L'encouragement de la vulgarisation des Codes de bonne conduite

Le bienfondé d'un code de bonne conduite dans le secteur des travaux publics est la promotion du développement durable, la prévention et la réduction des nuisances et dégradations de l'environnement. Il vise à favoriser la participation et la sensibilisation des populations locales, à renforcer la capacité des institutions et des professionnels du secteur, et à respecter les engagements internationaux du Cameroun en matière d'environnement. Il s'applique alors à tous types de travaux publics, tels que les routes, les ponts, les ports, les aéroports, etc. Il concerne aussi bien la phase de réalisation, d'exploitation que de réhabilitation des ouvrages. Il implique le recours à des

---

1307 Consulter à cet égard la Directives sous régionales en matière d'évaluation environnementale et sociale en milieu forestier en Afrique Centrale, Série Politique n°8, 40 pages, Consultable sur Google via le lien https://www.cnil.fr/fr/le-code-de-conduite. Lien consulté le samedi 23/03/2024 à 12h30.

1308 Consultable sur Google via le lien https://www.cnil.fr/fr/le-codes-de-conduite. Lien consulté samedi 23/03/2024 à 14h30.

1309 Voir **FRANCO (J.), BORRAS (S.)**, « Code de bonne conduite : une réponse à l'accaparement des terres ? », *Dans Pression sur les Terres,* 2010, pp.57-78.

1310 Il s'agit de la Convention de Montego-Bay du 10 décembre 1982.

1311 La Convention sur la diversité biologique est entrée en vigueur le 29 décembre 1993. Elle a trois objectifs : La conservation de la diversité biologique, l'utilisation durable des composantes de la diversité biologique et le partage juste et équitable des avantages découlant de l'utilisation des ressources génétiques.

1312 Ladite Convention est entrée en vigueur le 21 mars 1994, et son adhésion aujourd'hui est quasi universelle.

études environnementales, à des audits environnementaux, à des plans de gestion environnementale et sociale, à des mesures de compensation et de restauration, et à des systèmes de suivi et d'évaluation[1313].

Face à la pression du public pour la préservation de l'environnement, les entreprises de travaux publics s'engagent progressivement dans diverses démarches, et à divers degrés. Ainsi, les engagements volontaires des professionnels des travaux publics sont nombreux et hétéroclites, à tel point que leur diversité est l'une de leurs limites. Les professionnels des travaux publics souhaitent que leurs initiatives en faveur de l'environnement soient reconnues et puissent constituer une alternative. Dans l'impossibilité de le faire unilatéralement, ils impulsent les initiatives avec les pouvoirs publics, en vue de la mise en œuvre des Codes de bonne conduite. Toutefois, un code de bonne conduite peut acquérir valeur contractuelle s'il est intégré dans un contrat public de travaux. Ainsi, la collectivité publique maître d'ouvrage peut imposer à l'attributaire d'un marché le respect de sa charte de bonnes pratiques écologiques, à condition de respecter le formalisme des marchés publics, et que l'information donnée soit claire et conforme au droit de la concurrence. Cet engagement deviendra alors contractuel. De même, si l'entreprise attributaire d'un contrat de travaux a mis en avant lors de l'appel d'offres un savoir-faire dans le domaine des travaux publics spécialement, illustré par un code de bonne conduite, le maître d'ouvrage peut imposer ce code comme un élément contractuel dans le cadre des documents techniques du marché en question.

Le Code de bonne conduite présente un ensemble de normes techniques et de règles juridiques qui visent à assurer une protection plus flexible et rationnelle de l'environnement et de ses ressources naturelles lors de la réalisation des projets d'infrastructure. Son élaboration s'opère par référence à la loi cadre de gestion de l'environnement de 1996, et définit les principes généraux et les responsabilités des acteurs publics et privés en matière d'environnement. Contrairement aux textes de lois et réglementaires, le Code de bonne conduite comprend des directives spécifiques pour la prise en compte des impacts environnementaux. Leur adhésion est donc plus massive par les entrepreneurs qui y voient moins de contraintes. Dans la plupart des cas, ces Codes contiennent les règles de sécurité, d'hygiène et d'assainissement en

[1313] Voir, Groupement Inter patronal du Cameroun, *Code camerounais de bonne gouvernance d'entreprise*, 2022, 13 pages.

matière de construction[1314]. Ils méritent alors un renforcement pour garantir la prospérité des pratiques écologiques.

2- Le renforcement des pratiques écologiquement durables

Les pratiques écodurables ont un impact positif sur les métiers des travaux publics, car elles permettent de répondre aux exigences des clients, de se différencier de la concurrence, de réduire les couts et de valoriser l'image de l'entreprise. Il convient de déceler sa consistance **(a)** avant d'appréhender la fiscalité écologique comme un moteur de leur incitation dans les travaux publics **(b).**

a- La consistance des pratiques écodurables

Les pratiques écologiquement durables dans les travaux publics sont des actions qui visent à réduire l'impact environnemental des infrastructures, tout en répondant également aux besoins des usagers de la société commerciale qui les appliquent. Elles revêtent diverses formes, notamment la protection de la biodiversité, en évitant ou compensant les atteintes aux écosystèmes, en favorisant les espaces verts et en intégrant la nature dans les projets de l'entreprise. Elles visent également la limitation de la pollution sonore, en respectant les normes et les horaires, en utilisant des matériaux et des techniques qui réduisent le bruit, et en sensibilisant les riverains et les usagers[1315].

L'une des dimensions les plus importantes de ces pratiques demeure la gestion efficace des déchets en privilégiant les modes écologiques à l'instar du recyclage sur le chantier ou la valorisation par compostage pour les déchets organiques, pour engraisser les espaces verts prévus dans le projet. Elle réduit la consommation de ressources, en valorisant les matériaux locaux et en évacuant les déchets inutilisables selon les réglementations.

Dans le même ordre d'idée, ces pratiques portent également sur la réduction des émissions de gaz à effet de serre, en optimisant des équipements bas carbone, en favorisant les modes alternatifs et en participant considérablement à la transition écologique. C'est donc à en plus douter, des pratiques qui s'inscrivent dans le cadre du développement durable, qui qui

---

[1314] Voir décret 2008 n°0737/PM du 29 avril 2008 Fixant les règles de sécurité, d'hygiène et d'assainissement en matière de construction.

[1315] Groupe intergouvernemental sur l'évolution du climat, *Sixième rapport d'évaluation sur le climat,* vol.1, 09 aout 2021, 36 pages.

visent à concilier sur les chantiers publics, les enjeux économiques, sociaux, environnementaux etc. A ce titre, les entrepreneurs qui développent sur leurs chantiers des actions pour le climat et la qualité de vie méritent donc un fort encouragement des pouvoirs publics. Mais toute la question est celle du moyen d'encouragement le plus efficace. Faut-il des subventions, des impositions ou mieux des exemptions fiscales pour y parvenir ?

b- La fiscalité écologique comme moyen de renforcement des pratiques écodurables

Selon l'OCDE, *la fiscalité verte* est une mesure qui consiste à prélever des taxes, impôts et redevances sur des activités qui, dans leurs mise en œuvre, émettent des polluants ou produits qui détériorent l'environnement, ou prélèvent des ressources naturelles. Dans la Circulaire relative à la préparation du budget de l'Etat en 2022, le Président de la République avait prescrit le renforcement de la fiscalité environnementale et même un durcissement du régime de taxation de l'exploitation illégale des ressources naturelles. Cette prescription a été renouvelée dans la Circulaire relative à la préparation du budget de l'Etat pour l'exercice 2024[1316].

Les entreprises privées de leur côté, semblent ne pas craindre la fiscalité environnementale. Bien au contraire, elles ne cachent plus leur intérêt pour la cause environnementale, mais souhaitent que le gouvernement aménage un cadre transparent à cet effet, au lieu de durcir la fiscalité punitive. Au mieux, elles suscitent plus d'engouement pour le renforcement des mesures d'exemption tant douanières que fiscales pour inciter le secteur privé à la systématisation des pratiques écoresponsables. L'Etat semble moins à l'écoute car dans sa stratégie de mobilisation des financements innovants, le gouvernement dit travailler à la mise sur pied d'une « taxe carbone »[1317], suivant les principes de précaution et du « pollueur-payeur »[1318]. Au MINEPDED en tout cas, l'on soutient que des initiatives dans ce sens sont en cours, à travers le projet de loi sur la fiscalité environnementale qui n'as malheureusement pas vu le jour.

Au demeurant, il y'a néanmoins lieu d'encenser les incitations fiscales et douanières comme moyens d'encouragement aux bonnes pratiques

[1316] Voir circulaire n°001 du 30 aout 2023 relative à la préparation du budget de l'Etat pour l'exercice 2024.
[1317] Voir *Stratégie de financement du développement du Cameroun,* mai 2022.
[1318] Le principe pollueur-payeur est un principe qui vise à responsabiliser les pollueurs en les faisant assumer les couts de la pollution qu'ils génèrent. En d'autres termes, ceux qui produisent des déchets ou polluent l'environnement doivent supporter les couts de la prévention des dommages causés. Il trouve ses origines dans le droit international de l'environnement, notamment dans la Déclaration de Stockholm de 1972.

écologiques. Contrairement à la fiscalité écologique pure, les incitations fiscales et douanières ne sont pas nécessairement dissuasives, mais persuasives. Elles apportent une plus-value dans la situation financière de l'entreprise, chose qui encourage celle-ci à s'engager davantage pour l'environnement. A titre d'illustration, un entrepreneur qui bénéficie d'exemptions douanières et fiscales sur l'imposition des engins du chantier, serait plus enclin à s'engager pour l'environnement en contrepartie. Déjà même que l'excédent de bénéfice dû à l'exemption lui permettrait d'accéder aux engins de dernière génération jugés plus économiques, écologiques et donc davantage respectueux de l'environnement.

Dans le même sentier, une exonération fiscale, d'impôt notamment, au profit de l'environnement permettrait à l'entrepreneur d'engager la part fiscale non reversée au développement des pratiques écodurables sur le chantier. Satisfait, il n'est pas exclus à l'entrepreneur bénéficiaire, d'implémenter de mesures environnementales innovantes même si celles-ci n'ont pas été expressément stipulées dans le contrat, et nécessitent d'ailleurs des coûts supplémentaires. Toutefois, ces mesures n'excluent pas l'hypothèse d'un financement direct à ces entreprises.

B- L'amélioration des conditions d'intervention des acteurs de surveillance

Les stratégies de renforcement des organisations de la société civile intervenant en matière environnementale sont en pleine décrépitude[1319]. L'utilité de ces associations et organisations n'est pourtant plus à démontrer dans la protection de la nature et ses ressources. S'il est vrai que les organisations et associations opérant dans les pays en développement évoluent dans une relative suffisance des fonds et des ressources matérielles et humaines, celles opérant dans le grand Sud rencontrent dans la réalisation de leur salutaire mission, des obstacles en tous genres. Leur intervention dans le domaine des travaux publics s'apparente encore à un véritable parcours de combattant du fait des restrictions qui encadrent la réalisation des infrastructures de développement. Cette difficulté est accentuée dans l'hypothèse des ouvrages devant servir aux fins de défense et de sécurité de la Nation.

[1319] **CAZABAT (C.),** « Les stratégies de renforcement des organisations de la société civile en Afrique subsaharienne, nouvel éléphant blanc ? L'exemple du Cameroun », *in Monde en développement,* n°173, 2016, pp.79-91.

Dans l'ensemble, pour prétendre booster les conditions d'intervention des acteurs privés dans la protection de l'environnement et la promotion de son droit, l'approche la plus efficace serait de trouver des solutions propres aux difficultés intrinsèques **(1)** et celles prenant en compte les entraves extrinsèques **(2)** à ces organisations.

1- Les solutions aux disfonctionnements intrinsèques des organisations

Il nous a antérieurement été donné de réaliser que l'inefficacité de l'intervention des ONG en matière de protection de l'environnement était dû aux pesanteurs internes à ces organisations. Par rapport aux obstacles relevés dans ce registre, il apparait urgent d'améliorer les ressources financières et humaines de ces organisations **(a)**, chose qui n'empêche pas d'encourager le renforcement de la coopération entre elles **(b)** pour une intervention plus efficace.

a- L'urgente dotation en ressources financières et humaines

En effet, *l'« argent est le nerf de la guerre »*[1320]. Le financement des ONG environnementales au Cameroun est un enjeu crucial pour leur permettre de mener à bien leurs missions de protection de la nature et de lutte contre le changement climatique. Quelques pistes de renforcement de leurs financements meritent d'être explorées.

Parmi la panoplie de solutions pouvant être suggérées, la diversification des ressources de financement par un apport sincère des bailleurs de fonds internationaux et par les acteurs nationaux serait salutaire. Le soutien financier des pouvoirs publics à l'instar du gouvernement, des collectivités locales, des entreprises, des fondations et des particuliers seraient aussi gage d'une certaine efficacité[1321].

Toutefois, le renforcement des capacités des gestionnaires de ces ONG à la gestion financière, à la recherche des financements, à la maturation des projets et à la communication pourrait asseoir la transparence dans la gestion et élargir les niches de financement. Il va de soi que la visibilité des crédits de ces ONG doit être acquise, par une mise en valeur de leurs actions, leurs

---

[1320] Selon Tite LIVE à qui l'on attribue la paternité de cette citation, même les armées les plus puissantes et les généraux les plis talentueux ne peuvent pas mener de campagnes militaires efficaces sans les ressources financières nécessaires.

[1321] Voir à cet effet, *le Rapport Pays 2023- Cameroun- Mobiliser les financements du secteur privé en faveur du climat et de la croissance verte*, Publié par la Banque africaine de développement le 28 septembre 2023, 36 pages.

partenaires, etc., à travers les médias, les réseaux sociaux, les évènements, etc. Pour aller loin, ces ONG pourront créer des synergies et des alliances entre elles, en développant des projets communs, des plateformes de coordination, des réseaux de plaidoyer, afin de mutualiser les ressources et de renforcer le poids de leurs politiques et de leur intervention[1322].

b- Le nécessaire renforcement de la coopération inter-organisations

Comme il est donné de constater, l'une des plus grandes lacunes du droit de l'environnement est l'absence de coordination, voire de collaboration entre les acteurs appelés à œuvrer pour sa mise en œuvre[1323]. Si cette collaboration est souvent mieux poussée entre les acteurs étatiques à travers la multiplication des Conférences internationales et des Sommets à l'issu desquels des actes forts sont pris au profit de l'environnement, elle reste très faible au niveau des acteurs non gouvernementaux. Pourtant, cette participation est importante pour sensibiliser le public, influencer les décideurs politiques et économiques y compris les entrepreneurs des travaux publics, et la mise en œuvre des projets concrets et durables. Pour améliorer la participation de ces acteurs dans ce sens, plusieurs mesures sont nécessaires :

Renforcer la coopération et la coordination entre les ONG au niveau local, national et international, afin de mutualiser les ressources, les compétences et les expériences, et renforcer leur impact et leur crédibilité.

Dans le même sens, il est impératif pour ces organisations de développer des partenariats avec les acteurs publics, privés et associatifs, afin de bénéficier de leur soutien financier, technique, et logistique, et de favoriser le dialogue et la concentration sur les enjeux environnementaux. Mobiliser et impliquer les citoyens, en les informant, en les motivant à adopter des gestes écocitoyens, et en les faisant participer aux actions et aux décisions des ONG sur le terrain. Surtout doivent-t-elles innover et diversifier les modes d'action, en utilisant les nouvelles technologies, les médias, les réseaux sociaux, les campagnes de communication, les manifestations, les pétitions etc.

Enfin, elles doivent constamment évaluer l'impact de leurs actions, en mesurant les résultats, les bénéfices des projets, en identifiant les bonnes

---

[1322] Consulter à cet effet le *Plan-cadre de coopération des Nations Unies pour le développement durable au Cameroun, 2022-2026*, publié par le système des Nations Unies.

[1323] Voir **CLEMENTINE (M.) et MERENI (C.)**, « La collaboration, une activité empêchée ? », *La Nouvelle Revue-Education et Société Inclusives,* vol. 2, n°89-90, 2021/3-4, pp. 129-144 ; **LEPAGE (C.)**, « Les véritables lacunes du droit de l'environnement », *op.cit.*, pp.128-134.

pratiques et les axes d'amélioration, et en rendant compte aux partenaires et aux bénéficiaires des projets.

2- Les solutions aux entraves extrinsèques

En ce qui concerne les entraves externes à l'environnement des ONG, au moins deux remèdes doivent être apportées à ce niveau. D'une part le solutionnement de la marginalisation généralisée des ONG **(a)** et l'assainissement de l'atmosphère politique pour garantir leur intégration **(b).**

a- La nécessaire reconsidération du statut des ONG de l'environnement

Non sans amertume, il a souvent été donné de constater que les ONG nationales sont très peu impliquées et consultées lors de la planification des projets d'infrastructure[1324]. Elles ne sont valorisées ni par l'Etat, ni par les Bailleurs de fonds internationaux et les autres partenaires financiers et techniques. Dans cette situation, la mauvaise gouvernance des affaires de nombre de ces ONG a fini par susciter l'indignation des populations qui, à leur tour, jettent du discrédit sur leurs actions. Le risque d'isolement total devient de ce fait infiniment grand.

Le statut des ONG environnementales au Cameroun est régi par *la loi n° 90/053 du 19 décembre 1990 relative à la liberté d'association,* qui prévoit deux régimes juridiques possibles : la déclaration et l'agrément. La déclaration est une simple procédure administrative qui confère la personnalité juridique à l'association, mais ne lui confère pas les avantages fiscaux, douaniers, ou financiers accordés par l'Etat.

L'agrément quant à lui, est une procédure plus complexe et plus restrictive, qui nécessite l'avis favorable d'une commission technique chargée de l'étude des demandes d'agrément. Cette dernière tend malheureusement à se systématiser et comporte pourtant des goulets d'étranglement à l'instar de la lourdeur des procédures, le manque de transparence et de cohérence des critères d'agrément, etc.

[1324] Voir **ATANGA (E.) et FOTIO (A.-M.)**, « La participation des ONG dans la mise en œuvre des projets d'infrastructures routières : cas des infrastructures routières », *Journal interrégional d'économie et de gestion*, vol.2, n°1, 2018, pp. 35-47 ; **NGAKAM (J.-C.)**, « Le rôle des ONG dans la planification des projets d'infrastructures au Cameroun : une analyse critique », *Revue africaine d'administration publique et de management*, vol.5, n°1, 2017, pp. 75-92 ;; **TAOUGANG (A.-Z.) et NJONGOUO (E.-T.)**, « Les enjeux de la participation des ONG dans la planification des projets d'infrastructures au Cameroun », *Journal économique de Business et de Management,* vol.3, n°2, 2015, pp. 178-191 ; **NWENTI (A.) et KIMBI (G.)**, « Les défis de la participation des ONG dans la planificationb des projets d'infrastructures au Cameorun », *Revue de géographie et d'Amenagement,* vol.38, n°1, 2014, pp. 57-74.

Pour reconsidérer leur statut au niveau de la création des ONG, il conviendrait d'harmoniser la procédure d'agrément, en la rendant plus rapide, plus transparente, et plus objective, en se basant sur des critères clairs et uniformes.

Dans leur fonctionnement, il y'a lieu de reconnaitre et de valoriser la spécificité et la diversité des ONG environnementales, en tenant compte de leur intervention, des modes d'action, de leurs domaines d'intervention, et en leur accordant un statut adapté à leurs besoins et à leurs attentes[1325].

Une certaine reconnaissance dudit statut passe également par le renforcement du dialogue et la concertation entre les ONG environnementales et les pouvoirs publics dans le cadre des projets, en instaurant des cadres de collaboration formels et réguliers, qui permettraient de définir les priorités, les modalités de financement des actions communes en faveur de l'environnement[1326]. Offrir les formations, conseils, des appuis techniques aiderait également ces ONG à améliorer leur gestion et leur présence sur les sites des travaux[1327].

b- L'inévitable assainissement du contexte politico-économique de leur intervention

L'assainissement du contexte politique en vue de l'accroissement de l'efficacité de l'intervention des ONG passe nécessairement par la lutte contre l'insécurité et la pauvreté qui sévissent actuellement.

En effet, la crise sécuritaire et sociale que traverse actuellement le Cameroun entrave considérablement l'intervention des ONG dans les différents terrains où leurs services sont sollicités. Et comme l'affirmait le

---

[1325]Voir **ATANGA (E.) et FOTIO (A.-M.)**, « La participation des ONG dans la mise en œuvre des projets d'infrastructures : cas des infrastructures routières », *Journal interrégional d'économie et de gestion*, vol.2, n°1, 2018, pp. 35-47 ; **NGAKAM (J.-C.)**, « Le rôle des ONG dans la planification des projets d'infrastructures au Cameroun : une analyse critique », *Revue africaine d'administration publique et de management*, vol.5, n°1, 2017, pp. 75-92, *op.cit.*

[1326] **FOTIO (A.-M.)**, « Les ONG et les projets d'infrastructures au Cameroun : quelle place dans la planification ? », *Journal of Research and Dévelopment*, vol 4, n°2, pp. 20-34 ; **TAOUGANG (A.-Z.) et NJONGOUO (E.-T.)**, « Les enjeux de la participation des ONG dans la planification des projets d'infrastructures au Cameroun », *Journal Economique de Business et de Management,* vol.3, n°2, 2015, pp. 178-191 ; **NWENTI (A.) et KIMBI (G.)**, « Les défis de la participation des ONG dans la planification des projets d'infrastructures au Cameroun », *Revue de Géographie et d'Amenagement,* vol.38, n°1, 2014, *op.cit.,* pp. 57-74.

[1327] **MBIDA (F.)**, « Les conditions de participation des ONG dans les travaux publics au Cameroun : état des lieux et recommandations », *Cahier Scientifique du Tourisme, de l'hôtellerie et de la restauration*, vol.15, n°1, 2018, pp. 117-136 ; **NJANJO (G.)**, « Les ONG et les travaux publics au Cameroun : analyse comparative des pratiques de participation », *Revue Juridique Africaine*, vol.2, n°1, 2019, pp. 87-102, **FOTSO (J.)**, *Les ONG dans les travaux publics au Cameroun :analyse de leur rôle et perspectives d'amélioration* , Mémoire de Master Université de Yaoundé II, 2016, pp.24-36.

Professeur LAVEILLE, *« la paix a besoin de la nature »*. La paix, la protection de l'environnement et le développement sont interdépendants et indissociables[1328]. La gestion des conflits constitue en effet une condition indispensable à l'intervention des acteurs en vue de la protection de la nature et ses ressources[1329].

La lutte contre la pauvreté est dès la base, un objectif du développement durable[1330] et partage avec la protection de l'environnement une relation étroite[1331]. En effet, la pauvreté est à la fois la cause et la conséquence des problèmes environnementaux, comme la dégradation des sols, la déforestation, la perte de la biodiversité, le changement climatique, etc.

Pour que la lutte contre la pauvreté puisse favoriser la protection de l'environnement au Cameroun, il est impératif de mettre en œuvre des politiques et actions intégrées, qui tiennent compte des liens entre les dimensions économiques, sociales et environnementales du développement. Il est également important de renforcer les capacités des acteurs locaux, notamment les communautés, les organisations de la société civile, les autorités locales. L'Etat doit de ce fait veiller à une juste répartition des revenus tant aux citoyens qu'entre les ONG et intégrer les programmes d'aide à l'environnement à l'instar de l'initiative Pauvreté-environnement (PEI) du Programme des nations Unies pour le développement (PNUD) et du programme des Nations Unies pour l'environnement (PNUE)[1332]. Une autre initiative à encourager est le programme des volontaires des Nations Unies (VNU), qui mobilise des volontaires nationaux et internationaux pour appuyer des projets de développement durable et inclusif, notamment dans le domaine environnemental. Au Pérou par exemple, l'analyse donne à réaliser que les volontaires des Nations Unies nationaux ont contribué à réduire la pauvreté par la protection de l'environnement, en menant des activités visant à changer les comportements et les habitudes liées à la réduction et la gestion des déchets. Ledit Programme aura permis sous ce cieux, d'améliorer la santé et les revenus

---

[1328] **SALEEM (N.) et MAJEED (M.),** « Impact of environmental dégradation on conflict and peace ». *Sciencia Iranica*, vol.25, n°3, 2018, pp. 1749-1758.

[1329] Voir **TOUZOT-FADEL (C.),** « Protection de l'environnement et opérations militaires en temps de conflit », *Revue défense nationale*, n°828, 2020, pp. 80-86.

[1330] Programme des Nations Unies pour le Développement, Rapport sur le développement humain, disponible sur : http://hdr.undp.org/en/content/human-development-report-2014, consulté vendredi 22/03/2024, à 9h00.

[1331] AGENCE FRANCAISE DE DEVELOPPEMENT, « Concilier lutte contre la pauvreté et qualité de l'environnement : quelles solutions innovantes ? », *Maison de la chimie,* 27 juin 2011, pp. 1-6.

[1332] Parmi ses principaux objectifs, cette initiative vise à promouvoir le développement durable en intégrant les dimensions économiques, sociales et environnementales dans la lutte contre la pauvreté. Elle reconnait que les populations vivant dans la pauvreté sont souvent les plus touchées par les problèmes environnementaux tels que la dégradation des terres, la pollution de l'eau et de l'air, la perte de la biodiversité, etc.

des recycleurs informels, ainsi que de créer une culture du recyclage dans la ville.

Très souvent pourtant, les pouvoirs politiques et économiques aiment à agir dans leur intérêt personnel au détriment des considérations environnementales. La manœuvre de routine consiste à faire pression sur les ONG lorsque les actions de celles-ci vont à l'encontre de leurs désidératas. Dans cette situation, il revient à la justice de rétablir l'équilibre des forces entre les factions en présence. Mais elle ne le pourrait véritablement que dans la mesure où elle intervient dans un paradigme tout nouveau.

Section 2- La souhait d'un nouveau paradigme de l'intervention juridictionnelle

Le rôle de la justice dans la protection de l'environnement est crucial et relégué à tous les niveaux dans les écrits juridiques. En contexte des travaux publics, ce rôle est doublement important, car il permet de faire respecter le droit de l'environnement, de sanctionner les infractions, de réparer les dommages et de prévenir les conflits. Le renforcement de ce rôle est plus que nécessaire en l'état actuel du fonctionnement des choses.

Ici, le souhait est celui de l'implication du juge constitutionnel camerounais dans le règlement des problématiques environnementales à l'instar de son homologue béninois qui ne ménage aucun effort pour sanctionner les entreprises de travaux publics lorsqu'elles se sont rendues coupables d'atteintes graves à l'environnement[1333]. Dans cet ordre juridique là, le juge constitutionnel semble plus actif dans la protection de l'environnement que les juges ordinaires. Dans l'ensemble, il y'a urgence de renforcer la formation et la sensibilisation des magistrats, des avocats, des agents publics et des acteurs de la société civile sur les enjeux environnementaux et les normes juridiques applicables aux travaux publics, notamment en matière d'études d'impact, de participation du public et de respect du principe de la légalité.

Mais de manière spécifique, le contentieux de l'environnement dans les travaux publics exige une réadaptation des règles de procédure aux exigences environnementales **(Paragraphe 1),** suivie de près par la rationalisation des décisions de justice en la matière **(Paragraphe 2).**

[1333] Voir par exemple la Décision DCC 02-065 5 JUILLET 2002, *Eugène COMLAN BOYA c/ Ministère de la santé publique, de l'environnement, de l'habitat et de l'urbanisme et Monsieur DAHOUETO Innocent.*

Paragraphe 1- La réadaptation des règles de procédure aux exigences environnementales

Le contentieux environnemental est, on le dit trop souvent, un contentieux spécial puisqu'il ne s'accommode pas toujours des règles coutumières du contentieux de droit commun. Devant le juge administratif, il est buté à la sempiternelle exigence du recours gracieux préalable et devant le juge judiciaire, il est enrobé par la présence du contrat administratif qui matérialise les travaux publics.

Certes, le juge ordinaire est celui normalement compétent pour connaître des litiges environnementaux. Mais son efficacité ne peut être sue ni ressentie s'il n'est porté remède aux lenteurs de procédure qui surplombent l'urgence environnementale devant le juge administratif **(A)**. Surtout faut-il repenser un véritable droit pénal de l'environnement pour réinventer l'intervention du juge pénal en contexte des travaux publics **(B).**

A- La restauration de l'urgence environnementale

L'urgence environnementale est un enjeu majeur en droit de l'environnement, qui nécessite des procédures adaptées pour faire face aux situations de crise ou de risque imminent. Dans les normes, le référé devrait permettre de suspendre l'exécution d'une décision administrative contestée, si celle-ci porte une atteinte grave et manifestement illégale à une situation du requérant ou au droit à un environnement sain qu'il entend faire valoir. Sauf que le droit administratif camerounais semble peu perméable aux variétés de référés en cours sous d'autres cieux, et dont l'efficacité en matière environnementale ne souffre plus d'aucune contestation, et qui méritent d'être célébrés dans notre ordre juridique **(1).** Mais tout compte fait, la solution ultime semble reposer sur la levée de bouclier sur le recours gracieux préalable dans l'urgence en matière environnementale **(2).**

1- La nécessaire diversification des procédures de référés

A l'observation, la loi n°2006/022 du 29 décembre 2006 portant organisation et fonctionnement des tribunaux administratifs n'institue qu'une seule catégorie de référé, notamment le référé administratif[1334]. Cette expression est de nature à limiter les possibilités offertes aux justiciables pour obtenir suspension des activités écologiquement nuisibles. Pourtant, dans le

[1334] Voir article 27 et ss de la loi n°2006/022 *op.cit.*

régime administratif général, il existe une panoplie de référés pouvant fidèlement restituer le corps et l'esprit de l'urgence tant recherchée.

Il est par exemple ainsi du référé-suspension, du référé-liberté **(a)** du référé conservatoire et du référé-instruction **(b).**

a- Les référés-liberté et conservatoire

En effet, le référé-suspension permet de suspendre l'exécution d'une décision administrative contestée, si celle-ci porte gravement atteinte à l'intérêt public environnemental, à la situation du requérant ainsi qu'au droit dont il revendique sanction par le gardien des droits et libertés. Ce référé peut valablement être utilisé pour prévenir ou faire cesser des dommages[1335] environnementaux causés par des projets ou des activités autorisés par l'administration.

Sans être antinomique, le référé-liberté recèle des particularités aussi bien du point de vue de sa nature que de son régime juridique. Mais dans le fond, il vise le même objectif. En effet, il permet au juge d'ordonner toutes les mesures nécessaires à la sauvegarde d'une liberté fondamentale à laquelle une personne morale de droit public ou un organisme de droit privé chargé de la gestion d'une mission de service public, aurait porté, dans l'exercice de ses pouvoirs, une atteinte grave e manifestement illégale. Ce référé peut valablement être invoqué pour protéger un droit à un environnement sain, reconnu par la loi fondamentale de l'Etat et la loi cadre de gestion de l'environnement. Seulement, en l'état actuel de son usage, le juge administratif ne le qualifie pas encore de liberté fondamentale, ce qui restreint quelque peu son efficacité.

b- Les référés-instruction et provision

Le référé-provision permet au juge d'allouer une provision au créancier qui dispose d'une créance qui n'est pas sérieusement contestable, ou d'ordonner l'exécution d'une obligation, même s'il s'agit d'une obligation de faire. Ce référé peut être employé pour indemniser pour indemniser les victimes des dommages environnementaux ou pour contraindre l'auteur du dommage à prendre des mesures de réparation ou de prévention[1336].

[1335] Voir Section IV, arts 27-29 de la loi de 2006/022 *op.cit.*

[1336] **LEFEBVRE (A.),** « Le référé provision : un mécanisme performant », consulté le 20 septembre 2021 à 13h00, disponible à l'adresse : https://avocats.lefebvre-sarrut.eu/ressources-juridiques/actuallté-juridique/refere-provision-mecanisme-performant.html .

Le référé-instruction permet au juge d'ordonner toutes mesures d'instruction utiles, même d'office, avant de statuer sur le fond d'un litige. Ce référé correspond à celui normalement opérationnel dans notre ordre juridique, et peut être utilisé pour demander des expertises, des consultations, des enquêtes, sur des situations techniques ou scientifiques liées à l'environnement[1337].

Le référé-conservatoire permet au juge d'ordonner toutes mesures qu'il juge utile, sans faire obstacle à l'exécution d'aucune décision administrative. Ce référé peut être sollicité pour préserver l'état des lieux ou des preuves en cas de litige environnemental, ou pour prendre des mesures d'urgence en cas de danger grave et imminent pour la santé publique ou l'environnement[1338].

Dans l'ensemble, ces procédures présentent l'avantage d'être rapides, simples et efficaces, mais, même dans les ordres juridiques où elles sont effectivement expérimentées, elles sont aussi soumises à des conditions strictes et à un contrôle rigoureux du juge. Elles ne sont cependant pas toujours suffisantes pour faire face à la complexité et à la diversité des situations d'urgence environnementale, qui appellent parfois des solutions plus innovantes ou plus coopératives.

En dernier ressort, quel que soit le type de référé mobilisé, l'urgence environnementale resterait un vain mot si l'épineuse règle du recours gracieux préalable reste maintenue en l'état.

2- L'urgent démantèlement du recours gracieux préalable

Il est vrai que le RGP peut permettre à un administré d'obtenir de l'autorité administrative qui a pris la décision contestée, ou celle statutairement habilitée de représenter l'institution, de la modifier ou de retirer. Il présente cependant le dangereux inconvénient de vider l'urgence environnementale de sa substance **(a).** C'est la raison pour laquelle des voix s'élèvent toujours plus haut pour revendiquer son démantèlement **(b).**

a- Un goulet d'étranglement pour l'urgence

En effet, le recours gracieux préalable est une source des lenteurs des procédures et freine considérablement le cours de la justice administrative. Le

---

1337 **ROBLOT-TROIZIER (M.),** *Le référé instruction en droit administratif* Presses Universitaires de France, 2015, pp.25 et ss.

1338 Ce référé est régi par les articles 809 à 811 du Code de procédure civile français.

délai de réponse imparti à l'administration, qui est de deux mois à compter de la réception de la demande[1339], ne peut être soutenue car jugé non raisonnable au regard de l'urgence. Il est trop long pour prévenir ou faire cesser un dommage écologique imminent ou en cours. Le silence de l'Administration, qui vaut rejet implicite de la demande, n'est pas toujours facilement interprété par les justiciables de moins en moins instruits sur les règles de procédure. Le requérant doit alors attendre l'expiration du délai de deux mois pour saisir le juge, ce qui peut aggraver le préjudice subi ou à subir.

L'absence de suspension de l'exécution de la décision contestée est un autre dilemme en la matière, sauf si le requérant sollicite en même temps un sursis à exécution ou un référé-suspension. L'inefficacité du RGP face aux autorités publiques qui ne respectent pas le droit de l'environnement ou qui sont impliquées dans des activités polluantes est un fait. Le RGP peut dans cet angle d'analyse être perçu comme une formalité inutile ou un obstacle à l'accès au juge[1340]. Dans l'absolue, les conséquences néfastes du RGP sont innombrables. A titre d'exemple, cela peut compliquer la réactivité des autorités face à des situations critiques telles que le déversement de produits chimiques ou les déforestations illégales. Ces retards pourraient aggraver les dommages environnementaux et rendre plus difficile la restauration des écosystèmes affectés. Il est donc crucial de trouver un équilibre entre les procédures administratives et la protection immédiate de l'environnement. Le démantèlement de cette règle parait plus juste.

b- Le RGP, une exigence à démanteler

En effet, l'idée ou la proposition de renoncer au recours gracieux préalable n'est pas conçue d'*ex nihilo* et ne relève point d'une chimère juridique ou encore du droit prospectif, d'autant que la seule raison juridique de son maintien dans notre ordre juridique relève de la vielle pensée selon laquelle *« on ne surprend pas l'Administration en justice »*[1341].

[1339] Voir articles 27-29 de la loi n°2006/022 précitée.

[1340] **DOUNGUE KAMO (Y.-G.),** *Le recours gracieux préalable au Cameroun, trente ans après,* Mémoire de Master en droit public, 2011, pp.25-46.

[1341] Plusieurs auteurs publicistes ont défendus et continuent de défendre le principe selon lequel l'administration ne doit pas être surprise en justice. Cette thèse encense le maintien du recours gracieux préalable. C'est notamment le cas de **MOUTOUH (H.)** dans son *Contentieux administratif, op.cit.*, ou encore de **RIVERO (J.)** dans son *Droit administratif généra, op.cit.* Une rapide analyse de la situation donne pourtant à réaliser que cette solution n'est pas issue de la nature des choses puisque ladite règle n'est pas d'usage dans le système de justice Anglo-Saxonne dans lequel l'Administration peut être directement traduite devant le juge de droit commun au même titre que n'importe quel particulier et jugé dans des mêmes conditions que lui.

Cet adage peut valablement être interprété comme une grossière astuce de l'Administration pour éloigner les justiciables du prétoire du juge administratif, dans la mesure où il existe dans le régime du droit public, une kyrielle de recours que le législateur a, sans explications particulières, exemptés de cette formalité. Sur ce fait, souvenons-nous encore que presque toute la matière de l'urgence spéciale est exonérée de l'exigence d'un recours gracieux préalable[1342]. D'une part, l'exclusion de cette formalité est effective en matière électorale[1343], partisane et associative[1344] ; d'autre part, l'exclusion en faveur des autorités de tutelle contre les actes pris par les autorités décentralisées[1345].

Cette exclusion produit une conséquence vertueuse sur le cours de la justice. A cet effet, il y a la brièveté des délais de saisine du juge, le temps relativement court imparti à celui-ci pour statuer et la désignation d'un organe unipersonnel apte à connaître du litige, à savoir le Président de la Chambre administrative[1346].

Il ne serait donc pas étrange de briser les verrous du recours gracieux préalable en matière d'urgence accessoire, voire même dans l'ensemble du contentieux de droit public camerounais, comme c'est le cas dans le système juridique et juridictionnel Anglo-Saxonne[1347]. Une telle mesure contribuerait à

[1342] **BIPELE KEMFOUEDIO (J.) et FANDJIP (O.),** « Le nouveau procès administratif au Cameroun : réflexion sur le recours gracieux en matière d'urgence », *Revue internationale de droit comparé,* Vol. 64 N°4,2012, *op.cit.*, pp. 973-993.

[1343] En matière d'élection des conseillers municipaux, l'article 194, alinéa 2 de la loi n° 2012/001 du 19 avril 2012 portant Code électoral camerounais dispose que « les contestations font l'objet d'une simple requête et doivent intervenir dans un délai de cinq (05) jours à compter de la proclamation des résultats par la commission communale de supervision ». En ce qui concerne la dissolution, la suspension ou le refus de légaliser un parti politique ou une association, la requête de l'administré est dispensée du recours administratif, conformément aux articles 17 alinéa 2, 18 alinéas 3et 8 et 13 alinéa 3 des lois numéros 90/05 et 90/053 du 19 décembre 1990 sur les partis politiques ainsi que les associations respectivement. En effet, l'article 13 de la loi de 2006 susvisée dispose que « par dérogation à l'article 12 de l'Ordonnance n° 72/6 du 26 août 1972, fixant l'organisation de la Cour suprême, les actes prévus aux alinéas 1 et 2 ci-dessus sont susceptibles de recours sur simple requête devant le président de la juridiction administrative ». Voir, **BIPELE KEMFOUEDIO (J.) et FANDJIP (O.),** « Le nouveau procès administratif au Cameroun : réflexion sur le recours gracieux en matière d'urgence », *Revue internationale de droit comparé,* Vol. 64 N°4,2012, *op.cit.*, pp. 980-981.

[1344] En ce qui concerne la dissolution, la suspension ou le refus de légaliser un parti politique ou une association, la requête de l'administré est dispensée du recours administratif, conformément aux articles 17 alinéas 2, 18 alinéas 3 et 8 et 13 alinéas 3 des lois numéros 90/05 et 90/053 du 19 décembre 1990 sur les partis politiques ainsi que les associations respectivement.

[1345] En effet, l'article 71 alinéa 2 de la loi n° 2004/017 du 22 juillet 2004 portant orientation de la décentralisation dispose que l'autorité de tutelle défère à la juridiction administrative compétente les actes pris par les autorités décentralisées, prévus aux articles 68 et 69, qu'elle estime entachés d'illégalités dans un délai maximal d'un (01) mois à compter de leur réception.

[1346] **GUIMDO DONGMO (B.-R.),** *Le juge administratif camerounais et l'urgence. Recherche sur la place de l'urgence dans le contentieux administratif camerounais*. Thèse de doctorat d'État en droit, Université de Yaoundé II, 2004, pp. 28-29.

[1347] A ce sujet, voir **DOUNGUE KAMO (G.-Y.),** *Le recours gracieux préalable au Cameroun, trente ans après,* Mémoire de Master en Droit Public, Université de Dschang, 2011 ; **SIETCHOUA DJUITCHOKO (C.),** *L'appel dans le contentieux administratif au Cameroun,* Thèse de Doctorat, Université Paul Cézanne

restaurer la splendeur de l'urgence environnementale et à raffermir les principes sacro-saints d'Etat de droit, de délais raisonnables et garantirait la célérité de la justice en matière environnementale. Encore faut-il reformer les conditions d'intervention de la justice pénale en la matière.

B- La nécessité d'un réajustement du procès pénal

La sanction pénale est une solution pour accroitre l'intégration des préoccupations environnementales dans les pratiques de travaux publics. Cependant, le droit pénal de l'environnement, tel qu'il est vécu actuellement en droit camerounais, n'est pas assez empreint de sanctions environnementales. Il faudrait, notamment pour mieux intégrer les travaux publics dans une démarche environnementale, élargir le quantum des peines en les adaptant aux réalités écologiques **(1),** et instaurer des procédures spécifiques pour adapter le contentieux aux exigences propres à la matière environnementale **(2).**

1- L'adaptation des peines pénales aux réalités écologiques

A l'analyse des interactions entre le droit pénal et la protection de l'environnement au Cameroun, les infractions sont peu nombreuses et les peines peu dissuasives[1348]. Les montants des peines contraventionnelles prévus par le Code pénal semblent inadaptés pour dissuader les opérateurs des travaux publics. En même temps, trop élevée, l'amende risque d'apparaître disproportionnée par rapport au préjudice écologique. Trop faible – le cas le plus fréquent -, elle équivaut à un permis de polluer. De plus, si une amende est prononcée, encore faut-il qu'elle soit recouvrée. Le droit pénal semble donc inadapté aux spécificités du domaine écologique. En effet, en droit pénal, l'édiction d'une mesure répressive est fondée sur l'idée que l'existence d'une sanction aura une vertu d'intimidation sur de potentiels contrevenants. Il s'agit ainsi de décourager l'infraction, avant même de punir. Dans l'ensemble, les peines encourues en matière de dommages à l'environnement sont symboliques, eu égard aux intérêts économiques et financiers en jeu. Les montants engagés dans le cadre d'un chantier de travaux publics sont sans

Aix-Marseille III, 2001, pp. 146-147 ; **ABA'A OYONO (J.-C.),** « Chronique du grain de sable dans la fluidité jurisprudentielle à la Chambre Administrative au Cameroun », *Juridis Périodique* n°78, avril-juin 2009, pp.62-74 ; **ANOUKAHA (F.),** « La réforme de l'organisation judiciaire du Cameroun », *Juridis Périodique* n° 68, octobre-novembre-décembre 2006, pp. 45-56.

[1348] Voir **ABDEL NASSER (I.-P.)**, «La Poursuite des atteintes à l'environnement au Cameroun : Le Ministère Public relègue ? », *International Multilingual Journal of Science and Technology (IMJST*), Vol. 5 Issue 9, September – 2020, *op.cit.,* pp. 1638-1650.

commune mesure avec les amendes pénales encourues en cas d'atteintes à l'environnement. Dès lors, d'un point de vue financier, mieux vaut enfreindre le droit pénal que d'être redevable d'indemnités de retard, qui seraient plus élevées. La sensibilité écologique manifestement moins développée du juge conditionne aussi l'application non rigoureuse du droit de l'environnement, un droit qu'il ne maitrise véritablement pas encore assez.

2- L'impérieuse connexion du juge pénal aux problématiques environnementales

D'emblée, les procédures pénales sont lourdes. Elles n'apparaissent pas toujours adaptées à la matière environnementale. Surtout, le juge pénal camerounais est confronté à plusieurs difficultés pour assurer la protection de l'environnement, notamment le manque de spécialisation[1349]. Il en va de même de la faiblesse des sanctions prononcées, la corruption, l'impunité, la complexité des procédures, et le déficit de sensibilisation des acteurs et des citoyens. Pour l'heure, les domaines d'intervention du juge pénal en matière environnementale sont ceux de la faune et de la forêt, où il sanctionne les infractions relatives au braconnage, au trafic d'espèces protégées, à l'exploitation illégale du bois, etc. En revanche, jusqu'alors, il reste peu sollicité dans les autres domaines tels que la pollution de l'air, de l'eau, des sols, ou les atteintes à la biodiversité.

Pourtant, l'analyse juridique donne à constater que le juge pénal est, dans l'armature juridictionnel, le plus outillé pour se prononcer en matière d'atteinte à l'environnement. Pour preuve, il dispose de plusieurs sources du droit pour fonder sa décision, notamment la loi-cadre de gestion de l'environnement de 1996, le Code pénal[1350], la législation forestière[1351], de l'eau[1352], le Code minier[1353], ainsi que les Conventions internationales ratifiées par le Cameroun en matière de protection de l'environnement. Reste alors au

---

[1349] **ABANDA (M.)**, « Les préoccupation environnementales devant le juge judiciaire au Cameroun », *Revue Africaine de Droit de l'Environnement*, 2020, vol.5, pp. 54-56, *op.cit.* ; **BIKIE (F.-R.), NLEP-BODION (N.-H.)**, « L'institution judiciaire pénale à l'aune de la complexité du système répressif des atteintes environnementales en droit camerounais », Université de Yaoundé II, pp. 18-20.

[1350] Voir par exemple l'article 316 de la Loi n° 2016/007 du 12 juillet 2016 portant Code pénal. Il ressort de l'alinéa 1 de cette disposition que : *« est puni d'un emprisonnement de 15 jours à trois ans et d'une amende de cinq mille francs ou de l'une de ces peines seulement, celui qui détruit, même partiellement, tout bien appartenant, en tout ou partie, ou grevé d'une charge en faveur d'autrui »*.

[1351] Voir la loi n° 94/01 du 20 janvier 1994 portant régime des forêts, de la faune et de la pêche.

[1352] Voir la loi n° 98/005 du 14 avril 1998 portant régime de l'eau.

[1353] Voir la loi n° 2023/014 du 19 décembre 2023 portant Code minier.

juge de s'en rendre compte et d'activer les leviers nécessaires pour relever les défis à lui assignés par la société.

Paragraphe 2- les pistes de réforme pour une justice environnementale plus efficace

Face aux enjeux écologiques modernes, l'organisation judiciaire apparait dispersée et complexe, ce qui pose des difficultés pour assurer une réponse efficace et cohérente aux litiges environnementaux. On peut distinguer au moins deux aspects de cette complexité.

D'une part, la répartition des compétences entre les ordres de juridiction administrative, civile et pénale. Chacun de ces ordres a ses spécificités, sa procédure, et ses propres voies de recours sur certaines matières. Or les litiges environnementaux découlant de la pratique des travaux publics peuvent relever de plusieurs juridictions à la fois, selon qu'il soulève le problème de la légalité d'une décision administrative, la responsabilité d'un entrepreneur privé, ou la répression d'une infraction. A titre d'exemple, une pollution industrielle peut donner lieu à un recours devant le juge administratif pour contester la légalité de l'autorisation d'exploitation, et à une poursuite devant le juge pénal pour sanctionner le délit de mise en danger des vies humaines. Cette situation peut alors créer des conflits de compétence, des divergences d'appréciation, ou des cumuls de sanctions.

Pour éviter un tel désastre, il y'a lieu de réorganiser l'organe judiciaire **(A)** et de rationaliser les sanctions qui en émanent **(B).**

A- La réorganisation de l'institution judiciaire

Au Cameroun, l'une des plus grandes lacunes du droit de l'environnement est le défaut de répartition des compétences entre les ordres de juridiction. Déjà qu'abstraction faite du juge pénal dont la compétence est clairement indiquée par la loi cadre de gestion de l'environnement, les autres juridictions opèrent à l'aveuglette. Les risques de conflit positif ou négatif de compétence sont donc élevés[1354]. Un début de solution serait déjà la création de juridictions environnementales spécialisées qui connaitraient exclusivement de cette matière selon les règles de procédure adéquates **(1)**. A défaut,

[1354] Un conflit de compétence correspond à une situation dans laquelle deux ou plusieurs juridictions revendiquent le pouvoir de traiter d'un même litige environnemental. Il est dit positif lorsque les juridictions impliquées déclarent tous leur compétence à juger de l'affaire. Mais lorsqu'à l'inverse elles retiennent tous leurs compétences, on dit que le conflit est négatif.

l'intensification de la formation des magistrats des ordres juridictionnels existant pourrait en être une alternative **(2).**

1- La création de juridictions spécialisées en la matière

Il est question ici de résoudre un problème de spécialisation de la justice environnementale qui se pose depuis belle lurette. En effet, l'organisation judiciaire en matière environnementale est dispersée et pose donc un problème d'efficacité et de cohérence de son intervention. Plusieurs pistes d'amélioration peuvent être explorées. D'une part, la création d'un ordre de juridiction qui prendrait exclusivement compte des questions environnementales dans l'ensemble, d'autre part, la création au sein des juridictions existantes, de chambres environnementales aux côtés des autres chambres et formations préexistantes. Cette solution serait porteuse de fruits tant son efficacité est prouvée ailleurs[1355].

Dans le système juridique français par exemple, il existe des juridictions spécialisées pour certains contentieux environnementaux. C'est notamment le cas du Tribunal maritime commercial pour les affaires de pollution maritime, le Tribunal paritaire des baux ruraux pour les litiges relatifs au bail rural environnemental, ou encore du Tribunal des conflits pour les litiges entre l'Etat et les collectivités territoriales en matière des dommages de travaux publics.

Ces juridictions auront, si elles existent enfin, l'avantage de disposer d'une expertise technique et d'une connaissance approfondie des enjeux spécifiques de leur domaine. Certes, ailleurs elles sont aussi confrontées à des limites, telles que le manque de moyens, la faible accessibilité, ou l'isolement par rapport aux autres juridictions. Les pouvoirs publics devraient donc tenir compte de ces insuffisances, et y remédier par anticipation, lorsque viendra le moment de créer ces juridictions. Mais avant toute chose, la réussite de leur fonctionnement reposera sur un corps de magistrats suffisamment outillés pour les besoins de la cause.

[1355] A titre d'illustration, l'article 10 (3) du Protocole de Malabo de 2014 institue une Chambre de l'environnement au sein de la Cour africaine des droits de l'homme et des Peuples. Celle-ci est chargée de connaître de tous les crimes écocides commis sur le territoire africain, ou ailleurs lorsque la Cour en est saisie.

2- Le recyclage des Magistrats

La formation des Magistrats est un élément clé pour une bonne gestion du contentieux de l'environnement. Plusieurs initiatives peuvent de ce fait être entreprises pour y parvenir.

De prime abord, il faut un cursus dédié au sein de la formation continue de l'Ecole Nationale d'Administration et de Magistrature (ENAM). Lequel doit proposer aux magistrats de développer leurs connaissances juridiques, techniques et naturalistes en matière d'environnement, et de se confronter aux réalités du terrain à travers des stages chez des partenaires concernés par des questions environnementales.

Ensuite, il n'est pas banal de recommander des diplômes universitaires en droit de l'environnement. Ceux-ci s'adresseront aux Magistrats, aux Avocats et aux étudiants de master de droit, et permettront aux Magistrats de se spécialiser complètement dans ce domaine, en abordant les aspects théoriques, pratiques et comparatifs du droit de l'environnement.

Bien plus, des formations internationales pourront favoriser le renforcement des capacités des Magistrats à traiter des litiges environnementaux transfrontaliers, à prendre en compte les normes et les jurisprudences internationales, à échanger des bonnes pratiques, et à jeter les bases d'un vertueux dialogue des magistrats en droit de l'environnement.

A l'instar des Magistrats, les décisions de justice en matière environnementale ont besoin d'être rationnalisées pour véritablement servir la cause environnementale.

B- La rationalisation de la sanction

La rationalisation des décisions de justice en matière environnementale est un sujet complexe qui taraude les esprits dans la doctrine[1356]. Abstraction faite des propositions relatives au corps des Magistrats, quelques pistes supplémentaires d'amélioration peuvent être explorées. Il s'agit pour l'essentiel, de prioriser autant que nécessaire, l'approche préventive à celle répressive **(1),** ou d'accroitre, selon le besoin, la rigueur des sanctions pour les rendre plus dissuasives **(2).**

[1356] **ERRERA (F.),** « Pour une rationalisation de la justice », *Presses Universitaires de France*, 2007, pp. 32-37.

1- La priorisation de la prévention par rapport à la répression

En effet, la prévention consiste à agir en amont pour éviter ou réduire les risques d'atteinte à l'environnement, tandis que la répression est le fait de sanctionner les auteurs d'infractions environnementales après qu'elles se soient produites. Plusieurs raisons motivent le choix porté sur la prévention par rapport à la répression en matière environnementale.

D'abord, la prévention permet de protéger à l'avance la biodiversité, les écosystèmes et la santé humaine, qui, sont des biens communs essentiels à la vie sur Terre. La répression, en revanche, ne peut que réparer partiellement et *a posteriori* les dommages causés à l'environnement, qui sont souvent irréversibles ou difficiles à évaluer.

Aussi, la prévention est plus efficace et moins couteuse que la répression, car elle évite les dépenses liées à la restauration de l'environnement, à la compensation des victimes, aux procédures judiciaires et aux sanctions pénales. La prévention peut aussi générer des bénéfices économiques, sociaux et environnementaux, en favorisant l'innovation, la compétitivité, la création d'emplois et la transition écologique.

Enfin, la prévention est plus conforme aux principes du droit international de l'environnement, tels que le principe de précaution[1357], de coopération et de non régression[1358]. La répression, quant à elle, sans être battue en brèche, se heurte à des difficultés juridiques, telles que la diversité des sources d'incrimination, l'impunité des responsables, ainsi que la faiblesse des sanctions prononcées.

2- Le raffermissement de la rigueur des sanctions

En effet, dans un domaine marqué par la rude concurrence comme celui des travaux publics, la sanction juridictionnelle de l'atteinte à l'environnement est confrontée à des défis et limites divers. Il convient alors de renforcer la rigueur de la sanction pour en faire un véritable outil de protection de l'environnement. Au rang des éléments pouvant favoriser le raffermissement des sanctions juridictionnelles, on peut en mentionner au moins quatre.

[1357] Le principe de précaution vise à permettre aux décideurs de prendre des mesures de protection lorsque les preuves scientifiques relatives à un danger pour l'environnement ou la santé humaine sont incertaines et que les enjeux sont importants. Il a été consacré dans la Déclaration de Stockholm de 1972.

[1358] Voir **BRETT (R.)**, « Principe de non-régression », *Revue Juridique de l'environnement*, n°3, septembre 2018, pp. 631-643.

D'abord, une définition claire et précise des infractions environnementales, en tenant compte de la gravité, de l'intentionnalité, de la récidive et des circonstances aggravantes[1359]. Ensuite, il convient pour le juge saisi de l'affaire de veiller à la proportionnalité des sanctions en veillant à ce qu'elles soient adaptées à la nature et à la gravité des interactions et qu'elles aient un effet dissuasif et réparateur.

Dans l'ensemble, il convient de veiller à l'effectivité des sanctions, en assurant leur mise en œuvre effective et rapide, tout en contrôlant leur respect et leur suivi[1360]. C'est donc dire que le juge doit prioriser les astreintes, les mises en demeure, les injonctions, les confiscations et saisis de matériel pour rendre exécutoire sa décision.

[1359] **LA ROSA (A.-M.),** « La sanction dans un meilleur respect du droit humanitaire : son efficacité scrutée », *Revue Internationale de la Croix Rouge,* n°870, juin 2008, pp.14-26.

[1360] Consulter la Communication du Comité International de la Croix Rouge (CICR) sur *les éléments pour rendre les sanctions plus efficaces,* disponible en ligne sur Google.

CONCLUSION DU CHAPITRE 2

La défaillance du cadre institutionnel et la faiblesse de l'intervention des acteurs sont, comme on le constate, généralement pointés du doigt à l'échelle globale et non pas uniquement dans les travaux publics au Cameroun[1361]. Il est alors impérieux de trouver des voies et moyens pour redynamiser le cadre institutionnel de protection de l'environnement lors de la réalisation des projets de développement.

Les réformes attendues ici doivent être axées sur deux plans fondamentaux. D'une part, la réorganisation des institutions et acteurs du cadre non juridictionnel, d'autre part, la création d'un nouveau paradigme devant garantir une intervention plus efficace des acteurs juridictionnels.

Dans le cadre non juridictionnel, il faut une résurgence de la coadministration du service public de l'environnement lors de la réalisation des travaux publics en particulier. Elle devra se matérialiser par la coordination des politiques et des Administrations réagissant sur les sites aux fins de surveillance et de constatation des atteintes à l'environnement. En outre, le renforcement des compétences des agents et inspecteurs de surveillance boosterait leur efficacité. De leur côté, les initiatives privées méritent une certaine reconnaissance et un renforcement. Il s'agit d'abord de consolider les incitations fiscales et douanières pour encourager les entreprises du secteur privé à s'engager davantage dans l'approche volontaire. Dans le même ordre d'esprit, il faudrait accroître la capacité d'intervention des ONG en leur apportant l'appui financier, logistique et humain nécessaire.

Dans le cadre juridictionnel, la justice et ses institutions doivent véritablement se saisir des problématiques environnementales et les intégrer dans l'agenda des audiences. Pour cela, il sera crucial de reformer le personnel de juridictions afin de les initier aux spécificités liées à l'application du droit de l'environnement. Ceci supposera aussi l'instauration du contentieux des atteintes à l'environnement comme module de formation dans les pôles d'enseignement supérieur, à l'instar de l'Université et de l'ENAM. Assurer le suivi par les formations continues permettra certainement de préserver les acquis en la matière tout en les adaptant progressivement aux mutations imposées par la société et la nature.

L'urgence environnementale doit retrouver son esprit, unique condition d'un traitement efficace des litiges relatifs à la dégradation de l'environnement.

[1361] **VANDEVORST (A.)**, « contenu et portée du concept de conditionnalité environnementale : vers un nouvel instrument au service du droit et de la protection de l'environnement en Afrique ? », *Revue juridique de l'environnement*, op.cit. p. 125.

Cela exige certainement d'abroger l'exigence du recours gracieux préalable dans les procédures de référé et du sursis à exécution. Elargir les types de référés permettrait certainement au juge des référés de garantir l'efficacité de son intervention.

CONCLUSION DU TITRE II

En fait, l'arrimage du secteur des BTP aux exigences écologiques modernes est la condition *sine qua none* de réussite des politiques publiques de l'environnement dans ce secteur[1362]. Il est impératif de procéder à un réaménagement urgent du cadre juridique de protection. Ceci est essentiel pour garantir le développement durable et préserver les ressources naturelles pour les générations futures.

De plus, la redynamisation du cadre institutionnel est nécessaire pour assurer une mise en œuvre efficace de ces mesures. Il est surtout crucial d'agir rapidement pour mettre en place des reformes concrètes et engager les ressources nécessaires à leur implémentation.

En substance, le réaménagement du cadre juridique nécessite d'actionner des leviers nécessaires pour revaloriser les normes du droit de l'environnement dans le secteur des travaux publics[1363]. Prétendre à une codification de ces normes ne relève pas d'une exagération, puisque les travaux publics présentent des spécificités en termes d'impacts sur l'environnement. Dans le même sens, imposer ou encourager la certification ISO 14001 aux entreprises des BTP lors de l'attribution des offres de marchés ne se pas sulfureux. Tout au plus, cela résoudrait un problème encore plus crucial, notamment celui de la faible utilisation des contrats de la commande publique au profit de la cause environnementale. Les cabinets d'études environnementales doivent pouvoir réaliser l'ampleur de la mission attendue d'eux et se soucier de la qualité de leur expertise. Les pouvoirs publics devraient au préalable revoir les critères d'accréditation de ces experts pour assurer, en amont, la qualité des rapports que ces derniers pourront produire.

Dans l'ensemble, l'inscription des opérations des travaux publics dans la logique du chantier écologique serait l'aubaine, puisqu'elle est d'office porteuse de diverses vertus[1364].

La justice doit être reformée pour prendre en compte les spécificités du contentieux de l'environnement. Les agents publics et les ONG doivent trouver des stratégies de cohabitation afin de rentabiliser leurs actions visant à garantir la protection de l'environnement[1365].

[1362] **HAMY (L.)**, « Vers un BTP écologique », *le Journal de l'environnement,* 22 février 2006, p.25.

[1363] **BERKANI (E)**, « La prise en compte de l'environnement par le droit des marchés publics », Bulletin du droit de l'environnement industriel n° 4/2003, pp. 10-17.

[1364] **HARADA (L.-N)**, « La boîte à outils de l'achat public écologique », *Revue Lamy des collectivités territoriales,* septembre 2006, pp. 87-92.

[1365] **JEGOUZO (Y.)**, « De certaines obligations environnementales : prévention, précaution et responsabilité », *AJDA*, 6 juin 2005, pp. 1164-1171.

CONCLUSION DE LA SECONDE PARTIE

Incontestablement, le système de protection de l'environnement dans la réalisation des infrastructures publiques au Cameroun est loin d'être le meilleur au monde. Mais, il demeure aussi tout autant vrai qu'à l'inverse, cette situation n'est pas figée. Malgré la persistance des obstacles et des pesanteurs de tout ordre, il existe quelques pistes d'amélioration.

Certaines de ces solutions sont déjà en cours d'expérimentation actuellement et devraient produire leurs effets de noblesse. Il s'agit par exemple de l'adhésion de quelques entreprises du secteur BTP à la certification ISO 14001, de la systématisation des études environnementales préalables dans le Code des marchés publics, etc. D'autres, tardent à se manifester aux acteurs de ce secteur.

Toutefois, le rapport des obstacles demeure alarmant, et concerne tant les acteurs du secteur public que privé ; juridictionnels ou non. Dans le secteur public, les Administrations manquent de coordination et de spécialisation en matière environnementale. Le foisonnement des agents appelés à agir en la matière peut, en l'absence de collaboration et de coordination de leurs actions, constituer une cause d'inefficacité. Les décisions que les Administrations prennent doivent pouvoir être adaptées aux spécificités environnementales[1366]. Les partenaires techniques et financiers majoritairement constitués de la BM, la BAD, le FMI n'assurent pas un suivi suffisant du respect des exigences environnementales de leurs contributions.

Dans le secteur privé, certains entrepreneurs considèrent encore la norme environnementale comme une gêne[1367]. Ils développent des comportements de réticence face aux nouvelles mesures, notamment lorsque la mise en œuvre de celles-ci exige des dépenses supplémentaires non envisagées dans le prix initial du marché. Les ONG et autres acteurs de la société civile ont une capacité d'intervention réduite face aux impératifs de développement infrastructurel[1368]. Le personnel est souvent moins qualifié alors que les ressources ne suffisent toujours pas pour garantir une intervention efficace[1369].

[1366] Lire **PAGAZA PICHARDO (I.),** « La protection de l'environnement et l'administration publique en Amérique Latine », *Revue Internationale des Sciences Administratives,* vol.72, 2006, pp. 147-156.

[1367] Ce problème semble ancien et généralisé dans le monde. Voir **BLAISE (D.),** « La prise en compte des critères environnementaux dans les marchés publics », *Actualité juridique droit administratif,* 10 mars 2003, pp. 433-435.

[1368] Voir **KAMTO (M.)** « La mise en œuvre du droit de l'environnement : forces et faiblesses des cadres institutionnels », *RADE* n° 14, *op.cit.,* pp. 24-29.

[1369] *Idem.*

Dans le giron des propositions, la refonte du cadre normatif et du cadre institutionnel parait urgent. La première mesure postule une revalorisation des normes environnementales en contexte des travaux publics. La mise sur pied d'un Code de l'environnement adapté aux spécificités de ce secteur résoudrait certainement l'essentiel des problèmes. La refonte du cadre institutionnel demande alors de réorganiser les acteurs de ce secteur en orientant leur action dans le sens de la performance. Il en est de même du rôle attendu des gens de la justice. La reconnexion du personnel judiciaire au contentieux environnemental garantirait une certaine performance dans l'intervention de la justice en la matière. Il suffirait en tout état de cause de viabiliser l'urgence environnementale en excluant, au préalable, l'exigence de la règle du recours gracieux.

CONCLUSION GENERALE

De toute évidence, la prise en compte de l'environnement dans les projets de développement ne relève plus de la seule volonté d'un Etat ou d'un gouvernement souverain[1370]. Elle est désormais une exigence mondiale dont la portée et la rigueur ne font que s'intensifier et s'affermir depuis les conférences de Stockholm de 1972 et de Rio de 1992[1371]. En effet, les enjeux environnementaux et climatiques représentent un pan considérable du nouvel ordre mondial[1372]. Le monde est de plus en plus urbanisé et les travaux publics sont la locomotive de ce développement. Le droit au développement doit tenir compte de l'environnement et des besoins des générations présentes et futures[1373].

Sous divers prismes, les rapports entre protection de l'environnement et réalisation des travaux publics auront été analysés tout au long de cette étude. L'analyse a commandé que l'on procède à l'identification et au décryptage des forces et faiblesses des mécanismes de cette protection après en avoir préalablement vérifié l'existence concrète. Dans cette mouvance, un certain nombre de constats ont été faits.

Le premier est que la protection de l'environnement dans les travaux publics au Cameroun est une réalité juridique perceptible. Elle se matérialise notamment par l'aménagement d'un cadre juridique pluridisciplinaire qui fait intervenir aussi bien les règles issues du droit commun de l'environnement que les techniques issues d'autres branches du droit.

A titre principal, cette protection est assurée par des règles dégagées des textes directeurs du droit national de l'environnement. Ces textes sont principalement constitués de la loi cadre de gestion de l'environnement, des plans directeurs à l'instar du Plan national de gestion de l'environnement tout comme celui de gestion des déchets. Font partie de ce registre les décrets et arrêtés fixant le régime des évaluations environnementales etc. Toutefois, certains textes sectoriels procurent aux entrepreneurs de moyens d'intégrer les techniques sectorielles de protection de l'environnement au moment de la réalisation des travaux publics. La vérité est que la large frange de grands

---

1370 **ZAKANE (V.)**, « Problématique de l'effectivité du droit de l'environnement en Afrique : l'exemple du Burkina Faso » *in* **GRANIER (L.)** (coord.), *Aspects contemporains du droit de l'environnement en Afrique de l'Ouest et Centrale,* UICN, Droit et politique de l'environnement, n°69, p.25.

1371 **AUBERT (F.)**. « Toute personne doit contribuer à la réparation des dommages qu'elle cause à l'environnement… », *Actualité juridique droit administratif,* 30 juin 2003, p. 1247.

1372 **PAILLON AIT-AISSI (N.)**, « Le pacte mondial pour l'environnement : un appui à la gouvernance mondiale de l'environnement ? », *Revue Québécoise de Droit International,* vol.31, n°2, 2018, pp. 71-75.

1373 Il s'agit d'un objectif fixé depuis la Conférence de Rio de Janeiro de 1992. Voir à ce titre la Déclaration de Rio sur la protection de l'environnement et le développement.

travaux modifie plus d'un milieu récepteur. C'est notamment le cas de la gestion du sol et du sous-sol dont la protection relève des textes particuliers, au même titre que la règlementation des nuisances sonores sur le chantier.

Mais, dans l'ensemble, ces textes fourmillent de mesures qui s'implémentent au fur et à mesure de la réalisation des opérations du chantier. Ainsi, la phase préparatoire des projets est sanctionnée par les études d'impact environnemental et social dont la réalisation combine une phase technique consistant à opérer un inventaire des impacts et un bilan de mesures d'atténuation d'une part[1374]. Puis, une phase administrative de validation du rapport qui en découle, dans l'optique d'obtenir le certificat de conformité environnemental du projet, élément déclencheur des opérations proprement dites.

Dans la phase de réalisation, cette protection est l'apanage de la mise en œuvre du plan de gestion de l'environnement qui explicite pour chaque impact négatif la mesure de compensation correspondante, et pour chaque impact positif la mesure de bonification nécessaire.

D'autre part, il a été donné de constater que le droit commun de l'environnement ne peut à lui seul imposer meilleure protection de l'environnement aux entrepreneurs des BTP foncièrement réfractaires à la norme environnementale. Ceux-ci jugent sa mise en œuvre très couteuse et souvent complexe du fait de sa technicité ainsi que des difficultés à l'adapter aux spécificités du chantier. C'est la raison pour laquelle le droit de la commande publique est actionné comme un levier de secours pour consolider les besoins de la cause[1375]. Le contrat administratif par rapport à la loi présente l'avantage d'avoir la présomption de consentement libre et éclairé des parties[1376]. Surtout, il produit un effet relatif aux parties, obligeant donc chacune d'elles à s'acquitter convenablement de ses obligations environnementales et sociales. Toutefois, dans ce giron, les documents d'appels d'offre, le Code des marchés publics ainsi que les autres instruments juridiques de la commande publique n'intègrent pas encore suffisamment les impératifs environnementaux dans leur corpus[1377].

[1374] Voir décret de 2013 relatif à la réalisation des études d'impact environnemental et social, *op.cit.,* articles 5 et ss.

[1375] **BERKANI (E.),** « La prise en compte de l'environnement par le droit des marchés publics », *Bulletin du droit de l'environnement industriel,* n° 4/2003, pp. 10-17.

[1376] *Idem.*

[1377] La plupart de ces instruments, en effet, n'imposent que les études d'impact, perdant ainsi de vue les pratiques écologiques modernes, à l'instar des achats verts, des labels écoresponsables etc.

En revanche, les conventions d'aide au développement, quant à elles, se montrent davantage plus protectrices de l'environnement[1378]. Les exigences environnementales et sociales des bailleurs de fonds s'imposent aux acteurs publics comme une conditionnalité de l'aide publique au développement dont le non-respect encoure diverses sanctions. La plus radicale de ces sanctions demeure le retrait du financement pour non-conformité du projet au respect des objectifs du développement durable.

Le deuxième constat en est que ladite protection est garantie par une armature institutionnelle impressionnante. Dans ce cadre, on voit intervenir une kyrielle d'acteurs de divers ordres. Certains sont de nature publique tandis que d'autres relèvent de la société civile. Les acteurs publics sont aussi bien d'ordre administratif que juridictionnel. Dans la première catégorie, il s'agit des agents et inspecteurs environnementaux des administrations à compétence environnementale principale et sectorielle. Ceux-là assurent le contrôle, la constatation et la verbalisation des atteintes à l'environnement sur le chantier. Ces diligences sont consignées dans des procès-verbaux de constatation suivant la procédure prévue à cet effet. L'autorité administrative habilitée à sanctionner ces manquements est légalement tenue de procéder préalablement à l'arrangement amiable si le délinquant en fait la demande. Outre ces sanctions légales, le maître d'ouvrage dispose en vertu du contrat administratif d'une panoplie de sanctions qu'il peut actionner à l'égard de l'entrepreneur fautif.

Au demeurant, l'échec des modes alternatifs de règlement des différends emporte saisine des institutions juridictionnelles[1379]. Dans le cadre du règlement juridictionnel des atteintes à l'environnement, divers juges peuvent être sollicités en fonction de la nature de la demande. C'est néanmoins au juge administratif de connaitre à titre principal de l'essentiel de ces litiges[1380]. Il est le juge de droit commun du contentieux des dommages des travaux public. Or, les atteintes à l'environnement sont indissociablement liées aux dommages des travaux publics à tel enseigne que la doctrine a souvent tendance à en confondre[1381]. Le juge administration ne disposant pas d'une compétence d'attribution en matière environnementale et en dépit de l'inexistence d'une procédure environnementale contentieuse, fait recours à ses moyens

[1378] C'est notamment le cas avec les financements de la BM et de la BAD.

[1379] Voir l'article 77 de la loi cadre de gestion de l'environnement de 1996.

[1380] **OUMBA (P.),** « La contribution du droit administratif à la réparation des atteintes à l'environnement au Cameroun », *op.cit.,* pp. 1-17.

[1381] **BLAISE (D.),** « La prise en compte des critères environnementaux dans les marchés publics », *Actualité juridique droit administratif,* 10 mars 2003, p. 439.

procéduraux ordinaires. Il s'agit en l'occurrence de la procédure administrative contentieuse de droit commun tant en matière d'annulation que dans le recours de plein contentieux. Aussi statue-t-il en urgence, sur référé ou en sursis à exécution, à charge pour la victime de satisfaire à l'exigence du recours gracieux préalable. Le juge pénal, quant à lui, a en la matière une compétence plus élargie et une diversité de sources d'incriminations. Il peut alors s'appuyer sur les prescriptions de la loi cadre comme sur les dispositions du Code pénal. Il en est pareil du juge civil qui peut se fonder sur les dispositions de la loi cadre comme sur celles du Code civil pour engager la responsabilité de l'entrepreneur pollueur.

Cependant, aussi large que soit la part de mérite des cadres juridique et institutionnel, le système de protection de l'environnement demeure perfectible parce que faisant face à de lacunes notoires nécessitant de solutions concrètes[1382]. Dans cette artère de la réflexion, les difficultés ont été relevées au même titre que les solutions proposées. Elles sont relatives tant au cadre juridique qu'à celui institutionnel.

Relativement au cadre juridique, l'on a identifié l'impuissance de la norme environnementale à s'imposer dans les travaux publics. Dans cette veine, le constat le plus immédiat demeure la fébrilité des normes environnementales supranationales. Elle se traduit par le caractère génétiquement lacunaire du droit international de l'environnement[1383], situation exacerbée par les difficultés de transposition de certaines de ces règles dans les travaux publics. De l'autre côté, le droit communautaire CEMAC n'offre pas encore suffisamment de garanties de protection de l'environnement comme c'est le cas du droit de l'Union Européenne. En examinant son corpus juridique, la protection de l'environnement n'apparait pas comme une priorité comme le sont l'intégration économique, la libre circulation des biens et personnes, la création d'un marché commun etc. Ce droit n'envisage la protection de l'environnement que de manière subsidiaire dans la recherche de l'atteinte des objectifs primordiaux. Bien plus, le dispositif de la commande publique communautaire a manqué l'occasion d'ériger la protection de l'environnement comme préalable à l'attribution des offres de marchés. Certes, l'environnement n'y est pas totalement absent si l'on considère que les aptitudes techniques du soumissionnaire englobent ses aptitudes à préserver le milieu dont dépendent la vie, la santé et l'épanouissement des citoyens.

[1382] **LEPAGE (C.)**, « Les véritables lacunes du droit de l'environnement », *Op.cit.* pp. 1-12.

[1383] *Idem.*

Cependant, une normalisation claire et précise permettrait de mieux promouvoir et valoriser la protection recherchée.

De son côté, le droit national de l'environnement peine à s'imposer aux entrepreneurs du secteur BTP[1384]. C'est un droit éparpillé qui souffre d'un sempiternel problème de codification[1385]. Un code de l'environnement, de l'avis de nombreux d'entrepreneurs, permettrait de mieux structurer les règles en la matière tout en favorisant une meilleure application. Le vœu d'un code de l'environnement propre au secteur des travaux publics reste largement émis par les entrepreneurs qui, pour bon nombre, peinent à concilier les textes épars en la matière.

Les conventions d'aide au développement font face à de nombreuses pesanteurs au même titre que le droit de la commande publique[1386]. Les premiers s'apparentent souvent comme de simples formalités juridiques, les bailleurs de fonds se montrant souvent négligents dans le suivi des conditionnalités imposées. C'est sans doute ce qui a amené certains penseurs à théoriser les servitudes de ladite aide, pour décrier ses effets sur la souveraineté des Etats bénéficiaires[1387]. Parallèlement, les contrats de la commande publique ne sont pas encore suffisamment orientés vers l'atteinte des résultats environnementaux. Les logiques de chantier vert, à l'instar de celle des achats écoresponsables ou du mieux disant environnementale, sont encore à découvrir.

Du point de vue institutionnel, les acteurs non juridictionnels souffrent de divers maux dont les plus cruciaux demeurent le problème de coordination pour ceux du secteur public, et de valorisation pour ceux du secteur privé. De constat, les administrations de plus en plus nombreuses à intervenir dans des projets de développement, manquent de coordination et de collaboration, ce qui entrave considérablement l'efficacité de leur intervention. Aussi doivent-elles s'inscrire dans la mouvance du nouveau management environnemental. Ceux du secteur privé, au premier rang desquels les ONG, doivent optimiser leur intervention. Elles doivent s'équiper tant en personnel qu'en matériels qualifiés et poser les jalons d'une collaboration horizontale afin d'accroitre

---

[1384] *Idem.*

[1385] **BERGERES (M.-C.)** « Nouveau droit des marchés publics : protéger l'environnement grâce aux achats écologiques », *Le Moniteur des travaux publics,* 12 février 2002, p. 27.

[1386] Dans l'ensemble, ils font l'objet d'une mise en œuvre étriquée. Voir **DELUZ (S.), LEVET-VEYRIER (S.),** « Coopération public-privé : un adage en sursis », *Le Moniteur des travaux publics* du 25 avril 2003, p. 92.

[1387] **MORAND-DEVILLER (J.),** « Le juge administratif peut-il ordonner la démolition d'un ouvrage public mal planté ? », *Bulletin juridique des collectivités locales, op.cit.,* pp 402-409.

leur rôle en la matière. Les entreprises doivent accentuer la culture environnementale et saisir les opportunités qu'offre la certification ISO et ANOR.

Dans la même mouvance, les juridictions doivent réaliser les missions que leur assignent les mutations sociales, environnementales et écologiques de l'heure. Les Magistrats devraient se connecter à la question environnementale et suivre son évolution au gré des mutations sociales[1388]. L'urgence environnementale doit retrouver tout son esprit dans le contentieux des atteintes à l'environnement dans les travaux publics. Il s'agit en effet d'inscrire le contentieux né des atteintes à l'environnement lors de la réalisation des travaux publics dans le contentieux de l'urgence spéciale[1389]. Ce qui permettra de faire une citation directe au juge sans passer par l'exercice d'un recours gracieux préalable.

[1388] **KAM YOGO (E.) et autres**, *Manuel judiciaire de droit de l'environnement en Afrique,* Institut de la Francophonie pour le développement durable (IFDD), 2018, *op.cit.,* pp.6-50.

[1389] **TSAMO (V.),** « Le contentieux de l'urgence environnementale devant le juge administratif camerounais », *op.cit.,* pp. 7181-7190.

ANNEXES

Annexe 1 : Autorisation de stage 1

MINISTERE DES TRAVAUX PUBLICS		MINISTRY OF PUBLIC WORKS
SECRETARIAT GENERAL		GENERAL SECRETARIAT
CELLULE DE LA FORMATION		TRAINING UNIT
N° 0291 CEA1 /L/MINTP/SG/CELFOR/CEA1		Yaoundé le 13 JAN 2022

LE MINISTRE DE TRAVAUX PUBLICS
A
MONSIEUR **TSAMO Victor**, « ***Doctorant en Droit Public / Droit de l'environnement » à l'Université de Dschang.***
Tél : 674 914 449

Objet : Demande d'Autorisation de Recherches.

Monsieur,

En accusant réception de votre correspondance d'objet porté en marge,

J'ai l'honneur de vous demander de bien vouloir prendre l'attache du **Chef de la Cellule de la Formation** en vue d'un meilleur suivi dans les recherches envisagées au sein du MINTP. Ces recherches se dérouleront dans les structures suivantes : Centre de Documentation et des Archives (01 mois), Cellule des Projets Routiers à Financements Conjoints (04 mois) et Cellule de la Protection de l'Environnement et des Infrastructures (04 mois).

Veuillez agréer, Monsieur, l'expression de ma considération distinguée.

Pour le Ministre des Travaux Publics
et par Délégation
Le Secrétaire d'Etat Auprès du Ministre
des Travaux Publics chargé des Routes

Copies : CDA/DC/DPPN/CPR-FC/CPEI/Intéressé/Archives.

Armand NDJODOM

Annexe 2 : Autorisation de stage 2

MINISTERE DES TRAVAUX PUBLICS		MINISTRY OF PUBLIC WORKS
SECRETARIAT GENERAL		GENERAL SECRETARIAT
CELLULE DE LA FORMATION		**TRAINING UNIT**
CEA1		

N° 19 /N/MINTP/SG/CELFOR/CEA1

Yaoundé le 19/12/2022

NOTE
À MONSIEUR LE MINISTRE DES TRAVAUX PUBLICS

OBJET : Demande d'Autorisation de Recherches.

Par correspondance d'objet reporté en marge, Monsieur **TSAMO Victor**, « ***Doctorant en Droit Public / Droit de l'environnement » à l'Université de Dschang*** vous a saisi d'une demande d'autorisation de recherche dans le cadre de la rédaction de sa Thèse.

De l'examen de cette correspondance, il ressort que :

- Ladite Thèse s'intitule: « ***Réalisation des travaux publics et protection de l'environnement en droit camerounais*** »;
- **L'intéressé voudrait collecter à l'aide des guides d'entretiens et questionnaires, les données sur le thème sus évoqué dans le cadre de son objectif de recherche.**

De ce qui précède, je suggère, sauf meilleure appréciation, qu'une suite favorable soit accordée à la demande de ce chercheur.

C'est le sens du projet de lettre ci-contre soumis à votre haute signature.

Vos hautes instructions m'obligeraient.

PJ : Correspondance cité.

CEA1

BABOULE B. Paul

Annexe 3 : Schéma synoptique du circuit d'évaluation d'une EIE

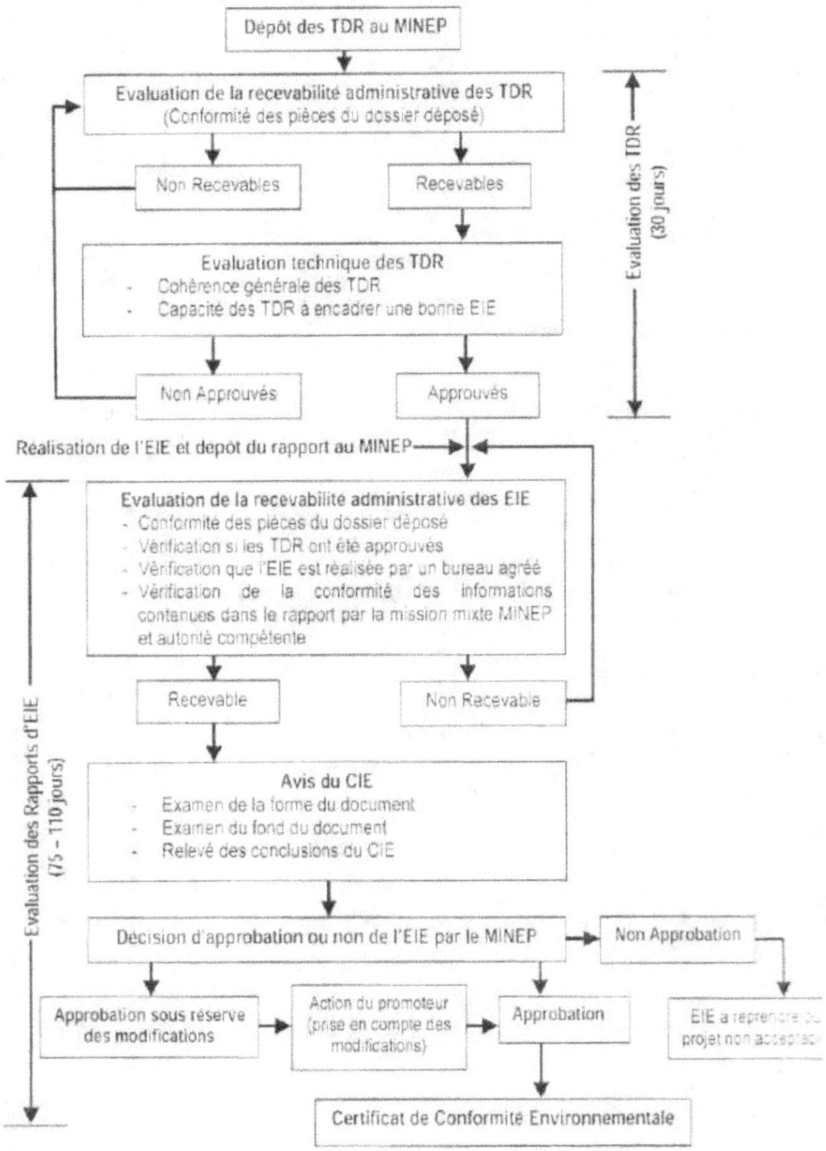

Date :..

Nom du promoteur :..

Numéro d'enregistrement ....

Composition du dossier :

Pièces du dossier à fournir	Conformité		Observations
	Oui	Non	
• Une demande de réalisation de l'EIE comportant la raison sociale du promoteur, le capital social, le secteur d'activité et le nombre d'emplois prévus dans le projet			
• Les TDR de l'étude			
• Un mémoire descriptif et justificatif du projet mettant l'accent sur la préservation de l'environnement et les raisons du choix du site soumis par le promoteur ou son mandataire			
• Une quittance de versement des frais de dossier qui s'élève à 2000 000 FCFA auprès du Fonds National de l'Environnement et du Développement Durable ou de la structure en tenant lieu.			

Résultat :

- Dossier complet :..
- Dossier incomplet pour :..
....
....

Nom et signature de l'agent

Annexe 5 : Fiche de recevabilité administrative du rapport d'EIE

Date :...

Nom du promoteur :..

Numéro d'enregistrement ....

Composition du dossier :

Pieces du dossier à fournir	Conformité		Observations
	Oui	Non	
• 22 exemplaires du rapport d'EIE			
• Une copie de la note d'approbation des TDR			
• Une copie certifiée de l'agrément délivré par le MINEP du Bureau national ayant réalisé totalement l'étude ou en groupement avec un bureau d'étude international			
• Une quittance de versement des frais d'examen du dossier de 3 000 000 FCFA pour l'EIE sommaire auprès du Fonds National Développement Durable ou de la structure en tenant lieu			
• Une quittance de versement des frais d'examen du dossier de 5 000 000 FCFA pour l'EIE détaillée auprès du Fonds National de l'Environnement et du Développement Durable ou de la structure en tenant lieu			
• Date éventuelle de la descente de terrain de l'équipe mixte pour vérifier qualitativement et quantitativement les informations contenues dans le rapport			
• Rapport de la descente de terrain : Les informations fournies dans le rapport d'EIE sont-elles conformes aux réalités sur le terrain ?			

Résultat :

- Dossier complet ....

- Dossier incomplet pour ....
....
....

Nom et signature de l'agent

Annexe 6 : Fiche de recevabilité technique du rapport d'EIE

Date :..

Nom du promoteur :...

Numéro d'enregistrement :..

(Contenu des TDR approuvés à remplir par l'évaluateur)

Contenu des TDR (grandes lignes)	Contenu du rapport d'EIE (grandes lignes)	Conformité		Observations
		Oui	Non	

Résultat :

- Etude Conforme ....
- Etude Non Conforme pour :...
....
....

Annexe 7 : Fiche de vérification d'appréciation des impacts des mesures

Date : ....

Nom du promoteur : ....

Nom du projet : ....

Numéro d'enregistrement : ....

Composante de l'environnement (a)	Phase de réalisation (b)	Synthèse des impacts (c)	Evaluation de l'impact initial (d)	Mesures environnementales (e)	Impact résiduel, impact non pris en compte et/ou mesures complémentaires nécessaires (f)	Evaluation de ces impacts résiduels (g)	Composantes de l'environnement affectées (h)	Observations sur les mesures d'atténuations (i)

Nom et signature de l'évaluateur

Annexe 8 : Décret N2013/0171/PM DU 14 février 2023 fixant les modalités de réalisations des études d'impact environnemental et social

REPUBLIQUE DU CAMEROUN

PAIX - TRAVAIL - PATRIE

DECRET N° 2013/0171 /PM DU 14 FEV 2013
FIXANT LES MODALITES DE REALISATION DES ETUDES D'IMPACT ENVIRONNEMENTAL ET SOCIAL.

LE PREMIER MINISTRE, CHEF DU GOUVERNEMENT,

Vu la Constitution ;
Vu la loi n° 96/12 du 05 août 1996 portant loi-cadre relative à la gestion de l'environnement;
Vu la loi n°98/015 du 14 juillet 1998 relative aux établissements classés dangereux, insalubres ou incommodes ;
Vu la loi n° 2004/017 du 22 juillet 2004 portant orientation de la décentralisation ;
Vu la loi n° 2004/019 du 22 juillet 2004 fixant les règles applicables aux régions ;
Vu la loi n° 2004/018 du 22 juillet 2004 fixant les règles applicables aux communes ;
Vu le décret n°92/089 du 04 mai 1992 précisant les attributions du Premier Ministre modifié et complété par le décret n°95/145 bis du 04 août 1995 ;
Vu le décret n°2001/718/PM du 03 septembre portant organisation et fonctionnement du Comité Interministériel de l'Environnement et les textes subséquents ;
Vu le décret n° 2008/064 du 04 février 2008 fixant les modalités de gestion du Fonds National de l'Environnement et du Développement Durable ;
Vu le décret n° 2012/0882/PM du 27 mars 2012 fixant les modalités d'exercice de certaines compétences transférées par l'Etat aux communes en matière d'environnement ;
Vu le décret n°2011/408 du 09 décembre 2011 portant organisation du Gouvernement ;
Vu le décret n° 2011/409 du 09 décembre 2011 portant nomination d'un Premier Ministre, Chef du Gouvernement,

DECRETE :

CHAPITRE I
DISPOSITIONS GENERALES

ARTICLE 1er.- Le présent décret fixe les modalités de réalisation de l'étude d'impact environnemental et social.

ARTICLE 2.- Au sens du présent décret, les définitions ci-après sont admises :

Étude d'impact environnemental et social : examen systématique visant à déterminer les effets favorables et défavorables susceptibles d'être causés par un projet sur l'environnement. Elle permet d'atténuer, d'éviter, d'éliminer ou de compenser les effets néfastes sur l'environnement.

Notice d'impact environnemental : rapport établi au sujet des projets ou établissements/installations de faible envergure qui ne sont pas assujettis à une étude d'impact environnemental et social ou à un audit environnemental et social, mais qui pourraient avoir des effets non négligeables sur l'environnement.

1

Évaluation environnementale stratégique ou ***étude d'impact environnemental stratégique*** : processus systématique, formel et exhaustif permettant d'évaluer les effets environnementaux d'une politique, d'un plan, d'un programme ou d'un projet à composantes multiples.

ARTICLE 3.- (1) L'étude d'impact environnemental et social peut être sommaire ou détaillée. Elle s'applique à l'ensemble du projet. Toutefois, en cas de réalisation échelonnée ou d'extension du projet, chaque phase peut faire l'objet d'une étude d'impact environnemental et social.

(2) L'étude d'impact environnemental et social est réalisée une seule fois dans la vie d'un établissement. Toutefois, en cas d'expansion ou de rénovation, une autre étude d'impact environnemental est requise.

(3) La mise en œuvre d'un projet ne peut démarrer avant l'approbation de l'étude d'impact environnemental et social y relative.

ARTICLE 4.- Tout promoteur d'une politique, d'un plan, d'un programme ou d'un projet à composantes multiples peut faire une évaluation environnementale stratégique. Toutefois, dans le cadre de l'exécution de chaque projet y relatif ou de chaque composante, le promoteur réalise une étude d'impact environnemental et social.

ARTICLE 5.- La notice d'impact environnemental est réalisée soit avant le démarrage du projet, établissement ou installation, soit au cours du fonctionnement de celui-ci. La réalisation de la notice d'impact donne lieu à l'établissement d'un cahier de charges.

ARTICLE 6.- Les frais relatifs à l'étude d'impact environnemental et social, à l'étude d'impact environnemental stratégique et à la notice d'impact environnemental sont à la charge du promoteur conformément aux dispositions du présent décret.

ARTICLE 7.- Tout promoteur d'un projet, d'un établissement, d'un programme ou d'une politique est tenu de réaliser une étude d'impact environnemental et social, une notice d'impact environnemental ou une évaluation environnementale stratégique, sous peine de sanctions prévues par les lois et règlements en vigueur.

ARTICLE 8.- (1) La liste des activités soumises à l'étude d'impact environnemental et social, à l'évaluation environnementale stratégique est fixée par Arrêté du Ministre en charge de l'Environnement.

(2) La liste des activités soumises à la notice d'impact environnementale est fixée par la commune, après avis du responsable départemental des services déconcentrés du ministère en charge de l'environnement

(3) Le Ministre en charge de l'environnement arrête le canevas type des termes de référence des études d'impact environnemental et social, des évaluations environnementales stratégiques et des notices d'impact environnemental en fonction des activités et après avis du Comité Interministériel de l'Environnement.

CHAPITRE II :
DU CONTENU DE L'ETUDE D'IMPACT ENVIRONNEMENTAL ET SOCIAL, DE L'EVALUATION ENVIRONNEMENTALE STRATEGIQUE ET DE LA NOTICE D'IMPACT ENVIRONNEMENTAL

ARTICLE 9.- Le contenu de l'étude d'impact environnemental et social sommaire comprend :

- Le résumé du rapport en langage simple en français et en anglais ;
- La description de l'environnement du site et de la région ;
- La description du projet ;
- La revue du cadre juridique et institutionnel ;
- Le rapport de la descente sur le terrain ;
- L'inventaire et la description des impacts de projet sur l'environnement et les mesures d'atténuation envisagées ;
- Les termes de référence de l'étude ;
- Le plan de gestion environnemental et social ;
- Les références bibliographiques y relatives.

ARTICLE 10.- L'étude d'impact environnemental et social détaillée comporte :

- Le résumé du rapport en langage simple en français et en anglais ;
- La description et l'analyse de l'état initial du site et de son environnement physique, biologique, socio-économique et humain ;
- La description et l'analyse de tous les éléments et ressources naturels, socioculturels susceptibles d'être affectées par le projet ainsi que les raisons du choix du site ;
- La description du projet et les raisons de son choix parmi les solutions possibles ;
- La revue du cadre juridique et institutionnel ;
- L'identification et l'évaluation des effets possibles de la mise en œuvre du projet sur l'environnement naturel et humain ;
- L'indication des mesures prévues pour éviter, réduire ou éliminer les effets dommageables du projet sur l'environnement ;
- Le programme de sensibilisation et d'information ainsi que les procès-verbaux des réunions tenues avec les populations, les organisations non gouvernementales, les syndicats, les leaders d'opinion et autres groupes organisés, concernés par le projet ;
- Le plan de gestion environnementale et sociale comportant les mécanismes de surveillance du projet et de son environnement et, le cas échéant, le plan de compensation ;
- Les termes de références de l'étude, ainsi que les références bibliographiques ;

ARTICLE 11.- Le contenu de l'évaluation environnementale stratégique comprend, entre autres :

- le résumé du rapport en langage simple en français et en anglais ;
- la description de la politique, du plan ou du programme et de ses alternatives ;
- la description du cadre institutionnel et juridique en rapport avec la politique, le plan ou le programme ;
- la description et l'analyse du milieu, environnement récepteur de la politique, du plan ou du programme ;
- l'identification des principales parties prenantes et de leurs préoccupations ;
- l'évaluation des impacts environnementaux possibles ;

- la prescription des recommandations et mesures pertinentes de gestion de l'environnement dans un plan de gestion de l'environnement.

ARTICLE 12.- Le contenu d'une notice d'impact environnemental comprend :

- le résumé de la notice d'impact, en français et en anglais ;
- la description du projet ou de l'établissement ;
- la description de l'état du site et de son environnement physique, biologique, socio-économique et humain ;
- l'identification des effets possibles de la mise en œuvre du projet ou de l'établissement sur l'environnement naturel et humain ;
- les mesures prévues pour éviter, réduire, éliminer ou compenser les effets dommageables du projet sur l'environnement et l'estimation des dépenses correspondantes ;
- le programme de sensibilisation et d'information ainsi que les rapports des concertations avec les populations riveraines ;
- les termes de référence de la notice d'impact environnemental ;
- la revue du cadre juridique et institutionnel.

CHAPITRE III :
DE L'ELABORATION ET D'APPROBATION DES ETUDES D'IMPACT ENVIRONNEMENTAL ET SOCIAL, DE L'EVALUATION ENVIRONNEMENTALE STRATEGIQUE ET DE LA NOTICE D'IMPACT ENVIRONNEMENTAL

ARTICLE 13.- (1) Tout promoteur d'un projet est tenu de déposer auprès de l'administration compétente et du ministère en charge de l'environnement, en plus du dossier général du projet :

- Une demande de réalisation de l'étude d'impact environnemental et social comportant la raison sociale, le capital social, le secteur d'activité et le nombre d'emplois prévus dans le projet ;
- Les termes de références de l'étude, assortis d'un mémoire descriptif et justificatif du projet mettant l'accent sur la préservation et les raisons du choix du site ;
- Le reçu de versement des frais de dossier tels que fixés par l'article 17 du présent décret ;

(2) Le dépôt du dossier donne lieu à la délivrance d'un récépissé sur lequel sont indiqués la date et le numéro du dossier.

(3) Apres réception du dossier de demande de réalisation de l'étude d'impact environnemental et social, l'Administration compétente dispose d'un délai de dix jours pour transmettre avec avis motivé ladite demande au Ministre chargé de l'Environnement.

(4) A partir de la date de réception, l'Administration en charge de l'environnement dispose d'un délai de 20 jours pour donner son avis sur les termes de références de l'étude. Cet avis comporte un cahier de charges donnant des indications sur le contenu de l'étude d'impact environnemental et social en fonction de la catégorie du projet, sur le niveau des analyses requises et sur les responsabilités et obligations du promoteur.

(5) En cas de silence du Ministère en charge de l'environnement et après expiration du délai de trente (30) jour suivant le dépôt du dossier, le promoteur peut considérer les termes de références comme recevables.

ARTICLE 14.- (1) Le promoteur d'un projet doit faire appel à un consultant, à un bureau d'études, à une organisation non gouvernementale ou à une association de son choix, agréés par le Ministre charge de l'environnement, pour réaliser l'étude d'impact de son projet.

(2) Toutefois, la priorité est donnée, à compétence égale, aux nationaux.

ARTICLE 15.- (1) Tout promoteur d'un projet ou d'un établissement soumis à la notice d'impact environnemental est tenu de déposer auprès de la Commune de sa localité, en plus du dossier général du projet :

- une demande de réalisation de la notice d'impact environnemental comportant la raison sociale, le capital social, le secteur d'activité et le nombre d'emplois prévus dans le projet ;

- les termes de références de la notice d'impact environnemental assortis d'un mémoire descriptif et justificatif du projet, mettant l'accent sur la préservation de l'environnement et les raisons du choix du site ;

- le reçu de versement des frais d'examen du dossier dont les montants sont fixés conformément à la réglementation en vigueur.

(2) Le promoteur dépose, contre récépissé, la notice d'impact auprès de la commune de sa localité, en six (6) exemplaires, y joignant la copie du paiement des frais d'examen du dossier.

(3) Dès réception du dossier, la commune transmet deux (02) exemplaires au responsable départemental des services déconcentrés de l'Administration en charge de l'environnement. Ce dernier dispose d'un délai de quinze (15) jours pour donner un avis sur les termes de référence de la notice d'impact environnemental.

(4) En cas de silence de la commune et après l'expiration d'un délai de trente (30) jours suivant le dépôt du dossier, les termes de référence sont réputés approuvés.

ARTICLE 16.- Le promoteur de projet peut faire appel à toute personne en raison de sa compétence pour réaliser la notice d'impact environnemental de son projet.

ARTICLE 17.- (1) Tout promoteur de projet assujetti à l'étude d'impact environnemental ou à l'évaluation environnementale stratégique doit, lors du dépôt de son dossier, s'acquitter auprès du Fonds National de l'Environnement et du Développement Durable, contre reçu, des frais d'examen du dossier qui s'élèvent à :

- un million cinq cents mille (1 500 000) francs CFA pour les Termes De Référence (TDR) des études d'impact environnemental et social sommaires ;
- deux millions (2 000 000) de francs CFA pour les termes de référence d'une étude d'impact environnemental et social détaillée ou d'une évaluation environnementale stratégique ;

- trois millions (3 000 000) de francs CFA pour une étude d'impact environnemental et social sommaire ;
- cinq millions (5 000 000) francs CFA pour une étude d'impact environnemental et social détaillée ou une évaluation environnementale stratégique.

(2) Toutefois, si un promoteur a plusieurs projets ou établissements/installations de même nature, les frais à payer sont établis de la manière suivante :

- pour un promoteur ayant plusieurs projets, établissements ou installations de même nature dans un département, une seule étude d'impact détaillée est requise pour l'ensemble de ces établissements ;
- pour un exploitant forestier disposant de plusieurs unités forestières d'Aménagement (UFA), une étude d'impact détaillée est requise si ces UFA ont un seul plan d'aménagement autorisé par le Ministre en charge des forêts.

ARTICLE 18.- (1) Le promoteur dépose contre récépissé, le rapport de l'étude d'impact de son projet auprès de l'Administration compétente et de l'Administration chargée de l'environnement, respectivement en deux (02) et en vingt (20) exemplaires.

(2) Dès réception de l'étude d'impact environnemental et social ou de l'évaluation environnementale stratégique, les Administrations sus désignées constituent une équipe mixte chargée :

- de descendre sur le terrain aux fins de vérifier qualitativement les informations contenues dans ladite étude et de recueillir les avis des populations concernées ;
- d'établir un rapport d'évaluation qu'elle transmet au Comité Interministériel de l'Environnement dans un délai minimum de quinze (15) jours pour l'étude sommaire et vingt (20) jours pour l'étude détaillée.

(3) L'Administration compétente transmet copie de son avis au Ministre chargé de l'environnement dans un délai de quinze (15) jours après réception de l'étude sommaire et vingt (20) jours pour l'étude détaillée.

(4) (a) L'Administration en charge de l'environnement statue sur la recevabilité de l'étude d'impact et notifie au promoteur vingt (20) jours au plus tard après la réception :

- soit la recevabilité en l'état et dans ce cas, elle la fait publier par voie de presse, de radio, de la télévision ou par toute autre moyen ;
- soit elle formule des observations à effectuer pour rendre ladite étude d'impact recevable.

(b) Passé ce délai de vingt jours (20) jours et en cas de silence de l'administration, l'étude est réputée recevable.

ARTICLE 19.- (1) Tout promoteur de projet ou d'établissement assujetti à la procédure de notice d'impact environnemental doit obtenir de la commune compétente après avis conforme du responsable départemental des services déconcentrés de l'Administration en charge de l'environnement, une attestation de conformité environnementale de son projet ou de son établissement avant le démarrage des travaux ou pour le fonctionnement de son établissement.

(2) L'examen du dossier relatif à la notice d'impact environnement donne droit au paiement au profit de la commune des frais dont elle fixe le montant et les modalités de recouvrement. Toutefois, si un promoteur a plusieurs projets, établissements ou installations de même nature dans une même commune, une seule notice d'impact environnemental est requise pour l'ensemble de ses projets, établissements ou installations. Cette notice d'impact environnemental doit alors tenir compte de chacun des sites du projet ou de l'établissement et son environnement.

(3) La commune compétente dispose de trente (30) jours pour compter de la réception de la notice d'impact environnementale pour donner une réponse au promoteur de projet :

- en de décision favorable, une attestation de conformité environnementale délivrée par la commune au profit du promoteur de projet, de l'établissement ou de l'installation ;
- en cas de décision conditionnelle, la commune indique au promoteur les mesures qu'il doit prendre en vue de se conformer et d'obtenir l'attestation de conformité environnementale ;
- une décision défavorable emporte interdiction de la mise en œuvre du projet ou suspension des activités de l'établissement.

ARTICLE 20.- (1) La réalisation de l'étude d'impact environnemental et social ou de l'évaluation environnementale stratégique doit être faite avec la participation des populations concernées à travers des consultations et audiences publiques, afin de recueillir les avis des populations sur le projet.

(2) La consultation publique consiste en des réunions pendant l'étude, dans les localités concernées par le projet. L'audience publique est destinée à faire la publicité de l'étude, à en enregistrer les oppositions éventuelles et à permettre aux populations de se prononcer sur les conclusions de l'étude.

(3) l'audience publique est destinée à faire la publicité de l'étude, à enregistrer les oppositions éventuelles et à permettre aux populations de se prononcer sur les conclusions de l'étude.

ARTICLE 21.- (1) Le promoteur doit faire parvenir aux représentants des populations concernées trente (30) jours au moins avant la date de la première réunion, un programme de consultations publiques qui comporte les date et lieux des réunions, le mémoire descriptif et explicatif du projet et les objectifs des concertations. Le programme doit être au préalable approuvé par l'Administration chargée de l'environnement.

(2) Une large diffusion en est faite et chaque réunion est sanctionnée par un procès-verbal signé du promoteur du projet et des représentants des populations.

(3) une copie du procès-verbal est jointe au rapport de l'étude d'impact environnemental et social.

ARTICLE 22.- Apres notification de la recevabilité de l'étude d'impact ou en cas de silence de l'Administration chargée de l'environnement, une large consultation publique est faite. Une commission ad hoc est alors constituée, à l'effet de dresser, sous trentaine, un rapport d'évaluation des audiences publiques à soumettre au Ministre chargé de l'environnement et du Comité Interministériel de l'Environnement.

ARTICLE 23.- Les études d'impact environnemental et social des projets relevant de la sécurité ou de la défense nationale ne sont pas soumises à la procédure de consultation ou d'audience publique.

ARTICLE 24.- (1) L'Administration en charge de l'environnement transmet au Comité Interministériel de l'Environnement les dossiers jugés recevables, comprenant les pièces suivantes :

- le rapport de l'étude d'impact déclarée recevable ;
- le rapport d'évaluation de l'étude d'impact ;
- le rapport d'évaluation et les registres des consultations et des audiences publiques.

(2) Le Comité interministériel de l'environnement dispose de vingt (20) jours pour donner son avis sur l'étude d'impact. Passé ce délai, ledit avis est réputé favorable.

ARTICLE 25.- (1) Tout promoteur de projet assujetti à la procédure de l'étude d'impact environnemental et social ou à l'évaluation environnementale stratégique doit au préalable obtenir un certificat de conformité environnemental de son projet délivré par le Ministre chargé de l'environnement avant le démarrage des travaux.

(2) Lorsqu'un projet dont l'étude d'impact a été approuvée n'est pas mis en œuvre dans un délai de trois (3) ans à compter de la date d'approbation, le certificat de conformité émis à cet effet devient caduc.

ARTICLE 26.- (1) Le Ministre chargé de l'environnement dispose de vingt (20) jours après avis du Comité interministériel de l'environnement pour se prononcer sur l'étude d'impact environnemental et social.

(2) en cas d'une décision favorable, un certificat de conformité environnementale de l'étude est délivré par le Ministre chargé de l'environnement au profit du promoteur ;

(3) en cas d'une décision conditionnelle, le Ministre chargé de l'environnement indique au promoteur les mesures qu'il doit prendre en vue de se conformer et d'obtenir le certificat de conformité environnementale ;

(4) une décision défavorable emporte interdiction de la mise en œuvre du projet.

CHAPITRE IV :
DE LA SURVEILLANCE ET DU SUIVI ENVIRONNEMENTAL DU PROJET

ARTICLE 27.- (1) Tout projet qui fait l'objet d'une étude d'impact environnemental et social, d'une évaluation environnementale stratégique ou d'une notice d'impact environnemental est soumis à la surveillance administrative et technique des Administrations compétentes.

(2) la surveillance administrative et technique porte sur la mise en œuvre effective du plan de gestion environnementale et sociale inclus dans l'étude d'impact environnemental, dans l'évaluation environnementale stratégique et/ou dans la notice d'impact environnemental. Et fait l'objet d'un rapport conjoint.

(3) le promoteur est tenu de produire un rapport semestriel sur la mise en œuvre

du plan de gestion environnementale et sociale, qu'il adresse au Ministère en charge de l'environnement.

ARTICLE 28.- Sur la base du rapport visé à l'article 27 ci-dessus, des mesures correctives ou additionnelles peuvent être adoptées par l'administration en charge de l'environnement après avis du Comité interministériel de l'environnement, pour tenir compte des effets non initialement ou insuffisamment apprécies dans l'étude d'impact environnemental et sociale, l'évaluation environnementale stratégique et ou la notice d'impact environnemental.

ARTICLE 29.- En matière d'évaluation des études d'impact et de contrôle, de surveillance et de suivi des plans de gestion environnementale et sociale, l'administration en charge de l'environnement peut recourir à l'expertise privée, suivant les modalités prévues par la réglementation sur les marchés publics.

CHAPITRE V : DISPOSITIONS DIVERSES ET FINALES

ARTICLE 30.- (1) Il est créé au niveau de chaque département un Comité de Surveillance Administrative et Technique des plans de gestion environnementale et sociale.

(2) Un arrêté du Ministre chargé de l'environnement fixe l'organisation, les attributions et les règles de fonctionnement du Comité visé à l'alinéa (1) ci-dessus.

ARTICLE 31.- Sont abrogées, toutes les dispositions antérieures contraires, notamment celles du décret n°2005/0577/PM du 23 février 2005 fixant les modalités de réalisation des études d'impact environnemental.

ARTICLE 32.- Le Ministre de l'Environnement, de la Protection de la Nature et du Développement Durable est chargé de l'application du présent décret qui sera publié suivant la procédure d'urgence, puis inséré au Journal Officiel en français et en anglais.

Yaoundé, le 14 FEV 2013

LE PREMIER MINISTRE,
CHEF DU GOUVERNEMENT,

Philemon YANG

BIBLIOGRAPHIE

I- Ouvrages généraux

1- **AUBY (Jean-Marie), BON (Pierre), AUBY (Jean-Bernard) et TERNEYRE (Philippe),** *Droit administratif des biens*, 7e édition, Paris, Dalloz, 2016, 3613 pages.

2- **BOURDIEU (Pierre), CHAMBOREDON (Jean Claude), PASSERON (Jean Claude),** *Le métier de sociologue*, Paris, EHESS, 5e édition, 2005, 357 pages.

3- **CHAPUS (René),** *Droit administratif général,* Tome 2, 15e éd., Paris, Montchrestien, 2001, 797 pages.

4- **DE LAUBARDERE (André), VENEZIA (Jean Claude) et GAUDEMET (Yves),** *Droit administratif,* 15e éd., Paris, LGDJ, 1995, 419 pages.

5- **DE LAUBARDERE (André), VENEZIA (Jean Claude) et GAUDEMET (Yves),** *Traité de droit administratif,* Tome 2, 10 éd., Paris, LGDJ, 1998, 557 pages.

6- **DE VILLIERS (Michel) et DE BERRANGER (Thibaut), (dir),** *Droit public général,* 7e éd., Paris, LexisNexis, 2015, 1572 pages.

7- **DOUMBÉ-BILLÉ (Stéphane), NERI (Kiara), MIGAZZI (Caroline), PACCAUD (Françoise) et SMOLINSKA (Anna Maria),** *Droit international de l'environnement,* Paris, Larcier, 2013, *215 pages.*

8- **NDIAYE (Aminata), NDIAYE (Paul),** *Changement climatique, dégradation environnementale et quête d'utilisation des ressources naturelles : miracle ou mirage?*, Paris, ACBF, 2013, 50 pages.

9- **RICHER (Laurent),** *Droit des contrats administratifs,* Paris, LGDJ, 1995, 495 pages.

10- **ROUSSET (Michel) et ROUSSET (Olivier),** *Droit Administratif II, Le contentieux administratif,* Paris, Presse Universitaire de Grenoble, 2004, 176 pages.

11- SINDJOUN (Luc), *L'État ailleurs : entre noyau dur et case vide*, Paris, Économica, 2000, 332 pages.

II- Ouvrages spécialisés

1- **AUBRIL (Laure), TRAORÉ (Seydou),** *Droit de l'urbanisme, Droit de l'environnement,* Paris, édition du CNFPT, 2009, 570 Pages.

2- **AUBY (Jean Bernard), PERINET-MARQUET (Hugues),** *Droit de l'urbanisme,* 3e éd., Paris, Montchrestien, 1992, 756 pages.

3- **BIAKAN (Jacques),** *Droit des marchés publics au Cameroun,* Paris, Harmattan, 2011, 130 pages.

4- **CANIVET (Guy), LAVRYSEN (Luc), GUIHAL (Dominique),** *Manuel Judiciaire de Droit de L'environnement,* Nairobi, PNUE, 2006, 267 pages.

5- **CULLINAN (Cormac) et autres,** *Droit international de l'environnement et droit des cours d'eau transfrontaliers,* Legal and Institutionnal Component, Paris, (LTBP), février 1990, 18 pages.

6- **GNANGUI (Adon),** *Introduction au droit de l'environnement en Afrique, le cas de la Côte D'ivoire,* Études africaines, Paris, 2009, 348 pages.

7- **GRANIER (Laurent),** *Aspects contemporain du droit de l'environnement en Afrique de l'Ouest et Centrale,* Paris, PNUE-IUCN, Glang, Suisse, n°69, 2008,242 pages.

8- **KAMTO (Maurice),** *Droit de l'environnement en Afrique,* Paris, Edicef/AUPELF, 1996, 416 Pages.

9- **KEUTCHA TCHAPNGA (Célestin),** *Précis de contentieux administratif au* ***Cameroun. Aspects de l'évolution récente*****, Paris, l'Harmattan, 2013, 329 pages.**

10- **LEPAGE-JESSUA (Corine),** *Audit d'environnement,* Paris, Dunod, 1992, 300 pages.

11- **MORAND-DEVILIER (Jacqueline),** *Droit de l'environnement,* Paris, ESTEM, 1996, 194 pages.

12- **OWONA (Joseph),** *Domanialité publique et expropriation pour cause d'utilité publique,* Paris, l'Harmattan, 2012, 132 pages

13- **OWONA (Joseph),** *Droit administratif spécial de la République du Cameroun,* Paris, EDICEF, 1985, 256 pages.

14- **OWONA (Joseph),** *Le contentieux administratif de la République du Cameroun,* Paris, l'Harmattan, 2011, 232 pages.

15- **PEISER (Gustave),** *Droit administratif des biens,* 19e édition, Paris, Dalloz, 2007, 186 pages.

16- **PRIEUR (Michel),** *Droit de l'environnement,* Ed. Dalloz, Paris, 2001, 944 pages.

17- **TOUNA MAMA,** *L'économie camerounaise : pour un nouveau départ, éd. Afrédit, Yaoundé, janvier 2008, 472 pages.*

18- **TRAORÉ (Seydou), GILLET LORENZI (Emmanuel),** *Droit administratif des biens,* éditions du CNFPT, Paris, 2007, 210 pages.

III- Ouvrages de lexicologie et de méthodologie

1- **BEAUD (Michel),** *L'art de la thèse : comment préparer et rédiger un mémoire de master, une thèse de doctorat ou tout autre travail universitaire à l'ère du net*, Paris, La découverte, Nouvelle édition, 2006, 202 pages.

2- **BOURDIEU (Pierre), CHAMBOREDON (Jean Claude) et PASSERON (Jean Claude),** *Le métier du sociologue,* 5e éd., Berlin, Mouton de Gruyter, 2006, 360 pages.

3- **CABRILLAC (Gérard) (dir),** *Vocabulaire juridique*, 1er éd., Paris, Litec, 2008, 291 pages.

4- **CORNU (Gérard) (dir),** *Vocabulaire juridique,* 11e éd., Paris, Quadrige/PUF, 2016, 1101 pages.

5- *Dictionnaire Larousse Poche 2013*, Paris, Cedex, 2013, 1035 pages.

6- **GRAWITZ (Madeleine),** *Méthodes des sciences sociales,* 9e éd., Paris, Dalloz, 1993, 870 pages.

7- **GROSSIER (Alfred),** *L'explication politique,* 1er éd., Paris, Cahier de la Fondation Nationale des Sciences Politiques, 1974, 144 pages.

8- **GUINCHARD (Serges) et DEBARD (Thierry) (dir),** *Lexique des termes juridiques,* 21e éd., Paris, Dalloz, 2014, 993 pages.

9- **JAILLARDON (Édith) et ROUSSILLON (Dominique),** *Outils pour la recherche juridique*, Éditions des archives contemporaines, Paris, 2010, 182 pages.

10- **MERLE (Marcel),** *Sociologie des relations internationales,* 4e éd., Paris, PUF, 1991, 273 pages.

11- **MILLS WRIGHT (Charles),** *L'imagination du sociologue*, 2e éd., Paris, Dalloz, 1969, 373 pages.

12- **YANN (Tanguy),** *La recherche documentaire en droit,* Paris, PUF, 1991, 273 pages.

IV- Thèses De Doctorat et Mémoires De Master

a. Thèses De Doctorat

1- **ALIYOU (Sali),** *Le transfert des compétences aux collectivités territoriales décentralisées au Cameroun,* Thèse de Doctorat/Ph. D en droit public, Université de Dschang, 2016, 765 Pages.

2- **BARJOT (Dominique),** *La grande entreprise Française et travaux publics (1883-1974) : contraintes et stratégies*, Thèse de Doctorat en droit public, Université de Paris 4, 1989, 940 pages.

3- **BOURDEROTTE (Cécile)**, *La responsabilité du fait des dommages des travaux publics*, Thèse de Doctorat en droit public, Université de Paris 1, 2003, 736 pages.

4- **ALVES (Jennifer),** *La responsabilité environnementale*, Thèse de Doctorat en Sciences Économiques, Université de Panthéon Sorbonne, 2016, 387 pages.

5- **CHALMETON (Hélène),** *Préservation de l'environnement et Travaux publics : Difficultés pratiques et solutions juridiques,* Thèse de Doctorat en droit public, Université de Nantes, 2017, 651 pages.

6- **CONDETTE-MARCANT (Anne-Sophie),** *Droit des travaux publics dans la généralité d'Amiens au XVIIIe siècle*, Thèse de Doctorat, Université Panthéon Assas, 1997, 828 pages.

7- **DELBOS (Jean-Pierre),** *La notion de mieux-disant dans les marchés publics de travaux de collectivités locales : mythes et réalités,* Thèse de Doctorat, de l'Université de Toulouse 1, 1996, 720 pages.

8- **FAURE (Caroline),** *Le particularisme des travaux publics en droit administratif*, Thèse de Doctorat en droit public, Université d'Avignon, 2020, 760 pages.

9- **FEREIRRA (Jean Philippe),** *L'originalité de la responsabilité du fait des dommages des travaux publics,* Thèse de Doctorat en Droit Public, Université de Bordeaux, 2018, 920 pages.

10- **FOURN (Nigelle),** *Protection de l'environnement et marchés publics en zone CEMAC : les cas du Cameroun, du Congo et du Gabon,* Thèse de Doctorat en Droit Public, Université Paris Cité, 2021, 460pages.

11- **GABORITE (Philippe),** *Comportement thermomécanique des structures de chaussées bitumineuses,* Thèse de Doctorat en Génie Civil, Université de Lyon, 2017, 318 pages.

12- **HEBERT (Jean-Yves),** *La préservation des intérêts financiers du cocontractant dans le droit de l'execution des marchés publics de travaux,* Thèse de Doctorat en Droit Public, Université d'Aix Marseille, 2014, 640 pages.

13- **HUGLO (Christian),** *Le juge, la prévention et la résolution des litiges en matière d'environnement,* Thèse de Doctorat Université Paris2, 1994, consultable sur le site internet Google à l'adresse www.worldcat.org.

14- **ISSAM (Elias),** *La rémunération des marchés des travaux publics de l'État Libanais*, Thèse de Doctorat en Droit Public, Université de Montpelier 1, 1985, 430 pages.

15- **KEMFOUET (Kenny),** *Droit international de l'environnement et fonction juridictionnelle,* Thèse de Doctorat, Université de Limoges, 2008, 482 pages.

16- **MBONGO'O (Jean-Jacques),** *Les marchés des travaux publics au Cameroun,* Thèse de Doctorat en Droit Public, Université de Limoge, 1986, 338 pages.

17- **ONDOUA AKOA (Georges-Franck),** *La norme pénale à l'épreuve de la protection de l'environnement au Cameroun,* Thèse de Doctorat en Droit de l'Environnement, Université de Maastricht, 2021, 374 pages.

18- **OBONGUI (Hervé),** *La passation des marchés des travaux publics au Congo,* Thèse de Doctorat en Droit Public, Université de Montpelier, 1986, 650 pages.

19- **OUMBA (Parfait),** *Responsabilité internationale des États et risques environnementaux, Université Catholique d'Afrique Centrale,* Thèse de Doctorat Université Catholique d'Afrique Centrale, 2015, 520 pages.

20- **RADIGUET (Rémi),** *Le service public environnemental,* Thèse de Doctorat en Droit Public, Université de Toulouse Capitole 1, 24 Novembre 2016, 646 pages.

21- **RAMPAL (VINCENT),** *Le principe d'intangibilité des ouvrages publics,* Thèse de Doctorat en droit public, Université Aix Marseille 3, 1995, 1230 pages.

22- **VINCE (Vincent),** *Les clauses contractuelles des contrats administratifs,* Thèse de Doctorat en Droit, Université de Sorbonne, 2015, 720 pages.

23- **ZOO-EYINDANGA (René),** *Le niveau d'équipement en voies et réseaux divers à Yaoundé(Cameroun),* Thèse de Doctorat en Géographie de l'Aménagement, Université de Bordeaux 3, 1992, 440 pages.

b. Mémoires de Master et Rapports de Stages

1- **ASSOUA Michou (Blondelle),** *La réparation du préjudice en droit de l'environnement,* Mémoire de Master recherche en Droit Dublic, Université de Dschang, 2017-2018, 114 pages.

2- **BOLIOKI BASSACK (Juliette Ann'Éva),** *Les sanctions en droit de l'environnement au Cameroun,* Mémoire de Master Recherche en Droit Public, Université de Dschang, 2017, 166 pages.

3- **CHARLIER (Raphaëlle),** *Les critères environnementaux dans les marchés publics,* Mémoire de Master II Recherche en Droit Public, Université Paris I, 2006-2007, 144 pages.

4- **DICKA (John Éric),** *La passation des marchés publics au Cameroun,* Mémoire *de* Master2 Recherche en Droit Public, Université de N'Gaoundéré, 2018, 130 Pages.

5- **CADET (Coralie),** *Les achats verts sont-ils une réelle source de performance économique pour les entreprises?,* Mémoire de Master en Management Stratégique des Achats, Université Grenoble Alpes, 2021, 139 pages.

6- **DJOPMO NONO (Marie Gisèle),** *La régulation juridique et la gestion des déchets au Cameroun,* Mémoire de Master en droit public, Université de Dschang, 2014-2015, 117pages.

7- **DONGMO (Bertrand Romain),** *L'application en Afrique Centrale des principes de prévention et de précaution,* Mémoire de Master en Droit International de l'Environnement, Université de Limoges, 2010, 105 pages.

8- **HÉBERT FOTSO (Gilles),** *La protection de l'environnement par les collectivités territoriales décentralisées au Cameroun : cas de la communauté urbaine de Douala,* Mémoire de master recherche en Droit Public, Université de Douala, 2009, 180 pages.

9- **JARDILIER (Alice),** *L'intégration de l'environnement en droit communautaire : comment concilier économie et écologie?,* Mémoire de Master, Université de Lumière Lyon 2, 2008, 90 pages.

10- **LOWE NGINTEDEM (Patrick Juvet),** *Les ONG et la protection de l'environnement en Afrique Centrale*, Mémoire de troisième cycle, droit international de l'environnement, Université de Limoges, Juillet 2003, 145 pages.

11- **MAFOGANG PETCHOU (Ballerine Larissa),** *La responsabilité différenciée des États en droit de l'environnement,* Mémoire de Master recherche en Droit Public, Université de Dschang, 2017-2018, 143 pages.

12- **MEKONTCHOU (Franc Orhel),** *La protection des espèces fauniques en voie de disparition en droit camerounais,* Mémoire de Master recherche en Droit Public, Université de Dschang, 2017-2019, 130 pages.

13- **MVONO MEVONO (Dieudonné),** *La protection de l'environnement dans le processus d'intégration de la C.E.MA.C,* Mémoire de Master2 Recherche, FSJP Université de Douala, *2015,* 280 pages.

14- **NDINGANGAR (Emmanuel),** *la problématique de la protection institutionnelle de l'environnement en droit Tchadien,* mémoire de Master 2 Recherche en Droit Public, Université de Dschang, 2017, 294 pages.

15- **NDOLO (Ekany),** *Étude exploratoire de l'impact des déterminants de la passation de marchés publics sur la qualité des projets d'infrastructures routières au Cameroun,* Mémoire de Master, Université du Québec à Chicoutimi, 2014, 165 Pages.

16- **NKOU-SONGUE (Félix),** *Marché publics au Cameroun : entre recherche d'efficacité et pesanteurs systémiques,* Master en Administration Publique, Université de Strasbourg, 2013-2014, 70 pages.

17- **SYLLA (Youssouf),** *La protection de l'environnement en période des conflits armés,* Mémoire de Master Recherche droit international et comparé de l'environnement, Université de Limoges, 2009, 112 pages.

18- **WAGANG NONO (Martial),** *La responsabilité des entreprises multinationales en droit de l'environnement au Cameroun,* Mémoire de Master en droit public, Université de Dschang, 2017-2018, 130 pages.

I- ARTICLES DE DOCTRINE

1- **ABANDA AMANYA (Maginnot),** « Les préoccupations environnementales devant le juge judiciaire au Cameroun », *Revue Africaine de Droit de l'Environnement*, n°54, 2020, pp. 211-221.

2- **ANOUKAHA (François),** « Le droit à l'environnement dans le système africain de protection des droits de l'homme », *Revue Juridique et Politique*, n°3, 2003, pp. 200-289.

3- **ARBOUR (Jean Maurice),** « La normativité du principe des responsabilités communes » *Les cahiers de droit,* vol. 55, n°1, mars 2014, pp. 20-89.

4- **ATCHO (Flora),** « L'effectivité en droit international », *Bruylant,* n°37, 2016, pp. 401-405.

5- **AUBERT (Frédéric),** « Toute personne doit contribuer à la réparation des dommages qu'elle cause à l'environnement... », *Actualité juridique droit administratif,* du 30 juin 2003, pp. 1244-1256.

6- **AUBY (Jean-Bernard),** « Les contrats publics de construction », *in* AUBY Jean-Bernard (Dir.), *L'unité du droit : Mélanges en hommage à Roland DRAGO, Économica,* Paris, 1996, pp. 175-191.

7- **BAVOILLOT (François),** « La sanction administrative en droit de l'environnement », *Les petites affiches,* 27 avril 1994, pp.20- 30.

8- **BEAUCIRE (Francis),** « Les impacts des infrastructures de transport sur un milieu forestier », *Aménagement et nature,* n° 61, mars 1981, pp. 6-7

9- **BERGERES (Maurice-Christian),** « Nouveau droit des marchés publics : protéger l'environnement grâce aux achats écologiques », *Le Moniteur des travaux publics,* 12 février 2002, pp. 17-27.

10- **BERKANI (Elias),** « La prise en compte de l'environnement par le droit des marchés publics », *Bulletin du droit de l'environnement industriel* n° 4/2003, pages 10-17

11- **BIPELE KEMFOUDIO (Jacques) et FANDJP (Olivier),** « Le nouveau procès administratif au Cameroun : réflexion sur le recours gracieux en matière d'urgence », *Revue internationale de droit comparé,* vol. 64, n°4, 2012, pp. 973-993.

12- **BIPELE KEMFOUEDIO (Jacques),** « L'administration camerounaise dépouillée de ses prérogatives de puissance publique devant le juge judiciaire :

regard sur la jurisprudence en matière de voie de fait administrative », *les Annales de droit, Varia*, décembre 2018, pp. 31-59.

13- **BLAISE (Daniel),** « La prise en compte des critères environnementaux dans les marchés publics », *Actualité juridique droit administratif,* du 10 mars 2003, pp. 433-440.

14- **BOUTMLLIER (Luc),** « Les forêts : un riche champ d'application du développement durable », *Rapport au colloque de Limoges* des 7 et 8 nov. 1994, pp. 78-100.

15- **BOUYEURE (Jean-Robert),** « Le bruit dans les rapports de voisinage : les recours civils », *Administrer*, n° 353 de mars 2003, pp. 27-30.

16- **BRET (Raphael),** « La participation du public à l'élaboration des normes environnementales : Etat des lieux et perspectives », *Droit et ville*, n°83, 2017, pp. 137-158.

17- **BRONDEL (Séverine)**, « Le principe d'intangibilité des ouvrages publics : réflexions sur une évolution jurisprudentielle », *AJDA,* 21 avril 2003, pp. 761-775.

18- **BUSSON (Benoist),** « L'urgence en matière de protection de l'environnement : avancées et limites du référé administratif », *Droit de l'environnement*, mai 2001, pp. 93-97.

19- **BUSSON (Benoist),** « L'urgence en matière de protection de l'environnement : avancées et limites du référé administratif », *Droit de l'environnement,* mai 2001, pp. 93-97.

20- **CELERIER (Thibault),** « Passation : critères de choix liés à l'environnement », *Collectivités territoriales – intercommunalité,* n° 10, janvier 2003, pp. 6- 16.

21- **CLICQUOT DE MENTQUE (Cécile),** « Achats verts : discriminants et non discriminatoires », *Environnement magazine*, n° 1608, juin 2002, pp.10- 27.

22- **CLICQUOT DE MENTQUE (Cécile),** « Pour une éco fiscalité incitative », *Environnement magazine,* novembre 2005, pp. 56-695.

23- **CROTTET (Brice),** « Le conseil constitutionnel et l'obligation de vigilance environnementale », *Revue française de droit constitutionnel*, n°90, 2012, pp. 239-267.

24- **CRUCIS (Henri-Michel),** « L'administration et le droit : l'acte administratif et le juge », in Perspectives du droit public, mélanges offerts à Jean-Claude Hélin, LGDJ, 2004, pp.187-196

25- **CULLET(Philipe),** « Le principe des responsabilités communes mais différenciées en droit international de l'environnement : enjeux et perspectives », *Les cahiers du droit*, vol 5, n°1, mars 2014, pp. 12-40.

26- **DOUNIAN (Aimé),** « Valeur juridique des principes applicables au Cameroun », *Revue de la FSJP*, Université de N'Gaoundéré, 2012, pp. 1-40.

27- **DOUSSAN (Isabelle),** « Les difficultés des actions en réparation des dommages causés par l'inondation en raison de la pluralité de responsables et de responsabilités », Droit de l'environnement, n° 117, avril 2004, pp. 40- 59.

28- **DREYER (Emmanuel),** « Du caractère fondamental de certains droits », Revue de la recherche juridique, droit prospectif, n°2, 2006, pp. 551-580.

29- **FLAUSS (Jean-François),** « Le droit de l'homme à un environnement sain, entre juridicisation et justiciabilistion », *Annuaire international des droits de l'homme*, vol. 1, 2006, pp. 500-550.

30- **GONZALES (Gérard),** « Entre nécessité publique et protection de l'environnement : que reste-t-il du droit de propriété foncière et immobilière ? », Cahiers juridiques de l'électricité et du gaz, février 1994, pp.75-95.

31- **GUENOT (Hervé),** « Déchets du BTP : état des lieux », *Le Moniteur des travaux publics* du 9 mai 2003, pp. 45-50.

32- **GUÉSSÉLÉ ISSÉMÉ (Lionel Pierre),** « Partenariat Public-Privé et développement dans les États d'Afrique noire Francophone », *Revue africaine et Malgache de recherches scientifiques,* n°1, janvier 2021, pp. 30-34.

33- **GUIMDO DONGMO (Bernard-Raymond),** « Initiation à la compréhension des contrats de partenariat public-privé », Yaoundé, 5 décembre 2016, inédit.

34- **GUNTER (Handler),** « Environnement : les déclarations de Stockholm (1972) et de Rio(1992) » *Librairie Visuelle des Nations Unies,* 2018, pp. 20-26.

35- **HUGLO (Christian),** « Le contentieux de l'environnement, nouvelles dimensions, nouvelles stratégies », *Revue juridique de l'environnement,* n° spécial, 1995, pp. 80-93.

36- **JEGOUZO (Yves),** « Le juge administratif et l'ordonnancement du droit de l'environnement », *Revue juridique de l'environnement,* n° spécial, 2004, pp. 19-30.

37- **KAMTO (M.),** « La mise en œuvre nationale du droit international de l'environnement dans les pays francophones », *Rapport général (dir. Prieur),* Pulim, Limoges, 2003, pp. 26-38.

38- **KAMTO (Maurice),** « La mise en œuvre du droit de l'environnement : forces et faiblesses des cadres institutionnels », *Revue Africaine de droit de l'environnement,* n°1, 2014, pp. 29-36.

39- **KAMTO (Maurice),** « Les nouveaux principes du droit international de l'environnement », *Revue internationale de l'environnement*, n°1, 1993, pp. 9-25.

40- **LAVOILLOTTE (Marie-Pierre),** « Responsabilité environnementale : les principales causes exonératoires », *Revue environnement,* janvier 2003, pp. 23-50.

41- **LAVOILLOTTE (Marie-Pierre),** « L'environnement dans le nouveau code des marchés publics, l'affirmation du contrat au service de l'environnement », *AJDA,* n°8, 2004, pp. 2081-289.

42- **LAVOILOTTE (Marie-Pierre),** « Réflexions sur la définition de la notion de déchets : le débat continue », Droit de l'environnement n° 103, novembre 2002, pp. 273-285.

43- **LE CHATELIER (Gilles),** « Ouvrage public mal planté… : un adage en sursis ? », Le Moniteur des travaux publics du 2 mai 2003, pp. 54- 64.

44- **LEFEUVRE (André),** « Réflexions sur l'application des procédures d'urgence en matière d'environnement », *Droit de l'environnement,* n° 115, janvier-février 2004, pp. 18-22.

45- **LEMASURIER (Jeanne),** « La cacophonie juridique du contentieux de l'expropriation », in Mélanges Drago, 1996, pp. 427-445.

46- **LEPAGE (Corine),** « Les véritables lacunes du droit de l'environnement », *Pouvoir,* n°17, 2008, pp. 100-130.

47- **LESMONT BAHOKEN (Valeri),** « Le maître d'ouvrage et le contrat de sous-traitance dans les marchés publics de travaux au Cameroun », *Judical Tribune,* vol. 5, décembre 2015, pp. 18-22.

48- **LLORENS et SOLER-COUTEAUX,** « Les marchés publics au service de l'environnement », *Contrats et marchés publics,* octobre 2001, pp. 4-20.

49- **LOMBERTY (Michel),** « Les déchets du bâtiment ne sont pas ceux des travaux publics », *Recyclage et valorisation,* n° 1, mai 2003, pp.5-15.

50- **LONDON (Caroline),** « Responsabilité environnementale : l'action communautaire », *Bulletin du droit de l'environnement industriel,* 2/2001, p. 2-12.

51- **LONDON (Caroline),** « Union européenne : les marchés publics passent au vert », *Bulletin du droit de l'environnement industriel,* n° 3/2003, pp. 11-25.

52- LY (Ibrahima), « Droit communautaire et protection de l'environnement », *Nouvelles Africaines revue de la faculté des sciences juridiques et politiques,* n° 1, 2007, pp. 139-160.

53- **MARCUS (Laure), PERRIN (Alix),** « Annulation de l'acte détachable du contrat et distinction des contentieux », *Droit administratif, janvier,* 2006, pp. 5-11.

54- **MENEMENIS (Alain),** « Le recours à des critères environnementaux dans l'attribution des marchés », *Droit administratif, novembre,* 2002, p. 15-25.

55- **MERMET (Laurent),** « Vers une gestion écologique des cours d'eau : quels enjeux, quels fondements, quels débats pour une nouvelle politique ?» *Rapport au Ministre de l'Environnement,* 16 sept. 1991, pp. 3-13.

56- **MISCHO (Jean),** « Le droit communautaire admet-il des critères écologiques pour sélectionner un candidat à un marché public ? », *Bulletin juridique des contrats publics,* n° 26, janvier 2003, pp. 14-25.

57- **MONKOTAN KUASSI (Jean-Baptiste),** « La protection de l'environnement en Afrique, une responsabilité de l'administration : soliloque sur une idée aussi « saute que grenue *», RTJ,* vol.33, n° 123,1999*,* pp. 25-120.

58- **MORTGAT (Bruno),** « Infrastructures routières et environnement », *Environnement et technique*, n° 188, juillet-août 1999, pp. 36-45.

59- **NDIAYE (Paul) et NDIAYE (Aminata),** « Dégradation environnementale et quête d'utilisation des ressources naturelles », *Fondation pour le renforcement des capacités en Afrique,* n°21, 2013, pp. 25- 50.

60- **NEIREY (Laurent),** « Les changements en droit de l'environnement *», RDA,* n° spécial, 2003, pp. *5-20.*

61- **NNANGA (Sylvestre -Honoré),** « La protection juridique des forets africaines : mythe ou réalité ? », *Revue Africaine des Sciences Juridiques,* vol.4, n°1, 2007, p.223-230.

62- **NTONGA-BOMBA (Serge Vincent),** « L'état actuel de la mise en œuvre des instruments juridiques en matière d'environnement au Cameroun », *Juridis périodique,* n° 50, avril-mai-juin 2002, pp. 120-160.

63- **OUMBA (Parfait),** « Le contentieux de l'environnement en Afrique centrale : les cas du Cameroun et de la République Démocratique du Congo », *RADE,* n°05, 2020, pp. 127-138.

64- **OUMBA (Parfait),** « La contribution du droit administratif à la répartition des atteintes à l'environnement au Cameroun *», R.D.A*, n°4, Mai 2016, pp. 10-16.

65- **OUMBA (Parfait),** « Le contentieux de la répartition des atteintes à l'environnement au Cameroun *», R.D.A Cameroun,* n° 14, 2014, pp. 3-9.

66- **OUMBA (Parfait),** « Le règlement amiable des litiges en matière d'environnement au Cameroun », *Liaison Énergie Francophonie*, 2014, pp. 73-76.

67- **PEYRICAL (Jean-Marc),** « Marchés publics : critères de choix des entreprises : liberté ou fiction ? », *Le Moniteur des travaux publics,* du 24 novembre 2000, pp. 103-123.

68- **PEYRON (Nathalie),** « Les nuisances sonores émanant d'un chantier : principes et conséquences », *Construction urbanisme,* mai 2004, pp. 6-9.

69- **PINTAT (Pierre),** « La certification de la qualité écologique des produits industriels et des services », *Droit de l'environnement,* septembre 1996, pp. 14-16.

70- **POURCEL (Eric),** « Droit des marchés publics : l'urgence et le recours à la réquisition », *Le Moniteur des travaux publics*, 2003, p. 28- 49.

71- **POURCEL (Eric),** « Droit des marchés publics : l'urgence et le recours à la réquisition », *Le Moniteur des travaux publics,* du 1er août 2003, pp. 48.-59.

72- **PRIEUR (Michel),** « Les nouveaux droits », *AJDA*, 6 juin 2005, pages 1157-1163

73- **PRIEUR (Michel),** « La Constitution et l'environnement : vers un droit de l'environnement renouvelé », *Cahier du Conseil Constitutionnel,* n°15, janvier 2004, pp. 1-12.

74- **PRIEUR (Michel).** « Le droit de l'environnement et les citoyens : la participation », *RJE,* 1988, n°4. Pp. 380-397.

75- **RACINE (Jean-Baptiste),** « La valeur juridique des codes de conduite privés dans le domaine de l'environnement », *Revue juridique de l'environnement,* 4/1996, pp. 409- 424.

76- **REINTEAU (Bernard),** « La performance environnementale, un défi pour la filière construction », *Le Moniteur des travaux publics,* 2002, pp. 6-16.

77- **ROMI (Raphaël),** « Un pas en avant, un pas en arrière : la valse des études d'impact », *Droit de l'environnement*, septembre 2003, pp. 159-165.

78- **ROYER (Erwan),** « La fin du principe d'intangibilité de l'ouvrage public ? », *AJDA,* 10 février 2003, pp. 205-225.

79- **SABLIERE (Pierre),** « L'intangibilité de l'ouvrage public au risque de l'exécution des décisions de justice », *AJDA,* 21 avril 2003, pp. 784-798.

80- **SAINTENY (Guillaume),** « A la recherche de l'écofiscalité », le Moniteur des Travaux publics du 8 juin 2001, page 434 SAVIN Patricia, « Le droit à l'environnement », *La Gazette du Palais*, des 17-18 mars 2006, pp. 52-55.

81- **SAINTENY (Guillaume),** « Quelle fiscalité pour l'environnement ? », *Revue française de finances publiques*, septembre 1998, pp. 109-121.

82- **SAINTENY (Guillaume),** « Quelle fiscalité pour l'environnement ? », *Revue française de finances publiques*, septembre 1998, pp. 109-121.

83- **SAVADOGO (Yacouba),** « Les délits environnementaux et le développement durable en Afrique : de la transaction au règlement judiciaire », *Revue Africaine de Droit de l'Environnement*, n° 00-2013, 2013, pp. 60-73.

84- **SAVIN (Patricia),** « Le droit à l'environnement », La Gazette du Palais des 17-18 mars 2006, pp. 52-55

85- **SCHNEIDER (Sylvain),** « Le BTP sur la voie de la valorisation des déchets », *BTP Magazine,* n° 158, novembre 2002, pp.22- 34.

86- **TCHEUWA (Jean-Claude),** « Les préoccupations environnementales en droit positif camerounais », *Revue africaine des sciences juridiques*, n°2, 2014, pp. 110-200.

87- **THIBIERGE (Catherine),** « Le droit souple, réflexion sur les textures du droit », *Revue trimestrielle de droit civil,* 4/2003, pp. 599-628.

88- **TOUZOT-FADEL (Charlotte),** « Protection de l'environnement et opérations militaires en temps de conflit », *Revue défense nationale*, n°828, 2020, pp. 80-86.

89- **TREBULLE (François),** « Développement durable et construction », *Revue de droit immobilier*, mars/avril 2006, pp. 71-82.

90- **TREBULLE (Guy),** « Développement durable et construction », *RDI,* mars/avril 2006, p. 71.

91- **TSAMO (Victor),** « Le contentieux de l'urgence environnementale devant le juge administratif camerounais », *International Multilanguage Journal of Science and Technologie,* vol.9, n°3, 2024, pp. 7181-7190.

92- **VERMESCH (Marianne),** « La qualité en marche dans la construction », *Le Moniteur des travaux publics*, du 7 juin 2002, pp.94-104.

93- **ZIMMER (Willy),** « L'incidence des considérations environnementales sur le droit des marchés publics », *Contrats et marchés publics*, juillet 2003, pp. 4-18.

94- **ZOGNOU (Théophile),** « Quelques pistes pour une protection efficace de l'environnement », *Revue africaine de sciences juridiques,* n°2, 2014, pp. 175-207.

95- **THIEFFRY (Patrick)**, « Aides publiques à l'environnement : opportunités et risques nouveaux pour les entreprises bénéficiaires », *Environnement*, mai 2004, pp. 6-11.

V- TEXTES ET INSTRUMETS JURIDIQUES

A- TEXTES NATIONAUX

1- Les lois

- Loi n°96/06 du 18 janvier 1996 portant révision de la Constitution du 02 juin 1972, modifiée et complétée par la loi n°2008/001 du 14 avril 2008
- Loi n° 89/027 du 29 décembre 1989 portant sur les déchets toxiques et dangereux.
- Loi n°2006/012 du 29 décembre 2006 fixant le régime général des contrats de partenariat.
- Loi n°2006/022 du 29 décembre 2006 portant organisation et fonctionnement des tribunaux administratifs
- Loi n° 94/01 du 20 janvier 1994 portant régime des forets, de la faune et de la pèche.
- Loi n° 96/016 du 18juin 1996 portant révision de la constitution du 02 juin 19972.
- Loi n° 96/12 du 05 aout 1996 portant loi cadre de gestion de l'environnement.
- Loi n° 98/05 du 14 avril 1998 portant régime de l'eau.
- Loi n° 98/15 du juillet 1998 portant établissements classés, dangereux, insalubres ou incommodes.
- Loi n° 2000/2 du 17 avril 2000 relative aux espaces maritimes du Cameroun.
- Loi n° 2002-004 du 19avril 2002 modifiée par la loi n0 2004-20 du 22 juillet 2004 portant charte des investissements.
- Loi n° 2002/3 du 21 avril 2002 portant protection phytosanitaire.
- Loi n° 2003/006 du 21 avril 2003 portant régime de sécurité en matière de biotechnologie moderne au Cameroun.
- Loi n° 2004/003 du 21 avril 2004 régissant l'urbanisme au Cameroun.

2- Ordonnances

- Ordonnance N° 99/001 du 31 aout 1999 complétant certaines dispositions de la loi portant régime des forets, de la flore et de la pèche.

3- Décrets

- Décret n° 2013/0171/PM du 14 février 2013 fixant les modalités de réalisation des études d'impact environnemental et social
- Décret n° 2013/0172/PM du 14 février 2013 fixant les modalités de réalisation de l'audit environnemental et social

- Décret n° 95/531/PM du 23aout 1995 fixant modalités d'application du régime des forets.
- Décret n◦ 2008/035 du 23 janvier 2008 portant organisation et fonctionnement du Conseil d'Appui à la Réalisation des Contrats de Partenariat(CARPA).
- Décret n◦ 2008/ 0115/PM du 24 janvier 2008 précisant les modalités d'application de la loi n◦2006/012 du 29 décembres 2006 fixant régime général des contrats de partenariat.
- Arrêté n° 52/CAB/PR du 22 septembre 1987 portant classement des parcs nationaux et internationaux.
- Décret n° 92/223/ PM du 23 mai 1992 fixant les modalités d'application de la loi n0 90/013 du 10 aout 1990 portant protection phytosanitaire.
- Décret n° 95/466/PM du 20 juillet 1995 portant les modalités d'application du régime de la faune.
- Décret n° 99/443/PM du 25 mars 1999 fixant modalités d'application de la loi n° 98/06 du 14 avril 1998 relative à l'activité touristique.
- Décret n° 99/ 818/PM du 9 novembre 1999 fixant les modalités d'implication et d'exploitation des établissements classés dangereux insalubres et incommodes.
- Décret n°2001/165/PM du 08 mai 2001 précisant les modalités de protection des eaux de surface et souterraines contre la pollution.
- Décret n° 2005/0577/PM du 23 février 2005 sur les modalités de réalisation des études d'impact environnemental.
- Décret n° 2012 /076 du 08 mars 2012 modifiant et complétant certaines dispositions du décret n° 2001/048 du 23 février 2001 portant création, organisation et fonctionnement de ARMP.
- Décret n° 2012/2808/PM du 26 septembre 2012 fixant les conditions d'exercice des fonctions d'inspecteurs et de contrôleurs de l'environnement.
- Décret n° 2018/ 366 du 20 juin 2018 portant code des marchés publics.

B- Textes supranationaux

1- Règlement n◦09/06- UEAC 144-CM-14 du 11 mars 2006 portant adoption de la règlementation commune sur l'homologation des pesticides dans l'espace CEMAC.

2- Convention d'Alger de 1968 sur la conservation des ressources culturelles naturelles.

3- Convention de L'UNESCO de 1972 sur la protection du patrimoine mondial, culturel et naturel.

4- Convention de RAMSAR du 24 février 1971 relative aux zones humides d'importance internationales

5- Convention de vienne sur la protection de la couche d'ozone du 22 mars 1985

6- Convention de Washington du 03 mars 1985 sur le commerce international de la faune sauvage et espèces en danger.

7- Convention des nations unies sur le droit de la mer, 10 décembre 1982, Montego Bey.

8- Convention du 09 mars 1984 sur la responsabilité civile pour les dommages dus à la pollution.

9- Convention internationale sur l'intervention en haute mer pour les cas d'accidents entrainant ou pouvant entrainer une pollution par hydrocarbures, Bruxelles, 29 novembre 1969.

10- Convention sur la biodiversité biologique du 14 juin 1992.

11- Déclaration de Rio de 1992.

12- Déclaration de Stockholm de 1972.

13- Convention de Bamako de 1991 sur l'importation en Afrique et les mouvements transfrontaliers des déchets toxiques.

VI- JURISPRUDENCES

1- CE, 30 juillet 2014, *Commune de Biarritz.*

2- CE, 23 juillet 2010, *M. A. et Syndicat national des entreprises de second œuvre du bâtiment.*

3- CE, sous-sec, 29 avril 2015, *Syndicat de valorisation des déchets de la Guadeloupe*.

4- CS/CA jugement n° 42/02-03 du 27 mars 2003, *Compagnie de Scieries africaines (SCAF SA) c/. État du Cameroun (MINEF) et Société CAMBOIS et Autres (intervenantes volontaires)*

5- CS/CA, jugement n°72 du 29 juin 1989, *FOUDA ETAMA c/. État du Cameroun.*

6- CS/CA, jugement n°59/04-05 du 23 mars 2005, *Établissement LIPA-SPORT BTP c/. État du Cameroun (Ministère des Travaux Publics)*

7- CS/CA, jugement n° 57/2008 du 02 avril 2008, *Société pour le développement des forets et des industries du bois (SDFIB) c/. État du Cameroun (PM-MPSRE)*

8- CS/CA, jugement n° 132/04-05 du 27 juillet 2005 *Entreprise Camerounaise de Construction et de Nettoyage (ECCN) c/. État du Cameroun(MINMAP)*

9- CS/CA, jugement n° 145/2012 du 12 septembre 2012, *Société CARMCO c/. État du Cameroun(MINTP)*

10- CS/CA, jugement n° 144/2012 du 12 septembre 2012, *Société CARMCO c/. État du Cameroun (Ministère de travaux publics MINTP)*

11- CS/CA, Jugement n°139/04-05 du 27 juillet 2005, *Société SOTRACOME c/. État du Cameroun(METPS)*

12- CS/CA, jugement n° 21/2002-2003 du 28 novembre 2002, *Le Consortium d'Étude et de Réalisations Internationales du Cameroun c/. Commune Urbaine de Yaoundé(CUY)*

13- CS/CA, jugement n° 57/2008 du 02 avril 2008 *Société pour le Développement des Forets et des Industries de Bois (SDFIB) c/.État du Cameroun (PM-MPSRE)*

14- CS/CA, jugement n° 68/2014 du 23 avril 2014, *Établissement BATINORM c/. État du Cameroun*

15- CS/CA, jugement n°50/84-85 du 1er février 1985 *TAMEGHI Boniface (AMSECOM-AMSECOMCOM) c/. État du Cameroun (Ministère des Forces Armées)*

16- CS/CA, jugement n° 254/2010 du 22 septembre 2010 Société TMI c/. *État du Cameroun (Port Autonome de Douala)*

17- CS/CA, jugement n°127/2012 du 1er août 2012, *Groupement d'Entreprises Camerounaises(GEC) c/. État du Cameroun (MINADER)*

18- CS/CA, jugement n° 49/2014 du 22/01/2014, *Établissement OCTY Business Center c/. État du Cameroun (Commune d'ESSE)*

19- CS/CA, 27 juillet 2000, *Les Établissements le Paysan c/. État du Cameroun (MINEDUC)*

20- CS/CA, jugement n° 178/2010 du 23 juin 2010, *Société ECAME et TP c/. État du Cameroun (MINAT FEICOM).*

VII- LIENS INTERNET

1- https://www.afrobarometer.org/article /les-camerounais-trouvent-que-la-pollution-est-un-probleme-grave-dans-leurs-communautes-selon-lenquete-dafrobarometer/

2- https://L-affaire-dusiècle.net/wp-content/cyloads/2021/03/ads.brief-juridique-140321.pdf/, consulté le 10 mai 2021 à 01h30min.

3- https://www.linternaute.fr/dictionnaire/fr/definition/achat-durable/. Consulté en ligne le 06/06/2022 à 13 :26.

4- https://www.decrire.fr/ebooks/dictionnaire-de-l-environnement-et-du-developpement-durable-9782266220873_3.html . Consulté le mercredi, 21/03/2024 à 11h 30

5- http://www.Mediaterre.Org/Afrique-centrale , consulté le 21/01/2022 à 12 :34.
6- https://www.willot.com/url?q=https://dozloads.unido.org/, consulté le 30/11/2023, à 22h 50.
7- https://anor-cm/produits-certifies.html, consulté le jeudi, 30 novembre 2023 à 00h 24.
8- https://ww.cameroon-tribune.cm/article.html/57887/fr.html/pollution-par-les-matieres-plastiques-600-000-tonnes-de-dechets-au. Consulté le 27/11/2023 à 18 :19.
9- https://www.siedmto.fr/tri-et-prevention-des-dechets/duree-de-vie-des-dechets/. Consulté le samedi 02 décembre 2023 à 22h 32.
10- https://www.ims-cameroun.com/cameroun-un-budget-de-789-milliards-xaf-12-milliard-de-dollars-pour-financer-sa-commande-publique-en-2023/. Consulté en ligne, le jeudi 21 décembre 2023 à 04h18.
11- https://droit-des–contrats-publics.efe.fr/2021/05/19/commande-publique-et-protection-de-lenvironnement/. Consulté en ligne le mercredi 28/02/2024 à 11h.55min.
12- https://ediwall.wallonie.be/les-clauses-sociales-dans-les-marches-de-travaux-la-clause-sociale-flexible-decembre-2020-numerique-080081. Consulté en ligne le mardi 21/03/2024 à 03h24min.
13- https://www.cairn.info/comprendre-le-monde-9782200634841-page-59.htm.
14- : http://www.journals.openedition.org/crdf/6472. Consulté le 22 janvier 2024 à 08h40min.
15- https://www.doi.org/10.4000/crdf.6472
16- https://www.iso.org/fr/developing-standards.html. Consulté en ligne le mercredi 21/03/02024, à 09h34.
17- http://www.economie.gouv.fr/daj/lobservatoire-economique-lachat-public/. Consulté le 25 mars 2024.
18- https://ww.france-digues.fr/actualité/autorisation-environnement-lexemption-due-a-la-situation-durgence-a-caractere-civil-deleguee-au-prefet/. Consultée en ligne le 27/12 2023 à 09h 51min.
19- www.territoires-durables.fr/upload/pagesEdito/fichiers/DateRio.pdf, consulté le 21/03/2024 à 10h17min.
20- https://www.lemonde.fr/afrique/article/20211/02/10/cameroun-2-8-milliards-d-euros-de-recettes-publiques-detournes-en-six-ans_1477971_3212.html, consulté le 21/03/2024 à 10h53 min.
21- https://www.memoireonline.com/03/06/125/ong-protection-environnement-afrique-centrale.html. consulté le 21/03/2024 à 10h59 min.
22- https://www.memoireonline.com/10/09/2798/m_les-juridictions-administratives-et-le-tempscas-du-Cameroun-et-du-Gabon1.html. consulté le dimanche 7/01/2024 à 08h53, via le lien.
23- https://www.financialafrick.Com/2021/08/26/tribune-une-visite-des-chantiers-des-textes-portant-sur-les-contrats-de-partennariat-public-prive-en-afrique-cqs-du-tigo-du-ghana-et-du-senegal/. Consulté lundi 19/03/2024 à 11h00min.
24- https://www.cnil.fr/fr/le-code-de-conduite. Lien consulté le samedi 23/03/2024 à 12h30.

25- https://www.cnil.fr/fr/le-codes-de-conduite. **Lien consulté samedi 23/03/2024 à 14h30.**

26- http://hdr.undp.org/en/content/human-development-report-2014, **consulté vendredi 22/03/2024, à 9h00.**

27- https://avocats.lefebvre-sarrut.eu/ressources-juridiques/actuallté-juridique/refere-provision-mecanisme-performant.html . **consulté le 20 septembre 2021 à 13h00.**

TABLE DE MATIERES

www.ingramcontent.com/pod-product-compliance
Lightning Source LLC
LaVergne TN
LVHW052216200926
848481LV00001B/127